U0805382

电子科技大学“十三五”规划研究生教育精品教材

先进控制技术

主编 邹见效 彭 超
参编 李 瑞 谢 川

科 学 出 版 社
北 京

内 容 简 介

随着现代工业和科技的快速发展，先进控制技术在各个领域得到了推广和应用，已经成为当前控制领域的研究热点，以及解决复杂系统控制问题的重要工具。本书较为全面地介绍了先进控制技术的主要分支及其在科研及工程中的应用，主要内容包括最优控制、迭代学习控制、重复控制、模型预测控制、滑模变结构控制、模糊控制、神经网络控制等，分别介绍其原理、控制系统建模、系统性能分析、控制器设计方面的理论知识以及相应应用案例。

本书注重基础理论、算法分析与工程应用相结合，突出如何运用理论知识解决复杂工程技术问题，对先进控制理论研究及工程应用都有很强的指导作用。本书可作为控制科学与工程、仪器科学与技术、电气工程等相关学科研究生课程教材，也可供相关专业的工程师及科研人员参考。

图书在版编目(CIP)数据

先进控制技术 / 邹见效，彭超主编. —北京：科学出版社，2021.3
（电子科技大学“十三五”规划研究生教育精品教材）
ISBN 978-7-03-068385-4

Ⅰ. ①先…　Ⅱ. ①邹…　②彭…　Ⅲ. ①工业控制系统－高等学校－教材　Ⅳ. ①TP273

中国版本图书馆 CIP 数据核字（2021）第 047056 号

责任编辑：潘斯斯　张丽花 / 责任校对：王　瑞
责任印制：张　伟 / 封面设计：迷底书装

科 学 出 版 社 出版
北京东黄城根北街 16 号
邮政编码：100717
http://www. sciencep. com
北京九州迅驰传媒文化有限公司 印刷
科学出版社发行　各地新华书店经销
*
2021 年 3 月第　一　版　开本：787×1092　1/16
2022 年 1 月第二次印刷　印张：14
字数：332 000

定价：88.00 元
（如有印装质量问题，我社负责调换）

前　言

随着现代工业和科技的快速发展，工业过程、高速高精密装备、航空航天等领域的控制对象变得越来越复杂，基于经典控制理论的传统控制技术已经很难解决这些复杂对象的控制问题。先进控制技术充分利用系统模型、控制经验、知识以及数据等，解决复杂对象的控制系统设计、分析和综合问题。随着计算机、传感器以及信息技术的快速发展，先进控制技术在实际工程领域得到广泛应用，并体现出广阔的发展前景。

本书综合介绍多种前沿的、热点的、适合实际工程对象的先进控制技术，理论结合实际科研和工程应用，力求使控制科学与工程、仪器科学与技术、电气工程等相关学科的研究生和工程师能了解控制理论与控制工程的最新研究进展，熟悉适用于工程系统的先进控制理论与方法，掌握几类先进控制技术的基础理论知识，具备利用先进控制理论进行系统分析与设计的能力。全书共 8 章，内容如下。

第 1 章绪论，介绍先进控制技术的产生、特点、发展及其主要分支，以及前景与展望。

第 2 章最优控制，重点介绍最优控制的基本原理、变分法、极大值原理、线性二次最优控制问题以及最优控制在四旋翼飞行器控制中的应用。

第 3 章迭代学习控制，介绍迭代学习控制的基本原理，分析迭代学习算法的收敛性、初始值、学习速度和鲁棒性问题，给出迭代学习控制在扫描轨迹跟踪控制中的应用案例。

第 4 章重复控制，介绍重复控制的基本原理、控制器组成结构及其各部分功能，对重复控制系统性能进行分析，给出重复控制在有源滤波器控制中的应用案例。

第 5 章模型预测控制，介绍模型预测控制的基本思想与结构，以及模型算法控制、动态矩阵控制、状态反馈预测控制三种典型模型预测控制方法的原理、组成和设计方法，给出模型预测控制在逆变器控制中的应用案例。

第 6 章滑模变结构控制，介绍滑模变结构控制的基本概念、滑动模态存在的条件和滑动模态方程，分析滑模控制的抖振问题，给出滑模变结构控制系统设计方法及其在压电陶瓷定位控制中的应用案例。

第 7 章模糊控制，介绍模糊控制的基本原理、模糊控制器设计以及模糊控制器的改进方法，给出模糊控制在氢燃料电池温度控制中的应用案例。

第 8 章神经网络控制，介绍神经网络的基本原理、基于神经网络的系统辨识以及神经网络控制器设计，给出神经网络控制在精密运动控制中的应用案例。

本书由邹见效、彭超主编，李瑞、谢川参编，罗可汗、刘立杰、朱云、谢雨岑、李丹、肖栋、蒋欣言、刘若云、赵莹参与了资料整理工作。

在本书编写过程中编者参考了国内外很多优秀教材和著作，在此向参考文献及被引用内容的各位作者表示衷心的感谢！同时对在本书编写过程中给予帮助的所有人员表示诚挚的谢意。本书的出版得到了电子科技大学研究生院的全额资助。

由于编者水平有限，书中难免存在不足和疏漏之处，真诚欢迎广大读者批评指正。

编　者

2020 年 8 月

目　录

第 1 章　绪　　论

1.1　先进控制的产生

经典和现代控制理论的发展在自动控制领域中发挥了巨大的作用，取得了令人满意的效果，促进了人类社会的进步和生产力的突飞猛进。然而，近几十年来，随着现代工业的快速发展，实际控制对象变得越来越复杂。并且在实际的工业控制过程中，很多系统具有非线性、多变量耦合、参数时变等特性，存在外部干扰、被控变量与控制变量受到条件或物理约束等，无法获得精确的系统模型，这使得常规的控制方法很难满足实际工业生产过程及对象的控制要求。因此，对于复杂工业控制系统的设计，已不能采用单一基于时域、频域模型的传统控制理论和控制技术，而必须研究先进的控制理论和技术，解决那些采用常规控制方法效果不佳，甚至无法解决的复杂系统控制问题。

20 世纪 70 年代以来，随着计算机技术在自动控制中的广泛应用，区别于经典控制的先进控制得到较快发展。最初，由于实际工业控制的特点和需求，一些对模型要求不高、在线计算简单、具有一定自适应能力的先进控制理论和方法得以提出与发展，如最优控制、滑模控制、预测控制、重复控制、鲁棒控制等；随后，对于具有大量不确定性和难以建模的复杂系统，基于知识的模糊控制、神经网络控制、学习控制和基于信息论的智能控制等应运而生，并在许多领域都得到广泛应用。这些先进控制方法以计算机、传感器和信息技术为基础，以解决复杂系统的控制问题以及优化控制性能为目标，具备比常规控制方法更好的控制效果。不同于基于时域和频域方法的传统经典控制理论，先进控制是基于相对复杂的系统模型、控制经验、数据驱动的方法，解决包括线性系统、非线性系统、定常系统、时变系统、单变量系统和多变量系统等更为广泛控制对象的控制系统分析、设计和综合问题。

1.2　先进控制的特点

先进控制通常具有以下主要特点。

(1) 与传统的经典控制不同，先进控制可以分为基于模型的控制方法(如最优控制、模型预测控制、滑模变结构控制等)以及基于知识和数据的控制方法(如模糊控制、神经网络控制、学习控制等)两类。

(2) 先进控制通常用于处理复杂、非线性、多变量系统的控制问题，如多变量耦合系统解耦控制、滞后系统的快速跟踪控制、控制量与被控变量的约束问题等。

(3) 先进控制的实现需要足够的计算、信息采集和处理能力，计算机、传感器和信息技术的快速发展为先进控制的实际应用提供了相应的软硬件条件。

1.3 先进控制的发展及其主要分支

任何一个理论的形成与发展都是伴随着社会生产力的发展而发展的。18 世纪，瓦特(Watt)发明的蒸汽机汽锤调解器加速了第一次工业革命的步伐，同时这也是最早的自动控制装置，它的发明标志着控制理论的起步阶段。19 世纪，麦克斯韦(Maxwell)通过对系统线性常微分方程的建立和分析，解释系统稳定性问题，开辟了用数学方法研究控制系统的途径。20 世纪，学者们先后研究和提出一系列控制系统理论和分析方法，如赫尔维茨(Hurwitz)和劳斯(Routh)的稳定性判据、奈奎斯特(Nyquist)的稳定判据以及稳定裕量、伯德(Bode)的频率法、依万斯(Evans)的根轨迹法等。此后，美国著名的控制论创始人维纳(Wiener)总结了前人的成果，从而奠定了经典反馈控制理论的基础。经典控制理论能够较好地解决线性定常系统的控制问题，但是它对多输入多输出、时变、非线性系统的控制效果并不理想。20 世纪 50 年代末 60 年代初，卡尔曼等将古典力学中的状态、状态空间概念引入控制系统设计中，将经典控制理论中的高阶常微分方程转化为一阶微分方程组，以此描述多变量控制系统，使状态空间可以描述系统内部结构特性，如可控性、可观性等；从而奠定了基于系统模型的先进控制的理论基础。从不同的思维角度出发，作为基于系统模型的先进控制理论的几个重要分支，最优控制、自适应控制、模型预测控制、重复控制、滑模变结构控制等在 20 世纪 60 年代以后得到快速的发展与应用。

(1) 最优控制。应用经典控制理论设计控制器时，各种设计方法本质都是建立在被控对象试探基础上，依赖设计人员的实践经验，在诸多相互矛盾的要求(如控制精度与速度)之间，寻求一个合理的折中，因此设计结果不可能实现严格最优，而最优化控制理论在给定的性能指标(如时间最短，能量最小)要求下，利用严格的数学推理获得最优控制规律。

(2) 自适应控制。实际动态系统通常具有程度不同的不确定性，如参数时变、外部随机扰动、测量噪声等，飞行控制系统中气动力参数随飞行高度、速度、质量及重心的变化而变化，很难建立精确的系统模型，并且模型参数甚至结构具有不确定性。自适应控制是一种动态系统在不确定性情况下，使给定的性能指标尽可能达到并保持最优的控制方法。最早的自适应控制理论由美国麻省理工学院的 Whitaker 等于 1958 年提出，发展至今比较成熟的有两类：模型参考自适应控制和自校正控制。

(3) 模型预测控制。模型预测控制是一种直接来源于实践的计算机控制算法，它不完全依赖于过程结构、参数的有关先验知识和系统模型，也不需要在线辨识系统参数和模型。它根据对象的历史信息和未来输入预测其未来输出，一经问世就在复杂的工业过程中得到成功应用，显示出强大的活力，它一般包括预测模型、滚动优化、反馈校正三部分，以有限时段的反复滚动优化代替最优控制的一次离线优化，以时刻最优代替全局最优，提高了控制精度。

(4) 重复控制。重复控制是基于内模原理的控制方法，内模原理是指如果在一个稳定的闭环系统内存在一个能产生与输入参考信号相同的信号发生器，则系统输出信号就可以无稳态误差地跟踪参考信号。重复控制方法构造出一种简单的任意周期信号内模，在被控系统中引入信号发生器可以实现对周期的任意信号进行跟踪或抑制。

(5) 滑模变结构控制。设计控制器，使系统状态在有限时间内到达所选取的滑模面，进入滑模面后，渐近收敛至平衡点。进入滑动模态后，由于系统的状态轨迹由给定的滑模面来确定，因此对外部干扰和模型误差等具有很强的鲁棒性。近几十年来，滑模控制一直都是一个热门的研究领域。

20 世纪 70 年代以后，计算机技术的快速发展，使得基于知识和数据的先进控制理论受到越来越广泛的重视，其主要分支包括模糊控制、神经网络控制、迭代学习控制、专家控制等。

(1) 模糊控制。为了把自然语言、人类经验转移给机器，1965 年扎德提出模糊集合、模糊语言变量以及模糊推理并应用于控制领域，奠定了模糊控制理论的基础。模糊控制将被控对象模糊化，与知识库信息模糊对比推理得到相关信息，再进行清晰化处理给控制对象提供控制信息。

(2) 神经网络控制。从仿生学观点来看，因为人工神经网络具有许多优异的性能，可塑性、自适应性和自组织性使其具有很强的学习能力，分布式存储使其具备较好的鲁棒性和容错性，所以将它与控制理论结合的神经网络控制成为智能控制发展的一条重要途径。

(3) 迭代学习控制。迭代学习控制的基本思想最先是由日本学者 Uchiyma 于 1978 年提出的，Arimoto 在 1984 年提出的学习算法被认为是关于迭代学习控制的开创性研究。迭代学习通过仿效人类的学习行为提取经验的过程，利用反复的迭代修正来达到某种控制目标。它的目标是实现有限时区间上的完全跟踪任务。它以系统的实际输出与期望输出之间的偏差修正不理想的控制信号，使得系统的跟踪性能得以提高并通过迭代若干次，使得系统的输出逼近理想的期望轨迹。

(4) 专家控制。专家控制是由美国学者 Feigenbanm 最早提出的，将专家理论和技术与控制理论相结合，根据某个应用领域的一个或多个人类专家提供的知识和经验进行推理与判断，模拟人类专家的决策过程，以实现那些需要人类专家才能完成的系统控制任务。

1.4 先进控制的前景与展望

控制理论的目的在于解决系统的控制和优化问题。不同时代的被控对象和控制要求各不相同，随之而生的是不同的控制理论和方法。早期的经典控制理论将简单、易用的“反馈”控制思想用以降低未建模部分的干扰，解决了线性定常系统的控制和优化问题，它的不足在于其不变的控制模式，很难处理时变、非线性的复杂动态过程。现代控制理论将状态空间的概念引入，以描述多变的动态过程，以严格的数学推理获得理想化的控制理论体系，解决了多变量系统的控制与优化问题；但其对精确数学模型过于依赖，使其很难适应实际的动态复杂系统。基于知识和数据的先进控制、复杂系统理论及其智能控制理论直接模仿人的结构、功能、思维、推理和决策，呈现出解决复杂系统控制和优化问题的巨大潜力，但在许多方面还有待深入研究发展。

先进控制在未来的发展前景有两个方面，一方面是将走向高度分化，不断产生新的理论分支；另一方面是将走向高度综合，产生多模态控制、多模型复合控制、复杂系统智能控制等理论。从单项技术、复合式技术到技术群，从基本的反馈结构到自适应、自学习、自组织结构，先进控制技术将在越来越多的领域得到成功应用。随着人们对复杂系统认识的加深，先进控制技术发展的空间和前景将会更加广阔。

第 2 章　最 优 控 制

2.1　概　　述

最优控制是指在给定的约束条件下，寻求一个可以使给定的系统性能指标达到极大值或极小值的控制方法。它反映了系统有序结构向更高水平发展的必然要求。它属于最优化的范畴，与最优化有着共同的性质和理论基础。对于给定初始状态的系统，如果控制因素是时间的函数，没有系统状态反馈，则称为开环最优控制；如果控制信号为系统状态及系统参数或其环境的函数，则称为自适应控制。

使控制系统的性能指标实现最优化的基本条件和综合方法，可概括为：对一个受控的动力学系统或运动过程，从一类允许的控制方案中找出一个最优的控制方案，使系统的运动在由某个初始状态转移到指定的目标状态的同时，其性能指标值为最优。这类问题广泛存在于技术领域或社会问题中，如确定一个最优控制方式，使空间飞行器由一个轨道转换到另一轨道过程中燃料消耗最少。

最优控制理论是 20 世纪 50 年代中期在空间技术的推动下开始形成和发展起来的。美国学者贝尔曼在 1957 年提出的动态规划和苏联学者庞特里亚金等在 1958 年提出的极大值原理，两者的创立仅相差一年左右，对最优控制理论的形成和发展起了重要的作用。线性系统在二次型性能指标下的最优控制问题则是卡尔曼在 20 世纪 60 年代初提出和解决的。

从数学上看，确定最优控制问题可以表述为：在运动方程和允许控制范围的约束下，对以控制函数和运动状态为变量的性能指标函数求取极值。解决最优控制问题的主要方法有古典变分法、极大值原理和动态规划。

变分理论是研究最优控制问题有力的数学工具，而经典变分理论只能够解决无约束控制的问题，但是工程实践中的问题大多是有约束控制的，现代变分理论应运而生。现代变分理论包括最常用的两种方法，一种是动态规划法，另一种是极小值原理。它们都能够很好地解决有闭集约束控制的变分问题。值得指出的是，动态规划法和极小值原理本质上都属于解析法。此外，变分法、线性二次型控制法也属于解决最优控制问题的解析法。最优控制问题的研究方法除了解析法外，还包括数值计算法。

最优化技术就是如何研究和解决最优化问题，主要包括两个需要研究和解决的方面：一是如何将最优化问题用数学模型表示；二是如何根据数学模型尽快求出最优解。目前最优控制已应用于综合和设计最速控制系统、最省燃料控制系统、最小能耗控制系统、线性调节器等。

2.2　变分法及其在最优控制的应用

2.2.1　最优控制问题

最优控制问题是指在给定条件下，为给定系统确定一种控制规律，使该系统能在规定的性能指标下具有最优值。也就是说最优控制要寻找容许的控制作用（规律）使动态系统（受控系统）从初始状态转移到某种要求的终端状态，且保证所规定的性能指标（目标函数）达到最大（小）值。

1. 最优控制问题的性能指标

在状态空间中要使系统的状态由 $x(t_0) \to x(t_f)$，可以用不同的控制规律来实现。为了衡量在不同控制规律作用下控制系统工作的优劣，就需要用一个性能指标来判断。

性能指标的内容、形式取决于最优控制所完成的任务。不同最优控制问题应有不同的性能指标。同一最优控制问题，其性能指标也可能因设计者着眼点的不同而不同。

1）综合性或博尔扎（Bolza）型性能指标

$$J[\boldsymbol{u}(\bullet)] = \Psi[\boldsymbol{x}(t_f), t_f] + \int_{t0}^{t_f} L[\boldsymbol{x}(t), \boldsymbol{u}(t), t]\mathrm{d}t \tag{2-1}$$

其中，Ψ 为标量函数，终端性能指标；L 为标量函数，对每一个控制函数 $\boldsymbol{u}(t)$ 都有一个对应值；$u(\bullet)$ 为控制函数整体。

2）积分变量或拉格朗日（Lagrange）型性能指标

$$J[\boldsymbol{u}(\bullet)] = \int_{t_0}^{t_f} L[\boldsymbol{x}(t), \boldsymbol{u}(t), t]\mathrm{d}t \tag{2-2}$$

其强调系统的过程要求。

3）终端型或麦耶尔（Mager）型性能指标

$$J[\boldsymbol{u}(\bullet)] = [\Psi[\boldsymbol{x}(t_f), t_f] \tag{2-3}$$

以上三种性能指标通过一些简单的数学处理，可以进行相互转化。在特殊情况下，可采用如下的二次型性能指标：

$$J[\boldsymbol{u}(\bullet)] = \frac{1}{2}\boldsymbol{x}^{\mathrm{T}}(t_f)\boldsymbol{F}\boldsymbol{x}(t_f) + \frac{1}{2}\int_{t_0}^{t_f}[\boldsymbol{x}^{\mathrm{T}}(t)\boldsymbol{Q}(t)\boldsymbol{x}(t) + \boldsymbol{u}^{\mathrm{T}}(t)\boldsymbol{R}(t)\boldsymbol{u}(t)]\mathrm{d}t \tag{2-4}$$

其中，$\boldsymbol{F}$ 为终端加权矩阵；$\boldsymbol{Q}(t)$ 为状态加权矩阵；$\boldsymbol{R}(t)$ 为控制加权矩阵。

2. 最优控制问题的提法

最优控制问题的提法，就是将通常的最优控制问题抽象成一个数学问题，并用数学语言严格地表示出来。

1）给定系统的状态方程

$$\boldsymbol{x}(t) = f[\dot{\boldsymbol{x}}(t), \boldsymbol{u}(t), t] \tag{2-5}$$

2）给定初始条件和终端条件

初始状态为 $\boldsymbol{x}(t) = \boldsymbol{x}_0$，终端状态 $\boldsymbol{x}(t_f)$ 可用如下约束条件表示：

$$N_1[\boldsymbol{x}(t_f), t_f] = 0 \quad 或 \quad N_2[\boldsymbol{x}(t_f), t_f] \leqslant 0 \tag{2-6}$$

3)给定性能指标(目标函数)

$$J[\boldsymbol{u}(\bullet)]=\Psi[\boldsymbol{x}(t_f),t_f]+\int_{t_0}^{t_f}L[\boldsymbol{x}(t),\boldsymbol{u}(t),t]\mathrm{d}t$$

确定最优控制向量 $\boldsymbol{u}^*(t)$，使系统状态从 $\boldsymbol{x}(t_0)\to\boldsymbol{x}(t_f)$，并使性能指标 $J[\boldsymbol{u}(\bullet)]$ 具有极大(小)值。

3. 最优控制问题的分类

(1)按状态方程分类，可分为连续最优控制问题和离散最优控制问题。

(2)按控制作用实现方法分类，可分为开环最优控制问题和闭环最优控制问题。

(3)按性能指标分类，可分为最小时间控制问题、最少燃料控制问题、线性二次型性能指标最优控制问题和非线性性能指标最优控制问题。

(4)按终端条件分类，可分为固定终端最优控制问题、自由终端(可变)最优控制问题、终端时间固定最优控制问题和终端时间可变最优控制问题。

(5)按应用领域分类，可分为终端控制问题、调节器问题、跟踪问题、伺服机构问题、效果研究问题、最小时间问题和最少燃料问题。

2.2.2 变分法的基本概念

泛函可简单理解为函数的函数，所谓变分问题就是求泛函的极大值和极小值问题。变分法就是求泛函极值的方法。

1. 泛函

设对自变量 t 存在一类函数 $\{\boldsymbol{x}(t)\}$，如果对于每个函数 $\boldsymbol{x}(t)$，有一个 J 值与之对应，则变量 J 称为依赖于 $\boldsymbol{x}(t)$ 的泛函数，记作 $J=J[\boldsymbol{x}(t)]$，$J[\boldsymbol{x}(t)]$ 中的 $\boldsymbol{x}(t)$ 为某一特定函数的整体，而不是对应于 t 的函数值 $\boldsymbol{x}(t)$。函数 $\boldsymbol{x}(t)$ 称为泛函 J 的宗量，泛函为标量。

例 2.1

$$J[\boldsymbol{x}(t)]=\int_0^1\boldsymbol{x}(t)\mathrm{d}t \tag{2-7}$$

当 $\boldsymbol{x}(t)=\alpha t$ 时，$J[\boldsymbol{x}(t)]=1$，当 $\boldsymbol{x}(t)=\mathrm{const}$ 时，$J[\boldsymbol{x}(t)]=\sin 1$。

在控制系统中，自变量是时间 t，宗量函数是状态矢量 $\boldsymbol{x}(t)$，积分型性能泛函为

$$J=t\int_{t_0}^{t_f}L(\boldsymbol{x}(t),\boldsymbol{u}(t),t)\mathrm{d}t \tag{2-8}$$

J 的值取决于函数 $\boldsymbol{u}(t)$。不同的 J 值对应于不同的 $\boldsymbol{u}(t)$。因而 J 是函数 $\boldsymbol{u}(t)$ 的泛函。求解最优控制 $\boldsymbol{u}^*(t)$ 就是寻找使 J 取极值的控制 $\boldsymbol{u}(t)$。

2. 泛函的变分

1)宗量的变分

两函数之差为泛函宗量的变分：

$$\delta\boldsymbol{x}(t)=\boldsymbol{X}(t)-\boldsymbol{x}(0) \tag{2-9}$$

2)泛函变分的定义

当宗量函数 $\boldsymbol{x}(t)$ 有变分 $\delta\boldsymbol{x}(t)$ 时，连续泛函 $J[\boldsymbol{x}(t)]$ 的增量可表示为

$$\Delta J=J[\boldsymbol{x}(t)+\delta\boldsymbol{x}(t)]-J[\boldsymbol{x}(t)]=L[\boldsymbol{x}(t),\delta\boldsymbol{x}(t)]+R[\boldsymbol{x}(t),\delta\boldsymbol{x}(t)]$$

其中，$L[\boldsymbol{x}(t),\delta\boldsymbol{x}(t)]$ 是泛函的变分，记为 $\delta J=L[\boldsymbol{x}(t),\delta\boldsymbol{x}(t)]$，因此，泛函的变分也可称为泛函的微分。当泛函具有微分时，即可用 $\Delta J=L[\boldsymbol{x}(t),\delta\boldsymbol{x}(t)]$ 表示，称泛函是可微的。

例 2.2 求泛函 $J=\int_0^1 \boldsymbol{x}^2(t)\mathrm{d}t$ 的变分。

$$\Delta J=\int_0^1[\boldsymbol{x}(t)+\delta\boldsymbol{x}(t)]^2\mathrm{d}t-\int_0^1\boldsymbol{x}^2(t)\mathrm{d}t=\int_0^1\{2\boldsymbol{x}(t)\delta\boldsymbol{x}(t)+[\delta\boldsymbol{x}(t)]^2\}\mathrm{d}t$$

$$=\int_0^1 2\boldsymbol{x}(t)\delta\boldsymbol{x}(t)\mathrm{d}t+\int_0^1[\delta\boldsymbol{x}(t)]^2\mathrm{d}t \tag{2-10}$$

$$\delta J=\int_0^1 2\boldsymbol{x}(t)\delta\boldsymbol{x}(t)\mathrm{d}t \tag{2-11}$$

3) 泛函变分的求法

定理 2.1 连续函数 $J[\boldsymbol{x}(t)]$ 的变分等于泛函 $J[\boldsymbol{x}(t)+\alpha\delta\boldsymbol{x}(t)]$ 对 α 的导数在 $\alpha=0$ 处的值，即

$$\delta J=\frac{\partial}{\partial\alpha}J[\boldsymbol{x}(t)+\delta\boldsymbol{x}(t)]\Big|_{\alpha=0}=L[\boldsymbol{x}(t),\delta\boldsymbol{x}(t)] \tag{2-12}$$

证明：

$$\Delta J=J[\boldsymbol{x}(t)+\alpha\delta\boldsymbol{x}(t)]-J[\boldsymbol{x}(t)]=L[\boldsymbol{x}(t)+\alpha\delta\boldsymbol{x}(t)]+R[\boldsymbol{x}(t),\alpha\delta\boldsymbol{x}(t)] \tag{2-13}$$

由于 $L[\boldsymbol{x}(t)+\alpha\delta\boldsymbol{x}(t)]$ 是 $\alpha\delta\boldsymbol{x}(t)$ 的线性连续函数

$$L[\boldsymbol{x}(t)+\alpha\delta\boldsymbol{x}(t)]=\alpha L[\boldsymbol{x}(t)+\delta\boldsymbol{x}(t)] \tag{2-14}$$

又由于 $R[\boldsymbol{x}(t),\alpha\delta\boldsymbol{x}(t)]$ 是 $\alpha\delta\boldsymbol{x}(t)$ 的高阶无穷小量

$$\lim_{\alpha\to 0}\frac{R[\boldsymbol{x}(t),\alpha\delta\boldsymbol{x}(t)]}{\alpha}=\lim_{\alpha\to 0}\frac{R[\boldsymbol{x}(t),\alpha\delta\boldsymbol{x}(t)]}{\alpha\delta\boldsymbol{x}(t)}\delta\boldsymbol{x}(t)=0 \tag{2-15}$$

于是

$$\begin{aligned}\delta J&=\frac{\partial}{\partial\alpha}J[\boldsymbol{x}(t)+\delta\boldsymbol{x}(t)]\big|_{\alpha=0}\\&=\lim_{\alpha\to 0}\frac{J[\boldsymbol{x}(t)+\alpha\delta\boldsymbol{x}(t)]-J[\boldsymbol{x}(t)]}{\alpha}\\&=\lim_{\alpha\to 0}\frac{L[\boldsymbol{x}(t)+\alpha\delta\boldsymbol{x}(t)]+R[\boldsymbol{x}(t),\alpha\delta\boldsymbol{x}(t)]}{\alpha}\\&=\lim_{\alpha\to 0}\frac{L[\boldsymbol{x}(t)+\alpha\delta\boldsymbol{x}(t)]}{\alpha}+\lim_{\alpha\to 0}\frac{R[\boldsymbol{x}(t),\alpha\delta\boldsymbol{x}(t)]}{\alpha}\\&=L[\boldsymbol{x}(t),\delta\boldsymbol{x}(t)]=\delta J\end{aligned} \tag{2-16}$$

例 2.3 求泛函 $J=\int_{t_0}^{t_1}L(\boldsymbol{x}(t),\boldsymbol{x}(t),t)\mathrm{d}t$ 的变分。

解：

$$\delta J=\frac{\partial}{\partial\alpha}J[\boldsymbol{x}(t)+\delta\boldsymbol{x}(t)]\big|_{\alpha=0}=\int_{t_0}^{t_1}L[\boldsymbol{x}(t)+\alpha\delta\boldsymbol{x}(t),\dot{\boldsymbol{x}}(t)+\alpha\delta\dot{\boldsymbol{x}}(t),\boldsymbol{x}]\,|\,\alpha=0\mathrm{d}x$$

$$=\left[\int_{t_0}^{t_1}\frac{\partial L(t,\boldsymbol{x},\dot{\boldsymbol{x}})}{\partial\boldsymbol{x}}\delta x+\frac{\partial L(t,\boldsymbol{x},\dot{\boldsymbol{x}})}{\partial\dot{\boldsymbol{x}}}\delta\dot{\boldsymbol{x}}\right]\mathrm{d}t \tag{2-17}$$

4) 泛函变分的规则

设 L_1 和 L_2 是函数 $x,\dot{\boldsymbol{x}}$ 和 $\boldsymbol{t}$ 的函数，则

$$\delta(L_1+L_2)=\delta L_1+\delta L_2 \tag{2-18}$$

$$\delta(L_1\cdot L_2)=L_1\delta L_2+L_2\delta L_1 \tag{2-19}$$

$$\delta\int_a^b L(\boldsymbol{x},\dot{\boldsymbol{x}}t)\mathrm{d}t=\int_a^b\delta L(\boldsymbol{x},\dot{\boldsymbol{x}}t)\mathrm{d}t \tag{2-20}$$

$$\delta\dot{\boldsymbol{x}}=\frac{\mathrm{d}}{\mathrm{d}t}\delta\boldsymbol{x} \tag{2-21}$$

3. 泛函的极值

1）泛函极值的定义

若泛函 $J[\boldsymbol{x}(t)]$ 在任何一条与 $\boldsymbol{x}(t)=\boldsymbol{x}_0(t)$ 接近的曲线上的值不小于 $J[\boldsymbol{x}_0(t)]$，即 $J[\boldsymbol{x}(t)-J[\boldsymbol{x}_0(t)]]\geqslant 0$，则称泛函 $J[\boldsymbol{x}(t)]$ 在曲线上达到极小值。其中，称 $\boldsymbol{x}_0(t)$ 为泛函 $J[\boldsymbol{x}(t)]$ 的极小值函数或极小值曲线。

2）泛函极值的必要条件

定理 2.2　若可微泛函 $J[\boldsymbol{x}(t)]$ 在 $\boldsymbol{x}_0(t)$ 上达到了极大（小）值，则在 $\boldsymbol{x}(t)=\boldsymbol{x}_0(t)$ 上有 $\delta J=0$。

证明：对于任意给定的 $\delta\dot{\boldsymbol{x}}(t), J[\boldsymbol{x}(t)+\alpha\delta\boldsymbol{x}(t)]$ 是 α 的函数

$$\left.\frac{\partial J[\boldsymbol{x}(t)+\alpha\delta\boldsymbol{x}(t)]}{\partial\alpha}\right|_{\alpha=0}=\delta J[\boldsymbol{x}_0(t)]=0 \tag{2-22}$$

2.2.3　固定端点的变分问题

固定端点问题是指状态空间中轨迹（曲线）的起点和终点都是预知固定的。由于 $x(t_f)=x_f$ 已固定，性能泛函则变为积分型性能泛函。

1. 欧拉方程

定理 2.3　已知容许曲线 $\boldsymbol{x}(t)$ 的初始端状态 $\boldsymbol{x}(t_0)=\boldsymbol{x}_0$ 和终端状态 $\boldsymbol{x}(t_f)=\boldsymbol{x}_f$，则积分性能泛函 $J=\int_{t_0}^{t_f}L[\boldsymbol{x}(t),\dot{\boldsymbol{x}}(t),t]\mathrm{d}t$ 取极值的必要条件是容许极值曲线 $\boldsymbol{x}^*(t)$ 满足如下欧拉方程

$$\frac{\partial L}{\partial x}-\frac{\mathrm{d}}{\mathrm{d}t}\frac{\partial L}{\partial\dot{x}}=0\quad 或\quad L_x-L_{\dot{x}t}-\dot{x}L_{\dot{x}x}-\ddot{x}L_{\dot{x}\dot{x}}=0 \tag{2-23}$$

及边界条件 $\boldsymbol{x}(t_0)=\boldsymbol{x}_0$ 和 $\boldsymbol{x}(t_f)=\boldsymbol{x}_f$，其中，$L[\boldsymbol{x}(t),\dot{\boldsymbol{x}}(t),t]$ 及 $\boldsymbol{x}(t)$ 在 $[t_0,t_f]$ 上至少两次连续可微。说明欧拉公式可写为

$$\frac{\partial L}{\partial x}-\frac{\partial^2 L}{\partial\dot{x}^2}\ddot{\boldsymbol{x}}-\frac{\partial^2 L}{\partial\boldsymbol{x}\partial\dot{\boldsymbol{x}}}\dot{\boldsymbol{x}}-\frac{\partial^2 L}{\partial t\partial\boldsymbol{x}}=0 \tag{2-24}$$

欧拉方程是一个二阶微分方程，求解时有两个积分常数待定，对于固定端点问题，给定 $\boldsymbol{x}(t_0)=\boldsymbol{x}_0$ 和 $\boldsymbol{x}(t_f)=\boldsymbol{x}_f$ 即两个边界条件。因此求解欧拉方程就是求解两点边值问题。对于自由端点，因其一个端点 $x(t_0)$ 或 $x(t_f)$ 或两个端点是自由的，此时所欠缺的一个或两个边界条件便应由横截条件来补充。

$$\left.\frac{\partial L}{\partial\dot{\boldsymbol{x}}}\right|_{t_0}=0\ (始端自由)\qquad \left.\frac{\partial L}{\partial\dot{\boldsymbol{x}}}\right|_{t_f}=0\ (终端自由) \tag{2-25}$$

应当指出，上述欧拉方程和横截条件只是泛函极值存在的必要条件。至于所解得的极值曲线是极大值曲线还是极小值曲线，还需由充分条件来判定。但对许多工程问题，往往可以根据物理含义直接判断。

例 2.4　求泛函 $J=\int_1^2(\dot{x}+\dot{x}^2t^2)\,\mathrm{d}t$ 满足边界条件 $x(1)=1,x(2)=2$ 的极值曲线。

解：$L=\dot{x}+\dot{x}^2t^2$，存在 $\dfrac{\partial L}{\partial x}=0$。因而，有

$$\frac{\mathrm{d}}{\mathrm{d}t}\frac{\partial L}{\partial \dot{x}}=\frac{\mathrm{d}}{\mathrm{d}t}(1+2\dot{x}t^2)$$

从而

$$\frac{\partial L}{\partial x}-\frac{\mathrm{d}}{\mathrm{d}t}\frac{\partial L}{\partial \dot{x}}=\frac{\mathrm{d}}{\mathrm{d}t}(1+2\dot{x}t^2)=0 \tag{2-26}$$

即

$$1+2\dot{x}t^2=c$$

所以

$$\dot{x}=\frac{c-1}{2t^2} \tag{2-27}$$

$$x(t)=c_1\frac{1}{t}+c_2 \tag{2-28}$$

由边界条件得到

$$c_1=-2,\quad c_2=3 \tag{2-29}$$

所以泛函极值只能在曲线 $x(t)=3-\dfrac{\alpha}{t}$ 上实现。

2. 泛函极值的充分条件——勒让德(Legendse)条件

如同函数极值的性质可由二阶导数的符号来判定一样，泛函极值的性质可由二阶变分 $\delta^2 J$ 的符号来判定。

若两个函数 $\boldsymbol{x}(t)$ 存在无穷小量的差异，则 $\boldsymbol{x}(t)$ 的一次变分可写成 $\delta\boldsymbol{x}(t)=\boldsymbol{x}(t)-\boldsymbol{x}^*(t)$。对于泛函数 $L(\boldsymbol{x},\dot{\boldsymbol{x}},t)$，若它有三阶以上的连续偏导数，则在满足欧拉方程的极值曲线邻域内，有如下泰勒级数展开式

$$\begin{aligned}\boldsymbol{L}(\boldsymbol{x},\dot{\boldsymbol{x}},t)&=\int_{t_0}^{t_f}\left[\frac{\partial \boldsymbol{L}}{\partial \boldsymbol{x}}\delta\boldsymbol{x}+\frac{\partial \boldsymbol{L}}{\partial \dot{\boldsymbol{x}}}\delta\dot{\boldsymbol{x}}\right]\mathrm{d}t+\frac{1}{2}\int_{t_0}^{t_f}\left[\frac{\partial^2 \boldsymbol{L}}{\partial \boldsymbol{x}^2}(\delta\boldsymbol{x})^2+2\frac{\partial \boldsymbol{L}^2}{\partial \boldsymbol{x}\dot{\boldsymbol{x}}}\delta\boldsymbol{x}\delta\dot{\boldsymbol{x}}+\frac{\partial^2 \boldsymbol{L}}{\partial \dot{\boldsymbol{x}}^2}(\delta\dot{\boldsymbol{x}})^2\right]\mathrm{d}t+\cdots\\&=\int_{t_0}^{t_f}\left[\frac{\partial \boldsymbol{L}}{\partial \boldsymbol{x}}\delta\boldsymbol{x}+\frac{\partial \boldsymbol{L}}{\partial \dot{\boldsymbol{x}}}\delta\dot{\boldsymbol{x}}\right]\mathrm{d}t+\frac{1}{2}\int_{t_0}^{t_f}\left[\frac{\partial^2 \boldsymbol{L}}{\partial \boldsymbol{x}^2}(\delta\boldsymbol{x})^2+2\frac{\partial \boldsymbol{L}^2}{\partial \boldsymbol{x}\dot{\boldsymbol{x}}}\delta\boldsymbol{x}\delta\dot{\boldsymbol{x}}+\frac{\partial^2 \boldsymbol{L}}{\partial \dot{\boldsymbol{x}}^2}(\delta\dot{\boldsymbol{x}})^2\right]\mathrm{d}t+\cdots\end{aligned} \tag{2-30}$$

因为

$$\delta J=\int_{t_0}^{t_f}\left[\frac{\partial L}{\partial x}\delta x+\frac{\partial L}{\partial \dot{x}}\delta\dot{x}\right]\mathrm{d}t,\qquad \delta J^2=\frac{1}{2}\int_{t_0}^{t_f}\left[\frac{\partial^2 L}{\partial x^2}(\delta x)^2+2\frac{\partial L^2}{\partial x\dot{x}}\delta x\delta\dot{x}+\frac{\partial^2 L}{\partial \dot{x}^2}(\delta\dot{x})^2\right]\mathrm{d}t \tag{2-31}$$

所以

$$\Delta J=\delta J+\delta J^2+\cdots \tag{2-32}$$

当 $x^*(t)$ 为极值曲线时，$\delta J=0$ 是泛函取极值的必要条件，其充分条件是：若 $\delta J^2>0$，则 $J^*=J_{\min}$；若 $\delta J^2<0$，则 $J^*=J_{\max}$。

矩阵形式：

$$\delta J^2=\frac{1}{2}\int_{t_0}^{t_f}[\delta\boldsymbol{x},\delta\dot{\boldsymbol{x}}]\begin{bmatrix}\dfrac{\partial^2 \boldsymbol{L}}{\partial \boldsymbol{x}^2} & \dfrac{\partial \boldsymbol{L}^2}{\partial \boldsymbol{x}\dot{\boldsymbol{x}}}\\ \dfrac{\partial \boldsymbol{L}^2}{\partial \boldsymbol{x}\dot{\boldsymbol{x}}} & \dfrac{\partial^2 \boldsymbol{L}}{\partial \dot{\boldsymbol{x}}^2}\end{bmatrix}\begin{bmatrix}\delta\boldsymbol{x}\\ \delta\dot{\boldsymbol{x}}\end{bmatrix}\mathrm{d}t \tag{2-33}$$

勒让德条件为

$$\frac{\partial^2 \boldsymbol{L}}{\partial \dot{\boldsymbol{x}}^2} \geqslant 0, \quad J \to J_{\min} \tag{2-34}$$

$$\frac{\partial^2 \boldsymbol{L}}{\partial \dot{\boldsymbol{x}}^2} \leqslant 0, \quad J \to J_{\max} \tag{2-35}$$

例 2.5　求泛函 $J = \int_0^1 (\dot{x}^2 + 12xt)\mathrm{d}t$ 满足边界条件 $x(0)=0, x(1)=1$ 的极值函数 $x(t)$ 并判别泛函极值的性质。

解：

$$L = \dot{x}^2 + 12xt \tag{2-36}$$

$$\frac{\partial L}{\partial x} = 12t, \quad \frac{\partial L}{\partial \dot{x}} = 2\dot{x}, \quad \frac{\mathrm{d}}{\mathrm{d}t}\frac{\partial L}{\partial \dot{x}} = 2\ddot{x} \tag{2-37}$$

代入欧拉方程

$$\frac{\partial L}{\partial \dot{x}} - \frac{\mathrm{d}}{\mathrm{d}t}\frac{\partial L}{\partial \dot{x}} = 12t = -2\ddot{x} = 0 \tag{2-38}$$

得到

$$x(t) = t^3 + c_1 t + c_2$$

由边界条件可知

$$c_1 = 0, \quad c_2 = 0$$

所以

$$x(t) = t^3$$

又因为

$$\frac{\partial^2 L}{\partial \dot{x}^2} = \frac{\partial}{\partial \dot{x}}\frac{\partial L}{\partial \dot{x}} = 2 > 0$$

所以，所求得的 $x(t)$ 使 J 取极小值

$$J \to J_{\min} \tag{2-39}$$

3. 几种典型泛函的欧拉方程

一般来说欧拉方程是一个非线性二次微分方程，其解并不是在所有情况下都能表示成封闭式的解，但在下列几种特殊情况下，欧拉方程一定能积分出来，并将它表示成封闭形式。

(1) L 不依赖于 $\dot{\boldsymbol{x}}$，即 $L = L(\boldsymbol{x}, t)$；

(2) L 不依赖于 $\boldsymbol{x}$，即 $L = L(\dot{\boldsymbol{x}}, t)$；

(3) L 只依赖于 $\dot{\boldsymbol{x}}$，即 $L = L(\dot{\boldsymbol{x}})$；

(4) L 只依赖于 $\boldsymbol{x}$，即 $L = L(\boldsymbol{x})$。

欧拉方程：

$$L - \dot{\boldsymbol{x}} L \dot{\boldsymbol{x}} = c \tag{2-40}$$

4. 多变量系统的泛函

设多变量系统的积分型性能指标泛函为

$$J = \int_{t_0}^{t_f} L[\boldsymbol{x}(t), \dot{\boldsymbol{x}}(t), t]\mathrm{d}t$$

欧拉方程：

$$\frac{\partial L}{\partial \boldsymbol{x}}-\frac{\mathrm{d}}{\mathrm{d}t}\frac{\partial L}{\partial \dot{\boldsymbol{x}}}=0$$

横截条件：

$$\left(\frac{\partial \boldsymbol{L}}{\partial \dot{\boldsymbol{x}}}\right)^{\mathrm{T}}\Bigg|_{t=t_f}\delta \boldsymbol{x}(t_f)-\left(\frac{\partial \boldsymbol{L}}{\partial \dot{\boldsymbol{x}}}\right)^{\mathrm{T}}\Bigg|_{t=t_0}\delta \boldsymbol{x}(t_0)=0,\quad \frac{\partial \boldsymbol{L}}{\partial \boldsymbol{x}}=\begin{bmatrix}\dfrac{\partial L}{\partial x_1}\\ \dfrac{\partial L}{\partial x_2}\\ \vdots\\ \dfrac{\partial L}{\partial x_n}\end{bmatrix},\quad \frac{\partial \boldsymbol{L}}{\partial \dot{\boldsymbol{x}}}=\begin{bmatrix}\dfrac{\partial L}{\partial \dot{x}_1}\\ \dfrac{\partial L}{\partial \dot{x}_2}\\ \vdots\\ \dfrac{\partial L}{\partial \dot{x}_n}\end{bmatrix}$$

固定端点：

$$x(t_0)=x_0,\quad x(t_f)=x_f$$

边界条件：

$$x(t_0)=x_0$$

自由端点：

$$\left.\frac{\partial L}{\partial \dot{x}}\right|_{t_f}=0$$

自由终端：

$$\left.\frac{\partial L}{\partial \dot{x}}\right|_{t_0}=0$$

自由始端：

$$x(t_f)=x_f$$

例 2.6　求泛函 $J(x_1,x_2)=\int_0^{\frac{\pi}{2}}[2x_1x_2+\dot{x}_1^2+\dot{x}_2^2]\mathrm{d}t$ 在条件 $x_1(0)=0$，$x_1\left(\dfrac{\pi}{2}\right)=1$，$x_2(0)=0$，$x_2\left(\dfrac{\pi}{2}\right)=-1$ 的极值曲线。

解：欧拉方程为

$$\begin{cases}\dfrac{\partial L}{\partial x_1}-\dfrac{\mathrm{d}}{\mathrm{d}t}\dfrac{\partial L}{\partial \dot{x}_1}=0\\ \dfrac{\partial L}{\partial x_2}-\dfrac{\mathrm{d}}{\mathrm{d}t}\dfrac{\partial L}{\partial \dot{x}_2}=0\end{cases}\Rightarrow\begin{cases}\ddot{x}_1+x_2=0\\ \ddot{x}_2-x_1=0\end{cases}$$

因而有

$$x_1^{(4)}=x_1$$

进一步得到

$$\begin{cases}x_1(t)=c_1\mathrm{e}^t+c_2\mathrm{e}^{-t}+c_3\cos t+c_4\sin t\\ x_2(t)=c_1\mathrm{e}^t+c_2\mathrm{e}^{-t}-c_3\cos t-c_4\sin t\end{cases}\tag{2-41}$$

由边界条件可求出 $c_1 = c_2 = c_3 = 0$， $c_4 = 1$，从而得到

$$x_1(t) = \sin t,\ x_2(t) = -\sin t \tag{2-42}$$

2.2.4　可变端点的变分问题

端点固定情况是一种最简单的情况。在工程实际问题中，经常会遇到曲线的始端或终端是变动的——可变端点问题。

可假设始端时刻 t_0 固定，即 $x(t_0) = x_0$，终端时间 t_f 可变，终端边界条件为 $\boldsymbol{\phi}(t_f)$，即 $x(t_f) = \boldsymbol{\phi}(t_f)$。当 t_f 可变时， $\boldsymbol{\phi}(t_f) \neq 0$。

问题提法：寻找一条连续可微的极值曲线 $x^*(t)$，从 $x(t_0) \to x(t_f) = \boldsymbol{\varphi}(t_f)$ 且使性能泛函 $J = \int_{t_0}^{t_f} L(\boldsymbol{x}, \dot{\boldsymbol{x}}, t)\mathrm{d}t$ 达到极值。

1. 泛函极值的必要条件

定理 2.4　设容许曲线 $\boldsymbol{x}(t)$ 从 $\boldsymbol{x}(t_0) \to \boldsymbol{x}(t_f) = \boldsymbol{\Phi}(t_f)$ 且使 $J = \int_{t_0}^{t_f} L(\boldsymbol{x}, \dot{\boldsymbol{x}}, t)\mathrm{d}t$。取极值的必要条件是：极值曲线 $\boldsymbol{x}^*(t)$ 满足欧拉方程 $\dfrac{\partial L}{\partial \boldsymbol{x}} - \dfrac{\mathrm{d}}{\mathrm{d}t}\dfrac{\partial L}{\partial \dot{\boldsymbol{x}}^2} = 0$。设始端边界条件和终端横截条件为 $\boldsymbol{x}(t_0) = \boldsymbol{x}_0$， $\left[L(\boldsymbol{x}, \dot{\boldsymbol{x}}t) + (\dot{\boldsymbol{\Phi}} - \dot{\boldsymbol{x}})^{\mathrm{T}} \dfrac{\partial L}{\partial \dot{\boldsymbol{x}}}\right] | t_f = 0$， $\boldsymbol{x}(t_f) = \boldsymbol{\Phi}(t_f)$。

注意：横截条件与欧拉方程联立才能构成泛函极值的必要条件。

例 2.7　求从 $x(0) = 1$ 到直线 $x(t) = 2 - t$ 间距离最短的曲线。

解：问题是求 $J(x) = \int_0^{t_f} (1 + \dot{x}^2)^{\frac{1}{2}}\mathrm{d}t$ 的极小值曲线 $x^*(t)$，存在 $L = (1 + \dot{x}^2)^{\frac{1}{2}}$。

由欧拉方程 $\dfrac{\mathrm{d}}{\mathrm{d}t}\dfrac{\partial L}{\partial \dot{x}} = 0$ 得

$$\frac{\mathrm{d}}{\mathrm{d}t}\frac{\dot{x}}{\sqrt{1+\dot{x}^2}} = 0 \to \frac{\dot{x}}{\sqrt{1+\dot{x}^2}} = C \to \dot{x} = \pm\frac{C}{\sqrt{1-C^2}} = a \tag{2-43}$$

故

$$x(t) = at + b \tag{2-44}$$

横截条件：

$$\left.\left\{L(x, \dot{x}, t) + [\dot{\Phi}(t) - \dot{x}(t)]^{\mathrm{T}}\frac{\partial L}{\partial x}\right\}\right|_{t=t_f} = 0 \tag{2-45}$$

$$\sqrt{1+x^2} - (-1-\dot{x})\frac{\dot{x}}{\sqrt{1+\dot{x}^2}} = 0 \Rightarrow \dot{x} = 1 \tag{2-46}$$

即 $a = 1$， $x(t) = t + c_1$，由 $x(0) = 1 \to c_1 = 1$。所以 $x^*(t) = t + 1$。

由终端约束条件得

$$x^*(t) = t + 1x(t_f) = \phi(t_f) \tag{2-47}$$

因而， $t_f^* + 1 = 2 - t_f^*$，即 $t_f^* = \dfrac{1}{2}$。所以

$$J^* = \int_0^{t_f^*}\sqrt{1+\dot{x}^2}\mathrm{d}t = \int_0^{\frac{1}{2}}\sqrt{1+1}\mathrm{d}t = 0.707 \tag{2-48}$$

2. 特殊形式下的横截条件

在控制工程中，大多数终端约束条件都比较特殊。

(1) 当目标曲线 $\boldsymbol{\Phi}(t)$ 是平行横轴 t_S 的直线时，其终端状态 $x(t_f)$ 相当于固定，使 t_f 可变，即 $x(t_f)$ 为平动端点，此时 $\dot{\boldsymbol{\Phi}}(t)=0$，则横截条件可简化为

$$\left\{L(x,\dot{x},t)-\dot{x}^{\mathrm{T}}\frac{\partial L}{\partial x}\right\}\Bigg|_{t=t_f}=0 \tag{2-49}$$

(2) 当目标曲线 $\boldsymbol{\Phi}(t)$ 是垂直横轴 t_S 直线时，相当于终端时刻 t_f，$\boldsymbol{x}(t_f)$ 自由，自由终端 $\dot{\varphi}(t)=\infty$，横截条件改写为

$$\left\{\frac{L(x,\dot{x},t)}{\left[\dot{\boldsymbol{\Phi}}(t)-\dot{x}(t)\right]^{\mathrm{T}}}+\frac{\partial L}{\partial x}\right\}\Bigg|_{t=t_f}=0\rightarrow\frac{\partial L}{\partial x}\bigg|_{t=t_f}=0 \tag{2-50}$$

(3) 若终端状态 $x(t_f)$ 也固定——固定端点问题，即 $\boldsymbol{x}(t_f)=\boldsymbol{x}_f$。

(4) 若曲线 x_t 的始端可变，终端固定，始端 $\boldsymbol{x}_{t_0}$ 只能沿着给定目标曲线 $\boldsymbol{\Phi}(t)$ 变化时，可用上述同样方法推证始端横截条件为：$\{[\dot{\boldsymbol{\Phi}}(t)-\dot{\boldsymbol{x}}(t)]^{\mathrm{T}}\frac{\partial L}{\partial x}+L(x,\dot{\boldsymbol{x}},t)\}|_{t=t_0}=0$，终端边界条件：$x(t_f)=x_f$。

例 2.8　求使性能泛函 $J=\int_0^1[\dot{x}^2+\dot{x}^3]\mathrm{d}t$ 取极值的轨迹 $x^*(t)$，要求 $x^*(0)=0, x^*(1)$ 任意。

解：始端固定，终端自由

$$L=\dot{x}^2+\dot{x}^3 \tag{2-51}$$

$$\frac{\partial L}{\partial x}=0，\quad\frac{\partial L}{\partial\dot{x}}=2\dot{x}+3\dot{x}^2 \tag{2-52}$$

欧拉方程：

$$\frac{\partial L}{\partial x}-\frac{\mathrm{d}}{\mathrm{d}t}\frac{\partial L}{\partial\dot{x}}=-\frac{\mathrm{d}}{\mathrm{d}t}(2\dot{x}+3\dot{x}^2)=0 \tag{2-53}$$

即 $2\dot{x}+3\dot{x}^2$=常数，故 $\dot{x}$ 必为常数。

设 $x(t)=Ax+B$，由 $x(0)=0$ 有 $B=0$，所以 $\dot{x}(t)=A$。由终端横截条件 $\frac{\partial L}{\partial\dot{x}}\Big|_{t=t_f}=0$ 可知

$$2\dot{x}+3\dot{x}^2=2A+3A^2=0 \tag{2-54}$$

得 A=0，或 A=−2/3。

A=−2/3 时极值轨迹为 $\dot{x}(t)=-\frac{2}{3}t$。

容易验证：$x(0)=0$ 时，J=0，局部极小；$x(t)=-\frac{2}{3}t$，$J=4/27$，局部极大。

2.2.5　应用变分法求解最优控制问题

前面讨论的泛函极值问题中，没有对容许曲线 $x(t)$ 附加任何条件，属于无约束条件的变分问题，但在最优控制问题中，泛函 $J[x(t)]$ 所依赖的函数往往受限于一定约束条件——状态方程，它可以看成是一种等式约束条件，可采用拉格朗日乘子法，将具有等式约束条件的变分问题转化为一种等价的无约束变分问题，从而将在等式约束条件下对泛函 J 求极

值的最优控制问题转化为在无约束的条件下求哈密顿函数 H 的极值问题——哈密顿方法。

1. 固定端点的最优控制问题

问题描述：设系统的状态方程为 $\dot{\boldsymbol{x}} = f[\boldsymbol{x}(t), \boldsymbol{u}(t), t]$，系统终端和始端满足 $\boldsymbol{x}(t_0) = \boldsymbol{x}_0$，$\boldsymbol{x}(t_f) = \boldsymbol{x}_f$，系统的性能泛函为 $J = \int_{t_0}^{t_f} L[\boldsymbol{x}(t), \boldsymbol{u}(t), t]\mathrm{d}t$。试确定最优控制 $\boldsymbol{u}^*(t)$ 和最优曲线 $\boldsymbol{x}^*(t)$，使系统由 $\boldsymbol{x}(t_0) \to \boldsymbol{x}(t_f)$，并使泛函 J 达到极值。

将状态方程改写为 $f[\boldsymbol{x}(t), \boldsymbol{u}(t), t] - \dot{\boldsymbol{x}} = 0$，引入拉格朗日乘子向量 $\boldsymbol{\lambda}(t) = [\lambda_1(t), \lambda_2(t), \cdots, \lambda_n(t)]^{\mathrm{T}}$，构造下列泛函

$$J = \int_{t_0}^{t_f} \{L[\boldsymbol{x}, \boldsymbol{u}, t] + \lambda^{\mathrm{T}}[f[\boldsymbol{x}, \boldsymbol{u}, t] - \dot{\boldsymbol{x}}]\}\mathrm{d}t \tag{2-55}$$

现引入一个标量函数

$$H[x(t), u(t), \lambda(t), t] = L[\boldsymbol{x}(t), \boldsymbol{u}(t), t] + \lambda^{\mathrm{T}}(t)[f[\boldsymbol{x}(t), \boldsymbol{u}(t), t] \tag{2-56}$$

$$\begin{aligned} J &= \int_{t_0}^{t_f} H[\boldsymbol{x}(t), \boldsymbol{u}(t), \boldsymbol{\lambda}(t), t] - \boldsymbol{\lambda}^{\mathrm{T}} \dot{\boldsymbol{x}}(t)\}\mathrm{d}t \\ &= \int_{t_0}^{t_f} H[\boldsymbol{x}(t), \boldsymbol{u}(t), \boldsymbol{\lambda}(t), t] + \boldsymbol{\lambda}^{\mathrm{T}} x(t)\}\mathrm{d}t - \boldsymbol{\lambda}^{\mathrm{T}} x(t)\Big|_{t=t_0}^{t=t_f} \end{aligned} \tag{2-57}$$

泛函极值的必要条件为 $\delta J = 0$，$\delta \boldsymbol{x}, \delta \boldsymbol{u}$ 任意。

$$\delta J = \int_{t_0}^{t_f} \left[\left(\frac{\partial H}{\partial \boldsymbol{u}}\right)^{\mathrm{T}} \delta \boldsymbol{u} + \left(\frac{\partial H}{\partial \boldsymbol{x}}\right)^{\mathrm{T}} \delta \boldsymbol{x} + \boldsymbol{\lambda}^{\mathrm{T}}(t)\delta \boldsymbol{x}\right]\mathrm{d}t - \lambda^{\mathrm{T}}(t)\delta \boldsymbol{x}\Big|_{t=t_0}^{t=t_f} = 0 \tag{2-58}$$

伴随方程化为 $\boldsymbol{\lambda} = -\dfrac{\partial H}{\partial \boldsymbol{x}}$，控制方程为 $\dfrac{\partial H}{\partial \boldsymbol{u}} = 0$，横截条件为 $\boldsymbol{\lambda}^{\mathrm{T}}(t)\delta x\Big|_{t=t_0}^{t=t_f} = 0$，状态方程为 $\dot{\boldsymbol{x}} = \dfrac{\partial H}{\partial \boldsymbol{\lambda}} = [f[\boldsymbol{x}(t), \boldsymbol{u}(t), t]$。

以上等式亦可由欧拉方程求出。

令 $G[\boldsymbol{x}(t), \boldsymbol{u}(t), \boldsymbol{\lambda}(t), t] = H[x(t), \boldsymbol{u}(t), \boldsymbol{\lambda}(t), t] - \boldsymbol{\lambda}^{\mathrm{T}}(t)\dot{x}(t)$，可推出

$$J = \int_{t_0}^{t_f} G[\boldsymbol{x}(t), \boldsymbol{u}(t), \boldsymbol{\lambda}(t), t]\mathrm{d}t \tag{2-59}$$

由 $\dfrac{\partial G}{\partial x} - \dfrac{\mathrm{d}}{\mathrm{d}t}\dfrac{\partial G}{\partial \dot{\boldsymbol{x}}} = 0$ 得到 $\dfrac{\partial H}{\partial x} - \dot{\boldsymbol{\lambda}}(t) = 0$，从而有 $\dot{\boldsymbol{\lambda}}(t) = -\dfrac{\partial H}{\partial \boldsymbol{x}}$。

由 $\dfrac{\partial G}{\partial \lambda} - \dfrac{\mathrm{d}}{\mathrm{d}t}\dfrac{\partial G}{\partial \dot{\boldsymbol{x}}} = 0$ 得到 $\dfrac{\partial H}{\partial \boldsymbol{\lambda}} = f[\boldsymbol{x}(t), \boldsymbol{u}(t), t] = \dot{\boldsymbol{x}}t$。

由 $\dfrac{\partial G}{\partial \boldsymbol{u}} - \dfrac{\mathrm{d}}{\mathrm{d}t}\dfrac{\partial G}{\partial \dot{\boldsymbol{u}}} = 0$ 推出 $\dfrac{\partial H}{\partial \boldsymbol{u}} = 0$。

状态方程与伴随方程通常合称正则方程，其标量形式为

$$\begin{aligned} \dot{x}_i &= \frac{\mathrm{d}x_i}{\mathrm{d}t} = \frac{\partial H}{\partial \lambda_i} = f_i[x, u, t], \quad i = 1, 2, \cdots, n \\ \dot{\lambda}_i &= \frac{\mathrm{d}\lambda_i}{\mathrm{d}t} - \frac{\partial H}{\partial x_i}, \quad i = 1, 2, \cdots, n \end{aligned} \tag{2-60}$$

$2n$ 个边界条件为 $x_i(t_0) = x_{i0}$，$x_i(t_f) = x_{if}$，$i = 1, 2, \cdots, n$。

由 $\boldsymbol{u}^*(t)$ 与 $\boldsymbol{x}(t), \lambda(t)$ 的函数关系得

$$\begin{cases}\dot{\boldsymbol{x}}=\dfrac{\partial H}{\partial \boldsymbol{\lambda}}\\ \dot{\boldsymbol{\lambda}}=-\dfrac{\partial H}{\partial \boldsymbol{x}}\end{cases}\rightarrow\begin{Bmatrix}\boldsymbol{x}^*(t)\\ \boldsymbol{\lambda}^*(t)\end{Bmatrix} \tag{2-61}$$

哈密顿函数的一个重要性质：当 H 不显含 t 时，$\dfrac{\partial H}{\partial t}=0$。

定理 2.5 设系统的状态方程为 $\dot{\boldsymbol{x}}(t)=[f[\boldsymbol{x}(t),\boldsymbol{u}(t),t]$，目标函数为 $J=\int_{t_0}^{t_f}L[\boldsymbol{x}(t),\boldsymbol{u}(t),t]\mathrm{d}t$，则实现最优控制的必要条件如下。

(1) 最优曲线 $\boldsymbol{x}^*(t)$ 和最优伴随向量 $\boldsymbol{\lambda}^*(t)$ 满足正则方程：

$$\dot{\boldsymbol{x}}(t)=\frac{\partial H}{\partial \lambda},\quad \dot{\boldsymbol{\lambda}}(t)=-\frac{\partial H}{\partial \boldsymbol{x}},\quad H=L[\boldsymbol{x},\boldsymbol{u},t]+\lambda^{\mathrm{T}}[f[\boldsymbol{x},\boldsymbol{u},t] \tag{2-62}$$

(2) 最优控制 $\boldsymbol{u}^*(t)$ 满足控制方程：$\dfrac{\partial H}{\partial t}$=0。

(3) 边界条件：$\boldsymbol{x}(t_0)=\boldsymbol{x}_0$，$\boldsymbol{x}(t_f)=\boldsymbol{x}_f$。

当然上述具有等式约束(状态方程)问题，也可先利用状态方程得到 $\boldsymbol{u}(t)$ 与 $\boldsymbol{x}(t)$，$\dot{\boldsymbol{x}}(t)$ 的关系，代入性能泛函，使目标函数具有 $J=\int_{t_0}^{t_f}L[\boldsymbol{x}(t),\dot{\boldsymbol{x}}(t),t]\,\mathrm{d}t$ 的形式。化为一个无约束最优控制问题。

最优控制计算步骤如下。

步骤 1：构造 $H[\boldsymbol{x}(t),\boldsymbol{u}(t),\boldsymbol{\lambda}(t),t]=L[\boldsymbol{x},\boldsymbol{u},t]+\boldsymbol{\lambda}^{\mathrm{T}}[f[\boldsymbol{x},\boldsymbol{u},t]$。根据 $\dfrac{\partial H}{\partial \boldsymbol{u}}=0$，求出 $\boldsymbol{u}^*=\boldsymbol{u}(\boldsymbol{x},\boldsymbol{\lambda})$。

步骤 2：以 $\boldsymbol{u}^*=\boldsymbol{u}(\boldsymbol{x},\boldsymbol{\lambda})$ 代入正则方程中，解消去 $\boldsymbol{u}$ 的两点边值问题；

$$\begin{cases}\boldsymbol{x}=f[\boldsymbol{x},\boldsymbol{u}(\boldsymbol{x},\dot{\lambda}),t],x(t_0)=x_0\\ \dot{\boldsymbol{\lambda}}=-\dfrac{\partial H}{\partial \boldsymbol{x}},\quad \dot{\boldsymbol{x}}(t_f)=\boldsymbol{x}_f\end{cases} \tag{2-63}$$

从而得到

$$\boldsymbol{x}=\boldsymbol{x}^*(t),\boldsymbol{\lambda}=\boldsymbol{\lambda}^*(t)$$

步骤 3：以 $\boldsymbol{x}=\boldsymbol{x}^*(t),\boldsymbol{\lambda}=\boldsymbol{\lambda}^*(t)$ 代入 $\boldsymbol{u}^*=\boldsymbol{u}(\boldsymbol{x},\boldsymbol{\lambda})$ 得到 $\boldsymbol{u}^*(t)$。

$$\boldsymbol{u}^*(t)=\boldsymbol{u}(x^*(t),\quad \boldsymbol{\lambda}^*(t))=\boldsymbol{u}(t) \tag{2-64}$$

例 2.9 设人造卫星姿态控制系统的状态方程为 $\dot{\boldsymbol{x}}=\begin{bmatrix}0&1\\0&0\end{bmatrix}\boldsymbol{x}+\begin{bmatrix}0\\1\end{bmatrix}u$，性能指标为 $J=\dfrac{1}{2}\int_0^2 u^2(t)\mathrm{d}t$，边界条件为 $\boldsymbol{x}(0)=\begin{bmatrix}1\\1\end{bmatrix},\boldsymbol{x}(2)=\begin{bmatrix}0\\0\end{bmatrix}$，求使 J 取极值的最优曲线 $\boldsymbol{x}^*(t)$ 和最优控制 $\boldsymbol{u}^*(t)$。

解：

$$L=\frac{1}{2}u^2,\quad \boldsymbol{\lambda}=\begin{bmatrix}\lambda_1\\ \lambda_2\end{bmatrix} \tag{2-65}$$

$$H-L+\boldsymbol{\lambda}^{\mathrm{T}}f=\frac{1}{2}u^2+\lambda_1x_2+\lambda_2u \tag{2-66}$$

由伴随方程得到

$$\begin{cases}\dot{\lambda}_1 = 0 \rightarrow \lambda_1 = a \\ \dot{\lambda}_2 = -\lambda_1 \rightarrow \lambda_2 = -at + b\end{cases} \tag{2-67}$$

由控制方程得到

$$u + \lambda_2 = 0, \quad u = at - b \tag{2-68}$$

由状态方程得到

$$x_2 = \frac{1}{2}at^2 - bt + c$$

$$x_1 = \frac{1}{6}at^3 - \frac{1}{2}bt^2 + ct + d \tag{2-69}$$

由边界条件可得

$$a = 3, \quad b = 3.5, \quad c = d = 1 \tag{2-70}$$

所以，最优曲线为

$$x_1^*(t) = \frac{1}{2}t^3 - 1.75t^2 + t + 1$$

$$x_2^*(t) = \frac{3}{2}t^2 - 3.5t + 1 \tag{2-71}$$

最优控制为

$$u^*(t) = 3t - 3.5 \tag{2-72}$$

2. 可变端点的最优控制问题

设状态方程：

$$\dot{\boldsymbol{x}}(t) = [f[\boldsymbol{x}(t), \boldsymbol{u}(t), t], \quad \boldsymbol{x}(t_0) = \boldsymbol{x}_0$$

性能指标：

$$J = \int_{t_0}^{t_f} L[\boldsymbol{x}(t), \boldsymbol{u}(t), t]\mathrm{d}t + \varphi[\boldsymbol{x}(t_f), t_f]$$

试确定最优控制 $\boldsymbol{u}^*(t)$ 和最优曲线 $\boldsymbol{x}^*(t)$ 使系统由已知 $\boldsymbol{x}(t_a)$ 到达可变终端，并使 J 达到极值。

1) 终端时刻 t_f 固定，终端状态 $x(t_f)$ 自由，引入拉格朗日乘子向量

定义 2.1

$$H[\boldsymbol{x}(t), \boldsymbol{u}(t), \boldsymbol{\lambda}(t), t] = L[\boldsymbol{x}(t), \boldsymbol{u}(t), t] + \boldsymbol{\lambda}^{\mathrm{T}}(t)[f[\boldsymbol{x}(t), \boldsymbol{u}(t), t] \tag{2-73}$$

$$\begin{aligned} J &= \Phi[\boldsymbol{x}(t_f), t_f] + \int_{t_0}^{t_f} \{L[\boldsymbol{x}(t), u(t), t] + \lambda^{\mathrm{T}}[f[\boldsymbol{x}(t), \boldsymbol{u}(t), t] - \dot{\boldsymbol{x}}]\}\mathrm{d}t \\ &= \Phi[\boldsymbol{x}(t_f), t] + \int_{t_0}^{t_f} \{H[\boldsymbol{x}(t), \boldsymbol{u}(t), \boldsymbol{\lambda}(t), t] - \boldsymbol{\lambda}^{\mathrm{T}}(t)\dot{\boldsymbol{x}}(t)\}\mathrm{d}t \\ &= \Phi[\boldsymbol{x}(t_f), t_f] + \int_{t_0}^{t_f} \{H[\boldsymbol{x}(t), \boldsymbol{u}(t), \boldsymbol{\lambda}(t), t] + \boldsymbol{\lambda}^{\mathrm{T}}(t)\dot{\boldsymbol{x}}(t)\}\mathrm{d}t - \boldsymbol{\lambda}^{\mathrm{T}}(t)\boldsymbol{x}(t)\Big|_{t_0}^{t_f} \end{aligned} \tag{2-74}$$

$$\delta J = \left(\frac{\partial \boldsymbol{\Phi}}{\partial \boldsymbol{x}}\right)^{\mathrm{T}} \delta \boldsymbol{x}\Bigg|_{t=t_f} + \int_{t_0}^{t_f} \left[\left(\frac{\partial H}{\partial \boldsymbol{u}}\right)^{\mathrm{T}} \delta \boldsymbol{u} + \left(\frac{\partial H}{\partial \boldsymbol{x}}\right)^{\mathrm{T}} \delta x + \dot{\boldsymbol{\lambda}}^{\mathrm{T}} \delta \boldsymbol{x}\right]\mathrm{d}t - \boldsymbol{\lambda}^{\mathrm{T}} \delta \boldsymbol{x}\Bigg|_{t=t_0}^{t=t_f} \tag{2-75}$$

泛函极值存在的必要条件为 $\delta J = 0$ 及 $\delta \boldsymbol{x}(t_0) = \boldsymbol{0}$。

$$\delta J=\left[\left(\frac{\partial \boldsymbol{\Phi}}{\partial \boldsymbol{x}}\right)^{\mathrm{T}}-\boldsymbol{\lambda}^{\mathrm{T}}\right]\delta \boldsymbol{x}\Bigg|_{t=t_f}+\int_{t_0}^{t_f}\left[\left(\frac{\partial H}{\partial \boldsymbol{u}}\right)^{\mathrm{T}}\delta \boldsymbol{u}\mathrm{d}t+\int_{t_0}^{t_f}\left(\frac{\partial H}{\partial \boldsymbol{x}}\right)^{\mathrm{T}}\delta \boldsymbol{x}+\dot{\boldsymbol{\lambda}}^{\mathrm{T}}\right]\delta \boldsymbol{x}\mathrm{d}t=0 \tag{2-76}$$

所以状态方程为

$$\dot{\boldsymbol{x}}=\frac{\partial H}{\partial \boldsymbol{\lambda}}=f(\boldsymbol{x},\boldsymbol{u},t)$$

伴随方程为

$$\dot{\boldsymbol{\lambda}}=-\frac{\partial H}{\partial \boldsymbol{x}}$$

控制方程为

$$\frac{\partial H}{\partial \boldsymbol{u}}=0$$

横截条件为

$$\boldsymbol{\lambda}[t_f]=\frac{\partial \boldsymbol{\Phi}}{\partial \boldsymbol{x}}\bigg|_{t=t_f},\quad \boldsymbol{x}(t_0)=\boldsymbol{x}_0$$

例 2.10 例 2.9 中，终端状态设为 $x_1(1)=0, x_2(1)$ 自由，部分受约束，部分自由，求使 J 取极值的最优曲线 $x^*(t)$ 及最优控制 $u^*(t)$。

解：

$$H=\frac{1}{2}u^2+\lambda_1 x_2+\lambda_2 u\,,\quad \Phi[x(t_f),t_f]=0 \tag{2-77}$$

$$\dot{\lambda}_1=0\,,\quad \lambda_1=a$$

$$\dot{\lambda}_2=-\lambda_1\,,\quad \lambda_2=-at+b$$

$$\frac{\partial H}{\partial u}=u+\lambda_2=0,\ u=at-b \tag{2-78}$$

横截条件

$$\lambda\left[t_f\right]=\frac{\partial \Phi(x,t)}{\partial x}\bigg|_{t=t_f}=0$$

推出

$$\lambda_2\left[t_f\right]=\frac{\partial \Phi}{\partial x_2}\bigg|_{t_f}=0 \tag{2-79}$$

由状态方程及式(2-78)可得

$$\begin{cases} x_1(t)=\dfrac{1}{6}at^3-\dfrac{1}{2}bt^2+ct+d \\ x_2(t)=\dfrac{1}{2}at^2-bt+c \end{cases} \tag{2-80}$$

由边界条件、横截条件可得：$a=b=6, c=d=1$。

故最优控制为

$$u^*(t)=6(t-1) \tag{2-81}$$

最优曲线为

$$x_1^*(t) = 1 + t - 3t^2 + t^3$$
$$x_2^*(t) = 1 - 6t + 3t^2 \tag{2-82}$$

2）终端时刻 t_f 固定，终端状态 $x(t_f)$ 有约束

假设终端状态的约束条件为 $N_1[\boldsymbol{x}(t_f), t_f] = 0$，引入两个拉格朗日向量 λ 和 ν，则

$$J = \Phi[\boldsymbol{x}(t_f), t_f] + \nu^{\mathrm{T}} N_1[\boldsymbol{x}(t_f), t_f] + \int_{t_0}^{t_f} H[\boldsymbol{x}(t), u(t), \lambda(t), t] - \lambda^{\mathrm{T}} \dot{\boldsymbol{x}}]\mathrm{d}t \tag{2-83}$$

令 $\Phi[\boldsymbol{x}(t_f), t_f] + \nu^{\mathrm{T}} N_1[\boldsymbol{x}(t_f), t_f] = \Phi_1[\boldsymbol{x}(t_f), t_f]$，则

$$J = \Phi_1[\boldsymbol{x}(t_f), t_f] + \int_{t_0}^{t_f} (H - \lambda^{\mathrm{T}} \dot{\boldsymbol{x}})\,\mathrm{d}t \tag{2-84}$$

与终端时刻固定，终端状态自由相比，仅仅横截条件发生了变化。$\Phi \to \Phi_1$，其余均不变。因此，终端状态有约束的泛函极值存在的必要条件为

状态方程：

$$\dot{x} = \frac{\partial H}{\partial \lambda} = f(\boldsymbol{x}, u, t)$$

伴随方程：

$$\dot{\lambda} = -\frac{\partial H}{\partial x}$$

控制方程：

$$\frac{\partial H}{\partial u} = 0$$

横截条件：

$$\lambda[t_f] = \left[\frac{\partial \Phi}{\partial \boldsymbol{x}} + \frac{\partial N_1^{\mathrm{T}}}{\partial \boldsymbol{x}}\right]\nu\bigg|_{t=t_f}, \quad x(t_0) = x_0$$

终端约束：

$$N_1[x(t_f), t_f] = 0$$

例 2.11　试求使被控系统 $\dot{x}_1 = x_2$，$\dot{x}_2 = u$，由已知初始状态 $\dot{x}_1 = x_2$，$\dot{x}_2 = u$ 出发，在 $t_f = 1$ 时，转移到目标集 $x_1(1) + x_2(1) = 1$，且使性能指标 $J = \dfrac{1}{2}\displaystyle\int_0^1 u^2(t)\mathrm{d}t$ 为最小的 $u^*(t)$ 和 $x^*(t)$。

解：

$$\Phi[x(t_f), t_f] = 0,\ L = \frac{1}{2}u^2(t),\ N_1[x(t_f)] = x_1(1) + x_2(1) - 1 \tag{2-85}$$

$$H = \frac{1}{2}u^2 + \lambda_1 x_2 + \lambda_2 u \tag{2-86}$$

由伴随方程得到

$$\begin{aligned} \lambda_1(t) &= C_1 \\ \lambda_2(t) &= -C_1 t + C_2 \end{aligned} \tag{2-87}$$

由控制方程得到

$$\frac{\partial H}{\partial u} = u + \lambda_2 = 0, \quad u(t) = -\lambda_2(t) = C_1 t - C_2 \tag{2-88}$$

由状态方程得到

$$x_1(t)=\frac{1}{6}C_1t^3-\frac{1}{2}C_2t^2+C_3t+C_4$$

$$x_2=\frac{1}{2}C_1t^2-C_2t+C_3 \tag{2-89}$$

由初始状态可知

$$C_3=C_4=0 \tag{2-90}$$

由目标集得到

$$4C_1-9C_2=6 \tag{2-91}$$

由横截条件得到

$$\begin{aligned}&\lambda_1(1)=\frac{\partial N_1^{\mathrm{T}}}{\partial x_1}v|_{t=1}=v\\&\lambda_2(1)=\frac{\partial N_1^{\mathrm{T}}}{\partial x_1}v|_{t=1}=v\to\lambda_1(1)=\lambda_2(1)\to C_1=\frac{1}{2}C_2\end{aligned} \tag{2-92}$$

有 $C_1=\frac{1}{2}C_2$，考虑式(2-91)，得到 $C_1=-\frac{3}{7},C_2=-\frac{6}{7}$，则

$$u^*(t)=-\frac{3}{7}t-\frac{6}{7},\quad x_1^*(t)=-\frac{1}{14}t^2(t-6),\quad x_2^*(t)=-\frac{3}{14}t^2(t-4) \tag{2-93}$$

3)终端时刻 t_f 可变，终端状态 $x(t_f)$ 有约束

设终端状态的约束条件为 $N_1[x(t_f),t_f]=0$，引入拉格朗日乘子矢量 v。

$J=\Phi[\boldsymbol{x}(t_f),t_f]+v^{\mathrm{T}}N_1[\boldsymbol{x}(t_f),t_f]+\int_{t_0}^{t_f}H[\boldsymbol{x}(t),\boldsymbol{u}(t),\boldsymbol{\lambda}(t),t]-\lambda^{\mathrm{T}}\dot{\boldsymbol{x}}]\mathrm{d}t$，要确定 $u^*(t)$，$x^*(t)$ 及 t_f^*。

$$\begin{aligned}\Delta J=&\Phi\left[\boldsymbol{x}(t_f)+\delta\boldsymbol{x}(t_f),t_f+\delta t_f\right]-\Phi\left[\boldsymbol{x}(t_f),t_f\right]+v^{\mathrm{T}}\left\{N_1\left[\boldsymbol{x}(t_f)+\delta\boldsymbol{x}(t_f),t_f\right.\right.\\&\left.\left.+\delta t_f\right]-N_1\left[x(t_f),t_f\right]\right\}+\int_{t_0}^{t_f+\delta t_f}H\left[x(t)+\delta x(t),u(t)+\delta u,\lambda(t),t\right]\\&-\lambda^{\mathrm{T}}(t)\left[\dot{\boldsymbol{x}}(t)+\delta\dot{\boldsymbol{x}}\right]\mathrm{d}t-\int_{t_0}^{t_f}\left\{H\left[\boldsymbol{x}(t),u(t),\lambda(t),t\right]-\lambda^{\mathrm{T}}(t)\boldsymbol{x}(t)\right\}\mathrm{d}t\end{aligned} \tag{2-94}$$

$$\begin{aligned}\delta J=&\left[\left(\frac{\partial\Phi}{\partial\boldsymbol{x}(t_f)}\right)^{\mathrm{T}}\delta\boldsymbol{x}_f+\frac{\partial\Phi}{\partial(t_f)}\delta t_f+v^{\mathrm{T}}\left[\frac{\partial N_1^{\mathrm{T}}}{\partial\boldsymbol{x}(t_f)}\right]\delta\boldsymbol{x}(t_f)+\frac{\partial N_1}{\partial t_f}\delta t_f\right]\\=&\left(\frac{\partial\Phi}{\partial\boldsymbol{x}(t_f)}\right)^{\mathrm{T}}\delta\boldsymbol{x}_f+v^{\mathrm{T}}\frac{\partial N_1^{\mathrm{T}}}{\partial\boldsymbol{x}(t_f)}\delta\boldsymbol{x}(t_f)+\frac{\partial\Phi}{\partial t_f}\delta t_f+V^{\mathrm{T}}\frac{\partial N_1}{\partial t_f}\delta t_f+H\delta t_f\\&-\lambda^{\mathrm{T}}(t_f)\left[\dot{\boldsymbol{x}}(t_f)\delta t_f+\delta\boldsymbol{x}(t_f)\right]+\int_{t_0}^{t_f}\left(\frac{\partial H}{\partial u}\right)^{\mathrm{T}}\delta u+\left(\frac{\partial H}{\partial\boldsymbol{x}}\right)^{\mathrm{T}}\delta\boldsymbol{x}+\dot{\lambda}^{\mathrm{T}}\delta\boldsymbol{x}]\mathrm{d}t\end{aligned} \tag{2-95}$$

又因为 $\delta x_f=\delta x(t_f)+\dot{x}(t_f)\delta t_f$，代入上式整理

$$\begin{aligned}\delta J=&\left[\frac{\partial\Phi}{\partial x(t_f)}+\frac{\partial N_1^{\mathrm{T}}}{\partial\boldsymbol{x}(t_f)}v-\lambda(t_f)\right]^{\mathrm{T}}\delta x_f+\left[\frac{\partial\Phi}{\partial t_f}\delta t_f+V^{\mathrm{T}}\frac{\partial N_1}{\partial t_f}\delta t_f+H\right]\delta t_f\\&+\int_{t_0}^{t_f}\left(\frac{\partial H}{\partial u}+\dot{\lambda}\right)^{\mathrm{T}}\delta x+\left(\frac{\partial H}{\partial x}\right)^{\mathrm{T}}\delta u]=0\end{aligned} \tag{2-96}$$

考虑到 δt_f、$\delta \boldsymbol{x}_f$、$\delta \boldsymbol{x}$，δu 均是任意的，泛函极值存在的必要条件如下。

状态方程：

$$\dot{\boldsymbol{x}} = \frac{\partial H}{\partial \lambda} = f\left(\boldsymbol{x}, u, t\right)$$

伴随方程：

$$\dot{\boldsymbol{\lambda}} = -\frac{\partial H}{\partial \boldsymbol{x}}$$

控制方程：

$$\frac{\partial H}{\partial \boldsymbol{x}} = 0$$

横截条件：

$$\boldsymbol{\lambda}[t_f] = \left(\frac{\partial \Phi}{\partial \boldsymbol{x}} + \frac{\partial N_1^{\mathrm{T}}}{\partial \boldsymbol{x}}\right)v\Bigg|_{t=t_f}, \qquad \left(H + \frac{\partial \Phi}{\partial t} + v^{\mathrm{T}}\frac{\partial N_1}{\partial t}\right)\Bigg|_{t=t_f} = 0$$

$$x(t_0) = x_0$$

终端约束：

$$N_1[\boldsymbol{x}(t_f), t_f] = 0$$

定理 2.6　设系统状态方程是 $\dot{x} = f\left(x, u, t\right)$，则为把状态从 $x(t_0) = x_0$ 转移到满足约束条件 $N_1[\boldsymbol{x}(t_f), t_f] = 0$ 的终端状态 $\boldsymbol{x}(t_f)$，其中，t_f 固定或可变，并使性能泛函为 $J = \Psi\left[\boldsymbol{x}\left(t_f\right), t_f\right] + \int_{t_0}^{t_f} L\left[\boldsymbol{x}\left(t\right), u\left(t\right), t\right]\mathrm{d}t$ 取极值，实现最优控制的必要条件如下。

(1) 最优曲线 $x^*(t)$ 和最优伴随向量 $\lambda^*(t)$ 满足以下正则方程：

$$\dot{\boldsymbol{x}} = \frac{\partial H}{\partial \lambda}, \qquad \dot{\boldsymbol{\lambda}} = -\frac{\partial H}{\partial x}, \qquad H\left[\boldsymbol{x}, u, \lambda, t\right] = L\left[\boldsymbol{x}, u, t\right] + \lambda^{\mathrm{T}} f\left[\boldsymbol{x}, u, t\right] \tag{2-97}$$

(2) 最优控制满足控制方程：

$$\frac{\partial H}{\partial \lambda} = 0 \tag{2-98}$$

(3) 始端边界条件与终端横截条件：

$$x\left(t_0\right) = x_0$$

$$N_1\left[x\left(t_f\right), t_f\right] = 0$$

$$\lambda\left[t_f\right] = \left(\frac{\partial \Phi}{\partial \boldsymbol{x}} + \frac{\partial N_1^{\mathrm{T}}}{\partial \boldsymbol{x}}\right)v\Bigg|_{t=t_f} \tag{2-99}$$

(4) 当终端时间 t_f 可变时，还需以下终端横截条件确定 t_f

$$\left(H + \frac{\partial \Phi}{\partial t} + v^{\mathrm{T}}\frac{\partial N_1}{\partial t}\right)\Bigg|_{t=t_f} = 0 \tag{2-100}$$

例 2.12　设一阶系统方程为 $\dot{x}\left(t\right) = u\left(t\right)$，已知 $x\left(0\right) = 1$，要求 $x\left(t_f\right) = 0$，试求性能指标 $J = t_f + \frac{1}{2}\int_0^{t_f} u^2\left(t\right)\mathrm{d}t$ 为极小的 $u^*\left(t\right), x^*\left(t\right), t_f^*, J^*$。

解：

$$\Phi\left[\boldsymbol{x}(t_f),t_f\right]=t_f,\quad L=\frac{1}{2}u^2,\quad N_1\left[\boldsymbol{x}(t_f)\right]=0,\quad H=\frac{1}{2}u^2+\lambda u$$

由伴随方程 $\dot{\lambda}=-\dfrac{\partial H}{\partial x}=0$ 得到

$$\lambda(t)=a \tag{2-101}$$

由控制方程 $\dfrac{\partial H}{\partial u}=u+\lambda=0$ 得到

$$u=-a \tag{2-102}$$

由状态方程 $\dot{\boldsymbol{x}}(t)=u$ 得到

$$\boldsymbol{x}(t)=-at+b \tag{2-103}$$

由初始条件得到

$$b=1,\quad \boldsymbol{x}(t)=-a+1 \tag{2-104}$$

由终端条件得到 $-at_f+1=0$，即

$$t_f=\frac{1}{a} \tag{2-105}$$

由横截条件可知

$$\left.\left(H+\frac{\partial\Phi}{\partial t}\right)\right|_{t=t_f}=\frac{1}{2}a^2+a(-a)+1=0 \tag{2-106}$$

从而有 $a=\sqrt{2}$，所以

$$u^*(t)=-\sqrt{2},\quad x^*(t)=-\sqrt{2}+1,\quad t_f^*=\frac{1}{\sqrt{2}},\quad J^*=\sqrt{2} \tag{2-107}$$

2.3　极大值原理

古典变分法存在的问题是控制变量 $\boldsymbol{u}$ 没有约束条件，或只有开集性的约束条件，而在最优控制问题中，经常带有闭集性的约束条件，如 $|\boldsymbol{u}(t)|$，此时变分法不适用。此外，要求 F 和 f 都有足够的可微性，特别是要求 $\dfrac{\partial F}{\partial \boldsymbol{u}}$ 存在。$J=\int_{t_0}^{t_f}|\boldsymbol{u}(t)|\mathrm{d}t$ 这样的性能指标就排除在外了，而实际问题经常存在此情况。为克服上述困难，不少学者作了许多努力，较成功的是庞特里亚金的极大值原理。

2.3.1　自由末端的极大值原理

考虑定常的末值型性能指标、末态自由的控制问题。

定理 2.7　设 $\boldsymbol{U}(t)\in\boldsymbol{U}$ 是一容许控制，指定末值型性能指标泛函为

$$J\left[\boldsymbol{U}(\cdot)\right]=S\left[\boldsymbol{X}(t_f)\right] \tag{2-108}$$

$\boldsymbol{X}(t)$ 是定常系统：

$$\dot{\boldsymbol{X}}(t)=f(\boldsymbol{X},\boldsymbol{U}),\quad \boldsymbol{X}(t_0)=\boldsymbol{X}_0,\quad t\in\left[t_0,t_f\right] \tag{2-109}$$

相应于 $\boldsymbol{U}(t)$ 的轨线。t_f 为未知的末端时刻。

设 $\boldsymbol{U}^*(t)$ 和 t_f^* 是使性能指标最小的最优解，$\boldsymbol{X}^*(t)$ 为相应的最优轨线，则必存在非零的 n 维向量函数 $\bar{\boldsymbol{\lambda}}(t)$，使得

$$\dot{\bar{\boldsymbol{\lambda}}}(t) = -\frac{\partial H\left(\boldsymbol{X},\bar{\boldsymbol{\lambda}},\boldsymbol{U}\right)}{\partial \boldsymbol{X}} \tag{2-110}$$

满足边界条件：

$$\bar{\boldsymbol{\lambda}}\left(t_f\right) = \frac{\partial S\left[\boldsymbol{X}(t_f)\right]}{\partial \boldsymbol{X}(t_f)} \tag{2-111}$$

的解。其中，哈密顿函数为 $H\left(\boldsymbol{X},\bar{\boldsymbol{\lambda}},\boldsymbol{U}\right) \triangleq \bar{\boldsymbol{\lambda}}^{\mathrm{T}}(t) f\left(\boldsymbol{X},\boldsymbol{U}\right)$。则有

$$H\left[\boldsymbol{X}^*(t),\bar{\boldsymbol{\lambda}}(t),\boldsymbol{U}^*(t)\right] = \min_{U(t)\in U} H\left[\boldsymbol{X}^*(t),\bar{\boldsymbol{\lambda}}(t),\boldsymbol{U}(t)\right],\quad t\in\left[t_0,t_f\right] \tag{2-112}$$

当 t_f 自由时

$$H\left[\boldsymbol{X}^*(t),\bar{\boldsymbol{\lambda}}(t),\boldsymbol{U}^*(t)\right] = H\left[\boldsymbol{X}^*\left(t_f^*\right),\bar{\boldsymbol{\lambda}}\left(t_f^*\right),\boldsymbol{U}^*\left(t_f^*\right)\right] = 0 \tag{2-113}$$

当 t_f 固定时

$$H\left[\boldsymbol{X}^*(t),\bar{\boldsymbol{\lambda}}(t),\boldsymbol{U}^*(t)\right] = H\left[\boldsymbol{X}^*\left(t_f\right),\bar{\boldsymbol{\lambda}}\left(t_f\right),\boldsymbol{U}^*\left(t_f\right)\right] = \text{const} \tag{2-114}$$

说明：

(1) 容许控制条件的放宽，没有要求 $\dfrac{\partial H}{\partial \boldsymbol{u}}$ 存在。

(2) H 取全局最小值。

(3) 最优控制 $\boldsymbol{U}^*(t)$ 使哈密顿函数 H 取最小值，即极小值原理。

(4) 定理 2.7 中的式 (2-110)、式 (2-111) 称为协态方程（共轭方程）的横截条件。先根据式 (2-112)～式 (2-114) 作出 $\boldsymbol{U}^*(t)$ 及 t_f^*，然后求解

$$\begin{cases} \dot{\boldsymbol{X}} = \dfrac{\partial H\left(\boldsymbol{X},\bar{\boldsymbol{\lambda}},\boldsymbol{U}\right)}{\partial \bar{\boldsymbol{\lambda}}} = f\left(\boldsymbol{X},\boldsymbol{U}\right), & \boldsymbol{X}\left(t_0\right) = \boldsymbol{X}_0 \\ \dot{\boldsymbol{\lambda}} = -\dfrac{\partial H\left(\boldsymbol{X},\bar{\boldsymbol{\lambda}},\boldsymbol{U}\right)}{\partial \boldsymbol{X}}, & \boldsymbol{\lambda}\left(t_f\right) = \dfrac{\partial S\left[\boldsymbol{X}\left(t_f\right)\right]}{\partial \boldsymbol{X}\left(t_f\right)} \end{cases} \tag{2-115}$$

(5) 只给出必要条件。

实际问题的解是否存在，如满足极大值原理的解有且只有一个，则可以称此解就是最优控制。

2.3.2 极大值原理的几种具体形式

1. 非定常情况——f、s 等含时间 t 或 t_f

$$\begin{cases} \dot{\boldsymbol{X}} = f\left(\boldsymbol{X},\boldsymbol{U},t\right), & \boldsymbol{X}\left(t_0\right) = \boldsymbol{X}_0 \\ J\left[\boldsymbol{U}(\cdot),t_f\right] = S\left[\boldsymbol{X}\left(t_f\right),t_f\right] \end{cases} \tag{2-116}$$

定理 2.8 设$U(t)\in U$，指定末值性能指标泛函为

$$J\left[\boldsymbol{U}(\bullet)\right]=S\left[\boldsymbol{X}\left(t_f\right),t_f\right] \tag{2-117}$$

$x(t)$是非定常系统

$$\dot{X}=f\left(\boldsymbol{X},\boldsymbol{U},t\right),\quad \boldsymbol{X}\left(t_0\right)=\boldsymbol{X}_0,\quad t\in\left[t_0,t_f\right] \tag{2-118}$$

t_f未知，对应于$\boldsymbol{U}(t)$的轨线。

当$\boldsymbol{U}^*(t)$和t_f^*为使性能指标取最小值的最优解，$\boldsymbol{X}^*(t)$是对应的最优轨线，存在n维向量函数$\boldsymbol{\lambda}(t)$，使$\boldsymbol{U}^*(t)$、$\boldsymbol{X}^*(t)$、t_f^*和$\boldsymbol{\lambda}^*(t)$满足如下条件(为了不引起混淆，以下方程常省略“*”号)。

(1) $\boldsymbol{X}(t)$、$\boldsymbol{\lambda}(t)$满足规范方程

$$\begin{cases}\dot{X}=\dfrac{\partial H\left(\boldsymbol{X},\boldsymbol{\lambda},\boldsymbol{U},t\right)}{\partial\boldsymbol{\lambda}}=f\left(X,U,t\right),\quad \boldsymbol{X}\left(t_f\right)=\boldsymbol{X}_0\\ \dot{\boldsymbol{\lambda}}=-\dfrac{\partial H\left(\boldsymbol{X},\lambda,\boldsymbol{U},t\right)}{\partial\boldsymbol{X}}\end{cases} \tag{2-119}$$

(2)在状态轨线的末端满足横截条件，即

$$\boldsymbol{\lambda}\left(t_f\right)=\frac{\partial S\left[\boldsymbol{X}\left(t_f\right),t_f\right]}{\partial\boldsymbol{X}\left(t_f\right)} \tag{2-120}$$

(3) H作为$\boldsymbol{U}(t)\in\boldsymbol{U}$的函数，在$\boldsymbol{U}(t)\in\boldsymbol{U}^*(t)$时取绝对值最小，即

$$H\left[\boldsymbol{X}^*(t),\boldsymbol{\lambda}(t),\boldsymbol{U}^*(t),t\right]=\min_{U(t)\in U}H\left[\boldsymbol{X}^*(t),\boldsymbol{\lambda}(t),\boldsymbol{U}(t),t\right],\quad t\in\left[t_0,t_f\right]$$

或

$$H\left[\boldsymbol{X}^*(t),\boldsymbol{\lambda}(t),\boldsymbol{U}^*(t),t\right]\leqslant H\left[\boldsymbol{X}^*(t),\boldsymbol{\lambda}(t),\boldsymbol{U}(t),t\right],\quad \boldsymbol{U}(t)\in\boldsymbol{U} \tag{2-121}$$

(4)在最优轨线的末端H满足

$$H\left[\boldsymbol{X}^*\left(t_f^*\right),\boldsymbol{\lambda}\left(t_f^*\right),\boldsymbol{U}^*\left(t_f^*\right),t_f^*\right]=-\frac{\partial S\left[\boldsymbol{X}^*\left(t_f^*\right),t_f^*\right]}{\partial t_f} \tag{2-122}$$

(5)沿最优轨线H满足

$$H\left[\boldsymbol{X}(t),\boldsymbol{\lambda}(t),\boldsymbol{U}(t),t\right]=H\left[\boldsymbol{X}\left(t_f\right),\boldsymbol{\lambda}\left(t_f\right),\boldsymbol{U}\left(t_f\right),t_f\right]+\int_{t_f}^{t}\frac{\partial H\left[\boldsymbol{X}(\tau),\boldsymbol{\lambda}(\tau),\boldsymbol{U}(\tau),\tau\right]}{\partial\tau}\mathrm{d}\tau \tag{2-123}$$

结论：

(1)比较定理 2.8 与定理 2.7，非定常性并没有改变极大值原理中规范方程、横截条件及极值条件。

(2)不同之处在于在最优轨线末端H值不同；沿最优轨线H值不同；定常系统是常数，非定常系统不是常数。

(3)条件(5)不是最优控制的最优条件，条件(1)～(4)才是必要条件。

2. 积分型性能指标

定理 2.9 设$\boldsymbol{U}(t)\in\boldsymbol{U}$是一容许控制，指定积分型性能指标泛函为

$$J\left[\boldsymbol{U}(\bullet)\right]=\int_{t_0}^{t_f}L\left[\boldsymbol{X}(t),\boldsymbol{U}(t)\right]\mathrm{d}t \tag{2-124}$$

$\boldsymbol{X}(t)$ 是定常系统，$\dot{\boldsymbol{X}}=f(\boldsymbol{X},\boldsymbol{U})$，$\boldsymbol{X}(t_0)=\boldsymbol{X}_0$，$t\in[t_0,t_f]$，$t_f$ 未定，对应于 $U(t)$ 的轨线，则当 $\boldsymbol{U}^*(t)$ 和 t_f^* 为使性能指标 J 取最小值的最优解，$\boldsymbol{X}^*(t)$ 是对应的最优轨线。必存在 n 维向量函数 $\boldsymbol{\lambda}(t)$，使 $\boldsymbol{U}^*(t)$、t_f^*、$\boldsymbol{X}^*(t)$ 和 $\boldsymbol{\lambda}(t)$ 满足如下条件。

(1) $\boldsymbol{X}(t)$、$\boldsymbol{\lambda}(t)$ 满足规范方程

$$\dot{\boldsymbol{X}}=\frac{\partial H(\boldsymbol{X},\boldsymbol{U},\boldsymbol{\lambda})}{\partial\boldsymbol{\lambda}}f(\boldsymbol{X},\boldsymbol{U}),\quad \boldsymbol{X}(t_0)=\boldsymbol{X}_0$$

$$\dot{\boldsymbol{\lambda}}=-\frac{\partial H(\boldsymbol{X},\boldsymbol{U},\boldsymbol{\lambda})}{\partial\boldsymbol{X}} \tag{2-125}$$

其中，$H(\boldsymbol{X},\boldsymbol{\lambda},\boldsymbol{U})\triangleq L(\boldsymbol{X},\boldsymbol{U})+\boldsymbol{\lambda}^{\mathrm{T}}f(\boldsymbol{X},\boldsymbol{U})$。

(2) 在最优轨线末端满足横截条件，即 $\boldsymbol{\lambda}(t_f)=\boldsymbol{0}$，亦称为自然边界条件。

(3) H 作为 $\boldsymbol{U}(t)\in\boldsymbol{U}$ 的函数，在 $\boldsymbol{U}(t)=\boldsymbol{U}^*(t)$ 时取绝对极小，即

$$H\left[\boldsymbol{X}^*(t),\boldsymbol{\lambda}(t),\boldsymbol{U}^*(t)\right]=\min_{U(t)\in U}H\left[\boldsymbol{X}^*(t),\boldsymbol{\lambda}(t),\boldsymbol{U}(t)\right] \tag{2-126}$$

(4) 在最优轨线的末端 H 应满足

$$H\left[\boldsymbol{X}^*(t),\boldsymbol{\lambda}(t),\boldsymbol{U}^*(t)\right]=H\left[\boldsymbol{X}^*(t_f^*),\boldsymbol{\lambda}(t_f^*),\boldsymbol{U}^*(t_f^*)\right]=0,\quad t_f\text{ 未定}$$

$$H\left[\boldsymbol{X}^*(t),\boldsymbol{\lambda}(t),\boldsymbol{U}^*(t)\right]=H\left[\boldsymbol{X}^*(t_f),\boldsymbol{\lambda}(t_f),\boldsymbol{U}^*(t_f)\right]=\mathrm{const},\quad t_f\text{ 固定} \tag{2-127}$$

从定理 2.9 中可以看出，积分型性能指标改变了 H，与末值型的 H 不同，若

$$J[\boldsymbol{U}(\cdot)]=S[\boldsymbol{X}(t_f)]+\int_{t_0}^{t_f}L[\boldsymbol{X},\boldsymbol{U}]\mathrm{d}t \tag{2-128}$$

可得 $H(\boldsymbol{X},\boldsymbol{\lambda},\boldsymbol{U})=L(\boldsymbol{X},U)+\boldsymbol{\lambda}^{\mathrm{T}}f(\boldsymbol{X},U)$，与积分型的一样，不同点是 $\boldsymbol{\lambda}(t_f)=\dfrac{\partial S[\boldsymbol{X}(t_f)]}{\partial\boldsymbol{X}(t_f)}$。

例 2.13　设给定的系统为 $\begin{cases}\dot{x}_1=u_1\\ \dot{x}_2=x_1+u_2\end{cases}$，边界条件 $\begin{cases}x_1(0)=x_2(0)=0\\ x_1(1)=x_2(1)=1\end{cases}$。求最优控制 u_1、u_2 及最优轨线 x_1、x_2，使 $J=\int_0^1(x_1+u_1^2+u_2^2)\mathrm{d}t$ 取极小值。

解：一种重要的特殊情况是当终态 $X(t_f)$ 固定时，$\lambda(t_f)$ 自由；当 $X_i(t_f)$ 固定时，$\lambda_i(t_f)$ 自由；当 $X_i(t_f)$ 自由时，$\lambda_i(t_f)$ 固定。

应用定理 2.9 有

$$H=L(\boldsymbol{X},\boldsymbol{U})+\boldsymbol{X}^{\mathrm{T}}f(\boldsymbol{X},\boldsymbol{U})=x_1+u_1^2+u_2^2+\lambda_1u_1+\lambda_2(x_1+u_2) \tag{2-129}$$

$$\begin{cases}\dot{\lambda}_1=-\dfrac{\partial H}{\partial x_1}=-(1+\lambda_2)\\ \dot{\lambda}_2=-\dfrac{\partial H}{\partial x_2}=0\end{cases} \tag{2-130}$$

可得

$$\begin{cases}\lambda_1=-(1+a)t+b\\ \lambda_2=a\end{cases},\quad a、b\text{ 为待定系数} \tag{2-131}$$

1) u_1 **和** u_2 **无约束**

$$\frac{\partial H}{\partial u_1}=\frac{\partial H}{\partial u_2}=0 , \quad \begin{cases} u_1=-\dfrac{\lambda_1}{2}=-\dfrac{1}{2}\left[-(1+a)t+b\right] \\ u_2=-\dfrac{\lambda_2}{2}=-\dfrac{a}{2} \end{cases} \tag{2-132}$$

代入方程可得

$$\begin{cases} x_1=\dfrac{1}{4}(1+a)t^2-\dfrac{b}{2}t+c \\ x_2=\dfrac{1}{12}(1+a)t^3-\dfrac{b}{4}t^2+\left(c-\dfrac{a}{2}\right)t+d \end{cases} \tag{2-133}$$

代入边界条件，得到 $a=-1,b=-2,c=d=0$，即

$$\begin{cases} u_1=1 \\ u_2=\dfrac{1}{2} \end{cases} \Rightarrow \begin{cases} x_1=t \\ x_2=\dfrac{1}{2}t^2+\dfrac{1}{2}t \end{cases} , \quad J=1.75 \tag{2-134}$$

2) u_1 **无约束，** $u_2\leqslant\dfrac{1}{4}$

对 $\boldsymbol{u}_2$ 来说，H 的最小值发生在 $u_2=-\dfrac{a}{2}$ 处，而 a 未知，由 1)知，$a=-1$，$u_2=\dfrac{1}{2}$，以此推断，H 的最小值应发生在 $u_2=\dfrac{1}{4}$ 处。因此，取 $u_2=\dfrac{1}{4}$。

$\boldsymbol{u}_2$ 无约束，仍取

$$\begin{cases} u_1=-\dfrac{1}{2}\left[-(1+a)t+b\right] \\ u_2=\dfrac{1}{4} \end{cases} \tag{2-135}$$

代入方程得

$$\begin{cases} x_1=\dfrac{1}{4}(1+a)t^2-\dfrac{b}{2}t+c \\ x_2=\dfrac{1}{12}(1+a)t^3-\dfrac{b}{4}t^2+\left(c+\dfrac{1}{4}\right)t+d \end{cases} \tag{2-136}$$

由边界条件可知，$a=-7,b=-5,c=d=0$。

由于 $-\dfrac{1}{2}\dfrac{7}{2}>\dfrac{1}{4}$，故取 $u_2=\dfrac{1}{4}$ 是正确的。

$$\begin{cases} u_1=\dfrac{1}{2}(5-6t) \\ u_2=\dfrac{1}{4} \end{cases} \Rightarrow \begin{cases} x_1=\dfrac{1}{2}\left(5t-3t^2\right) \\ x_2=\dfrac{1}{4}t+\dfrac{5}{4}t^2-\dfrac{1}{2}t^3 \end{cases} , \quad J=2\frac{9}{16} \tag{2-137}$$

2.3.3 Bang-Bang 控制原理

问题 2.1 移动目标集的时间最优问题。

已知受控系统的状态方程为

$$\dot{X}(t)=f\left[\boldsymbol{X}(t),t\right]+\boldsymbol{B}\left[\boldsymbol{X}(t),t\right]\boldsymbol{U}(t) \tag{2-138}$$

f、B 对 x、t 连续可微，寻找满足下列不等式约束的 r 维容许控制向量 $\boldsymbol{U}(t)$

$$|U_j(t)| \leqslant 1, \quad j = 1,2,\cdots,r \tag{2-139}$$

使系统(2-138)从已知初态

$$\boldsymbol{X}(t_0) = \boldsymbol{X}_0 \tag{2-140}$$

出发，在某一个末态时刻 $T > t_0$，首次达到目标集

$$\boldsymbol{g}[\boldsymbol{X}(T),T] = 0 \tag{2-141}$$

同时使

$$J[\boldsymbol{U}(\cdot)] = \int_{t_0}^{T} 1\mathrm{d}t = T - t_0 = \min \tag{2-142}$$

其中，$\boldsymbol{g}$ 是 p 维向量函数；$\boldsymbol{g}$ 对 X，T 连续可微。

一般表达式为

$$J[\boldsymbol{U}(\cdot)] = S[\boldsymbol{X}(T),T] + \int_{t_0}^{\mathrm{T}} L[\boldsymbol{X}(t),\boldsymbol{U}(t),t]\mathrm{d}t \tag{2-143}$$

对于式(2-143)，S=0，L=1，也可取 S=T−t_0，L=0，由极大值原理得必要条件相同。

1)上述问题的哈密顿函数

$$H = 1 + \boldsymbol{\lambda}^{\mathrm{T}}(t) f[\boldsymbol{X}(t),t] + \boldsymbol{\lambda}^{\mathrm{T}}(t)\boldsymbol{B}[\boldsymbol{X}(t),t]\boldsymbol{U}(t) \tag{2-144}$$

2)规范方程、边界及横截条件

$$\dot{\boldsymbol{X}}(t) = \frac{\partial \boldsymbol{H}}{\partial \boldsymbol{\lambda}} f[\boldsymbol{X}(t),t] + \boldsymbol{B}[X(t),t]\boldsymbol{U}(t) \tag{2-145}$$

$$\dot{\boldsymbol{\lambda}}(t) = -\frac{\partial \boldsymbol{H}}{\partial \boldsymbol{X}} = -\frac{\partial f^{\mathrm{T}}[\boldsymbol{X}(t),t]}{\partial \boldsymbol{X}(t)}\boldsymbol{\lambda}(t) - \frac{\partial\{\boldsymbol{B}[\boldsymbol{X}(t),t]\boldsymbol{U}(t)\}^{\mathrm{T}}}{\partial \boldsymbol{X}(t)}\lambda(t) \tag{2-146}$$

$$\boldsymbol{X}(t_0) = \boldsymbol{X}_0, \quad g[\boldsymbol{X}(T),T] = 0 \tag{2-147}$$

$$\boldsymbol{\lambda}(T) = \frac{\partial g^{\mathrm{T}}[\boldsymbol{X}(T),T]}{\partial \boldsymbol{X}(T)}\mu \tag{2-148}$$

3)极值条件

$$\begin{aligned}&1 + \boldsymbol{\lambda}^{\mathrm{T}}(t) f[\boldsymbol{X}^*(t),t] + \boldsymbol{\lambda}^{\mathrm{T}}(t)\boldsymbol{B}[\boldsymbol{X}^*(t),t]\boldsymbol{U}^*(t)\\ &= \min_{|U_j(t)|\leqslant 1}\{1 + \boldsymbol{\lambda}^{\mathrm{T}}(t) f[\boldsymbol{X}^*(t),t] + \boldsymbol{\lambda}^{\mathrm{T}}(t)\boldsymbol{B}[\boldsymbol{X}^*(t),t]\boldsymbol{U}^*(t)\}\end{aligned} \tag{2-149}$$

等价于

$$\boldsymbol{\lambda}^{\mathrm{T}}(t)\boldsymbol{B}[\boldsymbol{X}^*(t),t]\boldsymbol{U}^*(t) = \min_{|U_j(t)|\leqslant 1}\{\boldsymbol{\lambda}^{\mathrm{T}}(t)\boldsymbol{B}[\boldsymbol{X}^*(t),t]\boldsymbol{U}^*(t) \tag{2-150}$$

4)在最优轨线的末端 $\boldsymbol{H}$ 满足

$$1 + \boldsymbol{\lambda}^{\mathrm{T}}(T) f[\boldsymbol{X}(T),T] + \lambda^{\mathrm{T}}(T) B[\boldsymbol{X}(T),T]\boldsymbol{U}(T) = -\boldsymbol{\mu}^{\mathrm{T}}\frac{\partial g[\boldsymbol{X}(T),T]}{\partial T} \tag{2-151}$$

分析 3)，令

$$\boldsymbol{q}(t) = \boldsymbol{B}^{\mathrm{T}}[\boldsymbol{X}(t),t]\boldsymbol{\lambda}(t) \tag{2-152}$$

或

$$q_j(t) = b_j^{\ \mathrm{T}}[\boldsymbol{X}(t),t]\boldsymbol{\lambda}(t), \quad j = 1,2,\cdots,r \tag{2-153}$$

其中，b_j 是矩阵 $\boldsymbol{B}$ 的第 j 个列向量。式(2-150)表明，当 $\boldsymbol{U}(t) = \boldsymbol{U}^*(t)$ 时，标量函数 $\boldsymbol{\Phi}[\boldsymbol{U}(t)] =$

$\boldsymbol{\lambda}^{\mathrm{T}}(t)B\left[\boldsymbol{X}(t),t\right]\boldsymbol{U}(t)=\sum_{j=1}^{r}q_j(t)u_j(t)$达到绝对极小。所以，可从以下条件

$$\min_{u(t)\in U}\Phi\left[\boldsymbol{u}(t)\right]=\min_{|U_j(t)|\leqslant 1}\sum_{j=1}^{r}q_j(t)u_j(t),\quad j=1,2,\cdots,\ r \tag{2-154}$$

出发，确定最优控制$\boldsymbol{U}^*(t)$。

约束条件式(2-139)表明，各控制的分量相互独立，故可交换式(2-154)中求最小和求和的次序，于是式(2-154)可以化为

$$\min_{u(t)\in U}\Phi\left[\boldsymbol{u}(t)\right]=\sum_{j=1}^{r}\min_{|U_j(t)|\leqslant 1}q_j(t)u_j(t) \tag{2-155}$$

显然有

$$\min_{|U_j(t)|\leqslant 1}q_j(t)u_j(t)=-\left|q_j(t)\right| \tag{2-156}$$

其中，最优控制$\boldsymbol{U}^*(t)$乃是$q_j(t)$的如下函数：

$$\begin{cases}U^*(t)=1, & q_j(t)<0\\ U^*(t)=-1, & q_j(t)>0\\ \left|U^*(t)\right|\leqslant 1, & q_j(t)=0\end{cases} \tag{2-157}$$

或者利用符号函数，将函数式(1-157)写成：

$$\boldsymbol{U}^*(t)=-\mathrm{sgn}\{q_j(t)\}=-\mathrm{sgn}\{b_j^{\mathrm{T}}\left(x(t)t\right)\lambda(t)\},\quad j=1,2,\cdots,r\ ,\quad t\in\left[t_0,T\right] \tag{2-158}$$

定义 2.2　若在区间$\left[t_0,T\right]$内，存在时间的可数集合$t_{1j},t_{2j},\cdots$，即

$$t_{\beta j}\in\left[t_0,T\right],\quad \beta=1,2,\cdots,\ j=1,2,\cdots,r \tag{2-159}$$

使得对所有的$j=1,2,\cdots,r$均有

$$q_j(t)=b_j^{\mathrm{T}}\lambda(t)=\begin{cases}0, & t=t_{\beta_j}\\ \text{非零}, & t\neq t_{\beta_j}\end{cases} \tag{2-160}$$

则称时间最优问题是正常的。$U^*(t)$与$q_j(t)$的关系如图 2-1 所示。

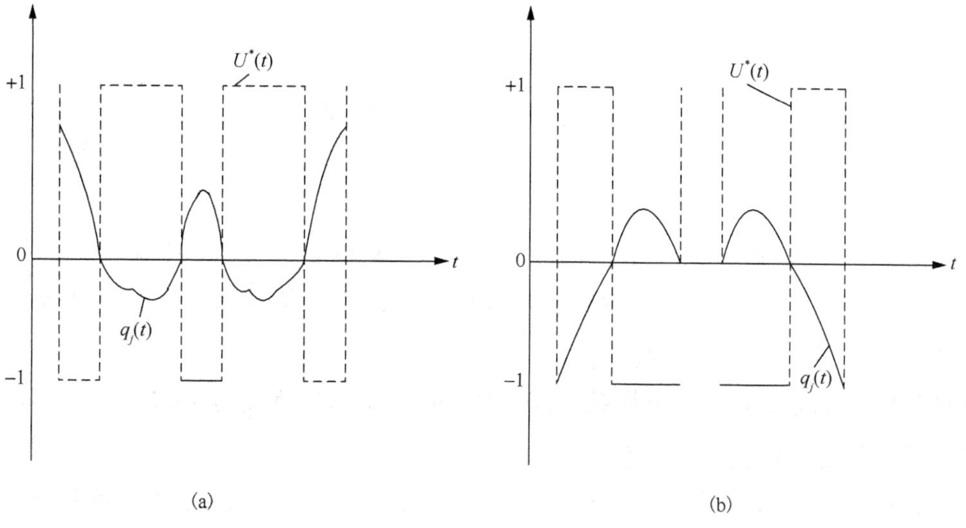

图 2-1　$U^*(t)$与$q_j(t)$的关系

定义 2.3　若在区间$[t_0,T]$内，存在一个或多个子区间，$[t_1,t_2]\subset[t_0,T]$，使得对所有$t\in[t_0,T]$，有$q_j(t)=b_j^{\mathrm{T}}(x(t)t)\lambda(t)=0$，则称所论时间最优控制问题是奇异的，区间$[t_0,T]$为奇异区间。下面主要讨论正常问题。

定理 2.10　Bang-Bang 控制原理

设问题 2.1 的时间最优控制，是相应的状态和协态，若问题是正常的，则对几乎所有(除去有限个开关时间)，成立：

$$u^*(t)=-\operatorname{sgn}[q(t)]=-\operatorname{sgn}\{B^{\mathrm{T}}[x(t)t]\lambda(t)\}$$

或

$$u_j^*(t)=-\operatorname{sgn}\{q_j(t)\}=-\operatorname{sgn}\{b_j^{\mathrm{T}}[x(t)t]\lambda(t)\},\quad j=1,2,\cdots,r \tag{2-161}$$

即时间最优控制的各个分量$u_j^*(t)$都是时间 t 的分段常值函数，并在开关时间$t_{\beta j}$上发生$u_j^*(t)$由一个恒值到另一个恒值的跳变。

2.3.4　时间最优控制问题

1. 线性时不变系统的时间最优控制器

问题 2.2　已知线性时不变系统$\dot{\boldsymbol{x}}(t)=\boldsymbol{A}\boldsymbol{x}(t)+\boldsymbol{B}\boldsymbol{u}(t)$是完全能控的。求满足下列不等式约束的 r 维容许控制向量$\boldsymbol{u}(t)$。

$$|\boldsymbol{u}_j(t)|\leqslant 1,\ j=1,2,\cdots,r \tag{2-162}$$

使系统从已知初态

$$\boldsymbol{x}(0)=\boldsymbol{X}_0 \tag{2-163}$$

出发转移到状态空间原点的时间最短。

根据最大值原理，问题 2.2 存在最优控制的必要条件如下：

$$\begin{aligned}&\dot{\boldsymbol{x}}(t)=\boldsymbol{A}\boldsymbol{x}(t)+\boldsymbol{B}\boldsymbol{u}(t)\\&\dot{\boldsymbol{\lambda}}(t)=-\boldsymbol{A}^{T}\boldsymbol{\lambda}(t)\\&\boldsymbol{x}(0)=\boldsymbol{X}_0\\&\boldsymbol{x}(T)=0\\&U^*(t)=-\operatorname{sgn}\{q(t)\}=-\operatorname{sgn}\{B^{\mathrm{T}}\lambda(t)\}\end{aligned} \tag{2-164}$$

其中，$\boldsymbol{q}(t)=\boldsymbol{B}^{\mathrm{T}}\boldsymbol{\lambda}(t)$，或$U_j^*(t)=-\operatorname{sgn}\{q_j(t)\}=-\operatorname{sgn}\{b_j^{\mathrm{T}}\lambda(t)\}$，$j=1,2,\cdots,r$；$b_j^{\mathrm{T}}$是矩阵$\boldsymbol{B}$的第 j 列向量。

$$1+\lambda^{\mathrm{T}}(t)\boldsymbol{A}\boldsymbol{x}(t)+\lambda^{\mathrm{T}}(t)\boldsymbol{B}\boldsymbol{u}(t)=1+\lambda^{\mathrm{T}}(T)\boldsymbol{A}\boldsymbol{x}(T)+\lambda^{\mathrm{T}}(T)\boldsymbol{B}\boldsymbol{u}(T)=0 \tag{2-165}$$

定理 2.11　当且仅当 r 个矩阵$\boldsymbol{G}_j=[\boldsymbol{b}_J|\boldsymbol{A}\boldsymbol{b}_J|\boldsymbol{A}^2\boldsymbol{b}_J|\cdots|\boldsymbol{A}^{n-1}\boldsymbol{b}_J]$，$j=1,2,\cdots,r$中至少有一个奇异矩阵时，问题 2.2 是奇异的。

定理 2.12　当且仅当 r 个矩阵$\boldsymbol{G}_j=[\boldsymbol{b}_J|\boldsymbol{A}\boldsymbol{b}_J|\boldsymbol{A}^2\boldsymbol{b}_J|\cdots|\boldsymbol{A}^{n-1}\boldsymbol{b}_J]$，$j=1,2,\cdots,r$全部是非奇异矩阵时，时间最优控制问题 2.2 才是正常的。

定理 2.13　若受控系统是正常的，且时间最大控制存在，则最优控制必定唯一。

定理 2.14　设线性时不变系统$\dot{\boldsymbol{x}}(t)=\boldsymbol{A}\boldsymbol{x}(t)+\boldsymbol{B}\boldsymbol{u}(t)$是正常的，若矩阵$\boldsymbol{A}$的特征值均为

实数，假定存在时间最优控制，并令 $U_j^*(t)$（$j=1,2,\cdots,r$）表示 $U^*(t)$ 的诸分量。用 $t_{\beta j}$ 表示分段常值函数 $U_j^*(t)$ 的开关时间，则 $A_{\beta j}$ 的最大值至多是 $n-1$，即开关切换次数最多不超过 $n-1$ 次。

定理 2.15 对于问题 2.2，若 $\boldsymbol{A}$ 的特征值均具有非正的实部，则存在从任意初态转移到坐标原点的时间最优控制。

2. 双积分模型的时间最优控制

$$\ddot{y}(t)=\boldsymbol{u}(t) \tag{2-166}$$

令 $x_1(t)=y(t), x_2(t)=\dot{y}(t)$ 得

$$\begin{cases}\dot{x}_1(t)=x_2(t)\\ \dot{x}_2(t)=u(t)\end{cases}, \quad \boldsymbol{A}=\begin{bmatrix}0 & 1\\ 0 & 0\end{bmatrix}, \quad \boldsymbol{b}=\begin{bmatrix}0\\ 1\end{bmatrix} \tag{2-167}$$

问题 2.3 已知受控系统的状态方程为式(1-167)，求一满足如下约束条件的容许控制

$$|u_j(t)|\leqslant 1, \quad t\in[0,T] \tag{2-168}$$

使系统(2-167)的任意初态 X_0 转移到状态空间原点 $X(T)=0$ 的时间为最短。问题 2.3 属于线性定常系统最优调节器问题。

由定理 2.12 可知系统(2-167)是正常的。

由定理 2.15 可知时间最优控制必存在。

由定理 2.13 可知最优控制唯一。

由定理 2.14 可知 $u^*(t)$ 最多切换一次。

根据最大值原理，问题 2.3 最优解的必要条件为

$$\begin{cases}\dot{x}_1(t)=x_2(t)\\ \dot{x}_2(t)=u(t)\end{cases} \tag{2-169}$$

$$\begin{cases}\dot{\lambda}_1(t)=0\\ \dot{\lambda}_2(t_0)=-\lambda_1(t)\end{cases} \tag{2-170}$$

$$\begin{cases}\dot{x}_1(t_0)=x_{10}\\ \dot{x}_2(t)=x_{20}\end{cases} \tag{2-171}$$

$$\begin{cases}\dot{x}_1(T)=0\\ \dot{x}_2(T)=0\end{cases} \tag{2-172}$$

$$u(t)=-\operatorname{sgn}\{\lambda_2(t)\} \tag{2-173}$$

$$1+\lambda_1(t)x_2(t)+\lambda_2(t)u(t)=1+\lambda_1(T)x_2(T)+\lambda_2(T)u(T)=0 \tag{2-174}$$

哈密顿函数 H 为

$$H=1+\lambda_1(t)x_2(t)+\lambda_2(t)u(t) \tag{2-175}$$

求解式(2-170)，得

$$\lambda_1=c_1, \quad \lambda_2=-c_1t+c_2, \quad \lambda_2\neq 0 \tag{2-176}$$

$\lambda_2(t)$ 与 $u(t)$ 的变化规律 $\lambda_2(t)=-c_1t+c_2$，故有图 2-2 所示的四种情况。

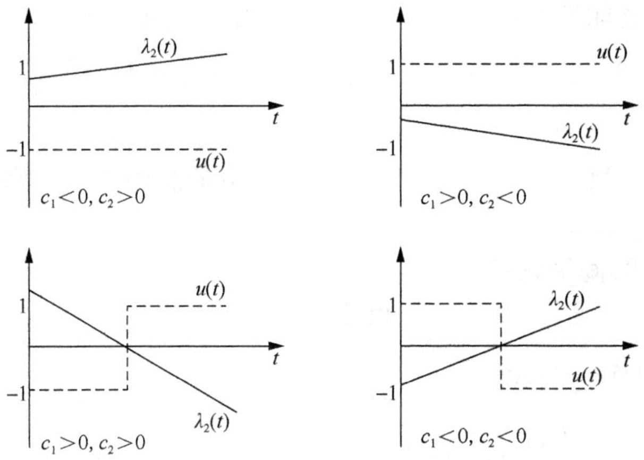

图 2-2　$\lambda_2(t)$ 与 $u(t)$ 的变化规律

下面利用相平面分析系统的运动规律。由状态轨迹得

$$\frac{\mathrm{d}x_1}{\mathrm{d}x_2}=\frac{x_2}{u} \tag{2-177}$$

1）$U(t)=+1$

$$\begin{cases}x_1(t)=x_{10}+x_{20}t+\dfrac{1}{2}t^2\\x_2(t)=x_{20}+t\end{cases} \tag{2-178}$$

消去 t，相轨迹为

$$x_1=(x_{10}-\frac{1}{2}x_{20}t)^2+\frac{1}{2}{x_2}^2 \tag{2-179}$$

2）$U(t)=-1$

$$\begin{cases}x_1(t)=x_{10}+x_{20}t-\dfrac{1}{2}t^2\\x_2(t)=x_{20}-t\end{cases} \tag{2-180}$$

消去 t，相轨迹为

$$x_1=(x_{10}+\frac{1}{2}x_{20}t)^2-\frac{1}{2}x_2^2 \tag{2-181}$$

终端 $X(T)$ 满足

$$\begin{cases}\dot{\boldsymbol{x}}_1(\boldsymbol{T})=0\\\dot{\boldsymbol{x}}_2(\boldsymbol{T})=0\end{cases} \tag{2-182}$$

图 2-3、图 2-4 分别展示了相轨迹图和最优相轨迹图。两簇曲线中，每一簇中有一条曲线的半支进入原点，分别记作 r_+,r_-。这两个半支通过原点的抛物线构成了一条特殊的曲线，称为开关线，记作 r。

$$r:\begin{cases}r_+, x_1=\dfrac{1}{2}x_2^2, x_2\leqslant 0\\r_-, x_1=-\dfrac{1}{2}x_2^2, x_2\geqslant 0\end{cases}\quad\text{（开关线，切换线）} \tag{2-183}$$

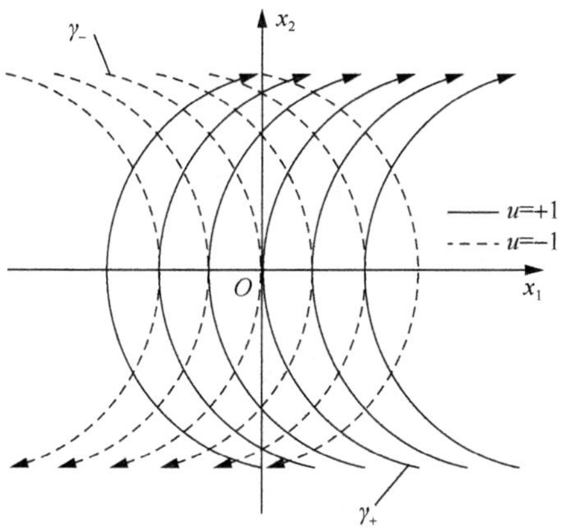

图 2-3　相轨迹图

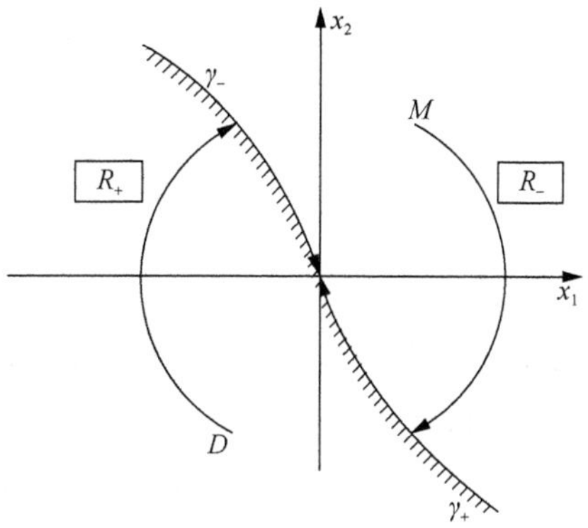

图 2-4　最优相轨迹图

定义 2.4　R_+平面：r 域以下的平面(包括 r_+线)；R_- 平面：r 域以上的平面(包括 r_-线)最优控制规律

$$
\begin{aligned}
&(x_{10},x_{20})\in r_+, \quad u^*(t)=+1 \\
&(x_{10},x_{20})\in r_-, \quad u^*(t)=-1 \\
&(x_{10},x_{20})\in R_-,\notin r_-, \quad u^*(t)=-1 \\
&(x_{10},x_{20})\in R_+,\notin r_+, \quad u^*(t)=+1
\end{aligned} \tag{2-184}
$$

下面分析最优控制规律的工程实现。由式(2-183)可知

$$
r_-^+ : x_1=-\frac{1}{2}x_2|x_2| \tag{2-185}
$$

令 $F(x_2)=-\frac{1}{2}x_2|x_2|$， $\sigma(x_1,x_2)=x_1-F(x_2)$， 则

$$
\begin{cases}
\sigma(x_1,x_2)=0, & x_2\leqslant 0 \Leftrightarrow (x_1,x_2)\in r_+ \\
\sigma(x_1,x_2)=0, & x_2\geqslant 0 \Leftrightarrow (x_1,x_2)\in r_- \\
\sigma(x_1,x_2)>0, & x_2\leqslant 0 \Leftrightarrow (x_1,x_2)\in R_- \\
\sigma(x_1,x_2)<0, & x_2\leqslant 0 \Leftrightarrow (x_1,x_2)\in R_+
\end{cases} \tag{2-186}
$$

$\sigma(x_1,x_2)<0$，及 $\sigma(x_1,x_2)=0$，$x_2\leqslant 0$ 时，$u^*(t)=+1$；$\sigma(x_1,x_2)<0$，及 $\sigma(x_1,x_2)=0$，$x_2\geqslant 0$ 时，$u^*(t)=-1$。

最优控制框图如图 2-5 所示。

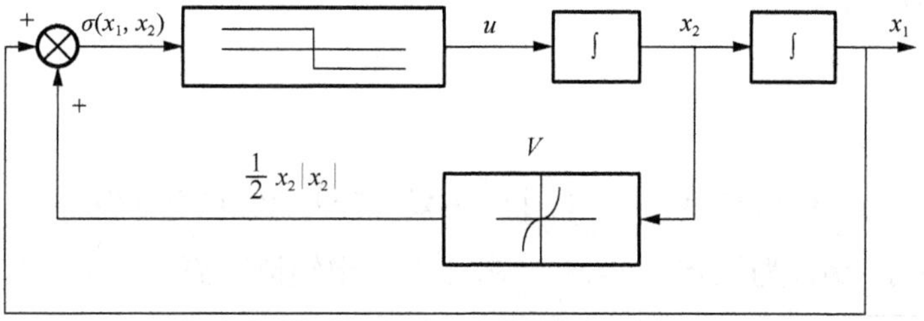

图 2-5　双积分模型最优控制的工程实现

沿最优轨线运动到原点的时间

$$T=\begin{cases}x_{20}+\sqrt{4x_{10}+2x_{20}^2}, & x_{10}>-\dfrac{1}{2}x_{20}\left|x_{20}\right|, \boldsymbol{R}_-\\ x_{20}+\sqrt{4x_{10}+2x_{20}^2}, & x_{10}<-\dfrac{1}{2}x_{20}\left|x_{20}\right|, \boldsymbol{R}_+\\ \left|x_{20}\right|, & x_{10}=-\dfrac{1}{2}x_{20}\left|x_{20}\right|, \boldsymbol{r}\end{cases} \tag{2-187}$$

由式(2-187)可知，用相同的最小转移时间到达坐标原点的状态(x_1,x_2)不是一点，而是一个集合。将式(2-187)下标略去可得如下表达式：

$$x_1=\begin{cases}-\dfrac{1}{2}x_2{}^2+\dfrac{1}{4}(T-x_2)^2, & x_1+\dfrac{1}{2}x_2\,|\,x_2\,|>0\\ -\dfrac{1}{2}x_2{}^2-\dfrac{1}{4}(T-x_2)^2, & x_1+\dfrac{1}{2}x_2\,|\,x_2\,|<0\\ -\dfrac{1}{2}x_2T, & x_1+\dfrac{1}{2}x_2\,|\,x_2\,|=0\end{cases} \tag{2-188}$$

2.4　线性二次型最优控制问题

2.4.1　概述

在实际工程问题中，二次型性能指标的线性系统最优控制问题具有特别重要的意义。这是由于：二次型性能指标具有鲜明的物理意义，它代表了大量工程实际问题中提出的性能指标要求；通过简单的数学处理，即可求得最优控制的统一解析表示式；特别的是，可得到状态线性反馈的最优控制规律，易于构成闭环最优控制，这一点在工程实现上具有重要意义。

因此，二次型性能指标的线性系统最优控制问题已广泛应用到各种工程实际中，如导弹的角度控制、电冰箱的温度控制等。

二次型性能指标线性系统最优控制问题可以描述如下。

设线性系统状态方程及输出方程为

$$\dot{\boldsymbol{x}}(t)=\boldsymbol{A}(t)\boldsymbol{x}(t)+\boldsymbol{B}(t)u(t) \tag{2-189}$$

$$\boldsymbol{y}(t)=\boldsymbol{G}(t)\boldsymbol{x}(t) \tag{2-190}$$

其中，$\boldsymbol{x}(t)$为n维状态向量，$\boldsymbol{u}(t)$为m维控制向量，$\boldsymbol{y}(t)$为r维输出向量。假设：$n\geqslant m\geqslant r\geqslant 0$不受$\boldsymbol{u}(t)$约束；$z(t)$为理想输出，$\boldsymbol{y}(t)$与同维数，并定义

$$\boldsymbol{e}(t)=\boldsymbol{z}(t)-\boldsymbol{y}(t) \tag{2-191}$$

性能指标为

$$J=\frac{1}{2}\boldsymbol{e}^{\mathrm{T}}(t_t)\boldsymbol{F}\boldsymbol{e}(t_t)+\frac{1}{2}\int_{t_0}^{t_f}\left[\boldsymbol{e}^{\mathrm{T}}(t)\boldsymbol{Q}(t)\boldsymbol{e}(t)+\boldsymbol{u}^{\mathrm{T}}(t)\boldsymbol{R}(t)\boldsymbol{u}(t)\right]\mathrm{d}t \tag{2-192}$$

其中，权函数为$\boldsymbol{F}$，$\boldsymbol{Q}(t)$为正半定矩阵；$\boldsymbol{R}(t)$为正定矩阵。假定t_f固定。要求寻找最优控制$\boldsymbol{u}^*(t)$，使性能指标J为最小。

被积函数的第一项$\dfrac{1}{2}\boldsymbol{e}^{\mathrm{T}}(t_t)\boldsymbol{Q}(t)\boldsymbol{e}(t_t)$代表整个过程中误差$\boldsymbol{e}(t)$的大小。$\boldsymbol{Q}(t)$的正半定性，

决定了这一项的非负性；被积函数的第二项 $\frac{1}{2}\boldsymbol{u}^{\mathrm{T}}(t)\boldsymbol{R}(t)\boldsymbol{u}(t)$ 代表控制功率的消耗，其积分表示整个过程中控制能量的消耗。$\boldsymbol{R}(t)$ 的正定性，决定了这一项总为正，因此，对 $\boldsymbol{u}(t)$ 往往不需再讨论约束，而常设 $\boldsymbol{u}(t)$ 为自由的；指标函数的第一项 $\frac{1}{2}\boldsymbol{e}^{\mathrm{T}}(t_t)\boldsymbol{Q}(t)\boldsymbol{e}(t_t)$ 表示终值误差。从理论上讲，被积函数的第一项已经包括了终端误差，但如需特别强调终值误差，则可加上此项。

矩阵 $\boldsymbol{F}\boldsymbol{Q}(t)\boldsymbol{R}(t)$ 则是用来权衡各个误差成分及控制分量相对重要程度的加权阵。这里，$\boldsymbol{Q}$ 及 $\boldsymbol{R}$ 可以是时间函数，以表示在不同时刻的不同加权。

因此，二次型性能指标的最优控制问题实质上是：要求用较小的控制能量来获得较小误差的最优控制。

下面分别讨论几种特殊情况。

(1) 状态调节器问题。它对应于 $\boldsymbol{C}(t)=\boldsymbol{I}$ 及 $\boldsymbol{Z}(t)=\boldsymbol{0}$ 的情况，这时要求用不大的控制能量以保持状态在零值附近。

(2) 输出调节器问题。它对应于 $\boldsymbol{Z}(t)=\boldsymbol{0}$ 的情况，这时要求用不大的控制能量以保持输出在零值附近。

(3) 跟踪器问题。这时 $Z(t)\neq 0$，它要求用不大的控制能量使输出量 $\boldsymbol{y}(t)$ 跟踪 $\boldsymbol{z}(t)$。

2.4.2 线性连续系统状态调节器问题

设线性系统的状态方程为

$$\dot{\boldsymbol{x}}(t)=\boldsymbol{A}(t)\boldsymbol{x}(t)+\boldsymbol{B}(t)\boldsymbol{u}(t) \tag{2-193}$$

$u(t)$ 不受约束，性能指标为

$$J=\frac{1}{2}\boldsymbol{x}^{\mathrm{T}}(t_f)\boldsymbol{F}\boldsymbol{x}(t_f)+\frac{1}{2}\int_{t_0}^{t_f}\left[\boldsymbol{x}^{\mathrm{T}}(t)\boldsymbol{Q}(t)\boldsymbol{x}(t)+\boldsymbol{u}^{\mathrm{T}}(t)\boldsymbol{R}(t)\boldsymbol{u}(t)\right]\mathrm{d}t \tag{2-194}$$

终端时刻 t_f 固定。要求寻找最优控制 $\boldsymbol{u}^*(t)$，使性能指标 J 为最小。这个问题可以用极小值原理或动态规划法求解，这里应用极小值原理来求解。首先列写哈密顿函数：

$$\boldsymbol{H}(\boldsymbol{x},\boldsymbol{u},\boldsymbol{\lambda},\boldsymbol{t})=\frac{1}{2}\boldsymbol{x}^{\mathrm{T}}(t)\boldsymbol{Q}(t)\boldsymbol{x}(t)+\frac{1}{2}\boldsymbol{u}^{\mathrm{T}}(t)\boldsymbol{R}(t)\boldsymbol{u}(t)+\boldsymbol{\lambda}^{\mathrm{T}}(t)\boldsymbol{A}(t)\boldsymbol{x}(t)+\boldsymbol{\lambda}^{\mathrm{T}}(t)\boldsymbol{B}(t)\boldsymbol{u}(t) \tag{2-195}$$

由此可得正则方程

$$\dot{\boldsymbol{x}}^*(t)=\boldsymbol{A}(t)\boldsymbol{x}^*(t)+\boldsymbol{B}(t)\boldsymbol{u}^*(t) \tag{2-196}$$

$$\dot{\boldsymbol{x}}^*(t)=-\frac{\partial \boldsymbol{H}}{\partial \boldsymbol{x}}=-\boldsymbol{Q}(t)\boldsymbol{x}^*(t)-\boldsymbol{A}^{\mathrm{T}}(t)\boldsymbol{\lambda}^*(t) \tag{2-197}$$

由于控制不受约束，控制方程满足

$$\frac{\partial \boldsymbol{H}}{\partial \boldsymbol{x}}=\boldsymbol{R}(t)\boldsymbol{u}^*(t)+\boldsymbol{B}^{\mathrm{T}}(t)\boldsymbol{\lambda}^*(t)=0 \tag{2-198}$$

由此可得

$$\boldsymbol{u}^*(t)=-\boldsymbol{R}^{-1}(t)\boldsymbol{B}^{\mathrm{T}}(t)\boldsymbol{\lambda}^*(t) \tag{2-199}$$

由于 $\boldsymbol{R}(t)$ 的正定性保证了 $\boldsymbol{R}^{-1}(t)$ 存在，从而 $\boldsymbol{u}^*(t)$ 才可能存在。

将式(1-199)代入正则方程，得

$$\dot{\boldsymbol{x}}^*(t) = \boldsymbol{A}(t)\boldsymbol{x}^*(t) - \boldsymbol{B}(t)\boldsymbol{R}^{-1}(t)\boldsymbol{B}^{\mathrm{T}}(t)\boldsymbol{\lambda}^*(t) \tag{2-200}$$

$$\dot{\boldsymbol{x}}^*(t) = -\boldsymbol{Q}(t)\boldsymbol{x}^*(t) - \boldsymbol{A}^{\mathrm{T}}(t)\boldsymbol{\lambda}^*(t) \tag{2-201}$$

这是一组一阶线性微分方程，其边界条件为

$$\dot{\boldsymbol{x}}^*(t_0) = \boldsymbol{x}(t_0) \tag{2-202}$$

及横截条件

$$\boldsymbol{\lambda}^*(t_f) = \frac{\partial}{\partial \boldsymbol{x}(t_f)}\left[\frac{1}{2}\boldsymbol{x}^{*\mathrm{T}}(t_f)\boldsymbol{F}\boldsymbol{x}^*(t_f)\right] = \boldsymbol{F}\boldsymbol{x}^*(t_f) \tag{2-203}$$

由于横截条件中 $\boldsymbol{x}^*(t_f)$与$\boldsymbol{\lambda}^*(t_f)$ 存在线性关系，而正则方程又是线性的。因此可以假设，在任何时刻均可以存在如下线性关系：

$$\boldsymbol{\lambda}^*(t) = \boldsymbol{P}(t)\boldsymbol{x}^*(t) \tag{2-204}$$

对式(2-204)求导，得

$$\dot{\boldsymbol{x}}^*(t) = \dot{\boldsymbol{P}}(t)\boldsymbol{x}^*(t) + \boldsymbol{P}(t)\boldsymbol{x}^*(t) \tag{2-205}$$

将式(2-200)、式(2-204)代入式(2-205)，得

$$\dot{\boldsymbol{x}}^*(t) = \left[\dot{\boldsymbol{P}}(t)+\boldsymbol{P}(t)\boldsymbol{A}(t) - \boldsymbol{P}(t)\boldsymbol{B}(t)\boldsymbol{R}^{-1}(t)\boldsymbol{B}(t)\boldsymbol{P}(t)\right]\boldsymbol{x}^*(t) \tag{2-206}$$

将式(2-204)代入式(2-197)，得

$$\dot{\boldsymbol{x}}^*(t) = \left[-\boldsymbol{Q}(t) - \boldsymbol{A}(t)\boldsymbol{P}(t)\right]\boldsymbol{x}^*(t) \tag{2-207}$$

由此可得

$$\left[-\boldsymbol{Q}(t) - \boldsymbol{A}^{\mathrm{T}}(t)\boldsymbol{P}(t)\right]\boldsymbol{x}^*(t) = \dot{\boldsymbol{x}}^*(t) = \left[\dot{\boldsymbol{P}}(t)+\boldsymbol{P}(t)\boldsymbol{A}(t) - \boldsymbol{P}(t)\boldsymbol{B}(t)\boldsymbol{R}^{-1}(t)\boldsymbol{B}(t)\boldsymbol{P}(t)\right]\boldsymbol{x}^*(t) \tag{2-208}$$

式(2-208)应对任何 $\boldsymbol{x}$ 均成立，故有

$$\dot{\boldsymbol{P}}(t) = -\boldsymbol{P}(t)\boldsymbol{A}(t) - \boldsymbol{A}^{\mathrm{T}}(t)\boldsymbol{P}(t) + \boldsymbol{P}(t)\boldsymbol{B}(t)\boldsymbol{R}^{-1}(t)\boldsymbol{B}^{\mathrm{T}}(t)\boldsymbol{P}(t) - \boldsymbol{Q}(t) \tag{2-209}$$

该式称为矩阵里卡蒂微分方程，它是一个非线性矩阵微分方程。比较式(2-203)及式(2-204)，可知式(2-209)的边界条件为

$$\boldsymbol{P}(t_f) = \boldsymbol{F} \tag{2-210}$$

由里卡蒂微分方程解出后，代入式(2-199)，可得最优控制规律为

$$\dot{\boldsymbol{u}}^*(t) = -\boldsymbol{R}^{-1}(t)\boldsymbol{B}^{\mathrm{T}}(t)\boldsymbol{P}(t)\boldsymbol{x}^*(t) \tag{2-211}$$

下面对以上结论作几点说明。

(1)最优控制规律是一个状态线性反馈规律，它能方便地实现闭环最优控制。这一点在工程上具有十分重要的意义。闭环最优控制的结构原理图如图 2-6 所示，$\boldsymbol{A}$、$\boldsymbol{B}$ 为待定系数。

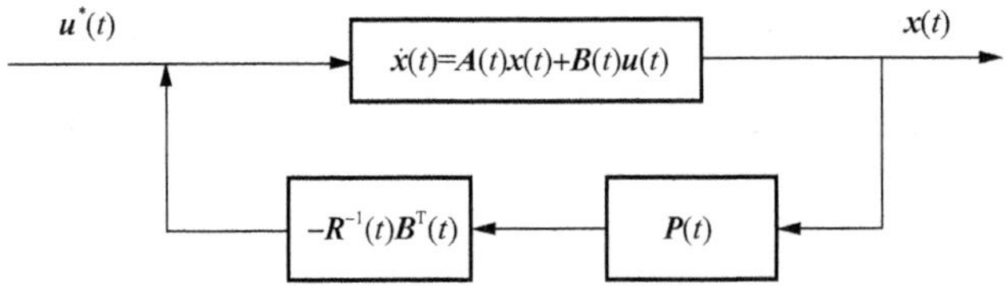

图 2-6　闭环最优控制的结构原理图

(2) 可以证明，$\boldsymbol{P}(t)$ 是一个对称阵。由于它是非线性微分方程的解，通常情况下难求得解析解，一般都需由计算机求出其数值解，并且由于边界条件在终端处，因此需要逆时间方向求解，此外必须在过程开始之前就将 $\boldsymbol{P}(t)$ 解出，存入计算机以供过程中使用。

(3) $\boldsymbol{P}(t)$ 是时间函数，由此得出结论，即使线性系统是时不变的，为了实现最优控制，反馈增益应该是时变的，而不是常值反馈增益。这一点与经典控制方法的结论具有本质上

的区别。

(4)将最优控制及最优状态轨线代入指标函数，最后可求得性能指标的最小值为

$$J^*=\frac{1}{2}x^{\mathrm{T}}(t_0)\boldsymbol{P}(t_0)x(t_0) \tag{2-212}$$

例 2.14　设线性系统状态方程为

$$\begin{aligned}\dot{x}_1(t)&=x_2(t)\\ \dot{x}_2(t)&=u(t)\end{aligned} \tag{2-213}$$

初始条件为：$x_1(0)=1, x_2(0)=1, u(t)$ 不受 t 约束，固定性能指标为

$$J=\frac{1}{2}\int_0^{t_f}\left[x_1^{\ 2}(t)+u^2(t)\right]\mathrm{d}t \tag{2-214}$$

寻求最优控制 $u^*(t)$，使性能指标 J 为最小。

解：本例的相关矩阵为

$$\boldsymbol{A}=\begin{bmatrix}0&1\\0&0\end{bmatrix},\quad \boldsymbol{B}=\begin{bmatrix}0\\1\end{bmatrix} \tag{2-215}$$

$$\boldsymbol{F}=\boldsymbol{0},\quad \boldsymbol{Q}=\begin{bmatrix}1&0\\0&0\end{bmatrix},\quad \boldsymbol{R}=\boldsymbol{1} \tag{2-216}$$

设

$$\boldsymbol{P}(t)=\begin{bmatrix}p_{11}(t)&p_{12}(t)\\p_{21}(t)&p_{22}(t)\end{bmatrix} \tag{2-217}$$

将 $\boldsymbol{A},\boldsymbol{B},\boldsymbol{Q},\boldsymbol{R},\boldsymbol{P}$ 代式(2-209)

$$\begin{aligned}\begin{bmatrix}\dot{P}_{11}&\dot{P}_{12}\\\dot{P}_{21}&\dot{P}_{22}\end{bmatrix}&=-\begin{bmatrix}P_{11}&P_{12}\\P_{21}&P_{22}\end{bmatrix}\begin{bmatrix}0&1\\0&0\end{bmatrix}-\begin{bmatrix}0&0\\1&0\end{bmatrix}\begin{bmatrix}P_{11}&P_{21}\\P_{12}&P_{22}\end{bmatrix}+\begin{bmatrix}P_{11}&P_{12}\\P_{21}&P_{22}\end{bmatrix}\begin{bmatrix}0\\1\end{bmatrix}\begin{bmatrix}0&1\end{bmatrix}\begin{bmatrix}P_{11}&P_{12}\\P_{21}&P_{22}\end{bmatrix}-\begin{bmatrix}1&0\\0&0\end{bmatrix}\\&=\begin{bmatrix}0&-P_{11}\\0&-P_{21}\end{bmatrix}-\begin{bmatrix}0&0\\P_{11}&P_{12}\end{bmatrix}+\begin{bmatrix}P_{12}P_{21}&P_{12}P_{22}\\P_{21}P_{22}&P_{22}^2\end{bmatrix}-\begin{bmatrix}1&0\\0&0\end{bmatrix}\\&=\begin{bmatrix}-1+P_{12}P_{21}&-P_{11}+P_{12}P_{22}\\-P_{11}+P_{21}P_{22}&-P_{21}-P_{12}+P_{22}^2\end{bmatrix}\end{aligned} \tag{2-218}$$

根据等号两边矩阵的对应元素相等，可得下列方程：

$$\begin{aligned}\dot{P}_{11}&=-1+P_{12}P_{21}\\ \dot{P}_{12}&=-P_{11}+P_{12}P_{22}\\ \dot{P}_{21}&=-P_{11}+P_{21}P_{22}\\ \dot{P}_{22}&=-2P_{12}+P_{22}^2\end{aligned} \tag{2-219}$$

已知 $\boldsymbol{P}$ 为对称矩阵，故 $P_{12}=P_{21}$，上式可变成：

$$\begin{aligned}\dot{P}_{11}&=-1+P_{12}^2\\ \dot{P}_{12}&=-P_{11}+P_{12}P_{22}\\ \dot{P}_{22}&=-2P_{12}+P_{22}^2\end{aligned} \tag{2-220}$$

已知 $\boldsymbol{F}=\boldsymbol{0}$，上述方程的终端边界条件为

$$P_{11}(t_f)=P_{12}(t_f)=P_{22}(t_f)=0 \tag{2-221}$$

式(2-220)的求解一般由计算机进行，将 $p(t)$ 的解代入式(2-211)可得最优控制为

$$u^*(t)=-\begin{bmatrix}0 & 1\end{bmatrix}\begin{bmatrix}p_{11}(t) & p_{12}(t)\\ p_{21}(t) & p_{22}(t)\end{bmatrix}\begin{bmatrix}x_1(t)\\ x_2(t)\end{bmatrix}=-p_{12}(t)x_1(t)-p_{22}(t)x_2(t) \tag{2-222}$$

2.4.3 无限时间线性定常连续系统状态调节器问题

设线性系统状态方程为

$$\dot{\boldsymbol{x}}(t)=\boldsymbol{A}\boldsymbol{x}(t)+\boldsymbol{B}\boldsymbol{u}(t) \tag{2-223}$$

其中，$\boldsymbol{A}$、$\boldsymbol{B}$ 为常值矩阵，$\boldsymbol{u}(t)$ 不受约束，性能指标为

$$J=\frac{1}{2}\int_{t_0}^{\infty}\left[\boldsymbol{x}^{\mathrm{T}}(t)\boldsymbol{Q}\boldsymbol{x}(t)+\boldsymbol{u}^{\mathrm{T}}(t)\boldsymbol{R}\boldsymbol{u}(t)\right]\mathrm{d}t \tag{2-224}$$

其中，$\boldsymbol{Q}$、$\boldsymbol{R}$ 为常值矩阵；并满足 $\boldsymbol{Q}$ 为正半定的；$\boldsymbol{R}$ 为正定的。求最优点控制 $\boldsymbol{u}^*(t)$，使性能指标 J 为最小。

这里讨论的问题与 2.4.2 节相比，有以下几点不同。

(1) 系统是时不变的，性能指标的权矩阵为常值矩阵。

(2) 终端时刻 $t_f=\infty$。由前面讨论已知，即使线性系统是时不变的，求得的反馈增益矩阵是时变的，这使系统的结构非常复杂。终端时刻 t_f 取作无穷大，目的是期望能得到一个常值反馈增益矩阵。

(3) 终值权矩阵 $\boldsymbol{F}=\boldsymbol{0}$，即没有终端性能指标。这是因为系统在有限时间内的响应往往是最受关注的，当 $t_f=\infty$ 时，终值性能指标是没有太多实际意义的，并且终端状态容许出现任何非零值时，由于积分限为 $[t_0,\infty]$，都会引起终端指标趋于无穷。

(4) 要求受控制系统完全可控，以保证最优系统的稳定性。在前面讨论控制区间 $[t_0,t_f]$ 为有限时，即使出现某些状态的不可控制情况，其对性能指标的影响通常总是有限的，因此最优控制仍然可以存在。但是，当控制区间为无限时，如果出现状态不可控，则不论采取什么控制，都将使性能指标趋于无穷大，也就无法比较各种控制的优劣。

在注意到以上几点差别后，就可按照前面所述方法来求解最优控制了，可以得到相似的结果如下。

最优控制存在并唯一，其形式为

$$\boldsymbol{u}^*(t)=-\boldsymbol{R}^{-1}\boldsymbol{B}^{\mathrm{T}}\boldsymbol{P}(t)\boldsymbol{x}(t) \tag{2-225}$$

$P(t)$ 为里卡蒂微分方程(2-209)的解，但因为这时 $F=0$，其边界条件应为

$$\boldsymbol{P}(t_f)=\boldsymbol{P}(\infty)=0 \tag{2-226}$$

性能指标的最小值为

$$J^*=\frac{1}{2}\boldsymbol{x}^{\mathrm{T}}(t_0)\boldsymbol{P}(t_0)\boldsymbol{x}(t_0) \tag{2-227}$$

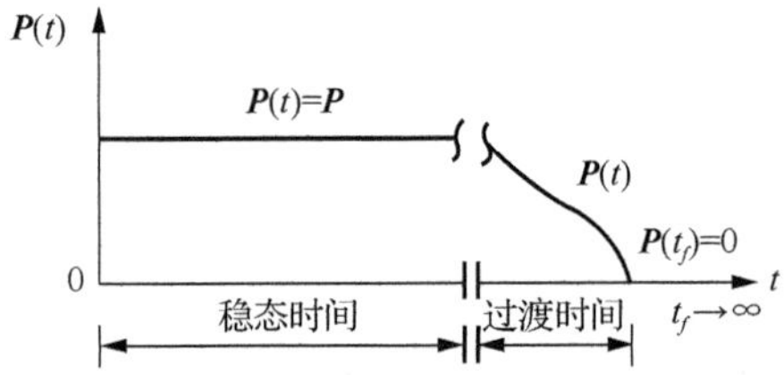

图 2-7　$\boldsymbol{P}(t)$ 曲线大致形状

下面着重讨论一个里卡蒂微分方程解的性质。一般情况下，$\boldsymbol{P}(t)$ 曲线的形状大致如图 2-7 所示。可以看到，$\boldsymbol{P}(t)$ 曲线具有以下性质。

(1) $t_f=\infty$ 时，$\boldsymbol{P}(t_f)=0$。

(2) $\boldsymbol{P}(t)$ 在接近终端时变化比较剧烈。

(3) 但在远离终端时，$\boldsymbol{P}(t)$ 慢慢趋于某个常值 $\hat{\boldsymbol{P}}$。

由此，可以把$\boldsymbol{P}(t)$曲线看作以$t_f=\infty$作为起始时刻，$\boldsymbol{P}(t_f)=0$作为起始值，逆时间方向进行的一个过程。当t离终端时刻t_f足够远时，这个过程中$\boldsymbol{P}(t)$已经逐渐衰减并趋于$\hat{\boldsymbol{P}}$。由于$\boldsymbol{P}(t)$的过渡过程存在于靠近终端的区域，因此最优系统的有限控制区间总是远离终端的，从而$\boldsymbol{P}(t)$实际可以采用稳态值，即$\boldsymbol{P}(t)=\hat{\boldsymbol{P}}$。这里$\hat{\boldsymbol{P}}$显然满足$\dot{\boldsymbol{P}}(t)=0$时的里卡蒂微分方程。

$$\hat{\boldsymbol{P}}\boldsymbol{A}+\boldsymbol{A}^{\mathrm{T}}\hat{\boldsymbol{P}}-\hat{\boldsymbol{P}}\boldsymbol{B}\boldsymbol{R}^{-1}\boldsymbol{B}^{\mathrm{T}}\hat{\boldsymbol{P}}+\boldsymbol{Q}=0 \tag{2-228}$$

式(2-228)称为里卡蒂矩阵代数方程。这是一个非线性代数方程，求解式(2-228)可得稳态值$\hat{\boldsymbol{P}}$。这保证了最优系统的稳定性，$\hat{\boldsymbol{P}}$必须是正定的。这样，得到了所期望的结果，即最优控制为状态线性反馈，并且反馈增益为常值。由此可以构成线性时不变的状态调节器，使结构大为简化，这一点在工程实现上具有很大实用意义。闭环最优控制的结构图如图2-8所示。

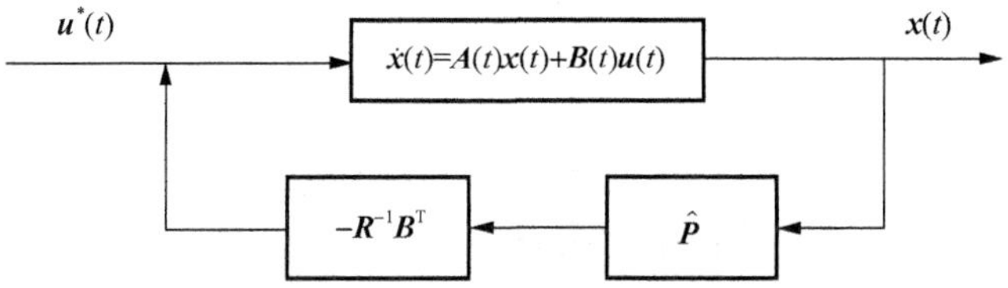

图2-8 闭环最优控制的结构图

例2.15 设系统状态方程为

$$\begin{aligned}\dot{x}_1(t)&=x_2(t)\\\dot{x}_2(t)&=u(t)\end{aligned} \tag{2-229}$$

$u(t)$不受约束，性能指标为

$$J=\frac{1}{2}\int_0^{\infty}\left[x_1^2(t)+2x_1(t)x_2(t)+2x_2^2(t)+u^2(t)\right]\mathrm{d}t \tag{2-230}$$

寻求最优控制$u^*(t)$，使性能指标J为最小。

解：本例的有关矩阵为

$$\boldsymbol{A}=\begin{bmatrix}0&1\\0&0\end{bmatrix},\quad \boldsymbol{B}=\begin{bmatrix}0\\1\end{bmatrix},\quad \boldsymbol{Q}=\begin{bmatrix}1&1\\1&2\end{bmatrix},\quad \boldsymbol{R}=\boldsymbol{1} \tag{2-231}$$

可见Q及R矩阵均为正定的，并且

$$\operatorname{rank}\left[\boldsymbol{B},\boldsymbol{AB}\right]=\operatorname{rank}\begin{bmatrix}0&1\\1&0\end{bmatrix}=2=n \tag{2-232}$$

因此系统可控，故存在唯一的最优控制。

首先由里卡蒂代数方程求解$\hat{\boldsymbol{P}}$：

$$-\begin{bmatrix}\hat{p}_{11}&\hat{p}_{12}\\\hat{p}_{12}&\hat{p}_{22}\end{bmatrix}\begin{bmatrix}0&1\\0&0\end{bmatrix}-\begin{bmatrix}0&0\\1&0\end{bmatrix}\begin{bmatrix}\hat{p}_{11}&\hat{p}_{12}\\\hat{p}_{12}&\hat{p}_{22}\end{bmatrix}+\begin{bmatrix}\hat{p}_{11}&\hat{p}_{12}\\\hat{p}_{12}&\hat{p}_{22}\end{bmatrix}\begin{bmatrix}0\\1\end{bmatrix}1\begin{bmatrix}0&1\end{bmatrix}\begin{bmatrix}\hat{p}_{11}&\hat{p}_{12}\\\hat{p}_{12}&\hat{p}_{22}\end{bmatrix}-\begin{bmatrix}1&1\\1&2\end{bmatrix}=\begin{bmatrix}0&0\\0&0\end{bmatrix} \tag{2-233}$$

式(2-233)给出方程：

$$\begin{aligned}&\hat{p}_{12}^2=1\\&-\hat{p}_{11}+\hat{p}_{12}\hat{p}_{22}-1=0\\&-2\hat{p}_{12}+\hat{p}_{22}-2=0\end{aligned} \tag{2-234}$$

由此解得

$$\begin{aligned}\hat{p}_{12}^2 &= \pm 1\\ \hat{p}_{22} &= \pm\sqrt{2+2\hat{p}_{12}}\\ \hat{p}_{11} &= \hat{p}_{12}\hat{p}_{22}-1\end{aligned} \tag{2-235}$$

为了保证 $\hat{P}$ 的正定性要求，最后解得

$$\hat{p}_{12}=1,\quad \hat{p}_{22}=\sqrt{2+2}=2,\quad \hat{p}_{11}=2-1=1 \tag{2-236}$$

代入 $u^*(t)=-\boldsymbol{R}^{-1}\boldsymbol{B}^{\mathrm{T}}\hat{\boldsymbol{P}}\boldsymbol{x}$，可得

$$u^*(t)=-1\begin{bmatrix}0 & 1\end{bmatrix}\begin{bmatrix}1 & 1\\ 1 & 2\end{bmatrix}\begin{bmatrix}x_1(t)\\ x_2(t)\end{bmatrix}=-x_1(t)-2x_2(t) \tag{2-237}$$

2.4.4　线性连续系统输出调节器问题

设系统动态方程为

$$\begin{cases}\dot{\boldsymbol{x}}(t)=\boldsymbol{A}(t)\boldsymbol{x}(t)+\boldsymbol{B}(t)\boldsymbol{u}(t)\\ \boldsymbol{y}(t)=\boldsymbol{G}(t)\boldsymbol{x}(t)\end{cases} \tag{2-238}$$

$\boldsymbol{u}(t)$ 不受约束，固定 t_f，性能指标为

$$J=\frac{1}{2}\boldsymbol{y}^{\mathrm{T}}(t_f)\boldsymbol{F}\boldsymbol{y}(t_f)+\frac{1}{2}\int_{t_0}^{t_f}\left\{\boldsymbol{y}^{\mathrm{T}}(t)\boldsymbol{Q}(t)\boldsymbol{y}(t)+\boldsymbol{u}^{\mathrm{T}}(t)\boldsymbol{R}(t)\boldsymbol{u}(t)\right\}\mathrm{d}t \tag{2-239}$$

其中，$\boldsymbol{F},\boldsymbol{Q}(t)$ 为正半定矩阵；$\boldsymbol{R}(t)$ 为正定矩阵，要求最优控制 $\boldsymbol{u}^*(t)$，使性能指标 J 为最小。

这类问题可以首先把它转化成等效的状态调节器问题，然后利用 2.4.2 节的结果求最优控制规律。将 $\boldsymbol{y}(t)=\boldsymbol{C}(t)\boldsymbol{x}(t)$ 代入性能指标，得

$$\begin{aligned}J=&\frac{1}{2}\boldsymbol{x}^{\mathrm{T}}(t_f)\boldsymbol{C}^{\mathrm{T}}(t_f)\boldsymbol{F}\boldsymbol{C}(t_f)\boldsymbol{x}(t_f)\\ &+\frac{1}{2}\int_{t_0}^{t_f}\left[\boldsymbol{x}^{\mathrm{T}}(t)\boldsymbol{C}^{\mathrm{T}}(t)\boldsymbol{Q}(t)\boldsymbol{C}(t)\boldsymbol{x}(t)+\boldsymbol{u}^{\mathrm{T}}(t)\boldsymbol{R}(t)\boldsymbol{u}(t)\right]\mathrm{d}t\end{aligned} \tag{2-240}$$

与状态调节器问题相比，可以发现其唯一差别是：在指标函数中的权函数有了变换，即由 $\boldsymbol{C}^{\mathrm{T}}(t_f)\boldsymbol{F}\boldsymbol{G}(t_f)$、$\boldsymbol{C}^{\mathrm{T}}(t)\boldsymbol{Q}(t)\boldsymbol{C}(t)$ 分别替换了 $\boldsymbol{F}$ 及 $\boldsymbol{Q}(t)$。因此，只要这种变换成立，则状态调节器问题的所有结果在这里都能适用。由状态调节器的讨论已知，为使最优控制存在，要求权矩阵 $\boldsymbol{F}$，$\boldsymbol{Q}(t)$ 对称并为正半定的，$\boldsymbol{R}(t)$ 对称并为正定的。

目前情况下，$\boldsymbol{R}(t)$ 阵未变，因此为使最优控制存在，相应地要求矩阵 $\boldsymbol{C}^{\mathrm{T}}(t_f)\boldsymbol{F}\boldsymbol{C}(t_f)$、$\boldsymbol{C}^{\mathrm{T}}(t)\boldsymbol{Q}(t)\boldsymbol{C}(t)$ 为对称并为正半定的，这就是变换成立的条件。为此，引入以下定理。

定理 2.16　如果 $\boldsymbol{F}$ 及 $\boldsymbol{Q}(t)$ 为正半定的，当且仅当系统(2-238)为完全可观测时，矩阵 $\boldsymbol{C}^{\mathrm{T}}(t_f)\boldsymbol{F}\boldsymbol{C}(t_f),\boldsymbol{C}^{\mathrm{T}}(t)\boldsymbol{Q}(t)\boldsymbol{C}(t)$ 是正半定的。

证明：如果系统完全可观测，则满足

$$\operatorname{rank}\left[\boldsymbol{C}^{\mathrm{T}}\ \vdots\ \boldsymbol{A}^{\mathrm{T}}\boldsymbol{C}^{\mathrm{T}}\ \vdots\ \left(\boldsymbol{A}^{\mathrm{T}}\right)^2\boldsymbol{C}^{\mathrm{T}}\ \vdots\ \cdots\ \vdots\ \left(\boldsymbol{A}^{\mathrm{T}}\right)^{n-1}\boldsymbol{C}^{\mathrm{T}}\right]=n \tag{2-241}$$

即以上矩阵包含 n 个线性无关的列向量。于是

$$\boldsymbol{C}^{\mathrm{T}}(t)\neq\boldsymbol{0},\quad t\in\left[t_0,t_f\right] \tag{2-242}$$

即任一状态向量唯一地与输出向量 $\boldsymbol{y}$ 相对应。

已知 $\boldsymbol{Q}(t)$ 为正半定的，则 $\boldsymbol{y}^{\mathrm{T}}(t)Q(t)y(t)\geqslant 0$ 。将 $\boldsymbol{y}(t)=\boldsymbol{C}(t)\boldsymbol{x}(t)$ 代入 $\boldsymbol{x}^{\mathrm{T}}(t)\boldsymbol{C}^{\mathrm{T}}(t)\boldsymbol{Q}(t)\boldsymbol{C}(t)\boldsymbol{x}(t)\geqslant 0$ 。故该式表明，当且仅当系统为完全可观测时，对任何 x 均成立，由此可知，$\boldsymbol{C}^{\mathrm{T}}(t_f)\boldsymbol{F}\boldsymbol{C}(t_f)$ 亦是正半定的。同理可证得 $\boldsymbol{C}^{\mathrm{T}}(t)\boldsymbol{Q}(t)\boldsymbol{C}(t)$ 亦是正半定的。

利用状态调节器问题的结果得出的输出调节器问题的结论如下。

当且仅当系统是完全可观测时，存在唯一的最优控制为

$$\boldsymbol{u}^*(t)=-\boldsymbol{R}^{-1}(t)\boldsymbol{B}^{\mathrm{T}}(t)\boldsymbol{P}(t)\boldsymbol{x}(t) \tag{2-243}$$

其中，$\boldsymbol{P}(t)$ 满足：

$$\begin{gathered}\dot{\boldsymbol{P}}(t)=-\boldsymbol{P}(t)\boldsymbol{A}(t)-\boldsymbol{A}^{\mathrm{T}}(t)\boldsymbol{P}(t)+\boldsymbol{P}(t)\boldsymbol{B}(t)\boldsymbol{R}^{-1}(t)\boldsymbol{B}^{\mathrm{T}}(t)\boldsymbol{P}(t)-\boldsymbol{C}^{\mathrm{T}}(t)\boldsymbol{Q}(t)\boldsymbol{C}(t)\\ \boldsymbol{P}(t_f)=\boldsymbol{C}^{\mathrm{T}}(t_f)\boldsymbol{F}\boldsymbol{C}(t_f)\end{gathered} \tag{2-244}$$

说明如下。

(1)输出调节器的最优控制规律，并不是输出量 $\boldsymbol{y}(t)$ 的线性反馈，而仍是状态 $\boldsymbol{x}(t)$ 的线性反馈，此点反映了一个本质问题，即构成最优控制需要的是全部状态信息，输出量仅仅反映了状态各分量的线性组合，但是它无法提供各个状态分量全部信息，因此从原理上讲，仅采用输出反馈时，没有充分利用全部信息，从而不能构成最优控制。

(2)当 $t_f=\infty$ 时并系统为定常时的输出调节器问题，只要系统是完全可控并可观的，可以类似地利用 $t_f=\infty$ 时的定常状态调节器的结果，即最优控制存在并唯一，其形式为

$$\boldsymbol{u}^*(t)=-\boldsymbol{R}^{-1}\boldsymbol{B}^{\mathrm{T}}\hat{\boldsymbol{P}}x(t) \tag{2-245}$$

$\hat{\boldsymbol{P}}$ 为以下里卡蒂代数方程的正定解：

$$-\hat{\boldsymbol{P}}\boldsymbol{A}-\boldsymbol{A}^{\mathrm{T}}\hat{\boldsymbol{P}}+\hat{\boldsymbol{P}}\boldsymbol{B}\boldsymbol{R}^{-1}\boldsymbol{B}^{\mathrm{T}}\hat{\boldsymbol{P}}-\boldsymbol{C}^{\mathrm{T}}\boldsymbol{Q}\boldsymbol{C}=0 \tag{2-246}$$

最小性能指标为

$$J^*=\frac{1}{2}\boldsymbol{x}^{\mathrm{T}}(t_0)\hat{\boldsymbol{P}}\boldsymbol{x}(t_0) \tag{2-247}$$

例 2.16 设系统动态方程为

$$\begin{aligned}\dot{\boldsymbol{x}}(t)&=\boldsymbol{b}\boldsymbol{u}(t),\quad \boldsymbol{b}>0\\ \boldsymbol{y}(t)&=\boldsymbol{c}\boldsymbol{x}(t),\quad \boldsymbol{c}>0\end{aligned} \tag{2-248}$$

$u(t)$ 不受约束，性能指标为

$$J=\frac{1}{2}\int_0^{\infty}\left[\boldsymbol{y}^2(t)+\boldsymbol{u}^2(t)\right]\mathrm{d}t \tag{2-249}$$

要求最优控制 $\boldsymbol{u}^*(t)$，使性能指标 J 为最小。

解：显然，系统是可控及可观测的。并 $\boldsymbol{c}^{\mathrm{T}}\boldsymbol{Q}c=\boldsymbol{c}^2,\boldsymbol{R}=1$，满足正定要求。将以上相关参数代入里卡蒂方程：

$$\boldsymbol{b}^2\hat{\boldsymbol{p}}^2-\boldsymbol{c}^2=0 \tag{2-250}$$

解得

$$\hat{\boldsymbol{p}}^2=\frac{\boldsymbol{c}^2}{\boldsymbol{b}^2},\quad \hat{\boldsymbol{p}}=\pm\frac{\boldsymbol{c}}{\boldsymbol{b}} \tag{2-251}$$

为保证 $\hat{p}$ 的正定性，取

$$\hat{p} = \frac{c}{b} \tag{2-252}$$

最后得最优控制为

$$\boldsymbol{u}^*(t) = -\boldsymbol{b}\frac{\boldsymbol{c}}{\boldsymbol{b}}x(t) = -\boldsymbol{c}\boldsymbol{x}(t) = -\boldsymbol{y}(t) \tag{2-253}$$

2.4.5 线性连续系统跟踪器问题

设系统动态方程为

$$\dot{\boldsymbol{x}}(t) = \boldsymbol{A}(t)\boldsymbol{x}(t)+\boldsymbol{B}(t)\boldsymbol{u}(t), \quad \boldsymbol{x}(t_0) = \boldsymbol{x}_0 \tag{2-254}$$

$$\boldsymbol{y}(t) = \boldsymbol{C}(t)\boldsymbol{x}(t) \tag{2-255}$$

系统完全可观测，理想输出为 $\boldsymbol{y}(t)$，与 $\boldsymbol{x}(t)$ 同维数。$\boldsymbol{u}(t)$不受t_f约束，固定，性能指标为

$$J = \frac{1}{2}\left[z(t_f) - y(t_f)\right]^{\mathrm{T}} \boldsymbol{F}\left[z(t_f) - \boldsymbol{y}(t_f)\right]$$
$$+\frac{1}{2}\int_{t_0}^{t_f}\left[\left[z(t) - y(t)\right]^{\mathrm{T}} \boldsymbol{Q}(t) z\left[(t) - y(t)\right] + \boldsymbol{u}^{\mathrm{T}}(t)\boldsymbol{R}(t)\boldsymbol{u}(t)\right]\mathrm{d}t \tag{2-256}$$

要求最优控制 $\boldsymbol{u}^*(t)$，使性能指标 J 为最小。

跟踪器的任务是消耗不大的控制能量的情况下，能使 $\boldsymbol{y}(t)$ 准确地跟踪 $\boldsymbol{z}(t)$。我们用极小值原理来求解。首先建立哈密顿函数：

$$\boldsymbol{H} = \frac{1}{2}\left[z(t) - \boldsymbol{C}(t)\boldsymbol{x}(t)\right]^{\mathrm{T}} \boldsymbol{Q}(t)\left[z(t) - \boldsymbol{C}(t)\boldsymbol{x}(t)\right]$$
$$+\frac{1}{2}\boldsymbol{u}^{\mathrm{T}}(t)\boldsymbol{R}(t)\boldsymbol{u}(t) + \boldsymbol{\lambda}^{\mathrm{T}}(t)\left[\boldsymbol{A}(t)\boldsymbol{x}(t) + \boldsymbol{B}(t)\boldsymbol{u}(t)\right] \tag{2-257}$$

则得正则方程为

$$\dot{\boldsymbol{x}}^*(t) = \boldsymbol{A}(t)\boldsymbol{x}^*(t)+\boldsymbol{B}(t)\boldsymbol{u}^*(t) \tag{2-258}$$

$$\dot{\boldsymbol{\lambda}}^*(t)=\frac{-\partial \boldsymbol{H}}{\partial \boldsymbol{x}} = \boldsymbol{C}^{\mathrm{T}}(t)\boldsymbol{Q}(t)\left[z(t) - \boldsymbol{C}(t)\boldsymbol{x}^*(t)\right] - \boldsymbol{A}^{\mathrm{T}}(t)\boldsymbol{\lambda}^*(t) \tag{2-259}$$

其边界条件为

$$\boldsymbol{x}^*(t_0) = \boldsymbol{x}_0 \tag{2-260}$$

及横截条件为

$$\boldsymbol{\lambda}^*(t_f) = \frac{\partial \boldsymbol{\theta}\left[\boldsymbol{x}^*(t_f), t_f\right]}{\partial \boldsymbol{x}(t_f)} = \boldsymbol{C}^{\mathrm{T}}(t_f)\boldsymbol{F}\left[C(t_f)\boldsymbol{x}^*(t_f) - \boldsymbol{z}(t_f)\right] \tag{2-261}$$

由于 $\boldsymbol{u}(t)$ 不受约束，控制方程成立

$$\frac{\partial \boldsymbol{H}}{\partial \boldsymbol{u}} = \boldsymbol{R}(t)\boldsymbol{u}^*(t) + \boldsymbol{B}^{\mathrm{T}}(t)\boldsymbol{\lambda}^*(t) = 0 \tag{2-262}$$

由此得

$$\boldsymbol{u}^*(t) = -\boldsymbol{R}^{-1}(t)\boldsymbol{B}^{\mathrm{T}}(t)\boldsymbol{\lambda}^*(t) \tag{2-263}$$

同样，根据正则方程为线性方程，终端条件 $\boldsymbol{\lambda}^*(t_f)$与$\boldsymbol{x}^*(t_f)$、$\boldsymbol{z}(t_f)$ 呈线性关系，假设

$$\boldsymbol{\lambda}^*(t) = \boldsymbol{P}(t)\boldsymbol{x}^*(t) - \boldsymbol{g}(t) \tag{2-264}$$

其中，$\boldsymbol{g}(t)$ 是与 $\boldsymbol{z}(t)$ 有关的未知函数。

对比式(2-261)可知

$$P(t_f)=C^{\mathrm{T}}(t_f)FC(t_f) \tag{2-265}$$

$$g(t_f)=C^{\mathrm{T}}(t_f)Fz(t_f) \tag{2-266}$$

对式(2-264)求导，得

$$\dot{\lambda}^*(t)=\dot{P}(t)x^*(t)+P(t)\dot{x}^*(t)-\dot{g}(t) \tag{2-267}$$

将式(2-259)和式(2-264)代入式(2-267)，最后得

$$\dot{P}(t)x^*(t)+P(t)x^*(t)-g(t)=C^{\mathrm{T}}(t)Q(t)\left[z(t)-C(t)x^*(t)\right]-A^{\mathrm{T}}(t)\left[P(t)x^*(t)-g(t)\right] \tag{2-268}$$

将式(2-258)及

$$u^*(t)=-R^{-1}(t)B^{\mathrm{T}}(t)\left[P(t)x^*(t)-g(t)\right] \tag{2-269}$$

代入式(2-268)，最后整理得

$$\begin{aligned}&\left[\dot{P}(t)+P(t)A(t)-P(t)B(t)R^{-1}(t)B^{\mathrm{T}}(t)P(t)\right]x^*(t)+P(t)B(t)R^{-1}(t)B^{\mathrm{T}}(t)g(t)-\dot{g}(t)\\&=-\left[C^{\mathrm{T}}(t)Q(t)C(t)+A^{\mathrm{T}}(t)P(t)\right]x^*(t)+C^{\mathrm{T}}(t)Q(t)z(t)+A^{\mathrm{T}}(t)g(t)\end{aligned} \tag{2-270}$$

式(2-270)对任何时刻、任何状态 $x^*(t)$及$z(t)$成立，故等式两边对应项应相等，由此可得

$$\dot{P}(t)=-P(t)A(t)-A^{\mathrm{T}}(t)P(t)+P(t)B(t)R^{-1}(t)B^{\mathrm{T}}(t)P(t)-C^{\mathrm{T}}(t)Q(t)C(t) \tag{2-271}$$

$$\dot{g}(t)=-[A^{\mathrm{T}}(t)-P(t)B(t)R^{-1}(t)B^{\mathrm{T}}(t)]g(t)-C^{\mathrm{T}}(t)Q(t)z(t) \tag{2-272}$$

其边界条件为

$$P(t_f)=C^{\mathrm{T}}(t_f)FC(t_f) \tag{2-273}$$

$$g(t_f)=C^{\mathrm{T}}(t_f)Fz(t_f) \tag{2-274}$$

下面对式(2-271)和式(2-272)作一些讨论。式(2-271)与输出调节器中所得的里卡蒂微分方程完全一样。式(2-272)是以 $z(t)$ 作为输入的一阶线性微分方程。由于其边界条件是终端值 $g(t_f)$，需要逆时间方向求解，又因它为非齐次方程，因此要求预先知道 $z(t)$ 的全部信息。但是，在很多实际工程问题中，这往往是做不到的，这是一个过于苛刻的要求，正由于这一点，跟踪器的应用范围受到了限制。

由式(2-271)、式(2-272)解得 $P(t)$及$g(t)$，代入式(2-269)，即可求得最优控制 $u^*(t)$，它包括两部分，一部分为状态的线性函数，它与输出调节器中完全一样。另一部分则为 $g(t)$ 的线性函数，它由给定的 $z(t)$ 所形成。

对于线性时不变系统，当理想输出 $z(t)$ 为常值、终端时刻 t_f 极大但不等于无穷大时，可以导出一个近似的最优控制规律，虽然这个近似规律对于终端时刻等于无穷大时在理论上并不成立，但工程应用上已足够精确，有很大的实用意义。下面不作推导地给出结果。

设系统动态方程为

$$\dot{x}(t)=Ax(t)+Bu(t),\quad x(t_0)=x_0 \tag{2-275}$$

$$y(t)=Cx(t) \tag{2-276}$$

系统完全可控并完全可观测。

理想输出 $z(t)=z_0, t_f$ 足够大，性能指标为

$$J=\frac{1}{2}\left[z_0-y(t_f)\right]^{\mathrm{T}}F\left[z_0-y(t_f)\right]+\frac{1}{2}\int_{t_0}^{t_f}\left\{\left[z_0-y(t)\right]^{\mathrm{T}}Q(t)\times\left[z_0-y(t)\right]+u^{\mathrm{T}}(t)R(t)u(t)\right\}\mathrm{d}t \tag{2-277}$$

则其最优控制存在且唯一，其形式为

$$u^*(t)=-R^{-1}B^{\mathrm{T}}\hat{P}x^*(t)+R^{-1}B^{\mathrm{T}}\hat{g} \tag{2-278}$$

其中，$\hat{P}$满足：

$$-\hat{P}A-A^{\mathrm{T}}\hat{P}+\hat{P}BR^{-1}B^{\mathrm{T}}\hat{P}-C^{\mathrm{T}}QC=0 \tag{2-279}$$

$\hat{g}$满足：

$$\hat{g}=\left[\hat{P}BR^{-1}B^{\mathrm{T}}-A^{\mathrm{T}}\right]^{-1}C^{\mathrm{T}}Qz_0 \tag{2-280}$$

例 2.17　设系统动态方程为

$$\begin{aligned}\dot{x}(t)&=bu(t)\\ y(t)&=cx(t)\end{aligned} \tag{2-281}$$

系统理想输出$z(t)=z_0$，$u(t)$为不受约束，t_f足够大，性能指标为

$$J=\frac{1}{2}\int_{t_0}^{t_f}\left\{\left[z_0-y(t)\right]^2+u^2(t)\right\}\mathrm{d}t \tag{2-282}$$

要求最优控制$u^*(t)$，使性能指标J为最小。

解：由例 2.16 已知，系统是完全可控及可观测的，并已解得$\hat{P}=\dfrac{c}{b}$，现在主要来解$\hat{g}$。

$$\hat{g}=\left[\hat{P}BR^{-1}B^{\mathrm{T}}\right]^{-1}c^{\mathrm{T}}Qz_0=\left[\frac{c}{b}\cdot b\cdot 1\cdot b\right]^{-1}c\cdot 1\cdot z_0=\frac{1}{b}z_0 \tag{2-283}$$

最后得最优控制为

$$u^*(t)=-y(t)+1\cdot b\cdot\hat{g}=-y(t)+z_0 \tag{2-284}$$

2.5　基于四旋翼飞行器的 LQR 控制方法应用

由于四旋翼飞行器与载人飞机相比，具有机体小巧、使用操作灵活、研究成本低和环境适应能力较强等一系列优点，可以执行航拍、地形勘探、目标追踪、侦察监视、农药喷洒等多种飞行任务，吸引了研究机构、国内外企业和高校的广泛关注。

四旋翼飞行器由于其独特的结构，其控制系统具有非定常、静不稳和多变量之间相互耦合的特点，故四旋翼飞行器的设计需要进行多方面考虑，具有一定的设计难度。为了实现更好的控制效果，设计一个稳定性好、适应面广的控制方法是一个亟须解决的问题。针对这一问题，许多专家和科研人员，提出了各式各样的控制策略。其中较为常见的控制方法有 PID 控制、线性二次(LQR)控制、反步法控制以及预测控制等。

LQR 控制是基于模型的最优控制的一种控制算法。被控对象一般以状态空间方程给出，然后以对象状态或者控制输入的二次型函数为目标函数，求解控制律使误差最小化。LQR 是现代控制理论中发展最早而且应用范围最广的控制算法，也是最为成熟的一种状态空间设计法。LQR 可以采用最优最节省能量的方案使系统在偏离期望值时回到期望值，所以在无人车和无人机的控制系统中有很大的应用空间。采用 LQR 设计的四旋翼姿态和位置

控制器在有风力扰动或者测量噪声的情况下都可以实现理想的控制效果。

四旋翼飞行器是一个具有欠驱动性、非线性、强耦合性等特性的复杂系统，其控制器设计相对复杂，因此通过仿真技术对四旋翼飞行器进行设计和分析，无论是从工程实践还是理论研究的角度，都具有非常重要的研究价值。本章将以四旋翼飞行器为研究对象，应用 LQR 作为其控制算法，在 MATLAB 下实现四旋翼飞行器对圆形轨迹的跟踪控制仿真实验。

2.5.1 四旋翼飞行器基础知识

1. 四旋翼飞行器基本结构

四旋翼飞行器如图 2-9 所示，其四旋翼飞行器的基本结构按照布局主要分为“十”字形和“X”字形两种结构。如图 2-10 所示，“X”字形四旋翼飞行器前进方向和相邻机臂有 45°夹角，“十”字形四旋翼飞行器前进方向和一个机臂方向相同。两种结构的共同特点是奇数号旋翼是一个逆时针旋转方向，偶数号旋翼是顺时针旋转方向，这样就可以抵消空气扭矩和陀螺效应。

图 2-9 四旋翼飞行器实物图

2. 四旋翼飞行器基本运动方式

四旋翼飞行器在飞行过程中是通过对四个执行器的控制改变机体所受的力和力矩从而实现四旋翼飞行器三个姿态角的转动和三维空间位置的运动。根据四旋翼飞行器实际飞行时不同的运动方式，可以将其归结为四种基本的运动方式。

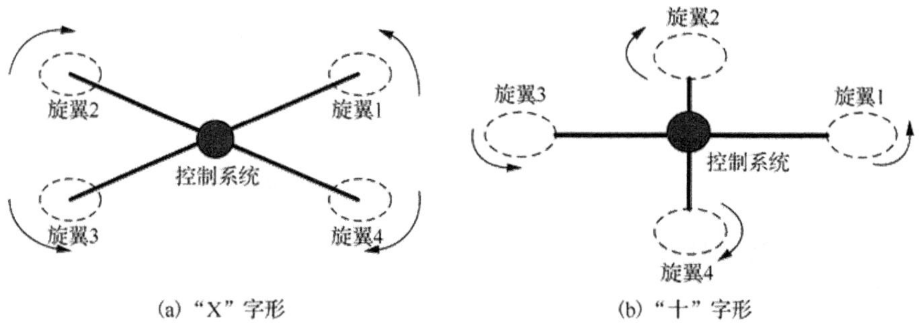

图 2-10 四旋翼飞行器

1)升降运动

四个电机保持转速相同，四片螺旋桨转速也相同，可以产生相同的升力，当四个升力矢量和与四旋翼飞行器所受的重力相等时，四旋翼飞行器保持定点悬停状态；当同时控制四个电机转速变大(变小)时，升力矢量和也随之变大(变小)，四旋翼飞行器将会在竖直方向上进行升(降)运动。

2)俯仰运动

控制 1 号电机和 2 号电机的转速变大(变小)，两片螺旋桨转速也变大(变小)，提供的升力也随之变大(变小)，此时 3 号电机和 4 号电机的转速要小于(大于)1 号电机和 2 号电机的转速，因为飞行器前后受力不平衡，四旋翼飞行器会绕 O_eY_e 轴发生俯仰运动。

3) 滚转运动

控制 1 号电机和 4 号电机的转速变大(变小)，两片螺旋桨转速也变大(变小)，提供的升力也随之变大(变小)，此时 2 号电机和 3 号电机的转速要小于(大于) 1 号电机和 4 号电机的转速，因为飞行器左右受力不平衡，四旋翼飞行器会绕 O_eX_e 轴发生滚转运动。

4) 偏航运动

控制 1 号电机和 3 号电机的转速变大(变小)，两片螺旋桨转速也变大(变小)，提供的扭矩也随之变大(变小)，此时 2 号电机和 4 号电机的转速要小于(大于) 1 号电机和 3 号电机的转速，因为飞行器受力矩不平衡，四旋翼飞行器就会出现绕 O_eZ_e 轴的机头方向发生变化的偏航运动。

2.5.2 四旋翼飞行器数学模型建立

考虑到四旋翼飞行器建模的精确性和模型的直观性这两方面的平衡，同时也为了方便对模型的分析和后面控制器设计，提出如下理想假设。

(1) 四旋翼飞行器是刚体结构，并且关于中心对称。

(2) 四旋翼飞行器的重心、结构中心和机体坐标系原点重合。

(3) 四旋翼飞行器所受的推力和阻力与电机旋转速度的平方成正比。

根据以上假设建立四旋翼飞行器数学模型，总体来说分为以下几个模块：针对四旋翼飞行器动力系统的飞行动力模型、针对执行器的控制分配模型和四旋翼飞行器的刚体模型。建模流程如图 2-11 所示。

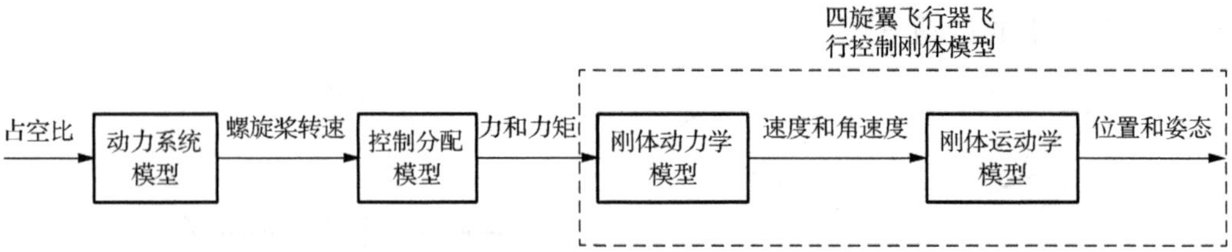

图 2-11 四旋翼飞行器建模流程图

1. 相关坐标系与转换矩阵

1) 地面坐标系 O_e

在四旋翼飞行器飞行过程中，一般选用北东地坐标系作为地面坐标系。一般将四旋翼飞行器起飞的地方定为北东地坐标系的原点 O_e，O_eX_e 指向北，O_eY_e 指向东，根据坐标系的右手定则，O_eZ_e 方向垂直于 $O_eX_eY_e$ 平面指向下，如图 2-12 所示。

2) 机体坐标系 O_b

在四旋翼飞行器飞行过程中，飞行姿态的变化在机体坐标系中表示。将四旋翼飞行器的重心位置作为机体坐标系的原点 O_b，O_bX_b 指向机头方向(这里选用“X”字形结构对四旋翼飞行器建模)，O_bZ_b 在四旋翼飞行器对称平面内，垂直 X_b 轴指向下，然后根据右手定则，确定 O_bY_b 指向桨 1 和桨 4 的分界线上，如图 2-13 所示。

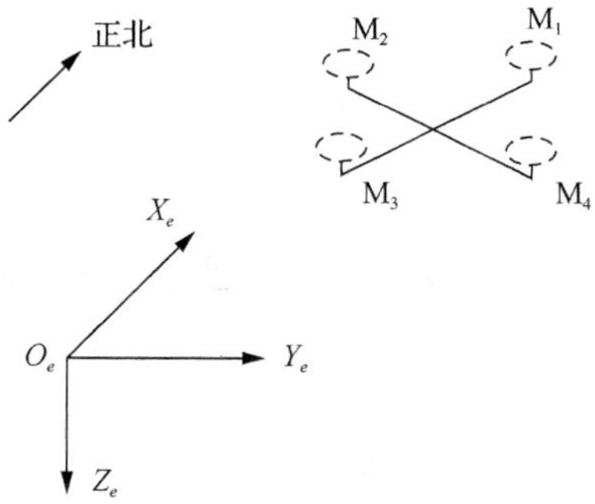

图 2-12 地面坐标系

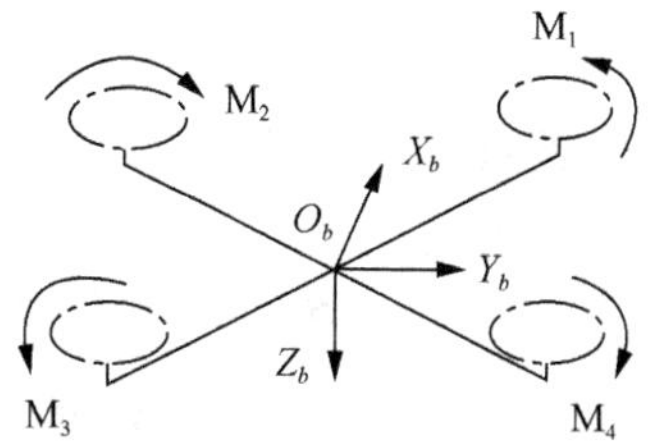

图 2-13 机体坐标系

讨论两个坐标系转换之前，需要先讨论四旋翼飞行器姿态表示。常见的四旋翼飞行器姿态表示方式包括欧拉角、四元数、方向余弦等。本书采用欧拉角(俯仰角-滚转角-偏航角)来表示四旋翼飞行器的姿态，分别用符号ϕ、θ、ψ表示。

俯仰角：表示绕四旋翼飞行器的Y_b轴旋转的角度。

滚转角：表示绕四旋翼飞行器的X_b轴旋转的角度。

偏航角：表示绕四旋翼飞行器的Z_b轴旋转的角度。

具体的欧拉角表示如图 2-14 所示。

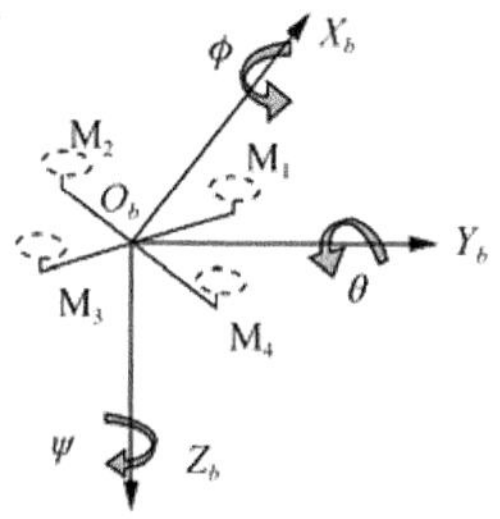

图 2-14 欧拉角示意图

地面坐标系转动到机体坐标系的过程是：初始时刻两个坐标系重合，分别绕O_eZ_e轴、O_eY_e轴和O_eX_e轴旋转三次，这样就变换到机体坐标系$O_b\left(X_bY_bZ_b\right)$。旋转过程如图 2-15 所示。

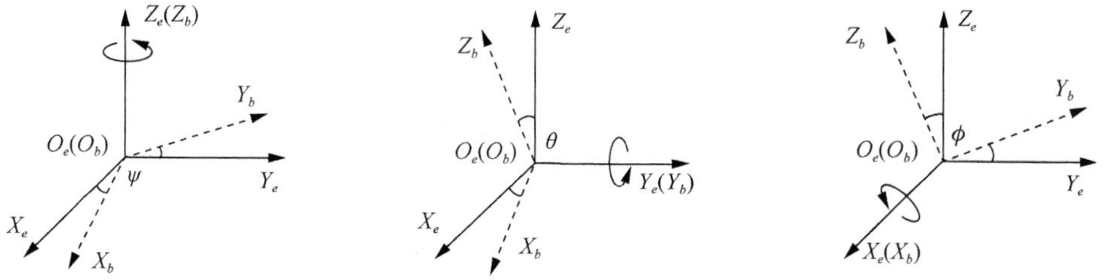

图 2-15 坐标系三次旋转关系

绕Z_e轴旋转，可得到关于ψ角的旋转矩阵，表示为

$$\mathrm{Rot}(\psi)=\begin{bmatrix} c\psi & s\psi & 0 \\ -s\psi & c\psi & 0 \\ 0 & 0 & 1 \end{bmatrix} \tag{2-285}$$

绕Y_e轴旋转，可得到关于θ角的旋转矩阵，表示为

$$\mathrm{Rot}(\theta)=\begin{bmatrix} c\theta & 0 & -s\theta \\ 0 & 1 & 0 \\ s\theta & 0 & c\theta \end{bmatrix} \tag{2-286}$$

绕 X_e 轴旋转，可得到关于 ϕ 角的旋转矩阵，表示为

$$\mathrm{Rot}(\phi)=\begin{bmatrix}1 & 0 & 0\\ 0 & c\phi & s\phi\\ 0 & -s\phi & c\phi\end{bmatrix} \tag{2-287}$$

其中，$s\theta$ 代表 $\sin\theta$；$c\theta$ 代表 $\cos\theta$。所以，地面坐标系 $O_e\left(X_eY_eZ_e\right)$ 和机体坐标系 $O_b\left(X_bY_bZ_b\right)$ 之间的转换矩阵为

$$\begin{aligned}\boldsymbol{R}_{zyx}&=\mathrm{Rot}(\psi)\mathrm{Rot}(\theta)\mathrm{Rot}(\phi)\\&=\begin{bmatrix}c\psi c\theta & -c\psi s\phi+s\psi s\theta c\phi & s\psi s\phi+c\psi s\theta c\phi\\ c\theta s\phi & c\psi c\phi+s\psi s\theta s\phi & -c\psi s\phi+s\psi s\theta c\phi\\ -s\theta & c\theta s\phi & c\theta c\phi\end{bmatrix}\end{aligned} \tag{2-288}$$

2. 四旋翼飞行器状态空间模型推导

与机体角速度不同，每个欧拉角的角速率 $\dot{\phi}$、$\dot{\theta}$、$\dot{\psi}$ 都在不同的坐标系中。为了计算机体坐标系的角速度，我们需要分别将它们转换到同一个坐标系中，如下所示：

$$\boldsymbol{\Omega}=\begin{bmatrix}0\\0\\\dot{\psi}\end{bmatrix}+\boldsymbol{R}_2\begin{bmatrix}0\\\dot{\theta}\\0\end{bmatrix}+\boldsymbol{R}_2\boldsymbol{R}_y\begin{bmatrix}\dot{\phi}\\0\\0\end{bmatrix} \tag{2-289}$$

$$\boldsymbol{\Omega}=\begin{bmatrix}p\\q\\r\end{bmatrix}=\boldsymbol{J}\begin{bmatrix}\dot{\phi}\\\dot{\theta}\\\dot{\psi}\end{bmatrix} \tag{2-290}$$

其中，p、q、r 分别为机体坐标系下三轴的角速度。矩阵 $\boldsymbol{J}$ 称为雅可比矩阵，而雅可比矩阵的逆则可用于由机体坐标系下的角速度计算得到欧拉角的角速率：

$$\begin{bmatrix}\dot{\phi}\\\dot{\theta}\\\dot{\psi}\end{bmatrix}=\boldsymbol{J}^{-1}\boldsymbol{\Omega} \tag{2-291}$$

$$\boldsymbol{T}=\boldsymbol{J}^{-1}=\begin{bmatrix}1 & s\phi t\theta & c\phi t\theta\\ 0 & c\phi & -s\phi\\ 0 & \dfrac{s\phi}{c\theta} & \dfrac{c\phi}{c\theta}\end{bmatrix} \tag{2-292}$$

由机体坐标系下角速度到欧拉角速率的转换方程，可以扩展得到欧拉角速率的动力学方程：

$$\begin{cases}\dot{\phi}=p+r(c\phi t\theta)+q(s\phi t\theta)\\ \dot{\theta}=q(c\phi)-r(s\phi)\\ \dot{\psi}=r\dfrac{s\phi}{c\theta}+q\dfrac{c\phi}{c\theta}\end{cases} \tag{2-293}$$

从机体坐标系下到惯性坐标系下的速度转换，即

$$\boldsymbol{v}_{\mathrm{I}}=\boldsymbol{R}\cdot\boldsymbol{v}_B \tag{2-294}$$

其中，$\boldsymbol{v}_B=\left[u,v,w\right]$。

通过展开得到惯性坐标系下速度的动力学方程：

$$\begin{cases}\dot{x}=w(s\psi s\phi+c\psi s\theta c\phi)-v(s\psi c\phi-c\psi s\theta s\phi)+u(c\psi c\theta)\\\dot{y}=v(c\psi c\phi+s\psi s\theta s\phi)-w(c\psi s\phi-s\psi s\theta c\phi)+u(c\theta s\psi)\\\dot{z}=w(c\phi c\theta)-u(s\theta)+v(c\theta s\phi)\end{cases}\tag{2-295}$$

刚体动力学的欧拉方程：

$$\boldsymbol{J}\dot{\boldsymbol{\Omega}}+\boldsymbol{\Omega}\times\boldsymbol{J}\boldsymbol{\Omega}=\boldsymbol{M}\tag{2-296}$$

展开得到角加速度的动力学方程：

$$\begin{cases}\tau_x=\dot{p}I_x-qrI_y+qrI_z\\\tau_y=\dot{q}I_y+prI_x-prI_z\\\tau_z=\dot{r}I_z-pqI_x+pqI_y\end{cases}\tag{2-297}$$

其中，I_x、I_y、I_z为机体坐标系下三轴的转动惯量。

根据牛顿定律，力的方程为

$$\boldsymbol{m}(\boldsymbol{\Omega}\times\boldsymbol{vB}+\dot{\boldsymbol{v}}\boldsymbol{B})=f_B\tag{2-298}$$

展开后得到机体坐标系下加速度的动力学方程：

$$\begin{cases}-mg(s\theta)=m(\dot{u}+qw-rv)\\mg(c\theta s\phi)=m(\dot{v}-pw+ru)\\mg(c\theta c\phi)-f_t=m(\dot{w}+pv-qu)\end{cases}\tag{2-299}$$

整理后，四旋翼模型的全状态动力学方程可以写成：

$$f=\begin{cases}\dot{\phi}=p+r(c\phi t\theta)+q(s\phi t\theta)\\\dot{\theta}=q(c\phi)-r(s\phi)\\\dot{\psi}=r\dfrac{s\phi}{c\theta}+q\dfrac{c\phi}{c\theta}\\\dot{p}=\dfrac{I_y-I_z}{I_x}qr+\dfrac{\tau_x}{I_x}\\\dot{q}=\dfrac{I_z-I_x}{I_y}pr+\dfrac{\tau_y}{I_y}\\\dot{r}=\dfrac{I_x-I_y}{I_z}pq+\dfrac{\tau_z}{I_z}\\\dot{u}=rv-qw-g(s\theta)\\\dot{v}=pw-ru+g(s\phi c\theta)\\\dot{w}=qu-pv+g(c\theta c\phi)-\dfrac{f_t}{m}\\\dot{x}=w(s\psi s\phi+c\psi s\theta c\phi)-v(s\psi c\phi-c\psi s\theta s\phi)+u(c\psi c\theta)\\\dot{y}=v(c\psi c\phi+s\psi s\theta s\phi)-w(c\psi s\phi-s\psi s\theta c\phi)+u(c\theta s\psi)\\\dot{z}=w(c\phi c\theta)-u(s\theta)+v(c\theta s\phi)\end{cases}\tag{2-300}$$

2.5.3 四旋翼飞行器的 LQR 控制应用

线性二次型调节器(Linear Quadratic Regulator，LQR)的对象是现代控制理论中以状态空间形式给出的线性系统，而目标函数为对象状态和控制输入的二次型函数。LQR 最优设计是指设计出的状态反馈控制器 $\boldsymbol{K}$ 要使二次型目标函数 J 取最小值，而 $\boldsymbol{K}$ 由给定的定常对称正定矩阵 $\boldsymbol{Q}$ 与 $\boldsymbol{R}$ 唯一决定。LQR 理论是现代控制理论中发展最早也最为成熟的一种状态空间设计法。为便于读者阅读，下面首先回顾 LQR 控制方法。

1. LQR 控制方法介绍

最优控制的目标是使代价函数最小化，然后通过确定控制信号来使系统达到稳定。而 LQR 控制可以实现在一定的限度下，使被控系统的性能指标达到最佳状态，即在满足一定约束条件的前提下，求得最优控制策略，使系统性能指标取得极大值或极小值。

对于给定的线性系统：

$$\begin{cases}\dot{\boldsymbol{x}}(t)=\boldsymbol{A}\boldsymbol{x}(t)+\boldsymbol{B}\boldsymbol{u}(t)\\ \boldsymbol{y}=\boldsymbol{C}\boldsymbol{x}(t)+\boldsymbol{D}\boldsymbol{u}(t)\end{cases} \tag{2-301}$$

其 LQR 代价函数可以定义为

$$J(x,u)=\int_0^{\infty}(\tilde{x}^{\mathrm{T}}Q\tilde{x}+\tilde{u}^{\mathrm{T}}R\tilde{u})\mathrm{d}t \tag{2-302}$$

其中，$\boldsymbol{Q}$ 和 $\boldsymbol{R}$ 分别代表系统输入向量和状态向量的定常对称正定矩阵，需要根据系统实际需求确定，从而找到最优平衡状态实现系统最优控制。

利用期望状态向量 $\boldsymbol{x}_0$ 和前馈控制向量 $\boldsymbol{u}_0$，给出反馈控制信号和最优反馈增益：

$$\boldsymbol{u}=\boldsymbol{u}_0-\boldsymbol{K}(\boldsymbol{x}-\boldsymbol{x}_0) \tag{2-303}$$

$$\boldsymbol{K}=\boldsymbol{R}^{-1}\boldsymbol{B}^{\mathrm{T}}\boldsymbol{X} \tag{2-304}$$

当里卡蒂代数方程有解时，利用该方程的唯一解可以求得最优反馈增益：

$$\boldsymbol{A}^{\mathrm{T}}\boldsymbol{X}+\boldsymbol{X}\boldsymbol{A}-\boldsymbol{X}\boldsymbol{G}\boldsymbol{X}+\boldsymbol{H}=0 \tag{2-305}$$

$$\boldsymbol{G}=\boldsymbol{B}\boldsymbol{R}^{-1}\boldsymbol{B}^{\mathrm{T}} \tag{2-306}$$

$$\boldsymbol{H}=\boldsymbol{C}^{\mathrm{T}}\boldsymbol{Q}\boldsymbol{C} \tag{2-307}$$

其中，矩阵 $\boldsymbol{C}$ 代表 LQR 控制系统的测量矩阵。

2. 四旋翼飞行器模型的线性化

由于四旋翼飞行器属于非线性动力学系统，为了验证 LQR 对四旋翼飞行器模型的控制有效性，采用小角度近似方法对四旋翼模型进行线性化，设计的线性控制器的状态变量可以描述写为

$$\boldsymbol{x}=\left[\phi,\theta,\psi,p,q,r,u,v,w,x,y,z\right]^{\mathrm{T}} \tag{2-308}$$

控制器的控制输入可写为

$$\boldsymbol{u}=\left[f_t,\tau_x,\tau_y,\tau_z\right]^{\mathrm{T}} \tag{2-309}$$

线性系统的状态空间可以表示为

$$\dot{\boldsymbol{x}}=Ax+Bu \tag{2-310}$$

利用前面推导的动力学方程，可以通过在平衡点进行线性化得到系统系数 $\boldsymbol{A}$ 和系统输入 $\boldsymbol{B}$：

$$
\boldsymbol{A}=\frac{\partial f}{\partial x}\bigg|_{x=x_e,u=u_e}=\begin{bmatrix}\dfrac{\partial\dot{\phi}}{\partial x}\\ \dfrac{\partial\dot{\theta}}{\partial x}\\ \dfrac{\partial\dot{\psi}}{\partial x}\\ \dfrac{\partial\dot{p}}{\partial x}\\ \dfrac{\partial\dot{q}}{\partial x}\\ \dfrac{\partial\dot{r}}{\partial x}\\ \dfrac{\partial\dot{u}}{\partial x}\\ \dfrac{\partial\dot{v}}{\partial x}\\ \dfrac{\partial\dot{w}}{\partial x}\\ \dfrac{\partial\dot{x}}{\partial x}\\ \dfrac{\partial\dot{y}}{\partial x}\\ \dfrac{\partial\dot{z}}{\partial x}\end{bmatrix} \tag{2-311}
$$

其中

$$
\frac{\partial\dot{\phi}}{\partial x}=\left[-rs\phi t\theta+qc\phi t\theta, rc\phi\sec^2\theta+qs\phi\sec^2\theta,0,1,s\phi t\theta,c\phi t\theta,0,0,0,0,0,0\right] \tag{2-312}
$$

$$
\frac{\partial\dot{\theta}}{\partial x}=[-qs\phi-rc\phi,0,0,0,c\phi,-s\phi,0,0,0,0,0,0] \tag{2-313}
$$

$$
\frac{\partial\dot{\psi}}{\partial x}=\left[-r\frac{s\phi}{c\theta}+q\frac{c\phi}{c\theta}, rc\phi\sec\theta t\theta+qs\phi\sec\theta t\theta,0,0,\frac{s\phi}{c\theta},\frac{c\phi}{c\theta},0,0,0,0,0,0\right] \tag{2-314}
$$

$$
\frac{\partial\dot{p}}{\partial x}=\left[0,0,0,0,\frac{I_y-I_z}{I_x}r,\frac{I_y-I_x}{I_y}q,0,0,0,0,0,0\right] \tag{2-315}
$$

$$
\frac{\partial\dot{q}}{\partial x}=\left[0,0,0,\frac{I_z-I_x}{I_y}r,0,\frac{I_z-I_x}{I_y}p,0,0,0,0,0,0\right] \tag{2-316}
$$

$$
\frac{\partial\dot{r}}{\partial x}=\left[0,0,0,\frac{I_x-I_y}{I_z}q,\frac{I_x-I_y}{I_z}p,0,0,0,0,0,0,0\right] \tag{2-317}
$$

$$
\frac{\partial\dot{u}}{\partial x}=[0,-gc\theta,0,0,-w,v,0,r,-q,0,0,0] \tag{2-318}
$$

$$
\frac{\partial\dot{v}}{\partial x}=[gc\phi c\theta,-gs\phi s\theta,0,w,0,-u,-r,0,p,0,0,0] \tag{2-319}
$$

$$\frac{\partial \dot{w}}{\partial x}=\left[-gc\theta s\phi,-gs\theta c\phi,0,-v,u,0,q,-p,0,0,0,0\right] \tag{2-320}$$

$$\frac{\partial \dot{x}}{\partial x}=\begin{bmatrix} w(s\psi c\phi - s\psi s\phi s\theta)+v(s\psi s\phi + c\psi c\phi s\theta) \\ w(c\psi c\phi c\theta)+v(c\psi s\phi c\theta)-u(c\psi s\theta) \\ w(c\psi s\phi - s\psi c\phi s\theta)-v(c\psi c\phi + s\psi s\phi s\theta)-u(s\psi c\theta) \\ 0 \\ 0 \\ 0 \\ c\psi c\phi \\ -s\psi c\phi + c\psi s\phi s\theta \\ s\psi s\phi + c\psi c\phi s\theta \\ 0 \\ 0 \\ 0 \end{bmatrix} \tag{2-321}$$

$$\frac{\partial \dot{y}}{\partial x}=\begin{bmatrix} v(-c\psi s\phi + s\psi c\phi s\theta)-w(c\psi c\phi + s\psi s\phi s\theta) \\ v(s\psi s\phi c\theta)+w(s\psi c\phi c\theta)-u(s\psi s\theta) \\ v(-s\psi c\phi + c\psi s\phi s\theta)+w(s\psi s\phi + c\psi c\phi s\theta)+u(c\psi c\theta) \\ 0 \\ 0 \\ 0 \\ c\psi c\phi \\ s\psi c\phi + s\psi s\phi s\theta \\ -c\psi s\phi + c\psi c\phi s\theta \\ 0 \\ 0 \\ 0 \end{bmatrix} \tag{2-322}$$

$$\frac{\partial \dot{z}}{\partial x}=\begin{bmatrix} -w(s\phi c\theta)+v(c\theta c\phi) \\ -w(c\phi s\theta)-uc\theta - v(s\phi s\theta) \\ 0 \\ 0 \\ 0 \\ 0 \\ -s\theta \\ s\phi c\theta \\ c\phi c\theta \\ 0 \\ 0 \\ 0 \end{bmatrix} \tag{2-323}$$

$$\boldsymbol{B}=\frac{\partial f}{\partial \boldsymbol{u}}\bigg|_{x=x_e,u=u_e}=\begin{bmatrix}\frac{\partial\dot{\phi}}{\partial \boldsymbol{u}}\\ \frac{\partial\dot{\theta}}{\partial \boldsymbol{u}}\\ \frac{\partial\dot{\psi}}{\partial \boldsymbol{u}}\\ \frac{\partial\dot{p}}{\partial \boldsymbol{u}}\\ \frac{\partial\dot{q}}{\partial \boldsymbol{u}}\\ \frac{\partial\dot{r}}{\partial \boldsymbol{u}}\\ \frac{\partial\dot{u}}{\partial \boldsymbol{u}}\\ \frac{\partial\dot{v}}{\partial \boldsymbol{u}}\\ \frac{\partial\dot{w}}{\partial \boldsymbol{u}}\\ \frac{\partial\dot{x}}{\partial \boldsymbol{u}}\\ \frac{\partial\dot{y}}{\partial \boldsymbol{u}}\\ \frac{\partial\dot{z}}{\partial \boldsymbol{u}}\end{bmatrix}=\begin{bmatrix}0&0&0&0\\0&0&0&0\\0&0&0&0\\0&\frac{1}{I_x}&0&0\\0&0&\frac{1}{I_y}&0\\0&0&0&\frac{1}{I_z}\\0&0&0&0\\0&0&0&0\\-\frac{1}{m}&0&0&0\\0&0&0&0\\0&0&0&0\\0&0&0&0\end{bmatrix} \tag{2-324}$$

2.5.4 四旋翼飞行器的 LQR 控制仿真实验

为了研究四旋翼飞行器的飞行控制，根据建立的四旋翼飞行器线性模型，应用 LQR 控制算法，在 MATLAB 中实现四旋翼飞行器对圆形轨迹的跟踪控制仿真。LQR 控制系统框图如图 2-16 所示。

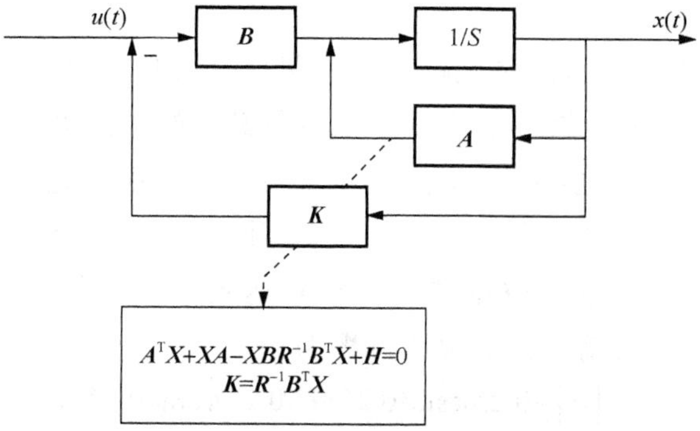

图 2-16 LQR 控制系统框图

A—系统系数矩阵；***B***—系统输入矩阵；***K***—系统反馈增益矩阵

四旋翼飞行器因为其小巧灵活的特点，往往需要完成能够满足各种轨迹的飞行任务，越是复杂的飞行轨迹越能体现四旋翼飞行器控制系统的优劣，相对于定点悬停和直线飞行，圆形路径相对较为复杂，故将通过实现四旋翼飞行器跟踪圆形路径来验证飞行器的控制能力。

由于系统输入向量矩阵 $\boldsymbol{Q}$ 和向量矩阵 $\boldsymbol{R}$ 要根据系统实际需求确定，经过多次实验和反复测量，在本实验中 $\boldsymbol{R}=\text{diag}[0.1,1,1,1]$，$\boldsymbol{Q}=\text{diag}[100,100,100,5,5,5,1,1,1,50,50,2000]$，因此能得到较好的控制效果。

设四旋翼飞行器一开始所在初始点是(1,0,0)，飞行器的三个姿态角的初始值都是 0 rad，期望的位置跟踪轨迹方程为

$$\left[p_x, p_y, p_z\right]=\left[\cos(0.25\pi t), \sin(0.25\pi t), -0.1t\right] \tag{2-325}$$

仿真中四旋翼根据所建立的模型，从初始点起飞后快速跟踪期望的圆形轨迹，并最终回到预设的初始点。由图 2-17 的四旋翼飞行器运动轨迹可以看出，飞行器在 LQR 控制器的作用下，能够平稳准确地完成预设半径为 1m 的圆形轨迹飞行任务，控制效果理想，验证了在相对复杂运动轨迹下四旋翼飞行器的控制能力。

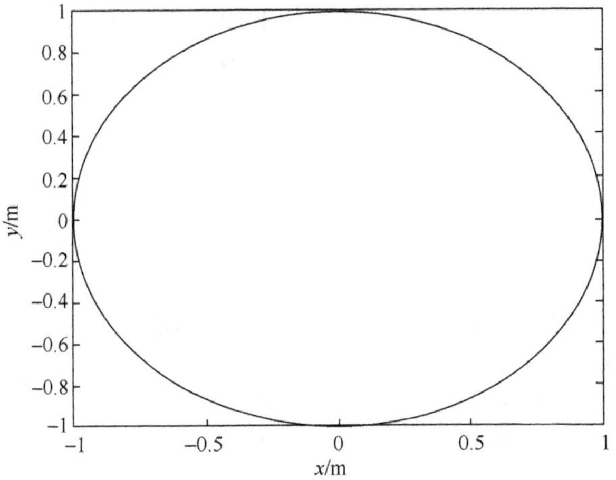

图 2-17　四旋翼飞行器运动轨迹

由图 2-18 的四旋翼飞行器位置跟踪曲线和图 2-19 的位置跟踪误差曲线可以看出，在飞行的初始阶段，飞行器的位置曲线出现小幅度震荡，峰值时间为 0.219s，但系统在初始状态受 LQR 控制器的反馈增益矩阵 $\boldsymbol{K}$ 的调节作用，经过很短时间的动态调节过程后，三轴上实际的位置曲线达到稳定状态，在误差允许范围内波动，能够较为准确地跟踪期望的轨迹方程，说明四旋翼飞行器在 LQR 控制下能够达到系统的期望位置输出。

仿真中四旋翼飞行器的期望速度跟踪方程为

$$\left[v_x, v_y, v_z\right]=\left[-0.25\pi\sin(0.25\pi t), 0.25\pi\cos(0.25\pi t), -0.1\right] \tag{2-326}$$

由图 2-20 的四旋翼飞行器速度跟踪曲线和图 2-21 的速度跟踪误差曲线可以看出，四旋翼飞行器在 LQR 控制器的作用下能够准确地跟踪期望的速度曲线，响应速度快，飞行器

三轴的速度曲线能迅速地进入稳定状态，X 轴稳定时的速度误差范围在 –0.029 ～ 0.026m/s，Y 轴稳定时的速度误差范围在 –0.031～0.031m/s，说明采用 LQR 控制器的四旋翼飞行器能够在速度上满足系统期望的输出。

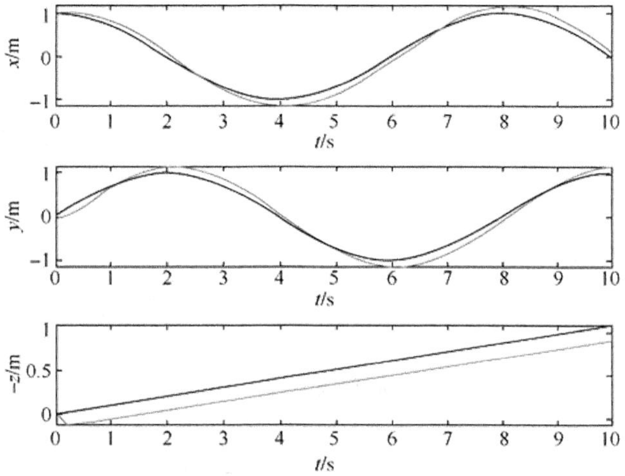

图 2-18　四旋翼飞行器位置跟踪曲线

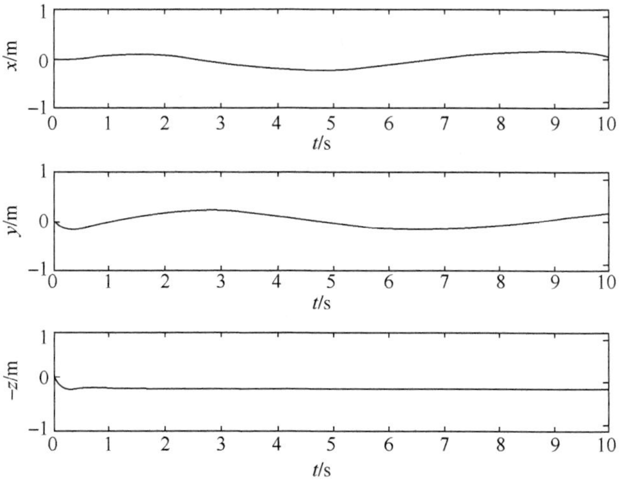

图 2-19　四旋翼飞行器位置跟踪误差曲线

由图 2-22 的姿态角变化曲线可以看出，在初始运行阶段，四旋翼飞行器的姿态角在初始状态有小幅度的振荡，但随着 LQR 控制器的反馈增益矩阵 $\boldsymbol{K}$ 的调节作用，经过很短时间的动态调节过程后，其俯仰角、滚转角、偏航角达到稳定状态，姿态变化平稳，说明所设计的控制器可以实现四旋翼飞行器在跟踪圆形轨迹情况下的姿态稳定控制。

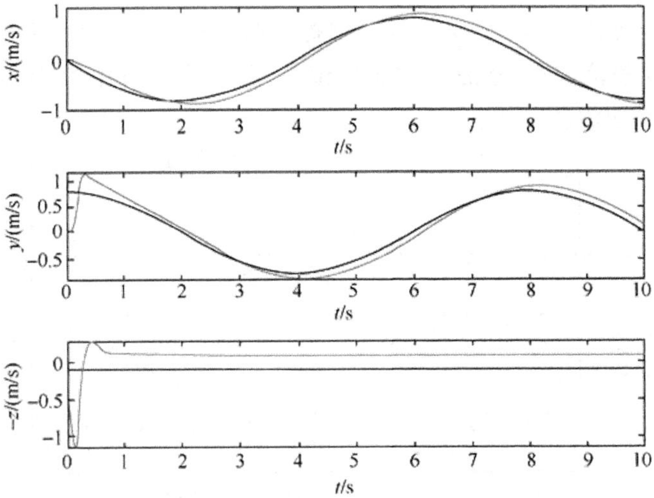

图 2-20 四旋翼飞行器速度跟踪曲线

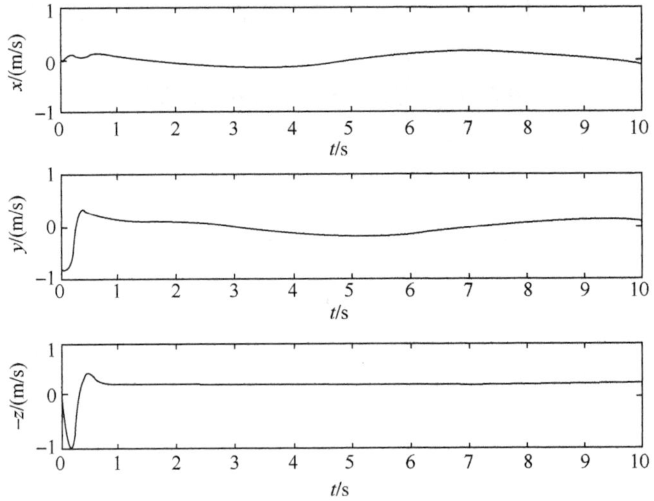

图 2-21 四旋翼飞行器速度跟踪误差曲线

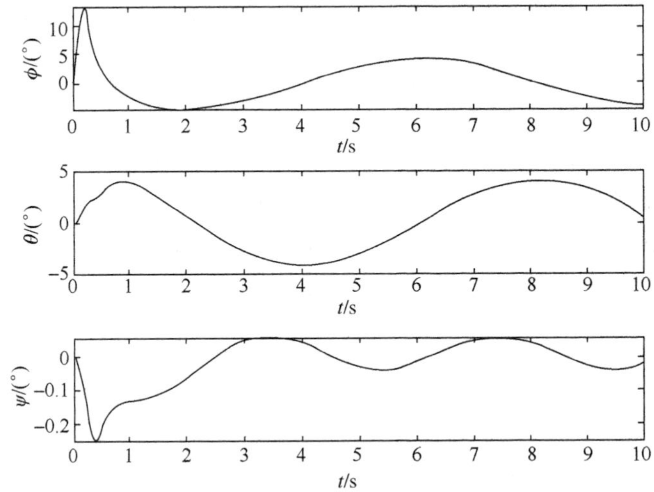

图 2-22 四旋翼飞行器姿态角变化曲线

第 3 章　迭代学习控制

3.1　概　　述

学习是人类的基本智能行为之一。如果利用系统的历史控制经验，可以让控制器本身具有某种“智能”，使它在控制过程中不断完善自己，使控制效果越来越好。人们在处理实际场合中的重复操作任务时，往往依据对象的可重复动态行为与期望行为的差距来调整决策，通过重复操作，使得对象行为与期望行为的配合达到要求。衡量动态行为的指标是某种满意指标，而不是如最优控制中要求达到的那种最优指标。例如，人们的运动姿势大多是通过学习获得的，而学习的方法和手段主要是对特定运动动作的不断重复。1978 年日本学者 Uchiyama 针对高速运动的机械手，提出迭代学习控制的基本思想，即通过尝试对被控对象进行控制，以系统实际输出与给定期望轨迹之间的偏差信号修正不理想的控制信号，迭代更新控制信号，使得系统跟踪性能得以不断提高。1984 年学者 Arimoto 提出了迭代学习控制(Iterative Learning Control, ILC)的思想和方法。

迭代学习控制是一种基于品质的智能控制方法，适合用于存在非线性、强耦合、难以建模以及高精度轨迹重复跟踪场合下的控制系统，如工业生产中的搬运及装配工业机器人、数控机床、磁盘光盘驱动系统等的精密运动控制。迭代学习控制，顾名思义就是通过反复的迭代修正来实现有限时区间内的跟踪任务。其控制过程是一种模仿人类的学习行为，并提取经验的过程，采用的是一种“在重复中学习”的策略。迭代学习控制利用系统的实际输出与期望输出之间的偏差，来修正不理想的控制信号，以提高系统的跟踪控制性能，通过多次迭代并修正控制信号，使得系统的输出逼近理想的期望轨迹。

迭代学习控制早期的研究集中在新算法的构成及其特性分析，包括什么系统适用于迭代学习控制、迭代控制算法及保证算法收敛的条件。20 世纪 90 年代以来，迭代学习控制的研究集中在如何将自适应控制、模糊控制、神经网络控制、预测控制等先进的控制技术与迭代学习控制相结合，改进迭代学习控制的适用范围和控制性能。迭代学习控制理论也针对不确定非线性系统、离散系统、广义系统等的控制问题展开了研究。迭代学习控制通过多年的发展，得到不断的完善，已成为智能控制的重要组成部分。

目前，迭代学习控制的应用主要集中在机器人、数控机床、直线电机和工业过程控制过程中，主要原因在于它们都具有明显的重复运动特性，可以利用迭代学习控制改善其控制系统的跟踪性能。迭代学习控制能够精确逼近期望轨迹的优越性能使得其能够在具备重复运动特点的工业生产过程控制中得到一定应用。但对于大多数常规工业过程，其运行过程是没有重复性的，而迭代学习控制要求系统具有运动重复性，使其在工业过程控制中的应用范围受到限制。迭代学习控制是模拟人学习过程的一种智能控制方法，其思想是基于对象过程的重复性，如果能够发现某一工业过程的重复性，就有可能利用迭代学习控制的思想来设计控制律。

3.2 基 本 原 理

假设被控对象的动态过程为

$$\begin{aligned}\dot{x}(t) &= f\left[x(t),u(t),t\right]\\ y(t) &= g\left[x(t),u(t),t\right]\end{aligned} \tag{3-1}$$

其中，$x \in R^n$、$y \in R^m$、$u \in R^r$ 分别为系统的状态、输出和输入变量；$f(\cdot)$、$g(\cdot)$ 为适当维数的向量函数，其结构与参数均未知。

迭代学习控制的目标为：给定期望输出 $y_d(t)$（存在与之相应的期望输入 $u_d(t)$ 和每次运行的初始状态 $x_k(0)$，要求通过多次重复运行 $(k \to \infty)$，以给定的学习律下，且在时间 $t \in [0,T]$ 内，使系统控制输入 $u_k(t) \to u_d(t)$，系统输出 $y_k(t) \to y_d(t)$。

一般假设条件如下。

（1）系统每次运行时间间隔是有限的固定间隔，即 $t \in [0,T]$。

（2）系统的期望轨迹总是预先给定且是已知的。

（3）每一次跟踪时，系统的初始状态 $x(0)$ 固定，即系统初态具有可重复性。

（4）每一次对期望轨迹 $y_d(t)$ 跟踪时，$f(\cdot)$、$g(\cdot)$ 所表示的函数关系不变，即式(3-1)具有可重复性。

（5）系统每次运行的输出 $y_k(t)$ 可测。

（6）存在唯一的控制输入和唯一的期望控制输入 $u_d(t)$，使得在给定的初始状态 $x(0)$ 下，$y(t) = y_d(t)$。

根据上述假设，第 k 次对期望轨迹跟踪时，系统模型可以表示成：

$$\begin{aligned}\dot{x}_k(t) &= f(x_k(t),u_k(t),t)\\ y_k(t) &= g(x_k(t),u_k(t),t)\end{aligned} \tag{3-2}$$

系统输出误差可以定义为

$$e_k(t) = y_d(t) - y_k(t) \tag{3-3}$$

设每次运行时的期望输出 $y_d(t)$ 不变。如果能选择恰当的 $e_k(t)$ 及控制输入量 $u_k(t)$ 生成下一次跟踪的控制输入，即学习律的典型形式：

$$u_{k+1}(t) = u_k(t) + U(e_k(t),\ t) \tag{3-4}$$

其中，U 是线性或非线性算子。

当 $k \to \infty$ 时，$u_k(t) \to u_d(t)$、$y_k(t) \to y_d(t)$，在 $t \in [0,T]$ 范围内：

$$\lim_{k \to \infty} u_k(t) = u_d(t) \tag{3-5}$$

$$\lim_{k \to \infty} y_k(t) = y_d(t) \tag{3-6}$$

通过对 $y_d(t)$ 的反复跟踪，可以达到高精度控制效果。

迭代学习控制的基本思想是通过函数迭代方法寻找 $u_d(t)$，即构造用于修正控制的学习律 U，使得它产生函数序列 $\{u_k(t)\}$ 并收敛于 $u_d(t)$，且 $u_d(t)$ 是某种范数意义下期望输出与实际输出之差最小化问题的解：

$$\min_{u(t)} \left\| y_d(t) - y(t) \right\| \tag{3-7}$$

迭代学习控制的基本步骤如下。

(1) k=0，给定期望轨迹 $y_d(t)$ 以及初始控制输入 $u_0(t)$，$t\in[0,T]$。

(2) 通过初始定位操作，使得系统初始输出位于 $y_k(0)$，相应的初态位于 $x_k(0)$。

(3) 对被控对象施加控制输入 $u_k(t)$，采样并存储输出 $y_k(t)$，运行完成时存储 $y_k(t)$。

(4) 重复操作结束时，计算输出误差 $e_k(t)=y_d(t)-y_k(t)$，利用迭代学习律式(3-4)，计算下一次运行时的控制输入量 $u_{k+1}(t)$。

(5) 检验停止条件：

$$\|y_d(t)-y(t)\|<\varepsilon,\quad t\in[0,T] \tag{3-8}$$

若条件满足则停止，否则置 $k=k+1$，转步骤(2)。

3.3　迭代学习控制的基本结构

迭代学习控制的基本结构可以分为开环和闭环两种。

开环迭代学习控制采用如式(3-4)所示的学习律，$u_k(t)$ 实际上可以看作第 k 次迭代以前(不包含第 k 次)累计下来的控制经验，而 $U(e_k(t),t)$ 是第 k 次迭代时获得的有效信息，用以修正以往的控制经验 $u_k(t)$。$u_{k+1}(t)$ 作为以往的控制经验与修正信息的累加，可以存储在记忆系统中，作为下一次的控制输入。开环迭代学习控制的基本结构如图 3-1 所示。

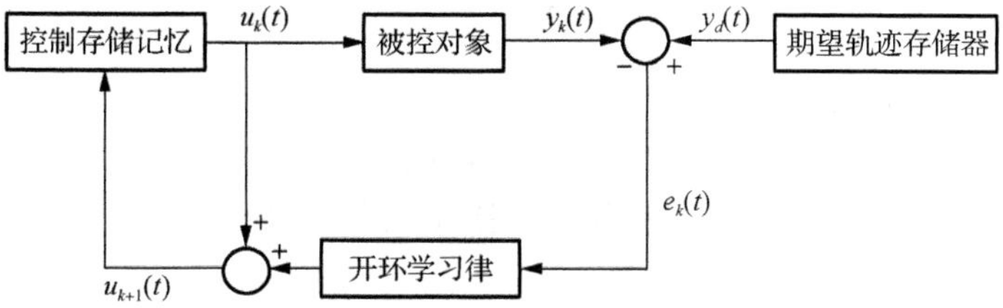

图 3-1　开环迭代学习控制的基本结构

闭环迭代学习控制将当前跟踪控制的误差 $e_{k+1}(t)$ 信息考虑到学习律中，采用如下学习律：

$$u_{k+1}(t)=u_k(t)+U(e_{k+1}(t),t) \tag{3-9}$$

其中，$U(e_{k+1}(t),t)$ 是第 k 次迭代时获得的有效信息以及当前误差信息，用以修正 $u_k(t)$。

闭环迭代学习控制的基本结构如图 3-2 所示。

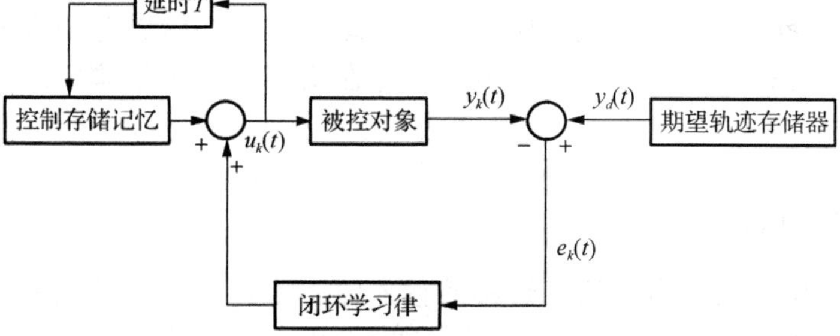

图 3-2　闭环迭代学习控制的基本结构

开环迭代学习控制律采用的是离线的计算方法，其对系统的计算要求不高，但由于其没有考虑当次控制时系统的输出误差，所以其控制效果不如闭环迭代学习控制好。然而，闭环迭代学习控制存在部分在线计算量，其对系统的计算要求相对于开环迭代学习控制更高。

3.4 迭代学习律

学习律即迭代学习控制的算法。迭代学习控制的核心问题就是如何选择一种学习律，使得系统既有良好的稳定性又有较快的收敛速度。学习律是迭代学习控制的基础，其研究内容涉及学习算法、收敛条件、收敛速度等关键问题。

3.4.1 PID 型学习律

目前，大多数迭代学习控制算法采用 PID 型，PID 型学习律是最简单的迭代学习算法。这个算法和传统的 PID 控制算法极为相似，对参数的调节和整定规律也类似，得到了广泛应用和深入研究，是最成熟的迭代学习算法之一。PID 型学习律包括 D 型、P 型、PD 型和 PID 型。

1) D 型学习律

D 型学习律的计算公式如下：

$$u_{k+1}(t)=u_k(t)+\boldsymbol{\Gamma}_D\dot{e}_k(t) \tag{3-10}$$

其中，$\boldsymbol{\Gamma}_D$ 为常数增益矩阵；$\dot{e}_k(t)$ 为系统第 k 次学习的误差微分。

2) P 型学习律

P 型学习律的计算公式如下：

$$u_{k+1}(t)=u_k(t)+\boldsymbol{\Gamma}_P e_k(t) \tag{3-11}$$

其中，$\boldsymbol{\Gamma}_P$ 为常数增益矩阵；$e_k(t)$ 为系统第 k 次学习的误差。

3) PID 型学习律

PID 型学习律的计算公式如下：

$$u_{k+1}(t)=u_k(t)+\boldsymbol{\Gamma}_D\dot{e}_k(t)+\boldsymbol{\Gamma}_P e_k(t)+\boldsymbol{\Gamma}_I\int_0^t e_k(\tau)\,\mathrm{d}\tau \tag{3-12}$$

其中，$\boldsymbol{\Gamma}_P$、$\boldsymbol{\Gamma}_I$、$\boldsymbol{\Gamma}_D$ 均为常数增益矩阵。

PID 型学习律算法简单，理论比较完善，且跟踪效果和鲁棒性也不错。学习律的参数选择(控制器的综合问题)是 PID 型学习算法的关键。算法的收敛速度是评价学习律的重要指标之一。PID 型学习律的各项系数直接影响学习律的收敛性和收敛速度。PID 型学习律往往会由于参数选择不恰当，导致初始几次学习运行时，系统的输出误差很大，迭代学习更新的控制信号也会相对较大。过大的控制信号在实际系统中很难实现，同时也会对系统产生较大的损害。

3.4.2 高阶学习律

高阶学习律是利用以前多次迭代过程的输入输出来构造新的控制输入。学习律中若构造第 $i+1$ 次运行的控制输入 $u_{i+1}(t)$，只使用了第 i 次迭代的信息数据时称为一阶学习律，利用第 i 次,i-1 次,…，直到第 i-N+1 次的信息数据时，称为阶数为 N 的高阶学习律，即

$$u_{k+1}(t)=U\begin{pmatrix} u_k(t),e_k(t),u_{k-1}(t) \\ e_{k-1}(t),\cdots,u_{k-N+1}(t),e_{k-N+1}(t) \end{pmatrix} \tag{3-13}$$

由于对学习过程中以往信息的充分利用，高阶学习律可以改善算法的收敛速度，使系统的抗干扰性能增强。

3.4.3　最优学习律

最优学习律是通过定义最小化指标函数，求解得到相应的学习律。例如，针对某线性时不变离散系统的学习律为

$$u_{i+1}(k)=u_i(k)+Ue_i(k+1) \tag{3-14}$$

定义最小化指标函数：

$$J=\frac{1}{2}e_i^{\mathrm{T}}(k+1)e_i(k+1) \tag{3-15}$$

通过分别使用牛顿-拉弗森方法(Newton-Raphson method)、高斯-牛顿(Gauss-Newton)法和最优下降速法，可以分别得到以下三种不同的学习律：

$$u_{i+1}(k)=u_i(k)-\frac{\|e_i(k+1)\|}{\|\boldsymbol{B}^{\mathrm{T}}e_i(k+1)\|^2}\boldsymbol{B}^{\mathrm{T}}e_i(k+1) \tag{3-16}$$

$$u_{i+1}(k)=u_i(k)-(\boldsymbol{B}^{\mathrm{T}}\boldsymbol{B})^{-1}\boldsymbol{B}^{\mathrm{T}}e_i(k+1) \tag{3-17}$$

$$u_{i+1}(k)=u_i(k)-K\boldsymbol{B}^{\mathrm{T}}e_i(k+1) \tag{3-18}$$

其中，$\boldsymbol{B}$ 为系统状态空间矩阵，$k=(\boldsymbol{B}^{\mathrm{T}}\boldsymbol{B})^{-1}$。

3.4.4　前馈-反馈迭代学习律

早期提出的迭代学习控制是基于前几次重复运动的控制信息，可以看作前馈控制，其在迭代的初始阶段，输出跟踪误差有可能会很大。同时，当系统存在建模误差或具有非线性时，如果只采用经典的线性反馈控制，必须增大反馈增益，才能精确地跟踪期望轨迹。然而实际工作环境中，反馈增益是有限的。前馈-反馈迭代学习律利用反馈控制器对系统进行镇定，并抑制外部干扰，使得系统稳定在期望轨迹的邻域内，利用前馈控制器补偿非线性特性，结合反馈控制信号，使得系统能够快速、准确地跟踪期望输出轨迹。

$$u_k(t)=u_k^f(t)+u_k^b(t) \tag{3-19}$$

其中

$$u_k^b(t)=F\left[e_k(t)\right],\quad u_{k+1}^f(t)=u_k(t)+U\left[e_k(t)\right] \tag{3-20}$$

$u_k^f(t)$ 为前馈迭代学习控制器输出，$u_k^b(t)$ 为反馈迭代学习控制器输出。

3.4.5　遗忘算子迭代学习律

遗忘算子迭代学习律是针对迭代学习系统实际运行中存在初始偏差、状态扰动和测量噪声的情况，将遗忘算子引入 PID 型迭代学习律中：

$$u_{k+1}(t)=(1-\gamma)u_k(t)+\gamma u_0(t)+\boldsymbol{\Gamma}_D\dot{e}_k(t)+\boldsymbol{\Gamma}_P e_k(t)+\boldsymbol{\Gamma}_I\int_0^t e_k(\tau)\,\mathrm{d}\tau \tag{3-21}$$

其中，$\gamma\in[0,1]$ 为遗忘算子。

遗忘算子γ的引入主要考虑初始输入偏差项的影响，为了保证迭代收敛性，随着迭代次数的增加需不断地减小γ的影响。由式(3-21)可以看出，由于存在遗忘算子，随着迭代次数的增加，越早的控制作用就越小，控制信号的变化也比较平滑。

3.4.6 其他迭代学习控制算法

除了上述各种迭代学习律，还存在许多其他设计迭代学习律的方法，包括采样迭代学习律、基于模糊控制的迭代学习律、基于神经网络方法的迭代学习律、鲁棒迭代学习律和基于小波分析的迭代学习律等。

3.5 学习算法的收敛性

学习算法的收敛性是保证迭代学习是稳定收敛控制过程的基本条件。算法的稳定性是保证随着学习次数的增加，控制系统输出不发散，但是对于学习控制系统而言，仅仅稳定是不够的，只有使得学习过程收敛到期望值，才能保证得到的控制为某种意义下最优的控制。收敛性是对迭代学习控制的最基本的要求。

3.5.1 D 型学习律收敛性分析

考虑具有重复运行性质的线性定常系统：

$$\begin{aligned}\dot{x}_k(t) &= \boldsymbol{A}x_k(t)+\boldsymbol{B}u_k(t)\\ y_k(t) &= \boldsymbol{C}x_k(t)\end{aligned} \tag{3-22}$$

其中，$t\in[0,T]$，$x_k(t)\in R^n$，$u_k(t)\in R^r$，$y_k(t)\in R^m$。

给定在$[0,T]$上可微的期望轨迹$y_d(t)$，并设$u_d(t)$为一控制输入，可使得系统的初始状态位于$x_d(0)$时的输出轨迹为

$$y_d(t)=\boldsymbol{C}x_d(t) \tag{3-23}$$

$$x_d(t)=\mathrm{e}^{At}x_d(0)+\int_0^t \mathrm{e}^{A(t-\tau)}\boldsymbol{B}u_d(\tau)\mathrm{d}\tau \tag{3-24}$$

其中，$u_d(t)$、$x_d(t)$分别为期望控制、期望状态，$x_d(0)$为期望初始状态。对系统施加如式(3-10)所示的D型学习律。

定理 3.1 给定某系统如式(3-22)所示，施加如式(3-10)所示的D型学习律。若满足以下条件：①$\|I-\boldsymbol{\Gamma}_D C\boldsymbol{B}\|<1$；②$x_k(0)=x_d(0)$，$k=0,1,2,\cdots$，则当$k\to\infty$时，系统的迭代输出$y_k(t)$在$[0,T]$上一致收敛于期望轨迹$y_d(t)$，即$\lim\limits_{k\to\infty}y_k(t)=y_d(t)$，$t\in[0,T]$。

证明：利用式(3-22)和定理3.1中的条件②可将第$k+1$次迭代时的控制误差写为

$$\begin{aligned}\Delta u_{k+1}(t) &= \Delta u_k(t)-\boldsymbol{\Gamma}_D\dot{e}_k(t)=\Delta u_k(t)-\boldsymbol{\Gamma}_D C\frac{\mathrm{d}}{\mathrm{d}t}\int_0^t \mathrm{e}^{A(t-\tau)}B\Delta u_k(\tau)\,\mathrm{d}\tau\\ &=(I-\boldsymbol{\Gamma}_D CB)\,\Delta u_k(t)-\int_0^t \boldsymbol{\Gamma}_D CA\mathrm{e}^{A(t-\tau)}B\Delta u_k(\tau)\,\mathrm{d}\tau\end{aligned} \tag{3-25}$$

其中，$\Delta u_k(t)=u_d(t)-u_k(t)$。

对式(3-25)两端取范数

$$\left\|\Delta u_{k+1}(t)\right\| \leqslant \left\|I-\boldsymbol{\Gamma}_D \boldsymbol{CB}\right\|\left\|\Delta u_k(t)\right\|+\int_0^t\left\|\boldsymbol{\Gamma}_D \boldsymbol{CA}\mathrm{e}^{A(t-\tau)} \boldsymbol{B}\right\|\left\|\Delta u_k(\tau)\right\| \mathrm{d} \tau \tag{3-26}$$

两端同时乘以正函数 $\mathrm{e}^{-\lambda t}(t \in[0, T])$，

$$\mathrm{e}^{-\lambda t}\left\|\Delta u_{k+1}(t)\right\| \leqslant\left\|I-\boldsymbol{\Gamma}_D \boldsymbol{CB}\right\| \mathrm{e}^{-\lambda t}\left\|\Delta u_k(t)\right\|+b_1 \int_0^t \mathrm{e}^{-\lambda(t-\tau)}\left\|\Delta u_k(\tau)\right\| \mathrm{d} \tau \tag{3-27}$$

其中，$b_1=\sup\limits_{t \in[0, T]}\left\|\boldsymbol{\Gamma}_D CA \mathrm{e}^{At} B\right\|$。由 λ 范数的定义可知

$$\left\|\Delta u_{k+1}\right\|_\lambda \leqslant\left|\left\|I-\boldsymbol{\Gamma}_D \boldsymbol{CB}\right\|+b_1 \frac{1-\mathrm{e}^{-\lambda T}}{\lambda}\right|\left\|\Delta u_k\right\|_\lambda \tag{3-28}$$

当选取足够大的 λ 时，定理 3.1 中的条件①可以转换为

$$\left\|I-\boldsymbol{\Gamma}_D \boldsymbol{CB}\right\|+b_1 \frac{1-\mathrm{e}^{-\lambda T}}{\lambda}<1 \tag{3-29}$$

因此

$$\lim _{k \rightarrow \infty}\left\|\Delta u_k\right\|_\lambda=0 \tag{3-30}$$

又由

$$e_k(t)=\int_0^t \boldsymbol{C} \mathrm{e}^{A(t-\tau)} \boldsymbol{B} \Delta u_k(\tau) \mathrm{d} \tau \tag{3-31}$$

可知

$$\left\|e_k\right\|_\lambda \leqslant cbk \frac{1-\mathrm{e}^{(a-\lambda) T}}{\lambda-a}\left\|\Delta u_k\right\|_\lambda \tag{3-32}$$

其中，$\lambda>a$，$a=\|\boldsymbol{A}\|$，$b=\|\boldsymbol{B}\|$，$c=\|\boldsymbol{C}\|$。

结合式(3-30)和式(3-32)，可得 $\lim\limits_{k \rightarrow \infty}\left\|e_k\right\|_\lambda=0$，则由 $\sup\limits_{t \in[0, T]}\left\|e_k(t)\right\| \leqslant \mathrm{e}^{\lambda T}\left\|e_k\right\|_\lambda$，可以得到 $\lim\limits_{k \rightarrow \infty} \sup\limits_{t \in[0, T]}\left\|e_k(t)\right\|=0$。证毕。

定理 3.1 对于满足 $y_d(0)=Cx_d(0)$ 的初始态 $x_d(0)$ 均成立。在一些特殊情况下，定理 3.1 中的条件②可以放松为允许某些初始态设定在任意点上。例如，当 $C=\left[0,\ \hat{C}\right]$ 时，相应的状态为 $\boldsymbol{x}=\left[\boldsymbol{x}_1^{\mathrm{T}}, \boldsymbol{x}_2^{\mathrm{T}}\right]^{\mathrm{T}}$。这时 x_1 的初始值可以设在任意点上，但 x_2 的初始值需要满足 $y_d(0)=\hat{C} x_{2, d}(0)$。

下面的定理给出初始态存在某种特点偏移时的收敛条件。

定理 3.2　给定某系统如式(3-22)所示，施加如式(3-10)所示的 D 型学习律。若满足以下条件：①$\left\|I-\boldsymbol{\Gamma}_D \boldsymbol{CB}\right\|<1$；② $x_k(0)=x_d(0)+\boldsymbol{B\Gamma}_D e_k(0)$，$k=0,1,2,\cdots$，则当 $k \rightarrow \infty$ 时，系统的迭代输出 $y_k(t)$ 在 $[0, T]$ 上一致收敛于期望轨迹 $y_d(t)$，即 $\lim\limits_{k \rightarrow \infty} y_k(t)=y_d(t)$，$t \in[0, T]$。

证明：由式(3-22)可知，在控制量 $u_{k+1}(t)$ 作用下，有

$$\begin{aligned}
x_{k+1}(t) & =\mathrm{e}^{At} x_{k+1}(0)+\int_0^t \mathrm{e}^{A(t-\tau)} \boldsymbol{B} u_{k+1}(\tau) \mathrm{d} \tau \\
& =\mathrm{e}^{At}\left(x_k(0)+\boldsymbol{B\Gamma}_D e_k(0)\right)+\int_0^t \mathrm{e}^{A(t-\tau)} \boldsymbol{B}\left(u_k(\tau)+\boldsymbol{\Gamma}_D e_k(\tau)\right) \mathrm{d} \tau \\
& =\mathrm{e}^{At} x_k(0)+\int_0^t \mathrm{e}^{A(t-\tau)} \boldsymbol{B} u_k(\tau) \mathrm{d} \tau+\mathrm{e}^{At} \boldsymbol{B\Gamma}_D e_k(0)+\int_0^t \mathrm{e}^{A(t-\tau)} \boldsymbol{B\Gamma}_D e_k(\tau) \mathrm{d} \tau \\
& =x_k(t)+\mathrm{e}^{At} \boldsymbol{B\Gamma}_D e_k(0)+\int_0^t \mathrm{e}^{A(t-\tau)} \boldsymbol{B\Gamma}_D e_k(\tau) \mathrm{d} \tau
\end{aligned} \tag{3-33}$$

所以

$$x_{k+1}(t)=x_k(t)+\boldsymbol{B\Gamma}_D e_k(t)+\int_0^t \mathrm{e}^{A(t-\tau)}\boldsymbol{B\Gamma}_D e_k(\tau)\mathrm{d}\tau \tag{3-34}$$

利用式(3-34)，可将第 $k+1$ 次迭代时的输出误差写成：

$$e_{k+1}(t)=y_d(t)-Cx_{k+1}(t)=y_d(t)-C\left|x_k(t)+\boldsymbol{B\Gamma}_D e_k(t)+\int_0^t A\mathrm{e}^{A(t-\tau)}\boldsymbol{B\Gamma}_D e_k(\tau)\mathrm{d}\tau\right|$$

$$=\left[I-\boldsymbol{CB\Gamma}_D\right]e_k(t)-\int_0^t C\boldsymbol{A}\mathrm{e}^{A(t-\tau)}\boldsymbol{B\Gamma}_D e_k(\tau)\mathrm{d}\tau \tag{3-35}$$

两端取范数

$$\left\|e_{k+1}(t)\right\|\leqslant\left\|\left[I-\boldsymbol{CB\Gamma}_D\right]e_k(t)\right\|+\int_0^t\left\|\boldsymbol{CA}\mathrm{e}^{A(t-\tau)}\boldsymbol{B\Gamma}_D\right\|\left\|e_k(t)\right\|\mathrm{d}\tau$$

$$\leqslant\left\|\left[I-\boldsymbol{CB\Gamma}_D\right]\right\|\left\|e_k(t)\right\|+b\int_0^t\left\|e_k(\tau)\right\|\mathrm{d}\tau \tag{3-36}$$

其中， $b=\sup\limits_{t\in[0,T]}\left\|\boldsymbol{CA}\mathrm{e}^{At}\boldsymbol{B\Gamma}_D\right\|$。两端同乘正函数 $\mathrm{e}^{-\lambda t}(t\in[0,T])$

$$\mathrm{e}^{-\lambda t}\left\|e_{k+1}(t)\right\|\leqslant\left\|I-\boldsymbol{CB\Gamma}_D\right\|\mathrm{e}^{-\lambda t}\left\|e_k(t)\right\|+b\int_0^t\mathrm{e}^{-\lambda(t-\tau)}\mathrm{e}^{-\lambda t}\left\|e_k(\tau)\right\|\mathrm{d}\tau \tag{3-37}$$

由 λ 范数的定义可知

$$\left\|e_{k+1}(0)\right\|\leqslant\left|\left\|I-\boldsymbol{CB\Gamma}_D\right\|\left\|e_k(0)\right\|+b\frac{1-\mathrm{e}^{-\lambda t}}{\lambda}\right|\left\|e_k\right\|_\lambda \tag{3-38}$$

由条件②可知

$$e_{k+1}(0)=\left\|I-\boldsymbol{CB\Gamma}_D\right\|e_k(0) \tag{3-39}$$

两端取范数，可得

$$\left\|e_{k+1}(0)\right\|=\left\|I-\boldsymbol{CB\Gamma}_D\right\|\left\|e_k(0)\right\| \tag{3-40}$$

这样，由条件①可知 $\lim\limits_{k\to\infty}y_k(0)=y_d(0)$。仍由条件②可知

$$x_d(0)-x_{k+1}(0)=\left[I-\boldsymbol{B\Gamma}_D\boldsymbol{C}\right](x_d(0)-x_k(0)) \tag{3-41}$$

因此

$$\left\|x_d(0)-x_{k+1}(0)\right\|\leqslant\left\|I-\boldsymbol{B\Gamma}_D\boldsymbol{C}\right\|\left\|(x_d(0)-x_k(0)\right\| \tag{3-42}$$

显然，使得条件①成立的常数增益矩阵 $\boldsymbol{\Gamma}_D$ 并不一定使得 $\left\|I-\boldsymbol{B\Gamma}_D C\right\|<1$。因此，对于某个给定的初始态 $x_d(0)$， $x_k(0)\to x_d(0)\ (k\to\infty)$ 不一定成立，但 $\lim\limits_{k\to\infty}\boldsymbol{C}x_k(0)=\boldsymbol{C}x_d(0)$ 总是成立的。因此，在迭代过程中，条件②是一种允许迭代初始态相对于某给定期望初始态存在偏移的初始条件。然而，在进行每次迭代的初始定位操作时，要求精确已知系统参数矩阵以及上次迭代时的初始态，因此，这种初始条件很难实现。

也可以给出一种不需要已知系统参数矩阵 $\boldsymbol{B}$ 的初始条件：

$$\begin{cases}x_k(0)=x^0\\ e_k(0)=0\end{cases} \tag{3-43}$$

其中， x^0 为一给定初始态。由式(3-43)可推知条件②成立，可将条件②用式(3-43)所示的条件替换。

3.5.2　P 型学习律收敛性分析

针对一阶线性时不变系统：

$$\begin{aligned}\dot{x}(t)&=\boldsymbol{A}x(t)+\boldsymbol{B}u(t)\\ y(t)&=\boldsymbol{C}x(t)\end{aligned} \tag{3-44}$$

其中，$x(t)\in R^n$，$u(t)$、$y(t)\in R^m$。

对系统施加简单的 P 型学习律：

$$u_{k+1}(t)=u_k(t)+\boldsymbol{\Gamma}_P e_k(t) \tag{3-45}$$

假设初始态在每次迭代时始终处于一个点，即存在 x^0，使得

$$y_k(t)=g(t)+\int_0^t H(t-\tau)u_k(\tau)\,\mathrm{d}\tau \tag{3-46}$$

其中，$g(t)=\boldsymbol{C}\mathrm{e}^{At}x^0$，$\boldsymbol{H}(t-\tau)=\boldsymbol{C}\mathrm{e}^{A(t-\tau)}\boldsymbol{B}$。

定理 3.3　假设式(3-44)描述的线性时不变系统是严格正则的，如果对于任意 $T>0$ 和任意控制 $u(t)(t\in[0,T])$，存在 $\alpha>0$，使得下式成立

$$\int_0^T\int_0^t \boldsymbol{u}^{\mathrm{T}}(t)\boldsymbol{H}(t-\tau)u(\tau)\mathrm{d}\tau\mathrm{d}t \geqslant \alpha\int_0^T \boldsymbol{u}^{\mathrm{T}}(t)u(t)\mathrm{d}t \tag{3-47}$$

则对该系统施加如式(3-45)所示的 P 型学习律，系统的迭代输出是收敛的，即 $\lim\limits_{k\to\infty} y_k(t)=y_d(t)$，$t\in[0,T]$。

证明：利用式(3-44)和式(3-45)，第 $k+1$ 次迭代时的控制误差可写为

$$e_{k+1}(t)=e_k(t)-\boldsymbol{\Gamma}_P w_k(t) \tag{3-48}$$

其中，$w_k(t)=\int_0^t \boldsymbol{H}(t-\tau)e_k(\tau)\mathrm{d}\tau$。

记 $\langle x,y\rangle=\int_0^t x^{\mathrm{T}}(\tau)y(\tau)\mathrm{d}\tau$，以及 L_2 范数 $\|x\|^2=\langle x,x\rangle$，则

$$\|e_{k+1}\|^2=\langle e_k-\boldsymbol{\Gamma}_P w_k, e_k-\boldsymbol{\Gamma}_P w_k\rangle=\|e_k\|^2+\boldsymbol{\Gamma}_P^2\|w_k\|^2-2\boldsymbol{\Gamma}_P\langle e_k,w_k\rangle \tag{3-49}$$

利用严格正则和 L_2 范数的性质

$$\langle e_k,w_k\rangle \geqslant \alpha\|e_k\|^2 \tag{3-50}$$

$$\|w_k\|^2 \leqslant \lambda_0^{\,2}\|e_k\|^2 \tag{3-51}$$

其中，λ_0^2 为矩阵 $\int_0^T \boldsymbol{H}^{\mathrm{T}}(\tau)\boldsymbol{H}(\tau)\mathrm{d}\tau$ 的谱半径，则有

$$\|e_{k+1}\|^2 \leqslant (1+\lambda_0^2\boldsymbol{\Gamma}_P^2-2\alpha\boldsymbol{\Gamma}_P)\|e_k\|^2 \tag{3-52}$$

因此，选择 $\boldsymbol{\Gamma}_P>0$，可使得

$$\rho=\lambda_0^2\boldsymbol{\Gamma}_P^2-2\alpha\boldsymbol{\Gamma}_P<-\varepsilon \tag{3-53}$$

可保证输出误差按照 L_2 范数严格单调衰减

$$\|e_{k+1}\|^2<(1-\varepsilon)\|e_k\|^2 \tag{3-54}$$

P 型学习律收敛性证毕。

3.5.3 PID 型学习律收敛性分析

考虑线性时变系统：

$$\begin{aligned}\dot{x}_k(t) &= A(t)x_k(t) + B(t)u_k(t) \\ y_k(t) &= C(t)x_k(t)\end{aligned} \tag{3-55}$$

其中，$x_k(t) \in R^n$，$u_k(t) \in R^r$，$y_k(t) \in R^m$。

当初始态位于 $x_0(t)$ 时施加控制 $u_k(t)$，式(3-55)中状态变量的解为

$$x_k(t) = \boldsymbol{\Phi}(t,0)x_k(0) + \int_0^t \boldsymbol{\Phi}(t,\tau)B(\tau)u_k(\tau)\,\mathrm{d}\tau \tag{3-56}$$

其中，$\boldsymbol{\Phi}(t,\tau)$ 为式(3-55)中由 $A(t)$ 所确定的状态转移矩阵，满足以下矩阵微分方程：

$$u_{k+1}(t) = u_k(t) + \boldsymbol{\Gamma}_D(t)\dot{e}_k(t) + \boldsymbol{\Gamma}_P(t)e_k(t) + \boldsymbol{\Gamma}_I(t)\int_0^t e_k(\tau)\mathrm{d}\tau \tag{3-57}$$

其中，$t_0 \in [0,T]$。

给定可达的期望轨迹 $y_d(t)(t \in [0,T])$。对于该系统施加如下所示的 PID 型学习律：

$$\frac{\partial}{\partial t}\boldsymbol{\Phi}(t,t_0) = A(t)\boldsymbol{\Phi}(t,t_0), \quad \boldsymbol{\Phi}(t_0,t_0)=I \tag{3-58}$$

可选在 $[0,T]$ 上分段连续的初始控制输入 $u_0(t)$。

假设：

$$\boldsymbol{G}(t,\tau) = \boldsymbol{C}(t)\boldsymbol{\Phi}(t,\tau)\boldsymbol{B}(\tau)\boldsymbol{\Gamma}_D(\tau) \tag{3-59}$$

对于 $\tau \in [0,T]$ 可导。通过输出误差估计，可得到以下定理，并给出 PID 型学习律的收敛性充分条件。

定理 3.4 对如式(3-55)所示的系统，施加 PID 型学习律，如满足以下条件：

(1) $\rho(I - C(t)B(t)\boldsymbol{\Gamma}_D(t)) \leqslant \bar{\rho} < 1$；

(2) $x_k(0) = x^0, k = 0,1,2,\cdots$；$y_0(0) = y_d(0)$。

则当 $k \to \infty$ 时，$y_k(t) \to y_d(t), t \in [0,T]$。

证明：由式(3-55)和条件(2)可知

$$y_{k+1}(0) = Cx_{k+1}(0) = Cx_k(0) = y_k(0) \tag{3-60}$$

因此，$e_k(0) = 0, k = 0,1,2,\cdots$。第 $k+1$ 次迭代时的输出误差可写成：

$$\begin{aligned}e_{k+1}(t) &= e_k(t) - \int_0^t C(t)\boldsymbol{\Phi}(t,\tau)B(\tau)(u_{k+1}(\tau) - u_k(\tau))\mathrm{d}\tau \\ &= e_k(t) - \int_0^t C(t)\boldsymbol{\Phi}(t,\tau)B(\tau)[\boldsymbol{\Gamma}_D(\tau)\dot{e}_k(\tau) + \boldsymbol{\Gamma}_P(\tau)e_k(\tau) + \boldsymbol{\Gamma}_I(\tau)\int_0^\tau e_k(\sigma)\mathrm{d}\sigma]\mathrm{d}\tau\end{aligned} \tag{3-61}$$

将式(3-61)代入式(3-60)，可得

$$\begin{aligned}e_{k+1}(t) = &[I - C(t)B(t)\boldsymbol{\Gamma}_D(t)]e_k(t) + \int_0^t \frac{\partial}{\partial\tau}G(t,\tau)\,e_k(\tau)\,\mathrm{d}\tau \\ &- \int_0^t C(t)\boldsymbol{\Phi}(t,\tau)B(\tau)\boldsymbol{\Gamma}_P(\tau)e_k(\tau)\mathrm{d}\tau \\ &- \int_0^t\int_0^\tau C(t)\boldsymbol{\Phi}(t,\tau)B(\tau)\boldsymbol{\Gamma}_I(\tau)e_k(\sigma)\mathrm{d}\sigma\mathrm{d}\tau\end{aligned} \tag{3-62}$$

根据矩阵 $\boldsymbol{A}$ 的范数与谱半径 $\rho(A)$ 的关系引理：$\|\boldsymbol{A}\| \leqslant \rho(\boldsymbol{A}) + \varepsilon$，$\boldsymbol{A} \in R^{n\times n}$，对于每个固定的 t 及任意 $\varepsilon > 0$，存在一非奇异矩阵 $\boldsymbol{Q}(t) \in R^{m\times m}$，满足

$$\left\|\boldsymbol{Q}(t)[I-C(t)B(t)\boldsymbol{\Gamma}_D(t)]\boldsymbol{Q}^{-1}(t)\right\| \leqslant \rho(i-C(t)B(t)\boldsymbol{\Gamma}_D(t))+\varepsilon<\bar{\rho}+\varepsilon \tag{3-63}$$

式(3-62)两端同乘 $\boldsymbol{Q}(t)$，然后取范数

$$\begin{aligned}
\left\|\boldsymbol{Q}(t)e_{k+1}(t)\right\| \leqslant & \left\|\boldsymbol{Q}(t)[I-C(t)B(t)\boldsymbol{\Gamma}_D(t)]\boldsymbol{Q}^{-1}(t)\right\|\left\|\boldsymbol{Q}(t)e_k(t)\right\| \\
& +\int_0^t\left\|\boldsymbol{Q}(t)\frac{\partial}{\partial\tau}G(t,\tau)\boldsymbol{Q}^{-1}(\tau)\right\|\left\|\boldsymbol{Q}(\tau)e_k(\tau)\right\|\mathrm{d}\tau+ \\
& +\int_0^t\left\|\boldsymbol{Q}(t)C(t)\boldsymbol{\Phi}(t,\tau)B(\tau)L(\tau)\boldsymbol{Q}^{-1}(\tau)\right\|\left\|\boldsymbol{Q}(\tau)e_k(\tau)\right\|\mathrm{d}\tau \\
& +\int_0^t\int_0^\tau\left\|\boldsymbol{Q}(t)C(t)\boldsymbol{\Phi}(t,\tau)B(\tau)\boldsymbol{\Gamma}_I\boldsymbol{Q}^{-1}(t)\right\|\left\|\boldsymbol{Q}(\sigma)e_k(\sigma)\right\|\mathrm{d}\sigma\mathrm{d}\tau \\
\leqslant & \left\{\ \rho(I-C(t)B(t)\boldsymbol{\Gamma}_D(t))+\varepsilon\left\|\boldsymbol{Q}(t)e_k(t)\right\|+\int_0^t b_1\left\|\boldsymbol{Q}(\tau)e_k(\tau)\right\|\mathrm{d}\tau\right. \\
& \left.+\int_0^t\int_0^\tau b_2\left\|\boldsymbol{Q}(\sigma)e_k(\sigma)\right\|\mathrm{d}\sigma\mathrm{d}\tau\ \right\}
\end{aligned} \tag{3-64}$$

其中

$$b_1=\max\left\{\sup_{t,\tau\in[0,T]}\left\|\ \boldsymbol{Q}(t)\frac{\partial}{\partial\tau}G(t,\tau)\boldsymbol{Q}^{-1}(\tau)\ \right\|,\quad \sup_{t,\tau\in[0,T]}\left\|\boldsymbol{Q}(t)C(t)\boldsymbol{\Phi}(t,\tau)\right.\right.$$
$$\left.\left.B(\tau)\boldsymbol{\Gamma}_P(\tau)\boldsymbol{Q}^{-1}(\tau)\right\|\ \right\},\quad b_2=\max\left\{\sup_{t,\tau\in[0,T]}\left\|\ \boldsymbol{Q}(t)C(t)\boldsymbol{\Phi}(t,\tau)B(\tau)\boldsymbol{\Gamma}_I\boldsymbol{Q}^{-1}(\sigma)\ \right\|\right.$$

将式(3-64)两端同乘以正函数 $\mathrm{e}^{-\lambda t}$， $\lambda>0$，可得

$$\left\|\boldsymbol{Q}e_{k+1}\right\|_\lambda \leqslant \bar{\rho}\left\|\boldsymbol{Q}e_k\right\|_\lambda \tag{3-65}$$

其中，$\bar{\rho}=\bar{\rho}+\varepsilon+b_1\dfrac{1-\mathrm{e}^{-\lambda T}}{\lambda}+b_2\left(\dfrac{1-\mathrm{e}^{-\lambda T}}{\lambda}\right)^2$。由 ε 的任意性及条件(1)可知，存在 λ 可使得 $\bar{\rho}<1$。因此 $\lim\limits_{k\to\infty}\left\|\boldsymbol{Q}e_k\right\|_\lambda=0$。并由 $\left\|e_k\right\|_\lambda \leqslant \sup\limits_{t,\tau\in[0,T]}\left\|\boldsymbol{Q}^{-1}(t)\right\|\left\|\boldsymbol{Q}e_k\right\|_\lambda$，则定理得证。

3.5.4　学习律收敛性分析方法

对于上述迭代学习律收敛性的常规分析方法可以分为两种。

1) 压缩映射法

压缩映射法即系统要求满足全局利普希茨条件和相同的初始条件，如对 D 型学习律的条件 $\left\|I-\boldsymbol{\Gamma}_D CB\right\|<1$，则有

$$\left\|e_{k+1}\right\|=\left\|(I-\boldsymbol{\Gamma}_D CB)e_k\right\| \leqslant \left\|I-\boldsymbol{\Gamma}_D CB\right\|\left\|e_k\right\|<\left\|e_k\right\| \tag{3-66}$$

可知算法是单调收敛的。该方法依赖范数的选择，常用的有 l_1 范数、l_2 范数、l_∞ 范数及 λ 范数。

2) 谱半径条件法

谱半径条件法即利用矩阵的范数与谱半径的关系，确定迭代学习律的收敛性条件。如 PID 型学习律的收敛性条件(1)，$\rho(I-C(t)B(t)\boldsymbol{\Gamma}_D(t))<1$，则有

$$\lim_{k\to\infty}\left\|e_k\right\|=\lim_{k\to\infty}\left\|(I-CB\boldsymbol{\Gamma}_D)e_0\right\|=\lim_{k\to\infty}\rho(I-CB\boldsymbol{\Gamma}_D)^k\left\|e_0\right\| \tag{3-67}$$

3.6 初始值问题

迭代学习控制可适用于具有重复运行性质的系统，既然系统要重复运行，而迭代学习控制又是根据系统上次运行结果的好坏来进行下一次的控制参数更新，因此，系统每次迭代的初始状态值对系统所造成的影响极为重要。由于动态过程未知，其初始状态的期望轨迹也很难给出，而使系统状态停留在期望轨迹上则更困难。所有的收敛性证明都需要相同的初始条件，迭代学习控制算法大多数要求被控系统每次运行时的初始状态在期望轨迹对应的初始状态，即满足初始条件：

$$x_d(0)=x_k(0),\quad k=0,1,2,\cdots,N \tag{3-68}$$

由于各种不确定因素的存在，一个实际运行的迭代学习控制系统不仅很难得到期望跟踪轨迹的初始状态，而且每次迭代难免存在一定的初态偏移以及测量噪声。这样很难保证每次运行的初始状态都与期望轨迹的初始状态相同或者完全可重复。当系统的初始状态不在期望轨迹上，而在期望轨迹的某一很小的邻域内时，通常把这类问题归结为学习控制的鲁棒性问题。

目前有关初值问题的分析可以分为以下三类。

(1) 当初始状态在迭代域内渐近收敛至期望值时，学习算法都能保证跟踪误差收敛至零，其实这类条件在实际应用中很难实现。

(2) 每次跟踪时，系统的初始状态都保持一致，但不等于期望值，这样误差能够收敛至某个有界域内，并可给出跟踪误差与初始状态偏差的具体解析关系。

(3) 当初始状态始终位于以期望值为中心的某个有界域内时，跟踪误差也将收敛至某个有界范围之内。

初态问题的研究与控制系统的自身性质及其所采用的学习律密切相关，对于不同的系统、不同形式的学习律需要区分。

3.6.1 固定初值偏差

考虑如下非线性系统：

$$\begin{aligned}\dot{x}(t)&=f(t,x(t))+B(t)u(t)\\ y(t)&=C(t)x(t)\end{aligned} \tag{3-69}$$

其中，$t\in[0,T]$，$x(t)$、$f(t,x(t))\in R^n$，$B(t)\in R^{n\times r}$，$y(t)\in R^m$，$C(t)\in R^{m\times r}$，$u(t)\in R^r$。

该系统每次迭代时的初值相同，第 k 次迭代的初值为 $x_k(0)$，系统状态与输出为

$$\begin{aligned}\dot{x}_k(t)&=f(t,x_k(t))+B(t)u_k(t)\\ y_k(t)&=C(t)x_k(t)\\ x_k(0)&=x_d(0)-x_0\end{aligned} \tag{3-70}$$

其中，x_0 为不等于零的常数。

其输出误差为

$$e_k(t)=y_d(t)-y_k(t) \tag{3-71}$$

采用开环 D 型迭代学习控制算法：

$$u_{k+1}(t)=u_k(t)+\boldsymbol{\Gamma}_D(t)\dot{e}_k(t) \tag{3-72}$$

该系统要求在 $t\in[0,T]$ 上，输出 $y_k(t)$ 能够完全跟踪上期望轨迹 $y_d(t)$。

引理 3.1　设常数序列 $\{b_k\}_{k\geqslant 0}\ (b_k\geqslant 0)$ 收敛到零，算子 $Q_k:C_r[0,T]\to C_r[0,T]$ 满足：

$$\|Q_k(u)(t)\|\leqslant M(b_k+\int_0^t\|u(s)\|\mathrm{d}s) \tag{3-73}$$

其中，$M\geqslant 1$ 为常数，$C_r[0,T]$ 为定义在区间 $[0,T]$ 上的所有 r 维向量连续函数空间，且 r 维向量取最大值范数，$p(t)$ 为 $r\times r$ 的连续函数矩阵。

令 $P{:}\,C_r[0,\ T]\to C_r[0,\ T]$ 为

$$\boldsymbol{P}(u)(t)=\boldsymbol{p}(t)u(t) \tag{3-74}$$

若 $p(t)$ 的谱半径小于 1，则 $\lim\limits_{n\to\infty}(P+Q_n)(P+Q_{n-1})\cdots(P+Q_0)(u)(t)=0$，对于 t 一致成立。

引理 3.2　设 $x(t)$、$y(t)$ 是 $[0,T]$ 上的实值连续函数，且 $\alpha\geqslant 0$，若

$$x(t)\leqslant c+\int_0^t(ax(\tau)+by(\tau))\mathrm{d}\tau$$

则

$$x(t)\leqslant c\mathrm{e}^{\alpha t}+\int_0^t\mathrm{e}^{\alpha(t-\tau)}by(\tau)\mathrm{d}\tau \tag{3-75}$$

定理 3.5　设如式(3-69)、式(3-70)和式(3-72)所示的迭代学习控制系统动态方程，在 $t\in[0,T]$ 中满足以下条件：

(1) $f(t,x(t))$ 关于 $x(t)$ 满足利普希茨条件，即 $\forall x_1,x_2$，$\|f(t,x_1)-f(t,x_2)\|\leqslant k_f\|x_1-x_2\|$，$k_k$ 为一正常数；

(2) 期望轨迹 $y_d(t)$ 在 $[0,T]$ 上连续；

(3) 在 $[0,T]$ 中，$\dot{C}(t)$ 存在，且 $B(t)$、$C(t)$、$\dot{C}(t)$ 有界；

(4) 若学习律如式(3-47)，并且满足

$$\rho(I-C(t)B(t)\boldsymbol{\Gamma}_D(t))<1 \tag{3-76}$$

则当 $k\to\infty$ 时，$\dot{y}_k(t)$ 一致收敛于 $\dot{y}_d(t)$。

证明：令

$$\begin{aligned}\delta x_k(t)&=x_d(t)-x_k(t)\\ \delta y_k(t)&=y_d(t)-y_k(t)\\ \delta u_k(t)&=u_d(t)-u_k(t)\end{aligned} \tag{3-77}$$

其中，x_d、y_d、u_d 分别为期望轨迹上的状态、输出与控制。

令

$$f_1(t,x)=f(t,x_d(t))-f(t,x_d(t)-x(t)) \tag{3-78}$$

由式(3-45)～式(3-51)，可得

$$\delta\dot{x}_k(t)=f_1(t,\delta x_k(t))+B(t)\delta u_k(t) \tag{3-79}$$

$$\delta y_k(t)=C(t)\delta x_k(t) \tag{3-80}$$

$$\begin{aligned}\delta\dot{y}_k(t)&=C(t)\delta\dot{x}_k(t)+\dot{C}(t)\delta x_k(t)\\&=C(t)f_1(t,\delta x_k(t))+C(t)B(t)\delta u_k(t)+\dot{C}(t)\delta x_k(t)\end{aligned} \tag{3-81}$$

则有

$$\begin{aligned}\delta\dot{y}_{k+1}(t)-\delta\dot{y}_k(t)&=C(t)f_1\left[t,\delta x_{k+1}(t)\right]+C(t)B(t)\delta u_{k+1}(t)+\dot{C}(t)\delta x_{k+1}(t)\\&=C(t)\left\{f_1\left[t,\delta x_{k+1}(t)\right]-f_1\left[t,\delta x_k(t)\right]\right\}+C(t)B(t)\left[\delta u_{k+1}(t)-\delta u_k(t)\right]\\&\quad+\dot{C}(t)(\delta x_{k+1}(t)-\delta x_k(t))\\&=C(t)\left\{f_1\left[t,\delta x_{k+1}(t)\right]-f_1\left[t,\delta x_k(t)\right]\right\}-C(t)B(t)\boldsymbol{\Gamma}_D(t)\delta\dot{y}_k(t)\\&\quad+\dot{C}(t)(\delta x_{k+1}(t)-\delta x_k(t))\end{aligned}\tag{3-82}$$

则

$$\begin{aligned}\delta\dot{y}_{k+1}(t)=&(I-C(t)B(t)\boldsymbol{\Gamma}_D(t))\delta\dot{y}_k(t)+\dot{C}(t)\left[\delta x_{k+1}(t)-\delta x_k(t)\right]\\&+C(t)\left\{f_1\left[t,\delta x_{k+1}(t)\right]-f_1\left[t,\delta x_k(t)\right]\right\}\end{aligned}\tag{3-83}$$

定义算子 P：$C_r\left[0,T\right]\to C_r\left[0,T\right]$ 为

$$P\delta\dot{y}_k(t)=[I-C(t)B(t)\boldsymbol{\Gamma}_D(t)]\delta\dot{y}_k(t)\tag{3-84}$$

定义算子 Q：$C_r\left[0,T\right]\to C_r\left[0,T\right]$ 为

$$Q_k(\delta\dot{y}_k)(t)=\dot{C}(t)\left\{\delta x_{k+1}\left[(t)-\delta x_k(t)\right]+C(t)\left[f_1(t,\delta x_{k+1}(t)\right]-f_1\left[t,\delta x_k(t)\right]\right\}\tag{3-85}$$

则式(3-83)可写为

$$\delta\dot{y}_{k+1}(t)=P\delta\dot{y}_k(t)+Q_k(\delta\dot{y}_k)(t)=(P+Q_k)(P+Q_{k-1})\cdots(P+Q_0)(\delta\dot{y}_0)(t)\tag{3-86}$$

以下对算子 Q_k 进行估计。

由式(3-77)和式(3-70)得

$$\begin{aligned}\delta x_{k+1}(t)-\delta x_k(t)&=x_k(t)-x_{k+1}(t)\\&=x_k(0)+\int_0^t f\left[\tau,x_k(\tau)\right]\mathrm{d}\tau+\int_0^t B(\tau)u_k(\tau)\mathrm{d}\tau\\&\quad-(x_{k+1}(0)+\int_0^t f\left[\tau,x_{k+1}(\tau)\right]\mathrm{d}\tau+\int_0^t B(\tau)u_{k+1}(\tau)\mathrm{d}\tau\\&=\left[x_k(0)-x_{k+1}(0)\right]+\int_0^t\left\{f\left[\tau,x_k(\tau)\right]-f\left[\tau,x_{k+1}(\tau)\right]\right\}\mathrm{d}\tau\\&\quad+\int_0^t B(\tau)[u_k(\tau)-u_{k+1}(\tau)]\mathrm{d}\tau\end{aligned}\tag{3-87}$$

上式两端取范数得

$$\begin{aligned}\left\|\delta x_{k+1}(t)-\delta x_k(t)\right\|&\leqslant\int_0^t\left\|f\left[t,\delta_k(\tau)\right]-f\left[\tau,\delta x_{k+1}(\tau)\right]\right\|\mathrm{d}\tau+\int_0^t\left\|B(\tau)\right\|\left\|\delta u_k(\tau)-\delta u_{k+1}(\tau)\right\|\mathrm{d}\tau\\&\leqslant\int_0^t\left\|f\left[\tau,\delta x_k(\tau)\right]-f\left[\tau,\delta x_{k+1}(\tau)\right]\right\|\mathrm{d}\tau+\int_0^t\left\|B(\tau)\right\|\left\|\boldsymbol{\Gamma}_D(\tau)\right\|\left\|\delta\dot{y}(\tau)\right\|\mathrm{d}\tau\\&\leqslant k_f\int_0^t\left\|\delta x_{k+1}(\tau)-\delta x_k(\tau)\right\|\mathrm{d}\tau+bl\int_0^t\left\|\delta\dot{y}_k(\tau)\right\|\mathrm{d}\tau\end{aligned}\tag{3-88}$$

其中，$b=\sup\limits_{t\in[0,T]}\left\|B(t)\right\|$，$l=\sup\limits_{t\in[0,T]}\left\|\boldsymbol{\Gamma}_D(t)\right\|$。

由引理 3.2，式(3-88)可变换为

$$\begin{aligned}\left\|\delta x_k(t)\right\|&\leqslant\int_0^t b\mathrm{e}^{k_f(t-\tau)}\left\|\delta u_k(\tau)\right\|\mathrm{d}\tau\leqslant\int_0^t b\mathrm{e}^{k_f t}\left\|\delta u_k(\tau)\right\|\mathrm{d}\tau\\&=M_1\int_0^t\left\|\delta u_k(\tau)\right\|\mathrm{d}\tau\end{aligned}\tag{3-89}$$

其中，$M_1=b\mathrm{e}^{k_f t}$。

对式(3-58)两端取范数可得

$$
\begin{aligned}
\|Q_k(\delta u_k)(t)\| &\leqslant \|\boldsymbol{\Gamma}_D(t)C(t)f_1[t,\delta x_k(t)]\| + \|\boldsymbol{\Gamma}_D(t)\dot{C}(t)\delta x_k(t)\| \\
&\leqslant lck_f\|\delta x_k(t)\| + lc_1\|\delta x_k(t)\| \leqslant (lck_f + lc_1)\|\delta x_k(t)\|
\end{aligned} \tag{3-90}
$$

其中，$c=\sup\limits_{t\in[0,T]}\|C(t)\|$，$c_1=\sup\limits_{t\in[0,T]}\|\dot{C}(t)\|$，$l=\sup\limits_{t\in[0,T]}\|\boldsymbol{\Gamma}_D(t)\|$。

将式(3-89)代入式(3-90)，可得

$$
\begin{aligned}
\|Q_k(\delta u_k)(t)\| &\leqslant (lck_f + lc_1)M_1\int_0^t\|\delta u_k(\tau)\|\mathrm{d}\tau \\
&= M_2\int_0^t\|\delta u_k(\tau)\|\mathrm{d}\tau \leqslant M\int_0^t\|\delta u_k(\tau)\|\mathrm{d}\tau
\end{aligned} \tag{3-91}
$$

其中，$M_2=(lck_f+lc_1)M_1$，$M=\max(1,M_2)$。则算子 Q_k 满足引理 3.1 的条件。

由式(3-76)、式(3-86)、式(3-91)和引理 3.1 可知，$\forall t[0,T]$，可知 $\lim\limits_{k\to\infty}\|\delta u_{k+1}(t)\|=0$，即当 $k\to\infty$ 时，在 $t\in[0,T]$，$y_k(t)\to y_d(t)$。证毕。

3.6.2　初值在一定范围内变化问题

考虑如式(3-69)所示的非线性系统。

该系统每次迭代时的初值都不相同，第 k 次迭代的初值为 $x_k(0)$，系统状态与输出为

$$
\begin{aligned}
&\dot{x}_k(t) = f(t,x_k(t)) + B(t)u_k(t) \\
&y_k(t) = C(t)x_k(t) \\
&x_k(0) = x_d(0) - \xi_k(0)
\end{aligned} \tag{3-92}
$$

其中，$\xi_k(0)$ 为初值偏差。

其输出误差为

$$
e_k(t) = y_d(t) - y_k(t) \tag{3-93}
$$

采用如式(3-72)所示的开环迭代学习控制算法，该系统要求在 $t\in[0,T]$ 上，输出 $y_k(t)$ 能够完全跟踪上期望轨迹 $y_d(t)$。

引理 3.3　设 $\{b_k\}_{k\geqslant 0}$ 为一非负序列，$Q_k: C_r[0,T]\to C_r[0,T]$ 满足：$\|Q_k(u)(t)\|\leqslant M(b_k+\int_0^t\|u(s)\|\mathrm{d}s)$，$M\geqslant 1$，设 $P: C_r[0,T]\to C_r[0,T]$ 定义为 $P(u)(t)=p(t)u(t)$，其中 $p(t)$ 为 $r\times r$ 的连续函数矩阵。若存在 $\rho(p)$ 及 M 有关的常数 M_0，使得

$$
\limsup_{n\to\infty}\|(P+Q_n)(P+Q_{n-1})(P+Q_{n-2})\cdots(P+Q_0)(u)\| \leqslant M_0\lim_{n\to\infty}b_n \tag{3-94}
$$

定理 3.6　若如式(3-69)所示的非线性系统，其在 $t\in[0,T]$ 满足以下条件：

(1) $f(t,x(t))$ 关于 $x(t)$ 满足利普希茨条件，即 $\forall x_1,x_2$，$\|f(t,x_1)-f(t,x_2)\|\leqslant k_f\|x_1-x_2\|$，$k_f$ 为一正常数；

(2) 期望轨迹 $y_d(t)$ 在 $[0,T]$ 上连续；

(3) 在 $[0,T]$ 中，$\dot{C}(t)$ 存在，且 $B(t)$、$C(t)$、$\dot{C}(t)$ 有界；

(4) 若学习律如式(3-72)，并且满足 $\rho(I-\boldsymbol{\Gamma}_D(t)C(t)B(t))<1$，则 $\forall t\in[0,T]$，存在仅与 β、M 有关的 M_0，使得 $\limsup\limits_{k\to\infty}\|\delta u_{k+1}(t)\|\leqslant M_0\lim\limits_{k\to\infty}b_k$。其中，$b_k=\sup\|\xi_k(0)\|$。

证明：令

$$\begin{aligned}\delta x_k(t)&=x_d(t)-x_k(t)\\ \delta y_k(t)&=y_d(t)-y_k(t)\\ \delta u_k(t)&=u_d(t)-u_k(t)\end{aligned}\tag{3-95}$$

其中，x_d、y_d、u_d 分别为期望轨迹上的状态、输出与控制。

令

$$f_1(t,x)=f\left[t,x_d(t)\right]-f\left[t,x_d(t)-x(t)\right]\tag{3-96}$$

由式(3-92)、式(3-93)、式(3-95)可得

$$\delta\dot{x}_k(t)=f_1\left[t,\delta x_k(t)\right]+B(t)\delta u_k(t)\tag{3-97}$$

$$\delta y_k(t)=C(t)\delta x_k(t)\tag{3-98}$$

$$\delta\dot{y}_k(t)=C(t)f_1\left[t,\delta x_k(t)\right]+C(t)B(t)\delta u_k(t)+\dot{C}(t)\delta x_k(t)\tag{3-99}$$

则有

$$\begin{aligned}\delta u_{k+1}(t)&=\delta u_k(t)\boldsymbol{\Gamma}_D(t)\delta\dot{y}_k(t)\\ &=\left[I-\boldsymbol{\Gamma}_D(t)C(t)B(t)\right]\delta u_k(t)-\boldsymbol{\Gamma}_D(t)C(t)f_1\left[t,\delta x_k(t)\right]-\boldsymbol{\Gamma}_D(t)\dot{C}(t)\delta x_k(t)\end{aligned}\tag{3-100}$$

定义算子 $P: C_r\left[0,T\right]\to C_r\left[0,T\right]$ 为

$$P\delta u_k(t)=[I-\boldsymbol{\Gamma}_D(t)C(t)B(t)]\delta u_k(t)\tag{3-101}$$

定义算子 $Q_k: C_r\left[0,T\right]\to C_r\left[0,T\right]$ 为

$$Q_k(\delta u_k)(t)=-\boldsymbol{\Gamma}_D(t)C(t)f_1\left[t,\delta x_k(t)\right]-\boldsymbol{\Gamma}_D(t)\dot{C}(t)\delta x_k(t)\tag{3-102}$$

则式(3-69)可写为

$$\delta u_{k+1}(t)=P\delta u_k(t)+Q_k(\delta u_k)(t)=(P+Q_k)(P+Q_{k+1})\cdots(P+Q_0)(\delta u_0)(t)\tag{3-103}$$

以下对算子 Q_k 进行估计。

由式(3-100)得

$$\begin{aligned}\delta x_k(t)&=\delta x_k(0)+\int_0^t\left\{f_1\left[\tau,\delta x_k(\tau)\right]+B(\tau)\delta u_k(\tau)\right\}\mathrm{d}\tau\\ &=-\xi_k(0)+\int_0^t f_1\left[\tau,\delta x_k(\tau)\right]\mathrm{d}\tau+\int_0^t B(\tau)\delta u_k(\tau)\mathrm{d}\tau\end{aligned}\tag{3-104}$$

式(3-104)两端取范数得

$$\begin{aligned}\left\|\delta x_k(t)\right\|&\leqslant\left\|\xi_k(t)\right\|+\int_0^t\left\|f_1\left[\tau,\delta x_k(\tau)\right]\right\|\mathrm{d}\tau+\int_0^t\left\|B(\tau)\delta u_k(\tau)\right\|\mathrm{d}\tau\\ &\leqslant\left\|\xi_k(0)\right\|+k_f\int_0^t\left\|\delta x_k(\tau)\right\|\mathrm{d}\tau+b\int_0^t\left\|\delta u_k(\tau)\right\|\mathrm{d}\tau\end{aligned}\tag{3-105}$$

其中，$b=\sup\limits_{t\in[0,T]}\left\|B(t)\right\|$。

由引理 3.2，式(3-105)变为

$$\begin{aligned}\left\|\delta x_k(t)\right\|&\leqslant\left\|\xi_k(0)\right\|\mathrm{e}^{k_f t}+\int_0^t b\mathrm{e}^{k_f(t-\tau)}\left\|\delta u_k(\tau)\right\|\mathrm{d}\tau\\ &\leqslant\left\|\xi_k(0)\right\|\mathrm{e}^{k_f t}+\int_0^t b\mathrm{e}^{k_f(t-\tau)}\left\|\delta u_k(\tau)\right\|\mathrm{d}\tau\\ &\leqslant M_1(\left\|\xi_k(0)\right\|+\int_0^t\left\|\delta u_k(\tau)\right\|\mathrm{d}\tau)\end{aligned}\tag{3-106}$$

其中，$M_1=\max(\mathrm{e}^{k_f t},b\mathrm{e}^{k_f t})$。

对式(3-102)两端取范数可得

$$\begin{aligned}\|Q_k(\delta u_k)(t)\| &\leqslant \|\boldsymbol{\Gamma}_D(t)C(t)f_1[t,\delta x_k(t)]\| + \|\boldsymbol{\Gamma}_D(t)\dot{C}(t)\delta x_k(t)\| \\ &\leqslant lck_f\|\delta x_k(t)\| + lc_1\|\delta x_k(t)\| \leqslant (lck_f + lc_1)\|\delta x_k(t)\|\end{aligned} \tag{3-107}$$

其中，$l=\sup\limits_{t\in[0,T]}\|\boldsymbol{\Gamma}_D(t)\|$，$c=\sup\limits_{t\in[0,T]}\|C(t)\|$，$c_1=\sup\limits_{t\in[0,T]}\|\dot{C}(t)\|$。

将式(3-106)代入式(3-107)可得

$$\begin{aligned}\|Q_k(\delta u_k)(t)\| &\leqslant (lck_f + lc_1)M_1(\|\xi_k(0)\| + \int_0^t\|\delta u_k(\tau)\|\mathrm{d}\tau) \\ &= M_2\left[b_k + \int_0^t\|\delta u_k(\tau)\|\mathrm{d}\tau\right] \leqslant M(b_k + \int_0^t\|\delta u_k(\tau)\|\mathrm{d}\tau)\end{aligned} \tag{3-108}$$

其中，$M_2=(lck_f+lc_1)M_1$，$M=\max(1,M_2)$，$b_k=\sup\|\xi_k(0)\|$。

则算子 Q_k 满足引理 3.3 的条件。

由条件(4)、式(3-108)、式(3-103)以及引理 3.1 可知：$\forall t\in[0,T]$，存在仅与 β 和 M 有关的 M_0，使得 $\lim\limits_{k\to\infty}\sup\|\delta u_{k+1}\|\leqslant M_0\lim\limits_{k\to\infty}b_k$。证毕。

3.6.3　任意初值问题

引理 3.4　设 $x(t)$、$c(t)$ 和 $a(t)$ 是 $[0,T]$ 上的实值连续函数，且 $a(t)$ 在 $[0,T]$ 上非负，如果 $x(t)\leqslant c(t)+\int_0^t a(\tau)x(\tau)\mathrm{d}\tau,\ t\in[0,T]$，则

$$x(t)\leqslant c(t)+\int_0^t a(\tau)\,c(\tau)\mathrm{e}^{\int_\tau^t a(\sigma)\mathrm{d}\sigma}\mathrm{d}\tau,\quad t\in[0,T]$$

考虑如式(3-69)所示的非线性系统。该系统每次迭代时的初值都不相同，第 k 次迭代的初值为 $x_k(0)$，系统状态与输出为

$$\begin{aligned}\dot{x}_k(t) &= f(t,x_k(t)) + B(t)u_k(t) \\ y_k(t) &= C(t)x_k(t)\end{aligned} \tag{3-109}$$

其输出误差为

$$e_k(t)=y_d(t)-y_k(t) \tag{3-110}$$

采用开环 D 型迭代学习控制算法：

$$u_{k+1}(t)=u_k(t)+\boldsymbol{\Gamma}_D(t)\dot{e}_k(t) \tag{3-111}$$

$$u_{k+1}(0)=x_k(0)+B(0)\boldsymbol{\Gamma}_D(0)e_k(0) \tag{3-112}$$

该系统要求在 $t\in[0,T]$ 上，输出 $y_k(t)$ 能够完全跟踪上期望轨迹 $y_d(t)$。

引理 3.5　设 $x(t)$、$c(t)$ 和 $\alpha(t)$ 是 $[0,T]$ 上的实值连续函数，且 $\alpha(t)$ 在 $[0,T]$ 上非负，如果 $x(t)\leqslant c(t)+\int_0^t a(\tau)x(\tau)\mathrm{d}\tau$，则 $x(t)\leqslant c(t)+\int_0^t a(\tau)c(\tau)\mathrm{e}^{\int_\tau^t a(\sigma)\mathrm{d}\sigma}\mathrm{d}\tau$。

定理 3.7　若如式(3-69)所示的非线性系统，其在 $t\in[0,T]$ 满足以下条件：

(1) $f(t,x(t))$ 关于 $x(t)$ 满足利普希茨条件，即 $\forall x_1,x_2$，$\|f(t,x_1)-f(t,x_2)\|\leqslant k_f\|x_1-x_2\|$，$k_f$ 为一正常数；

(2) 期望轨迹 $y_d(t)$ 在 $[0,T]$ 上连续；

(3) 在 $[0,T]$ 中，$B(t)$、$C(t)$ 有界；

(4) 存在唯一的理想控制 $u_d(t)$，使得系统的状态和输出为期望值；

(5) 若学习律如式(3-111)和式(3-112)，并且满足 $\rho(I-\boldsymbol{\Gamma}_D(t)C(t)B(t))<1$，则 $k\to\infty$ 时，$y_k(t)$ 一致收敛于 $y_d(t)$。

证明： 由式(3-92)、式(3-95)和式(3-96)可知

$$\begin{aligned} x_{k+1}(t) &= x_{k+1}(0)+\int_0^t[f(\tau,x_{k+1}(\tau))+B(\tau)u_{k+1}(\tau)]\mathrm{d}\tau \\ &= x_k(0)+B(0)\boldsymbol{\Gamma}_D(0)e_k(0)+\int_0^t f[\tau,x_{k+1}(\tau)]\mathrm{d}\tau+\int_0^t B(\tau)u_k(\tau)\mathrm{d}\tau+\int_0^t B(\tau)\boldsymbol{\Gamma}_D(\tau)\dot{e}_k(\tau)\mathrm{d}\tau \\ &= x_k(0)+B(0)\boldsymbol{\Gamma}_D(0)e_k(0)+\int_0^t B(\tau)u_k(\tau)\mathrm{d}\tau+\int_0^t B(\tau)u_k(\tau)\mathrm{d}\tau-B(0)\boldsymbol{\Gamma}_D(0)e_k(0) \\ &\quad +B(t)\boldsymbol{\Gamma}_D(t)e_k(t)-\int_0^t\frac{\mathrm{d}[B(\tau)\boldsymbol{\Gamma}_D(\tau)]}{\mathrm{d}\tau}e_k(\tau)\mathrm{d}\tau \\ &= x_k(t)+\int_0^t\{f[\tau,x_{k+1}(\tau)]-f[\tau,x_k(\tau)]\}\mathrm{d}\tau+B(t)\boldsymbol{\Gamma}_D(t)e_k(t)-\int_0^t\frac{\mathrm{d}[B(\tau)\boldsymbol{\Gamma}_D(\tau)]}{\mathrm{d}\tau}e_k(\tau)\mathrm{d}\tau \end{aligned} \tag{3-113}$$

由式(3-110)可得

$$\begin{aligned} e_{k+1}(t)-e_k(t) &= [y_d(t)-y_{k+1}(t)]-[y_d(t)-y_k(t)] \\ &= y_k(t)-y_{k+1}(t)=C(t)[x_k(t)-x_{k+1}(t)] \end{aligned} \tag{3-114}$$

将式(3-97)代入式(3-98)得

$$e_{k+1}(t)-e_k(t)=C(t)\left\{\int_0^t\frac{\mathrm{d}[B(\tau)\boldsymbol{\Gamma}_D(\tau)]}{\mathrm{d}\tau}e_k(\tau)\mathrm{d}\tau-\int_0^t[f(\tau,x_{k+1}(\tau))-f(\tau,x_k(\tau))]\mathrm{d}\tau-B(t)\boldsymbol{\Gamma}_D(t)e_k(t)\right\} \tag{3-115}$$

$e_{k+1}(t)$ 可写为

$$e_{k+1}(t)=[I-C(t)B(t)\boldsymbol{\Gamma}_D(t)]e_k(t)+C(t)\left(\int_0^t\frac{\mathrm{d}[B(\tau)\boldsymbol{\Gamma}_D(\tau)]}{\mathrm{d}\tau}e_k(\tau)\mathrm{d}\tau-\int_0^t\{f[\tau,x_{k+1}(\tau)]-f[\tau,x_k(\tau)]\}\mathrm{d}\tau\right) \tag{3-116}$$

定义算子 $P:C_r[0,T]\to C_r[0,T]$ 为

$$Pe_k(t)=[I-C(t)B(t)\boldsymbol{\Gamma}_D(t)]e_k(t) \tag{3-117}$$

定义算子 $Q_k:C_r[0,T]\to C_r[0,T]$ 为

$$Q_k(e_k)(t)=C(t)\int_0^t\frac{\mathrm{d}[B(\tau)\boldsymbol{\Gamma}_D(\tau)]}{\mathrm{d}\tau}e_k(\tau)\mathrm{d}\tau-C(t)\int_0^t\{f[\tau,x_{k+1}(\tau)]-f[\tau,x_k(\tau)]\}\mathrm{d}\tau \tag{3-118}$$

则式(3-116)可变为

$$e_{k+1}(t)=Pe_k(t)+Q_k(e_k)(t)=(P+Q_k)(P+Q_{k+1})\cdots(P+Q_0)(e_0)(t) \tag{3-119}$$

对算子 Q_k 进行估计，对式(3-118)前半部分取范数：

$$\begin{aligned} \left\|C(t)\int_0^t\frac{\mathrm{d}[B(\tau)\boldsymbol{\Gamma}_D(\tau)]}{\mathrm{d}\tau}e_k(\tau)\mathrm{d}\tau\right\| &\leqslant \|C(t)\|\int_0^t\left\|\frac{\mathrm{d}[B(\tau)\boldsymbol{\Gamma}_D(\tau)]}{\mathrm{d}\tau}\right\|\|e_k(\tau)\|\mathrm{d}\tau \\ &\leqslant cb\int_0^t\|e_k(\tau)\|\mathrm{d}\tau \end{aligned} \tag{3-120}$$

其中，$c=\sup\limits_{t\in[0,T]}\|C(t)\|$，$b=\sup\limits_{t\in[0,T]}\left\|\frac{\mathrm{d}[B(t)\boldsymbol{\Gamma}_D(t)]}{\mathrm{d}t}\right\|$。

由式(3-113)可得

$$x_{k+1}(t)-x_k(t)=\int_0^t\left\{f\left[\tau,x_{k+1}(\tau)\right]-f\left[\tau,x_k(\tau)\right]\right\}\mathrm{d}\tau$$
$$+B(t)\boldsymbol{\Gamma}_D(t)e_k(t)-\int_0^t\frac{\mathrm{d}[B(\tau)\boldsymbol{\Gamma}_D(\tau)]}{\mathrm{d}\tau}e_k(\tau)\mathrm{d}\tau \tag{3-121}$$

式(3-121)两端取范数得

$$\left\|x_{k+1}(t)-x_k(t)\right\|\leqslant K_f\int_0^t\left\|x_{k+1}(\tau)-x_k(\tau)\right\|\mathrm{d}\tau+a\left\|e_k(t)\right\|+b\int_0^t\left\|e_k(\tau)\right\|\mathrm{d}\tau \tag{3-122}$$

由引理 3.4，式(3-122)可变为

$$\begin{aligned}\left\|x_{k+1}(t)-x_k(t)\right\|&\leqslant a\left\|e_k(t)\right\|+b\int_0^t\left\|e_k(\tau)\right\|\mathrm{d}\tau+K_f\int_0^t\left[a\left\|e_k(\tau)\right\|+b\int_0^t\left\|e_k(v)\right\|\mathrm{d}v\right]\mathrm{e}^{K_f(t-\tau)}\mathrm{d}\tau\\&\leqslant a\left\|e_k(t)\right\|+b\int_0^t\left\|e_k(\tau)\right\|\mathrm{d}\tau+K_fa\mathrm{e}^{K_fT}\int_0^t\left\|e_k(\tau)\right\|\mathrm{d}\tau+TK_fb\mathrm{e}^{K_fT}\int_0^t\left\|e_k(v)\right\|\mathrm{d}v\\&=a\left\|e_k(t)\right\|+M\int_0^t\left\|e_k(\tau)\right\|\mathrm{d}\tau\end{aligned} \tag{3-123}$$

其中，$d=\sup\limits_{t\in[0,T]}\left\|B(t)\right\|$，$l=\sup\limits_{t\in[0,T]}\left\|\boldsymbol{\Gamma}_D(t)\right\|$，$a=dl$，$M=b+K_fa\mathrm{e}^{K_ft}+TK_fb\mathrm{e}^{K_ft}$。

对式(3-118)后半部分取范数：

$$\begin{aligned}\left\|C(t)\int_0^t\left\{f\left[\tau,x_{k+1}(\tau)\right]-f\left[\tau,x_k(\tau)\right]\right\}\mathrm{d}\tau\right\|&\leqslant cK_f\int_0^t\left\|x_{k+1}(\tau)-x_k(\tau)\right\|\mathrm{d}\tau\\&\leqslant cK_fa\int_0^t\left\|e_k(\tau)\right\|\mathrm{d}\tau+cK_fM\int_0^t\int_0^\tau\left\|e_k(s)\right\|\mathrm{d}s\mathrm{d}\tau\\&\leqslant cK_fa\int_0^t\left\|e_k(\tau)\right\|\mathrm{d}\tau+cK_fM\int_0^t\left\|e_k(s)\right\|\mathrm{d}s\\&=N\int_0^te_k(\tau)\mathrm{d}\tau\end{aligned} \tag{3-124}$$

其中，$N=cK_fa+cK_fMT$。

由式(3-120)、式(3-124)和式(3-118)得

$$\begin{aligned}\left\|Q_k(e_k(t))\right\|&\leqslant cb\int_0^t\left\|e_k(\tau)\right\|\mathrm{d}\tau+N\int_0^t\left\|e_k(\tau)\right\|\mathrm{d}\tau\\&=(cb+N)\int_0^t\left\|e_k(\tau)\right\|\mathrm{d}\tau\leqslant M\int_0^t\left\|e_k(\tau)\right\|\mathrm{d}\tau\end{aligned} \tag{3-125}$$

其中，$M=\max(1,cb+N)$。

即 Q_k 满足引理 3.4 条件。

由条件(5)、式(3-119)、式(3-125)和引理 3.4，可得 $\lim\limits_{k\to\infty}\left\|e_{k+1}(t)\right\|=0$，即当 $k\to\infty$ 时，在 $t\in[0,T]$，$y_k(t)\to y_d(t)$。证毕。

3.7 学习速度问题

学习速度是评价学习律优劣的重要指标之一，如何使迭代学习过程更快地收敛于期望值是迭代学习控制算法设计及研究的重要问题之一。在迭代学习算法研究中，其收敛条件基本上都是在学习次数 $k\to\infty$ 下给出的；而在实际应用中，对于期望学习次数的要求是在保证控制误差的前提下越小越好。

对于学习速度的定义如下。

学习速度可以根据系统输出误差和控制误差定义。

(1) 以系统输出误差为依据的学习速度定义：设系统初始误差为 E_0 ，在给定的学习算法下经过 n 次学习后，收敛到给定允许误差 E_m ，则可定义 $\sup\dfrac{1}{n-1}$ 为该学习算法在该系统状态下的学习速度。

(2) 以控制误差为依据的学习速度定义：假设系统初始控制信号 $u_0(t)$ ，在给定学习算法下经过 n 次学习后，收敛到给定的允许误差 $\varepsilon_0=\|u_d(t)-u_0(t)\|$ ，则可定义 $\sup\dfrac{1}{n-1}$ 为该学习算法在该系统状态下的学习速度。

在满足迭代学习收敛性的前提下，提高迭代学习的速度，具有以下规律。

(1) 闭环迭代学习控制收敛速度相比于开环迭代学习控制收敛速度快。

(2) 当采用的学习律一定时，学习律的参数越大，迭代学习的收敛速度越快，但是参数过大，可能会导致收敛失败；学习律的参数越小，则迭代学习的收敛速度越慢，学习收敛条件限制就越小，对控制系统参数的变化相对越不敏感。

(3) 如果既要加快学习收敛的速度，又要保证收敛的稳定性，可以在迭代学习过程中调节学习律的参数。

(4) 根据控制对象的特点和要求，选择合适的学习律，可以提高收敛速度。学习律主要会影响谱半径 ρ 值，对于给定问题， ρ 越小，则学习速度越快；因此，在确定学习律时尽量使 ρ 趋近于零。

(5) 每次运行的初始状态偏差越小，收敛速度就越快。如果初始控制量越小，收敛速度就越快。

(6) 收敛速度与动态系统的复杂程度有关，单输入单输出系统的迭代学习过程的收敛速度快，而多输入多输出系统的收敛速度则相对较慢。

3.8　鲁棒性问题

迭代学习控制算法的收敛性分析通常是假设在没有干扰的条件下进行的。然而，实际系统中不可避免地存在初始偏移、状态扰动、量测噪声、输入扰动等各种干扰。因此，仅仅考虑其在无干扰条件下的收敛性问题是不够的。干扰条件下的迭代学习控制算法鲁棒性是保证其在实际系统中应用的基础。

迭代学习控制算法的鲁棒收敛性问题也就是分析实际运动过程中存在的各种干扰满足什么样的限制条件，才能保证迭代学习控制能够收敛到期望轨迹的邻域内。如果一个迭代学习控制系统具备鲁棒性，也就是表示该系统在不存外界干扰时，其迭代轨迹能够收敛到期望轨迹的邻域内，同时存在各种有界干扰的影响下，迭代轨迹同样也可以收敛到期望轨迹。

3.9　迭代学习控制的改进

作为智能控制的一个重要分支，学习控制已从早期侧重于参数学习和基于模式识别的学习控制，发展到能够处理更多不确定性和具有更多适应性的学习控制。通过其与其他先进控制技术的进一步结合，使学习控制能够更加适用于实际应用。迭代学习控制作为学习控制的一个重要分支，已经通过多年的发展，取得了大量的研究成果，然而在实际应用中仍然存在许多问题。为了克服和解决这些问题，许多将迭代学习控制与如神经网络、模糊控制、专家系统等智能控制方法相结合的控制方法被提出和研究，并在实际应用中得到较好的控制效果。

3.10　迭代学习在扫描探针显微镜控制中的应用

3.10.1　扫描探针显微镜

1981 年，国际商用机器公司(IBM)苏黎世实验室的 Binning 和 Rohrer 利用原子间的隧道电流效应成功研制了世界上第一台新型的表面分析仪器——扫描隧道显微镜(Scanning Probe Microscope, STM)，这是人类首次清楚地观察到单个原子的状态和表面性质，这一重大的发明为人类正式打开了原子世界的大门。此后，在此基础上，原子力显微镜(AFM)、力调制显微镜(FMM)、相位检测显微镜(PDM)、静电力显微镜(EFM)、电容扫描显微镜(SCM)、热扫描显微镜(SThM)和近场光隧道扫描显微镜(NSOM)等各种系列显微镜也相继问世。以上这些仪器都具有相似的工作原理，均是基于探针在被测样品表面上进行纵、横向扫描引起相关检测量变化的原理而研制的设备，只是探针的结构特性及其探测的信息不同，因此以上这些显微镜统称为扫描探针显微镜(SPM)。SPM 不仅具备对物体表面进行纳米级扫描成像的功能，而且具备原子级尺度的纳米操作和制造功能，已经广泛应用到物理、化学、生物、医学等基础学科，以及材料、微电子等应用学科。

3.10.2　扫描探针显微镜中的控制问题

SPM 结构示意图如图 3-3 所示，一般采用压电驱动器来控制探针进行定位，驱动器具有迟滞、蠕变、振动等非线性特性，并且控制带宽有限，这样导致 SPM 的控制精度和速度有限。存在的非线性特性对控制精度影响较大，其中迟滞效应造成的 SPM 控制位移误差可达 10%；在 SPM 进行超高速大范围扫描时，在上述非线性因素影响下，常规的控制方法跟踪误差更大。如何在非线性和外部干扰影响下，提高 SPM 的扫描速度和精度，是 SPM 控制需要解决的难题。SPM 探针进行纳米刻画的运动，可以作为一个重复操作的控制过程，因此，可以将迭代学习控制方法应用到 SPM 纳米刻画控制中，对其进行收敛性分析，以提高刻画过程的轨迹跟踪控制精度和速度，并将其在 SPM 实验平台进行轨迹跟踪、纳米刻画相关的实验验证。

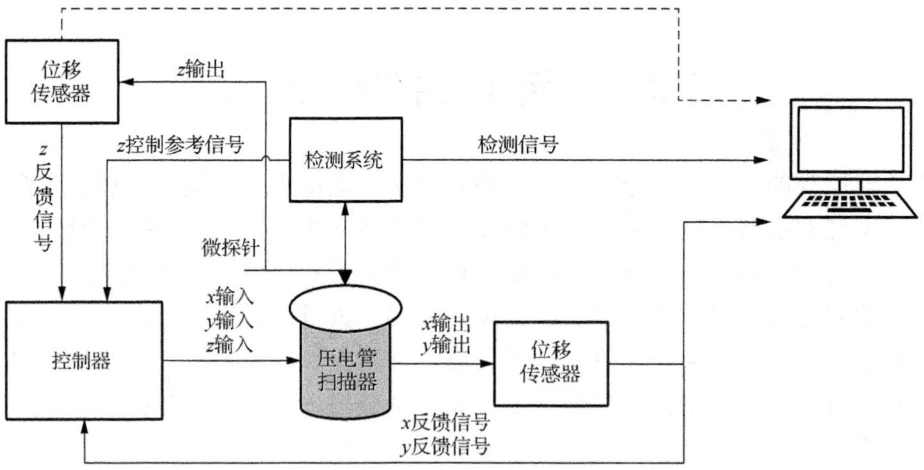

图 3-3　SPM 结构示意图

3.10.3　迭代学习控制器的设计

1. 迭代学习控制律设计

作为 SPM 中应用最广泛的一种显微镜，AFM 无疑是一个较复杂的被控对象，具有非线性、耦合性以及不确定性的动态特性，很难利用数学模型进行精确刻画。在其实际成像过程中还会受到外部环境中各种干扰的影响。迭代学习控制作为一种自学习控制算法，不需要被控对象精确的数学描述，无须明确被控对象的具体参数，而且相比于传统的反馈控制方法，其避免了高反馈增益潜在的稳定性问题，对于非线性被控对象有优于其他控制方法的跟踪效果。

针对 AFM 中非线性和耦合性等动态特性给成像过程带来的不利影响，而使用反馈控制又会带来增益裕度降低的问题，因此，一种基于系统逆的迭代学习控制算法被提出。

$$\begin{cases} u_0(\mathrm{j}\omega)=G_m(\mathrm{j}\omega)^{-1}y_d(\mathrm{j}\omega), & k=0 \\ u_k(\mathrm{j}\omega)=u_{k-1}(\mathrm{j}\omega)+\rho(\omega)G_m(\mathrm{j}\omega)^{-1}\left[y_d(\mathrm{j}\omega)-y_{d-1}(\mathrm{j}\omega)\right], & k\geqslant 1 \end{cases} \tag{3-126}$$

其中，$f(\mathrm{j}\omega)$ 为响应输出 $f(t)$ 的傅里叶变换；$y_d(\cdot)$ 为系统期望输出；$y_k(\cdot)$ 为第 k 个运行周期中系统实际输出；$u_k(\cdot)$ 为第 k 个运行周期中系统控制输入；$\rho(\omega)$ 为学习增益矩阵；$G_m(\mathrm{j}\omega)$ 为被控对象的阶跃函数频域响应。

上述基于系统逆的迭代学习控制算法需要对被控对象建立一个比较精确的动态特性模型，该模型的精度直接影响算法的收敛速度。考虑到建立一个 AFM 的精确动态模型在实际操作上是非常困难的；因此在上述基于系统逆的迭代学习控制算法的基础上进行改进，设计了一种不需要依赖 AFM 动态模型、基于比值的新型迭代学习控制算法。下面给出新的学习律为

$$\begin{cases} u_0(\mathrm{j}\omega)=\alpha y_d(\mathrm{j}\omega), & k=0 \\ u_k(\mathrm{j}\omega)=\begin{cases} \dfrac{u_{k+1}(\mathrm{j}\omega)}{y_{k-1}(\mathrm{j}\omega)}y_d(j\omega), & y_d(\mathrm{j}\omega)\neq 0\,,\, y_{k+1}(\mathrm{j}\omega)\neq 0 \\ 0, & y_d(\mathrm{j}\omega)\neq 0 \text{ 或 } y_{k+1}(\mathrm{j}\omega)\neq 0 \end{cases}, & k\geqslant 1 \end{cases} \tag{3-127}$$

其中，$f(\mathrm{j}\omega)$ 为 $f(t)$ 的傅里叶变换；$y_d(\cdot)$ 为系统期望输出；$y_k(\cdot)$ 为第 k 个运行周期中系

统实际输出；$u_k(\cdot)$ 为第 k 个运行周期中系统控制输入，$\alpha \neq 0$ 为一个预设的常量，可以作为系统的直流增益通过估计得到。

式(3-127)给出的学习律直接利用当前运行周期的控制输入 $u_k(\mathrm{j}\omega)$ 及其响应输出 $y_k(\mathrm{j}\omega)$ 的比值对下一个运行周期的控制输入 $u_{k+1}(\mathrm{j}\omega)$ 进行计算，不再需要构建被控对象的精确模型，从而避免建模过程中拟合不完全对成像质量导致的一些不利影响。

2. 迭代学习收敛性分析

迭代学习控制算法不仅要保证控制每次实施后，实际输出与期望输出间的差距在不断缩小，而且需要具备相对较快的收敛速度，以保证控制算法的实用性。下面对式(3-127)所提出的新型迭代学习控制算法进行收敛性分析。

假设被控对象为稳定的单输入单输出(SISO)系统，工作频率为 ω。

(1)若 AFM 系统非线性特性及外部环境干扰可忽略，则系统在一个运行周期后达到收敛，即

$$u_1(\mathrm{j}\omega) = u_d(\mathrm{j}\omega) \tag{3-128}$$

(2)若系统上述不利影响不可忽略，则系统输出记为

$$y(\mathrm{j}\omega) = y_l(\mathrm{j}\omega) + y_n(\mathrm{j}\omega) \tag{3-129}$$

其中，$y_l(\mathrm{j}\omega)$ 为系统对控制输入 $u(\mathrm{j}\omega)$ 响应的线性部分，即 $y_l(\mathrm{j}\omega) = G(\mathrm{j}\omega)u(\mathrm{j}\omega)$；$y_n(\mathrm{j}\omega)$ 为由系统非线性特性、外部环境干扰或者测量误差导致的系统响应。在第 k 个运行周期，有

$$\frac{u_k(\mathrm{j}\omega)}{u_d(\mathrm{j}\omega)} = \frac{G(\mathrm{j}\omega)}{G(\mathrm{j}\omega)(1+S_k(\mathrm{j}\omega)) + \dfrac{P_k(\mathrm{j}\omega)}{\alpha}}, \quad k \geqslant 1 \tag{3-130}$$

其中，$P_k(\mathrm{j}\omega)$ 为当前运行之前所有运行周期的噪信比(NSR)的积累；$S_k(\mathrm{j}\omega)$ 为所有运行周期 $P_k(\mathrm{j}\omega)$ 的和，即

$$P_k(\mathrm{j}\omega) = \prod_{i=0}^{k-1} \frac{y_{i,n}(\mathrm{j}\omega)}{y_d(\mathrm{j}\omega)} \tag{3-131}$$

$$S_k(\mathrm{j}\omega) = \begin{cases} 0, & k = 1 \\ \displaystyle\sum_{j=0}^{k-1} P_k(\mathrm{j}\omega), & k \geqslant 2 \end{cases} \tag{3-132}$$

先假设在每个运行周期中，NSR 都满足：

$$\left| \frac{y_{k,n}(\mathrm{j}\omega)}{y_d(\mathrm{j}\omega)} \right| \leqslant \varepsilon(\omega) \leqslant \frac{1}{2}, \quad \forall k \tag{3-133}$$

那么，控制输入 $u_k(\mathrm{j}\omega)$ 与期望输入 $u_d(\mathrm{j}\omega)$ 的比值就会满足以下条件。

在幅值上

$$R_{\min}(\omega) \triangleq 1-\varepsilon(\omega) \leqslant \lim_{k\to\infty} \left| \frac{u_k(\mathrm{j}\omega)}{u_d(\mathrm{j}\omega)} \right| \leqslant \frac{1-\varepsilon(\omega)}{1-2\varepsilon(\omega)} \triangleq R_{\max}(\omega) \tag{3-134}$$

在相角上

$$\lim_{k\to\infty} \left| \angle \left(\frac{u_k(\mathrm{j}\omega)}{u_d(\mathrm{j}\omega)} \right) \right| \leqslant \arcsin\left(\frac{\varepsilon(\omega)}{1-\varepsilon(\omega)} \right) \triangleq \theta_{\max}(\omega) \tag{3-135}$$

由以上推导可得，在第 k 个运行周期，只要此周期 NSR 小于 $1-\frac{\sqrt{2}}{2}$，即

$$\left|\frac{y_{k,n}(\mathrm{j}\omega)}{y_d(\mathrm{j}\omega)}\right| \leqslant \varepsilon(\omega) \leqslant 1-\frac{\sqrt{2}}{2} \tag{3-136}$$

在本运行周期上，此处所提出的学习律算法就可以改善跟踪精度，即

$$\lim_{k\to\infty}\left|\frac{y_k(\mathrm{j}\omega)-y_d(\mathrm{j}\omega)}{y_d(\mathrm{j}\omega)}\right| < 1 \tag{3-137}$$

3. 迭代学习控制器的搭建

前面所设计的基于比值的迭代学习控制算法计算下一个运行周期控制输入 $u_{k+1}(\mathrm{j}\omega)$ 时，利用的主要信息是当前运行周期的控制输入序列 $u_k(\mathrm{j}\omega)$、响应输出 $y_k(\mathrm{j}\omega)$ 以及期望输出 $y_d(\mathrm{j}\omega)$，但并没有利用 ILC 控制器基本结构中的 $e_k(t)$ 以及基于系统逆的迭代学习控制中的系统传递函数。由此我们给出基于比值的 ILC 控制器的结构(图 3-4)，其与经典 ILC 控制器的结构基本类似，采用在每个运行周期结束后离线计算 $u_{k+1}(\mathrm{j}\omega)$ 的方式，将 $u_k(\mathrm{j}\omega)$、$y_k(\mathrm{j}\omega)$ 及 $y_d(\mathrm{j}\omega)$ 存入存储器，进行计算后，将新的控制输入存入存储器，刷新旧的控制输入，在下一个运行周期控制时，再将存储的控制输入取出用于计算。

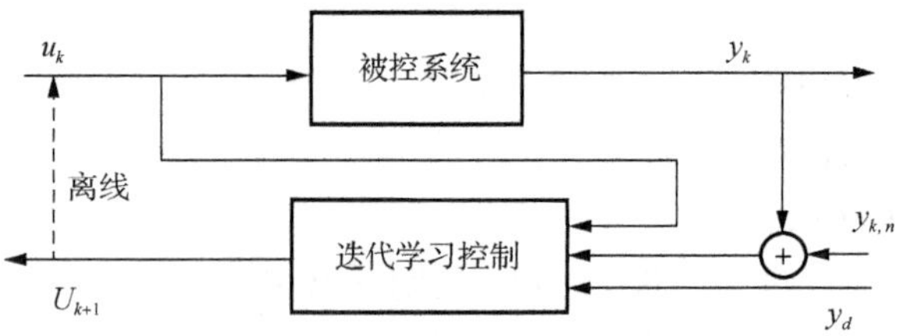

图 3-4　ILC 控制器结构设计

3.10.4　实验与结果分析

1. CSPM5500 半实物仿真平台

在 AFM 半实物仿真实验平台上，利用 3.10.3 节搭建的迭代学习控制器替换 AFM 自带的控制系统，进行轨迹跟踪与刻画相关的实验，并与传统 PID 控制器进行对比分析。半实物仿真实验平台采用本原 CSPM5500 系列 SPM(工作在原子力显微镜(AFM)方式，工作模式设置为接触模式)。图 3-5(a)为本原 CSPM5500 SPM 本体系统，四周为其隔振平台系统，图 3-5(b)为本原 CSPM5500 SPM 的控制器系统。

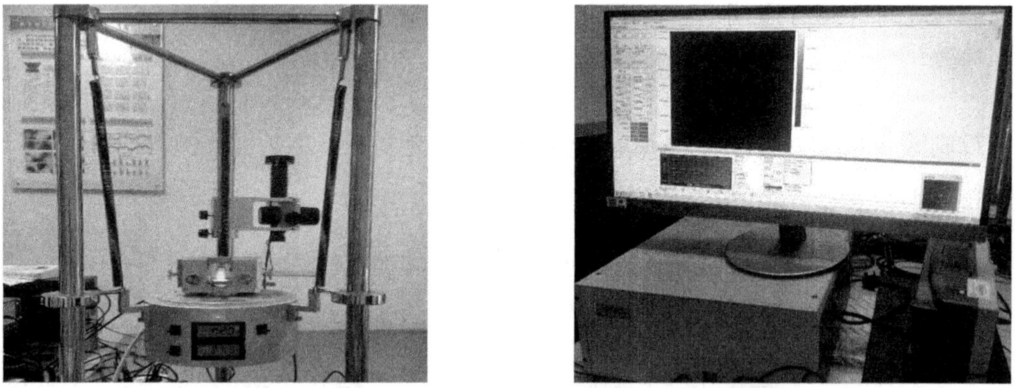

(a)本体部分　　(b)控制箱部分

图 3-5　本原 CSPM5500 SPM

利用 CSPM5500 SPM 提供的激光位移检测结果模拟信号以及压电陶瓷管模拟输入信号的预留接口，搭建基于 xPC Target 的半实物仿真实验平台。所搭建的 AFM 成像的开放式半实物仿真实验平台的硬件系统主要由本原 CSPM5500 SPM 的信号访问接口、A/D 及 D/A 数据采集卡、包括装有 MATLAB 的 PC 主机以及在纯 DOS 运行的 PC 目标机在内的 xPC Target 实时仿真系统组成(图 3-6)。系统控制过程如下：利用所设计的控制器，通过 xPC Target 仿真系统产生控制信号，从而控制 AFM 在 x、y、z 三个方向进行扫描运动，由数据采集卡记录输入、输出数据，传输给 xPC Target 仿真系统进行存储。

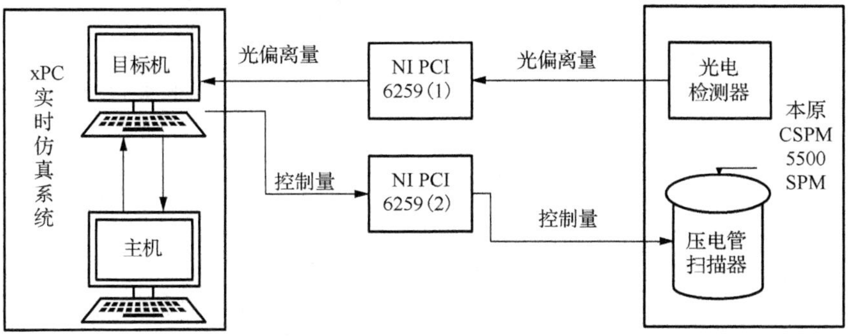

图 3-6　半实物控制平台结构

根据 3.10.3 节设计的迭代学习控制器结构，在 MATLAB/Simulink 上进行模块的搭建，如图 3-7 所示。图 3-7 中，PCI-6259DA 数据采集卡将系统的输出信号传入目标机，再通过 xPC Target 系统将数据传入主机，在主机中，通过上面设计的迭代学习控制律进行离线学习，计算出下一周期的输入信号，并通过目标机传回给 PCI-6259AD，从而完成一次迭代。

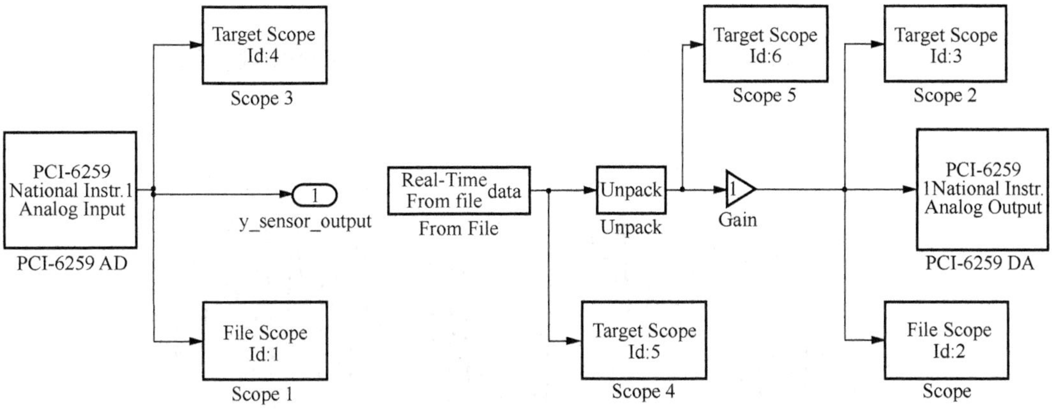

图 3-7　ILC 控制器模块

2. 实验结果

1) 单方向轨迹跟踪实验

y 轴上跟踪一个频率为 100Hz，幅值为 0.3V 的正弦波信号，控制器共进行了三次离线的迭代学习，控制实验结果如图 3-8 所示。图 3-8(a)为第 1 次迭代前的系统输入和输出，迭代学习控制还未开始。数据采集卡将系统的输入和输出数据通过 xPC Target 传给主机，主机通过迭代学习控制律计算出下一个控制周期的系统控制输入信号。如图 3-8(d)所示，经过三次迭代后，跟踪误差为 0.0283，可以看出系统具备较好的跟踪控制性能。

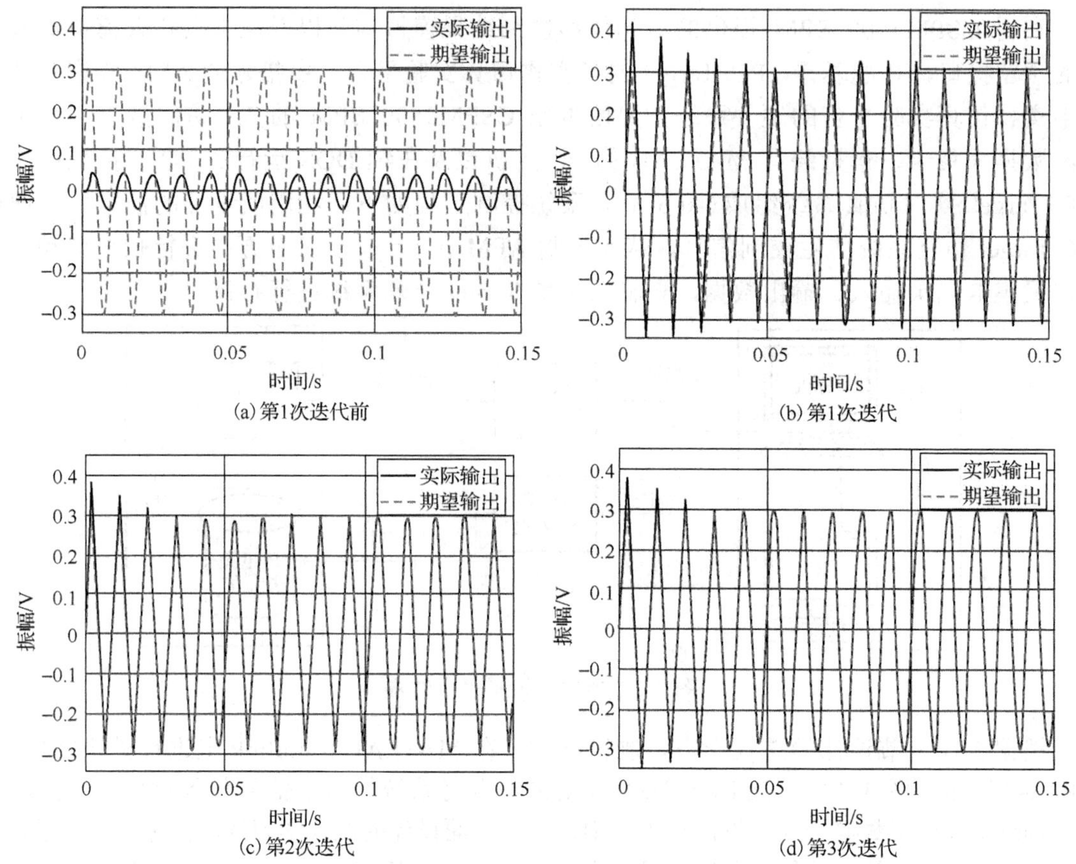

(a) 第1次迭代前　(b) 第1次迭代

(c) 第2次迭代　(d) 第3次迭代

图 3-8　100Hz 正弦信号跟踪效果

图 3-9 所示，将三次迭代后的输出信号与传统 PID 控制的输出进行对比，迭代学习的控制效果明显优于 PID 控制效果。

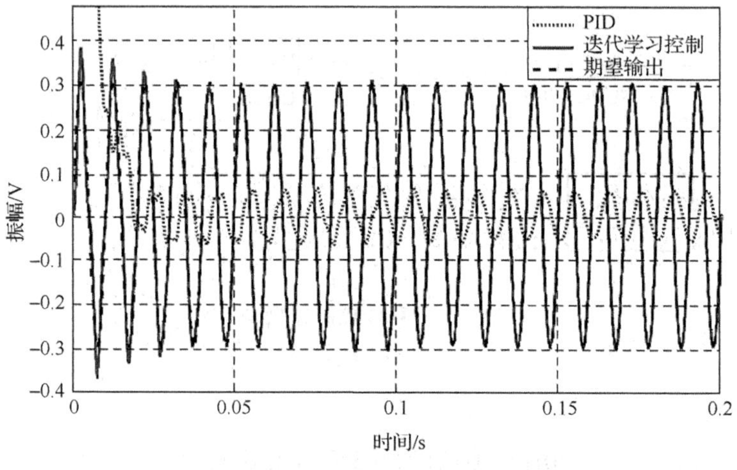

图 3-9　100Hz 正弦信号跟踪效果对比

与正弦波信号类似，将跟踪信号改为 100Hz、幅值为 0.3V 的三角波信号，三次迭代的效果如图 3-10 所示，经过三次迭代之后，系统可以很好地跟踪期望信号，此时跟踪误差为

0.0712。图 3-11 为此时迭代学习控制与 PID 控制的输出效果对比，仍然可以很明显地看出迭代学习的控制效果要远远好于 PID 控制器。

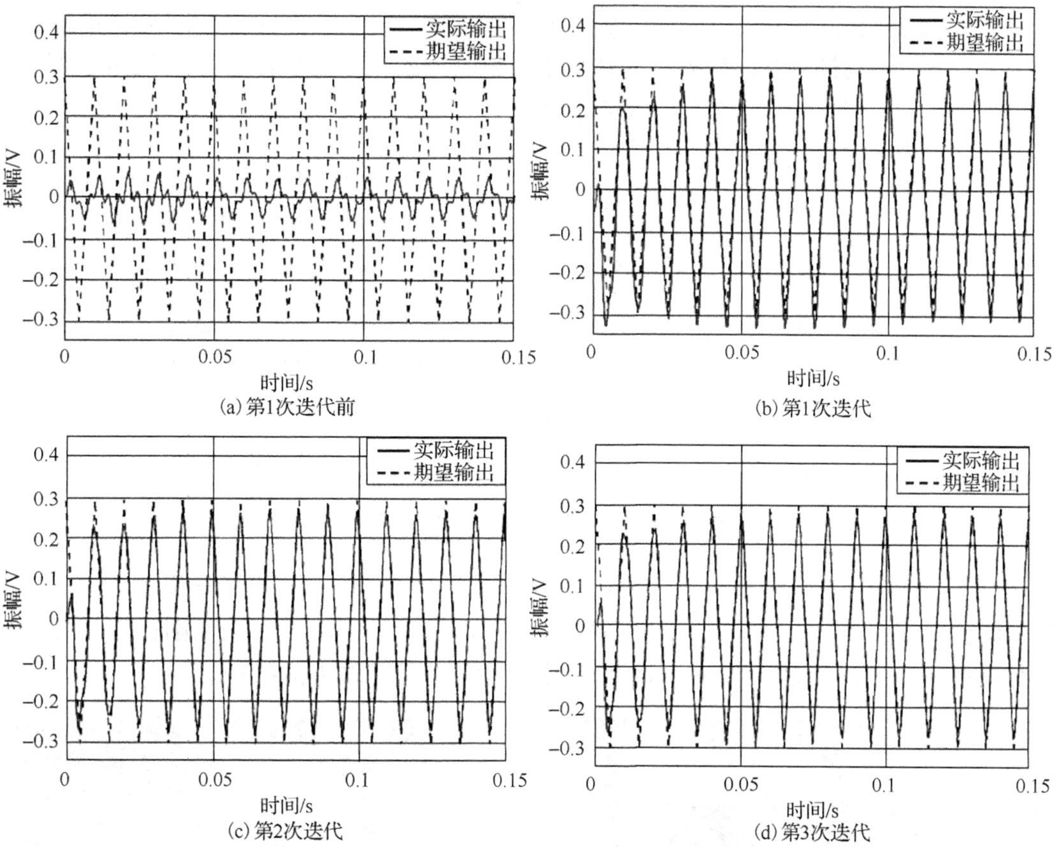

图 3-10　100Hz 三角波信号跟踪效果

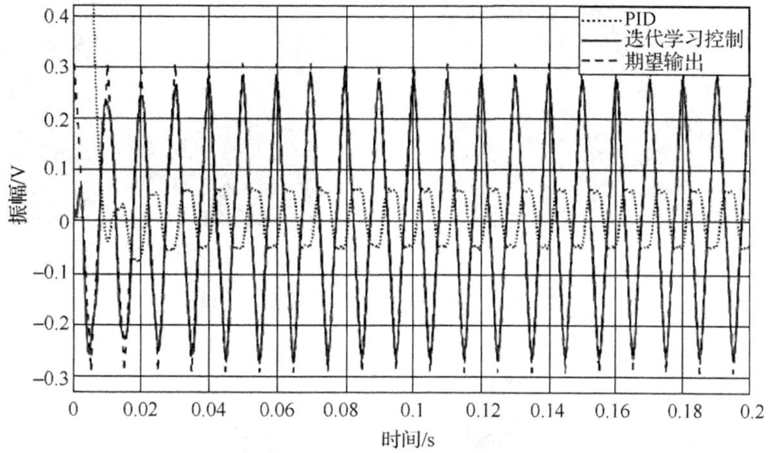

图 3-11　100Hz 三角波信号跟踪效果对比

2) 纳米刻画实验

进行基于迭代学习控制的纳米刻画实验，并与传统的 PID 控制器进行比较。刻画实验需要对 x、y 轴两个方向进行控制，控制器要对 x、y 轴两个维度同时进行迭代学习律的运算。所设计的迭代学习控制律可以对光盘表面的刻画路径进行离线的迭代学习运算并进行刻画实验。

进行“五角星”形的刻画，经过 4 轮迭代之后，控制器的输出信号如图 3-12(a)所示，图 3-12(b)为相同刻画速度下的 PID 控制器刻画效果。可见，PID 控制下的输出信号出现了较大的抖动，干扰抑制性能较差，而迭代学习控制下的输出信号具备较好的跟踪控制性能。

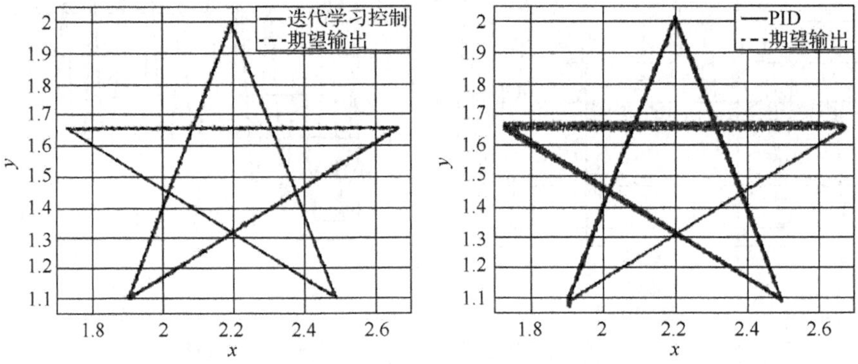

(a) 迭代学习控制下跟踪效果　　(b) PID控制下跟踪效果

图 3-12　“五角星”形跟踪效果对比

通过 SPM 自带的成像系统对刻画图案进行了扫描成像分析，成像结果如图 3-13 所示。可见，迭代学习控制下的刻画曲线更为平滑，而 PID 控制下的刻画曲线则比较粗糙，线条边缘有很多毛刺，轮廓较为模糊，说明刻画过程中出现了较大的抖动。

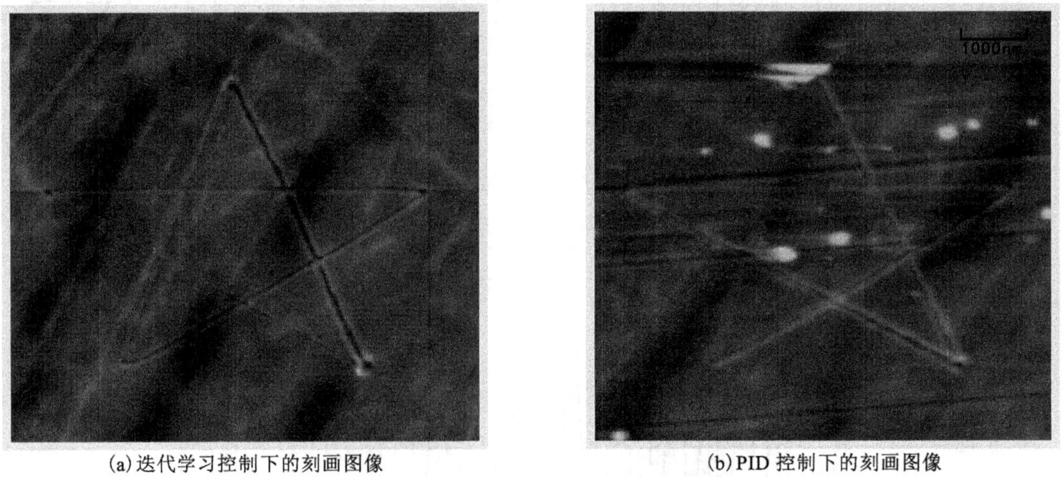

(a) 迭代学习控制下的刻画图像　　(b) PID 控制下的刻画图像

图 3-13　“五角星”形成像结果对比

图 3-13(a) 彩图　　图 3-13(b) 彩图

第 4 章　重 复 控 制

4.1　概　　述

重复控制的基本思想源自控制理论中的内模原理。内模原理是一种把作用于系统的外部信号的动力学模型植入控制器，以构成高精度反馈控制系统的设计原理。内模原理的基本内容表述为：若要求一个反馈控制系统具有良好的跟踪指令或抑制外部扰动影响的能力(稳态时误差趋于零)，并且这种对误差的调节过程是结构稳定的，则在反馈控制环路内部必须包含一个描述外部输入信号(含指令信号和扰动信号)动力学特性的数学模型。这个外部信号的数学模型就是所谓的“内模”。从理解的角度看，内模原理的一个直观且简练的表达是：一个高精度的控制器应该包含有外部世界的一种模型。关于内模原理的发展史，早在 1958 年史密斯在研究非线性预测控制器的设计时就提到了内模的概念。此后凯莱和诺伊曼也都曾讨论过这个概念，诺伊曼还把它与可靠性理论中的备份思想联系起来。到了 20 世纪 70 年代中期，加拿大多伦多大学的旺纳姆对线性定常系统给出了内模原理的严谨数学描述，从而正式建立了内模原理。

经典的 PID 控制器中的积分控制就是内模原理的一个应用。一个稳定的反馈控制系统，如果其前向通道包含积分环节$1/s$，则该系统对于阶跃型指令可以做到无静差跟踪，同时还可以完全抵消所有作用于积分环节之后的阶跃型扰动对稳态输出的影响。显而易见的是，积分环节$1/s$正是描述阶跃信号的数学模型。

一般的无静差系统中内模的作用，还可以从一种较为直观的角度加以理解。一个反馈控制系统要针对特定类型的指令及扰动实现无静差，要解决的主要问题其实就是：当误差趋于零，即控制器输入信息消失时，该如何维持合适的控制作用？注意无静差运行状态(假如已经实现)的特点是：误差已经消失，但指令和扰动却仍然在以其特有的动力学特性变化着。显然，此时控制器之所以能够在输入信息消失以后仍输出合适的控制量，是因为控制器拥有一个能反映外部信号即指令与扰动信号的参考模型。该模型就像一个信号发生器，能够持续地提供与实际的外部信号相一致的输出信号，作为控制器其他部分选择合适的输出控制量时的参考。在前述的积分控制中，正是存在着积分环节$1/s$这个描述外部阶跃信号的数学模型，所以即使当控制器的输入(误差)趋于零，控制器仍能产生恒定的控制作用，维持无静差运行状态。由此可见，内模所起的作用，可以视为提供一个外部作用信号的发生器。

若控制系统是一个指令呈正弦函数变化的伺服系统，而不是一个恒值调节系统。系统的扰动即负载，当负载为线性时是按正弦规律变化的；当负载为非线性时是按非正弦规律变化的，总之也不是恒值扰动。因此在非恒值信号控制系统中引入积分控制的效果是极其有限的，无论对指令还是对扰动均不可能实现无静差。积分控制顶多能在低频段给系统增加一点开环增益，从而在控制系统输出频率(一般也位于系统的低频段)上略微降低一点静差，但同时却带来显著的相位滞后，危及系统的稳定，可以说得不偿失。

4.2　重复控制的基本原理

基于内模的概念，针对正弦指令的无静差跟踪问题，可以在控制器中植入一个与指令同频的正弦信号模型：

$$G_i(s)=\frac{\omega_0}{s^2+\omega_0^2} \tag{4-1}$$

其中，ω_0 为正弦指令的角频率。不难验证，当指令和扰动都以角频率 ω_0 做正弦变化时，一个稳定的、包含式(4-1)所示内模的伺服系统是无静差的。然而非恒值控制系统的实际运行情况要比这复杂得多，以上仅是线性负载假设下的理想情况。在非线性负载条件下，负载扰动是非正弦的，如果对其做正弦函数傅里叶分解就可以看到：其中蕴含了基波以及基波频率整数倍的多重谐波。另外，像死区效应这样的非线性因素，也可以等效为多重谐波扰动的叠加。因此，实际系统面临的扰动频率是多种多样的，如果要求对所有这些频率的扰动均实现无静差，前面的方法就不合适了，因为那将意味着对每一次谐波都设置一重内模。为达到一定的波形控制质量，所需的内模重数很可能会较多，这将使控制系统过于复杂，从而降低了工程实用价值。

扰动信号的频率尽管多种多样，但它们都服从一个共同特征，即在每一个基波周期都以完全相同的波形重复出现。由于以上原因，基于内模原理的重复控制利用与式(4-1)不同的另一种重复信号发生器内模，其 s 域形式为

$$G_i(s)=\frac{1}{1-\mathrm{e}^{-T_0 s}} \tag{4-2}$$

其中，T_0 为逆变器系统输出基波周期。图 4-1 是其等效结构图，这是一个周期延迟正反馈环节。不论输入信号波形如何，只要是以基波周期重复出现，该内模的输出就是对输入信号的逐周期累加。即使输入衰减至零，该内模仍然会持续不断地逐周期重复输出与上周期波形相同的信号，因此称为重复信号发生器。图 4-1 附带画出了这一过程，其中假定输入信号在第 2 周期就突减至零，控制将会持续不断地逐周期重复输出与上周期波形相同的信号。

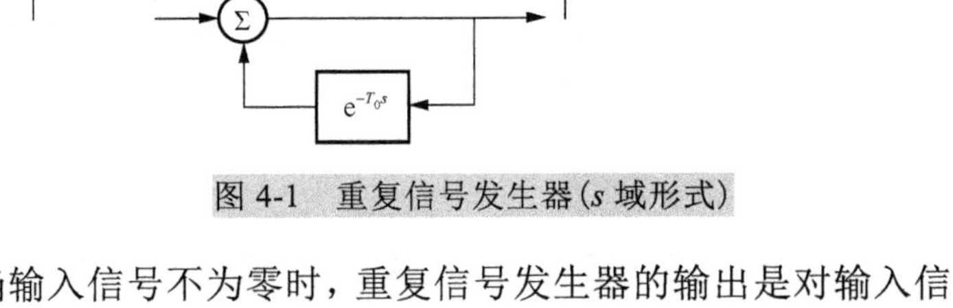

图 4-1　重复信号发生器(s 域形式)

如前所述，当输入信号不为零时，重复信号发生器的输出是对输入信号的逐周期累加。所以，当这样一个环节被置于反馈控制系统的前向通道时，它起到的作用与积分环节是相类似的：都是对误差的一种累加作用。只不过重复信号发生器是对误差进行以信号基波周

期为步长的累加，而积分环节是对误差进行连续采样控制周期的累加。与积分控制的机理类似，包含重复信号发生器的逆变器波形控制系统，当指令波形和反馈波形不一致时，控制量幅度会逐周期、无限制地增长(暂不考虑控制器执行机构限幅作用)。因此若系统是稳定的，则可以断定稳态时波形误差应为零。换言之，反馈波形与指令波形重合，既没有幅值偏差，也没有相位滞后。

因为控制系统数字化的发展趋势，再加上图 4-1 中的纯延时环节 $e^{-T_0 s}$ 难以用模拟手段实现，所以实际应用中重复控制全都是以数字方式实现的。重复信号发生器的离散形式是

$$G_i(z)=\frac{1}{1-z^{-N}} \tag{4-3}$$

其等效结构图参见图 4-2。设每基波周期采样次数为 N（$N=T_S/T_0$，T_S 为采样周期)，以 N 个单拍延时环节 Z^{-1} 的串联实现周期延时，这意味着数字控制器要为实现重复信号发生器而留出 N 个数据存储单元。

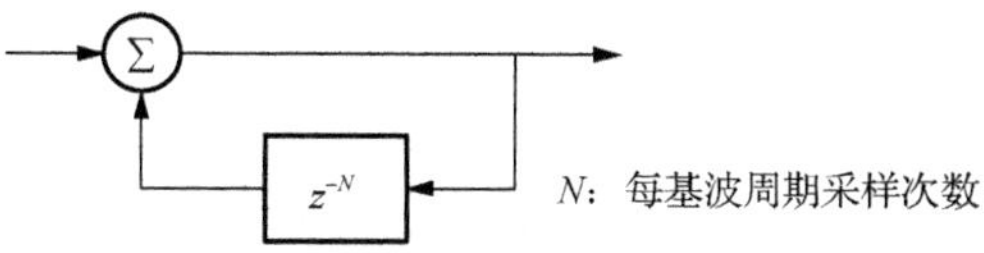

图 4-2 重复信号发生器(z 域形式)

4.3 重复控制器组成结构及其各部分的功能

4.3.1 滤波器 $Q(z)$ 及改进型内模

如图 4-2 所示的重复信号发生器仅是图 4-1 的离散化，两者都可视为以信号基波周期为步长的纯积分环节。虽然这种纯积分环节可以实现理论上的无静差，但却对稳定性和鲁棒性不利。因为若采用这种理想内模，将会给系统带来 N 个位于单位圆圆周上的开环极点，从而使开环系统呈现临界稳定状态，此时只要对象的建模稍有偏差，或者对象参数稍有变化，闭环系统就极有可能失去稳定状态。因此，目前的实际系统大多采用如图 4-3 所示的改进型重复信号发生器，其中设置了滤波器 $Q(z)$，$Q(z)$ 可以是一个低通滤波器，也可以简单地取为一个略小于 1 的常数，以减弱积分作用的效果。

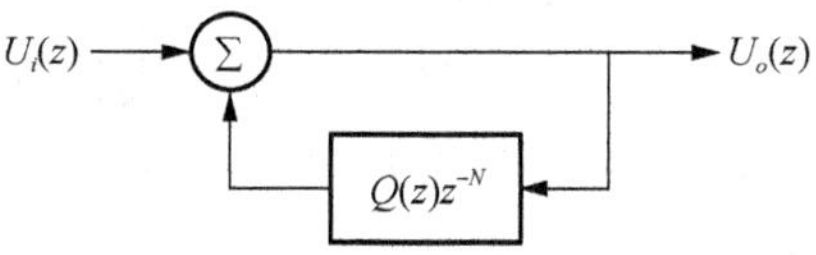

图 4-3 改进型重复信号发生器

以 $Q(z)$ 取小于 1 的常数为例，即 $Q(z)=0.95$。图 4-3 的输入输出关系为

$$\frac{U_o(z)}{U_i(z)}=\frac{1}{1-0.95z^{-N}} \tag{4-4}$$

为了更直观地看清这种做法的实质，可以将式(4-4)写成差分方程：

$$u_o(k)=u_i(k)+0.95u_o(k-N) \tag{4-5}$$

式(4-5)表明：每隔一个基波周期(N 步)，输出量获得一次累加。但这种累加是先将输出量上周期的值削弱 5%，然后加上输入量的当前值。显然，当输入量(实际上就是误差)低至输出量的 5%时，以上累加过程也就相当于停止了。$Q(z)$ 采用低通滤波器时，也有类似的作用，只不过由于低通滤波的特性，滤波器对输入信号高频分量衰减大于低频分量，因此频率越高的误差分量积分作用也越弱。总之，$Q(z)$ 滤波器型改进算法的实质是将误差的纯积分

作用改造为准积分或柯西积分作用，从而以牺牲无静差性为代价换取稳定性的提升。

在改进型重复信号发生器内模的基础上，再添加周期延时环节 Z^{-N}，以及补偿器 $C(z)$，即可构成一个完整的重复控制器，如图 4-4 中阴影部分所示。图 4-4 系统中，$P(z)$ 为控制对象，要求它本身是稳定的。R 是需要跟踪的重复性指令，D 是作用于对象上的重复性扰动。重复控制器检测指令 R 与实际输出 Y 之间的误差 E，由内模对误差 E 进行逐基波周期的积分，起到对既往误差信息的记忆作用，以便在误差消失或变得很小时控制器仍能输出合适的控制量。在周期延迟环节和补偿器的作用下，根据内模积分的结果，重复控制器将在下一周期的适当时刻输出控制量 U_r，以减小误差 E。以下分别介绍周期延迟环节 Z^{-N} 和补偿器 $C(z)$。

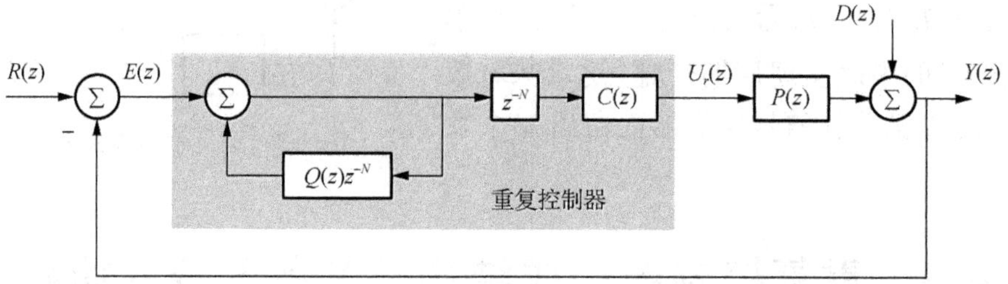

图 4-4　重复控制系统框图

4.3.2　周期延迟环节 Z^{-N}

在前向通道上串联的周期延迟环节 Z^{-N} 使控制动作延迟一个周期进行，即本周期检测到的误差信息在下一周期才开始影响控制量。由于已经假定指令和扰动都具有基波周期重复性，因此这样将使系统在下一个基波周期的控制作用具有一定超前性。从后面的分析也可以更清楚地看出：设置周期延迟环节是进行超前相位补偿所必需的手段。

有很多文献将重复信号发生器内模中的 $Q(z)Z^{-N}$ 环节放在了前向通道上(图 4-5)，这时系统的前向通道就不必再设置周期延迟环节了。但采取图 4-1～图 4-3 的形式能使内模积分作用的描述、重复控制作用延迟一周期进行的概念以及后续的性能定量分析等，变得更清晰一些。当然，模型的本质并无任何改变，这只是形式不同。

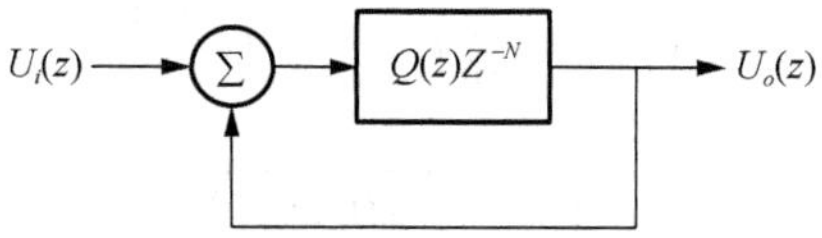

图 4-5　等效变换后重复信号发生器

4.3.3　补偿器 $C(z)$

补偿器 $C(z)$ 是针对对象 $P(z)$ 的特性而设置的，它是重复控制器最重要的部分，对重复控制系统的性能好坏有决定性影响。

在获知了上一周期的误差信息后，到了下一周期该如何给出合适的控制量，这就是补偿器 $C(z)$ 要解决的任务。为了迅速有效地把误差抵消掉，所给出的控制量必须相位正确、幅值恰当，二者是缺一不可的。控制量的相位或幅值不合适，都会影响波形校正效果甚至系统的稳定。图 4-6 是控制作用滞后引起的不稳定示意图，图 4-7 是控制量相位正确但幅值太大引起的不稳定示意图。两种情况下，波形都不会趋于正弦，相反误差却越来越大。由此可见，$C(z)$的作用就是提供相位补偿和幅值补偿，以保证重复控制系统稳定，并在此基础上改善波形校正效果。

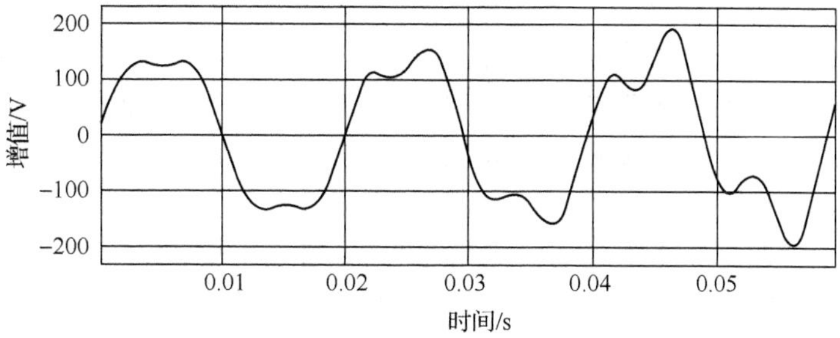

图 4-6 控制量相位滞后引起的不稳定示意图

相对而言，相位补偿比幅值补偿困难。对于幅值补偿，只要适当减小 $S(z)$的增益，就可以避免图 4-7 的情况。而相位补偿意味着针对误差的每一频率分量都要给出合适的控制提前量。换句话说，补偿器 $S(z)$的相频特性最好是对象 $P(z)$相频特性的逆特性。

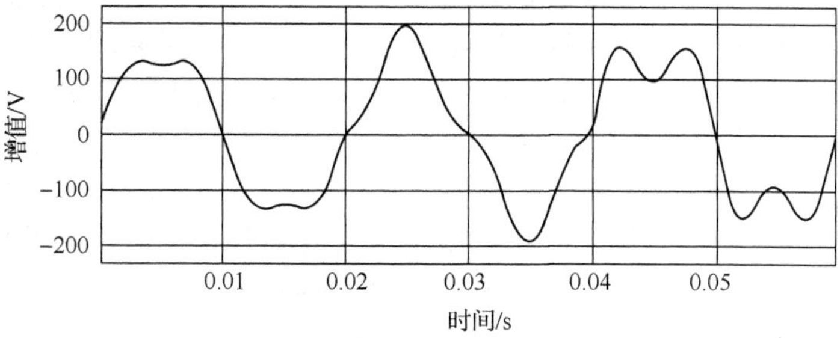

图 4-7 控制量幅度太大引起的不稳定示意图

如果对象 $P(z)$模型精确可知，那么频率、相位的补偿都好办，只要取 $S(z)=P^{-1}(z)$ 即可。此时，基于检测到的误差幅值、相位，系统即可依据 $S(z)$求出合适的控制量，把误差一步补偿到位(在一个周期内完全消除误差)。这就是无过冲或者有限调节时间重复控制。基于这种模型对消思想，本节提出一种补偿器设计方法，基本内容如下。

假定对象模型由下式给出：

$$P(z)=\frac{z^{-d}B(z)}{A(z)} \tag{4-6}$$

其中，d 为控制对象的响应延迟拍数。根据对象零点的位置对 $B(z)$进行如下划分：

$$B(z)=B^{+}(z)\cdot B^{-}(z) \tag{4-7}$$

其中，$B^{+}(z)$包含所有位于单位圆内部，并且不靠近单位圆的零点，$B^{-}(z)$则包含所有其他零点，即位于单位圆外部、单位圆圆周上以及位于单位圆内但靠近单位圆的零点(后一种零点又称不可对消零点，因为如用补偿器的极点对消，则所需极点对应的运动模态要么不收敛，要么振荡倾向严重)。这种情况下，对消补偿器 $C(z)$可由下式给出：

$$C(z)=K_r\frac{z^dA(z)B^-(z^{-1})}{B^+(z)b},\qquad b\geqslant\max_{\omega\in[0,\pi]}\left|B^-(\mathrm{e}^{\mathrm{j}\omega T})\right|^2 \tag{4-8}$$

其中，K_r 称为重复控制增益，而标量 b 的取值要求是为了使 $C(z)P(z)$ 乘积项的增益在不计 K_r 时始终小于 1。式(4-8)给出的传递函数，其分子阶次必然高于分母，意味着 $C(z)$ 不可物理实现，但由于前述周期延迟环节的设置，与之串联的 $C(z)$ 是可以等效实现的，因为此时 $z^{-N}C(z)$ 仍然是分母阶次更高。

可以证明，即使内模换成未加改进的原始形式(图 4-2)，只要满足 $0<K_r<2$，采用上述补偿器可以使图 4-4 的系统稳定。由式(4-8)不难看出，当对象不存在不可对消零点时，采用以上方法所获得的补偿器实际上就是对象的逆传函。此时系统即具有前述的有限调节时间特性。

由于实际系统模型不可能很精确，而且模型参数也不可能一成不变，所以实际对象与对象模型总有一定的偏差，此时的幅值补偿、相位补偿效果就要受影响。在频率特性的高频段，模型与实际对象的幅值、相位偏差会变得很大，此时的补偿效果更差，严重时，建模误差有可能导致系统不稳定。可见，这种基于模型对消的方法有一个很大的缺点，即对模型的精确性要求较高，鲁棒性欠佳。

有文献提出了一种利用超前环节进行相位补偿的方法。该方法简单有效，与低通滤波器相结合可以构成鲁棒性较好的控制器。以下对这种相位补偿方法进行简单介绍。

由于系统前向通道设置了周期延迟环节 z^{-N}，所以前向通道上的其他环节可以等效地实现分子阶次高于分母阶次，理论上这个阶次差可达 N。这一现象的实质是：由于假定了指令和扰动为重复性的，所以本来无法超前实施的控制量，可以通过延迟至下一周期适当时刻而获得超前性。例如，将控制量延迟 $(N-2)$ 拍，也就相当于将控制量在下一周期提前 2 拍实施。超前环节 z^k 的实现与之类似，它的物理意义是：将控制量在下一周期提前 k 拍实施。

既然 z^k 是能够(等效)实现的，也就可以利用它的超前相位特性来补偿控制对象的相位滞后。利用 z 变换的基本关系式 $z=\mathrm{e}^{\mathrm{j}\omega T}$ (T 为采样周期)可得

$$z^k=\mathrm{e}^{\mathrm{j}k\omega T}=1\angle k\omega T \tag{4-9}$$

可见超前环节 z^k 的模值恒为 1，而相角则与所考虑的频率成正比。如用伯德图表示它的相位特性，由于频率轴是按对数标度，所以将观察到指数型增长的正值相角，如图 4-8 所示。大多数实际控制对象的相位滞后都是随频率增加而渐增的。只要选择合适的参数，超前环节相位特性有可能在相当宽的频率范围内拟合对象的相位特性。

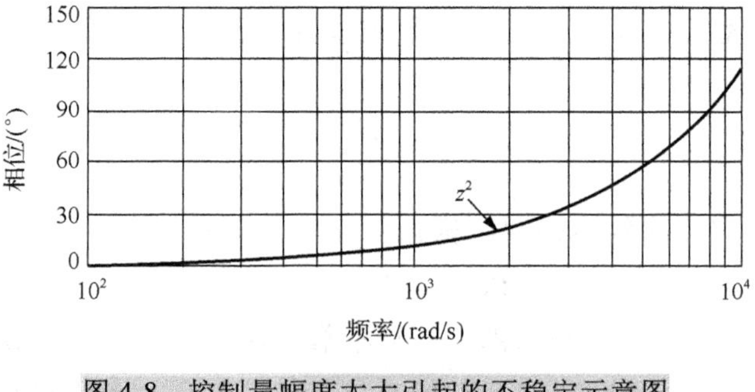

图 4-8　控制量幅度太大引起的不稳定示意图

图 4-9 是一个利用超前环节抵消二阶对象相位滞后的例子。二阶对象 $G(s)$ 的截止频率为 4000rad/s，阻尼比为 0.707，即

$$G(s)=\frac{4000^2}{s^2+2\times 0.707\times 4000s+4000^2} \tag{4-10}$$

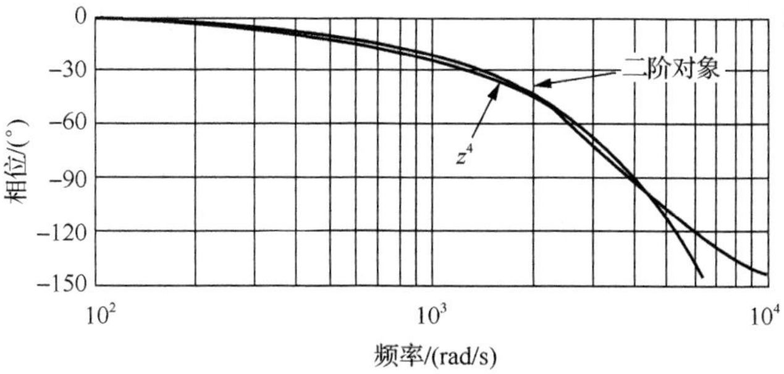

图 4-9　利用超前环节抵消二阶对象相位滞后

采样频率 10 kHz 时，选择 4 拍超前环节 z^4 做相位补偿。由图 4-9 可见，在低于 4000rad/s 的中低频段，超前环节与二阶对象的相位特性近乎完全对消，二者的差值最大处也不超过 5°。图中为了对照更清晰，特将 z^4 的反相位特性(z^{-4} 的相位特性)与 $G(s)$ 的特性画在一起。做几次类似的尝试，很快就可以发现：对于阶次更高的对象，如三阶甚至四阶对象，仍然比较容易找到合适的超前环节来对消其(中低频段)相位滞后。这表明：如果把伯德图改为全线性标度，则线性系统的相位特性曲线在中低频段基本为一直线。换句话说，若用延迟时间而非滞后相角来表征线性对象的响应惯性，则当输入信号频率不太高时，该延迟时间为一固定值。这是借助超前环节实施相位补偿的现实基础。

当然，高精度的相位对消对数字控制器的采样频率是有一定要求的。采样频率过低，则不同拍数超前环节的相位特性划分太粗，因而也就难以找到合适的环节。但在数字技术、VLSI 技术迅猛发展的今天，较高的采样频率并不难达到。在实际的高性能 PWM 逆变器控制场合，DSP(数字信号处理器)已经成为主流控制芯片，此时的采样频率常达到 LC 滤波器截止频率的 10 倍以上，低的时候也在 5 倍左右。在这种情况下较高精度的超前相位补偿是完全可能的。

当相位补偿借助超前环节实现时，补偿器 $C(z)$ 可以采用以下形式：

$$C(z)=K_r\cdot z^k\cdot S(z) \tag{4-11}$$

其中，z^k 即为做相位补偿用的超前环节；比例项 K_r 类似式(4-8)中的重复控制增益；而滤波器 $S(z)$ 则起到以下三方面的作用：①将对象中低频增益校正为 1，使 K_r 的调整范围归一化；②抵消对象较高的谐振峰值，使之不破坏稳定性；③增强前向通道的高频衰减特性，提高稳定性和抗高频干扰能力。由于设置了滤波器 $S(z)$，超前环节 z^k 需要补偿滤波器 $S(z)$ 和对象 $P(z)$ 总的相位滞后。

与全频段对消式补偿器式(4-8)不同，式(4-11)的控制结构只是力图在中低频段实现对消(这是相对比较容易的)。在高频段，系统开环传递函数具有很强的衰减特性，可以杜绝因高频对消效果不理想而造成的高频振荡模态，从而提高系统的稳定性和鲁棒性。

在内模和补偿器的结构确定之后，还有一个系统结构的问题。图 4-4 是将重复控制器

直接串联在前向通道上，所以当指令突加(如逆变器开机)时，输出量对指令的跟踪速度将受到重复控制器的限制，这当然是我们不希望的。实际上，重复控制器只需抑制控制对象对原有指令的跟踪误差即可，所以采用图 4-10 的结构更为恰当。后者与图 4-4 的区别在于设置了指令的前馈通道。如果把对象 $P(z)$ 看作原有的一个稳定系统，其指令为 R，输出为 Y，则重复控制器可以看作一个嵌入部件，它检测原系统的重复性跟踪误差 E，然后通过在原有指令上叠加修正量 U_r 来减小这个误差。这种控制结构因此可称为嵌入式结构。

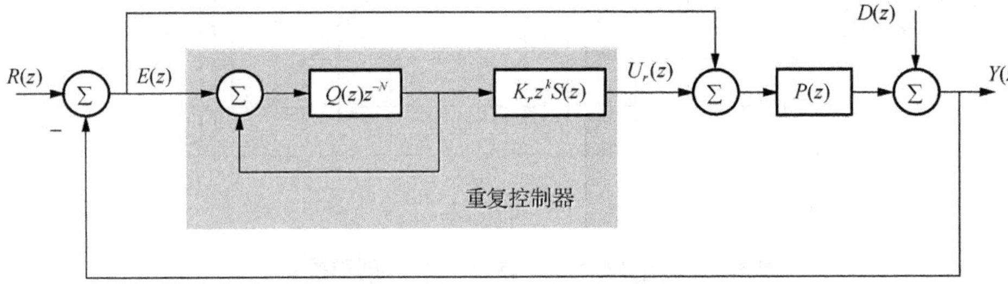

图 4-10 嵌入式重复控制系统结构图

4.4 重复控制系统性能分析

图 4-10 是一个采用改进型重复信号发生器内模、利用超前环节实现相位补偿的嵌入式重复控制系统。这是一种在实际应用中有代表性的控制结构。以下的分析将针对这种典型结构展开。

4.4.1 稳定性

重复控制器的输入输出关系为

$$\frac{U_r(z)}{E(z)}=\frac{K_r z^k S(z)Q(z)z^{-N}}{1-Q(z)z^{-N}} \tag{4-12}$$

误差 E 可以表示为

$$E(z)=R(z)-Y(z)=R(z)-\{[E(z)+U_r(z)]P(z)+D(z)\} \tag{4-13}$$

结合式(4-12)、式(4-13)，得到误差 $E(z)$ 与指令 R、扰动 D 的关系为

$$\begin{aligned}E(z)&=\frac{1-Q(z)z^{-N}}{1-Q(z)z^{-N}+[1-Q(z)z^{-N}+K_r z^{k-N}S(z)Q(z)]P(z)}\cdot[R(z)-D(z)]\\&=\frac{1}{1+P(z)}\frac{1-Q(z)z^{-N}}{1-Q(z)z^{-N}[1-K_r z^k S(z)T(z)]}\cdot[R(z)-D(z)]\end{aligned} \tag{4-14}$$

其中

$$T(z)=\frac{P(z)}{1+P(z)}$$

系统特征方程为

$$[1+P(z)]\cdot\{1-Q(z)z^{-N}[1-K_r z^k S(z)T(z)]\}=0 \tag{4-15}$$

根据采样控制系统稳定性理论可知：只要特征方程式(4-15)的 N 个根都位于以原点为圆心的单位圆内，系统就是稳定的。以上也是系统稳定的充要条件。但是式(4-15)的阶数

常常是很高的，如输出基波频率为 50Hz，而采样频率为 10kHz 时，式(4-15)即为一个 200 阶方程。这使得直接求解特征方程以推导出系统稳定的充分条件近乎不可能。基于同样的原因，仅仅对设计好的系统采用类似劳斯判据那样的常规方法进行稳定性判断都很困难。不过，如果只需要系统稳定的充分条件，则利用控制理论中的小增益原理可以导出系统稳定的一个充分条件为

$$\left|Q(e^{j\omega T})-K_r e^{j\omega kT}S(e^{j\omega T})T(e^{j\omega T})Q(e^{j\omega T})\right|<1,\quad \omega\in[0,\pi/T] \tag{4-16}$$

其中，$Q(e^{j\omega T})$是对 $Q(z)$ 做代换 $z=e^{j\omega T}$ 而获得的频率响应函数，其余类推。

也就是说，如果在采样保持器所能复现的整个频段(从直流即零频率一直到奈奎斯特频率，即采样频率的一半)，传递函数 $Q(z)z^{-N}[1-K_r z^k S(z)T(z)]$ 的增益都小于 1，则可以充分断定图 4-10 所示的重复控制系统是稳定的。

为了更清楚地显示小增益原理在此处的蕴含的意义，可以利用误差表达式(4-14)，将图 4-10 所示的重复控制系统等效地表示为以误差 e 为输出量的图 4-11 形式。在图 4-11 中，因为控制对象(或原有系统)P(z)是稳定的，所以环节$[1+P(z)]$是稳定的。又由于 $Q(z)$ 是一低通滤波器或一常数，显然环节$[1-Q(z)z^{-N}]$也是稳定的。这样，整个系统的稳定性就取决于图 4-11 右端的正反馈回路的稳定性。根据小增益原理，若该反馈回路的开环传函 $Q(z)z^{-N}[1-K_r z^k S(z)T(z)]$ 的增益恒小于 1，则系统必然稳定。再考虑到开环传函中纯延时环节 z^{-N} 的增益固定为 1，就可以得到式(4-16)的结论。

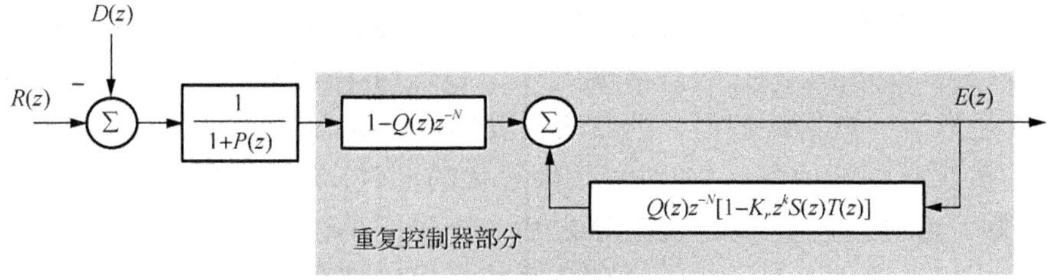

图 4-11　嵌入式重复控制系统等效结构图

小增益原理无论对线性系统还是对非线性系统都是适用的。实际上，因为图 4-10 或图 4-11 所示重复控制系统是一线性系统(非线性负载等因素已被处理为外部输入 D)，所以仅利用常规的线性系统理论也一样可以证明以上结论：只要对图 4-11 中的正反馈回路应用奈奎斯特稳定判据即可。

因为式(4-16)只是系统稳定的一个充分条件而非充要条件，所以上述稳定性结论的逆命题不一定成立，也就是说，不满足式(4-16)并不意味着系统必定不稳定。这在理论上当然就显得不够完美，但在工程实际中它还是很实用的，因为只要在重复控制器的设计过程中确保式(4-16)成立，系统的稳定就有充分的把握，而且这种稳定性还有某种程度的余量。

公式形式的稳定条件在实际应用中往往显得不够直观，因此本文建议将其表示为图形形式，以体现出直观的几何意义，如图 4-12 所示。图中将式(4-16)的各个部分以频率响应矢量的形式画在一复平面上。显然，式(4-16)是指在 ω 从 0 到 π/T 的整个变化范围内，矢量 $K_r e^{j\omega kT}S(e^{j\omega T})T(e^{j\omega T})Q(e^{j\omega T})$ 的末端所划过的轨迹不能超出以矢量 $Q(e^{j\omega T})$ 的末端为圆心的单位圆。

利用图 4-12，可以更直观地显示 $Q(z)$ 滤波器增强系统稳定性和鲁棒性的机理。如

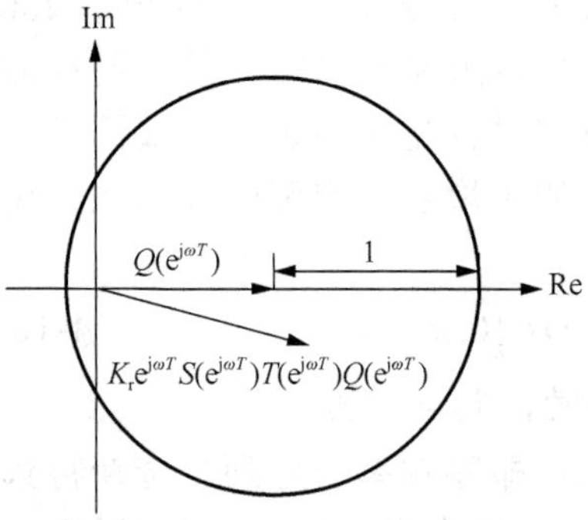

图 4-12　稳定条件的几何意义

果取消 $Q(z)$ 滤波器，即令 $Q(z)=1$，则图中单位圆的圆心将固定地位于(1,0)点，而其左侧圆周将通过原点并与虚轴相切。考虑到不可避免的建模误差，相位补偿不可能绝对精确。在中低频段，相位补偿的误差不大时，矢量 $K_r e^{j\omega kT} S(e^{j\omega T}) T(e^{j\omega T}) Q(e^{j\omega T})$ 的相角(绝对值)还不会很大，再因为中低频段的幅值补偿效果也相对较佳，所以矢量 $K_r e^{j\omega kT} S(e^{j\omega T}) T(e^{j\omega T}) Q(e^{j\omega T})$ 的模长近似为 1，因此 $K_r e^{j\omega kT} S(e^{j\omega T}) T(e^{j\omega T}) Q(e^{j\omega T})$ 的末端距离单位圆圆心较近，满足式(4-16)不成问题。但到了中高频段，由于对消效果难以保证，情况就大不一样了。此时相位补偿误差可能会非常大，实际上矢量 $K_r e^{j\omega kT} S(e^{j\omega T}) T(e^{j\omega T}) Q(e^{j\omega T})$ 的相角可能为 0°～360° 的任意值。虽然由于补偿器以及对象本身可能具有高频衰减特性，使矢量 $K_r e^{j\omega kT} S(e^{j\omega T}) T(e^{j\omega T}) Q(e^{j\omega T})$ 的模值在高频段变得很小，但由于单位圆是与虚轴相切的，只要相位补偿误差落在 90°～270°，矢量 $K_r e^{j\omega kT} S(e^{j\omega T}) T(e^{j\omega T}) Q(e^{j\omega T})$ 的轨迹就必然会进入第 2、4 象限，从而超出单位圆，破坏系统稳定的充分条件。

设置 $Q(z)$ 滤波器可以防止上述情况的发生。以 $Q(z)=0.95$ 为例(图 4-12 就是按这种情况绘制的)，此时相对无 $Q(z)$ 滤波器的情况而言，单位圆整体左移了 0.05，从而涵盖了第 2、4 象限的一小部分，虽然这部分的面积很小，但它可以充分保证只要 $K_r e^{j\omega kT} S(e^{j\omega T}) T(e^{j\omega T}) Q(e^{j\omega T})$ 的增益降到 0.05 即−26dB 以下，设计者就无须担心式(4-16)条件的满足。如果 $Q(z)$ 不是取为一常数，而是取为一低通滤波器，则在低频段单位圆圆心接近(1,0)，单位圆基本上与虚轴相切，而随着频率逐渐增高，(在对消效果恶化的同时)单位圆将逐渐左移，同样也进会入第 2、4 象限。总之，设置 $Q(z)$ 滤波器之后，产生了单位圆左移效果，即使高频相位对消的效果因建模误差等而恶化，也不会破坏系统稳定的充分条件，系统的稳定性及其鲁棒性因此得到了显著的增强。

式(4-16)的左端项具有特殊的意义，在以下分析中经常会用到。因此，为表述简洁，将其做如下定义：

$$H(e^{j\omega T}) = Q(e^{j\omega T}) - K_r e^{j\omega kT} S(e^{j\omega T}) T(e^{j\omega T}) Q(e^{j\omega T}) \tag{4-17}$$

或

$$H(z) = Q(z) - K_r z^k S(z) T(z) Q(z) \tag{4-18}$$

4.4.2　误差收敛速度

由式(4-14)稍作变形，并考虑到定义式(4-18)，可以得到：

$$E(z)[1+P(z)] = [1-Q(z)z^{-N}]\cdot[R(z)-D(z)] + E(z)[1+P(z)]z^{-N}H(z) \tag{4-19}$$

为了突出主要概念，考虑一个理想的情况，即 $Q(z)=1$，并且假定指令 R 和扰动 D 具有完全重复性，也就是说，它们在每个基波周期都以与上一周期完全一样的波形出现，即

$$z^{-N}R(z) = R(z) \tag{4-20}$$

$$z^{-N}D(z) = D(z) \tag{4-21}$$

此时由式(4-19)可直接得到：

$$E(z)=H(z)\bullet E(z)z^{-N} \tag{4-22}$$

上式表明：每经过 N 拍即一个基波周期的时间，每个采样点上的误差值都将衰减为上个周期值的 $H(z)$ 倍。显然 $H(z)$ 可以衡量误差收敛的速度。如果针对某一频率的误差（谐波）考虑其收敛速度，可以采用 $H(z)$ 的频率响应形式 $H(\mathrm{e}^{\mathrm{j}\omega T})$，其模值 $\left|H(\mathrm{e}^{\mathrm{j}\omega T})\right|$ 就反映了频率为 ω 的谐波的幅值收敛速度，其值越小，则收敛越快。$\left|H(\mathrm{e}^{\mathrm{j}\omega T})\right|$ 又称为误差收敛指数。值得注意的是，该指数是谐波频率的函数，也就是说：不同频率的谐波收敛速度是不一样的。

在前述的“有限调节时间”重复控制中，因为补偿器 $C(z)$ 可以实现对控制对象 $P(z)$ 的增益和相位的理想对消（图 4-4），再令 $Q(z)=1$，就有

$$\left|H(\mathrm{e}^{\mathrm{j}\omega T})\right|=0,\quad \forall\omega\in[0,\pi/T] \tag{4-23}$$

所以，奈奎斯特频率以下的所有误差分量，包括基波误差分量，都将在重复控制器投入后的第二个周期完全消失，这也就是有限调节时间的效果。

当然，以上只是理想的情况。实际系统中为使系统鲁棒稳定，是要设置 $Q(z)$ 滤波器的。另外，指令和扰动在重复控制器的动态调节过程中也未必呈现完全重复性。尤其是像非线性负载这样的扰动，当输出电压在重复控制器作用下逐周期修正时，其电流波形肯定会有所变化。所有这些因素，都使得实际系统的误差收敛规律不会像式(4-22)描述的那样单纯，但基本的规律仍然是：$\left|H(\mathrm{e}^{\mathrm{j}\omega T})\right|$ 越小，则误差收敛速度越快。

4.4.3 稳态误差

以下对重复控制系统稳态误差进行讨论。式(4-14)本身就描述了稳态误差，现将其改写成频域形式，即

$$E(\mathrm{e}^{\mathrm{j}\omega T})=\frac{1-Q(\mathrm{e}^{\mathrm{j}\omega T})}{[1+P(\mathrm{e}^{\mathrm{j}\omega T})][1-H(\mathrm{e}^{\mathrm{j}\omega T})]}\cdot[R(\mathrm{e}^{\mathrm{j}\omega T})-D(\mathrm{e}^{\mathrm{j}\omega T})] \tag{4-24}$$

式(4-24)既给出了稳态误差的幅值，也给出了稳态误差的相位。一般只关心谐波电压的幅值，基于式(4-24)可知：对于频率为 ω 的谐波电压，其稳态幅值为

$$\left|E(\mathrm{e}^{\mathrm{j}\omega T})\right|=\left|\frac{1-Q(\mathrm{e}^{\mathrm{j}\omega T})}{1-H(\mathrm{e}^{\mathrm{j}\omega T})}\right|\cdot\frac{|R(\mathrm{e}^{\mathrm{j}\omega T})|+|D(\mathrm{e}^{\mathrm{j}\omega T})|}{|1+P(\mathrm{e}^{\mathrm{j}\omega T})|} \tag{4-25}$$

也就是说，稳态时，无论是原系统的跟踪误差 $|R(\mathrm{e}^{\mathrm{j}\omega T})/[1+P(\mathrm{e}^{\mathrm{j}\omega T})]|$，还是周期性扰动引起的误差 $|D(\mathrm{e}^{\mathrm{j}\omega T})/[1+P(\mathrm{e}^{\mathrm{j}\omega T})]|$，都将被抑制到初始值（重复控制器未投入时的值）的 $|(1-Q(\mathrm{e}^{\mathrm{j}\omega T}))/(1-H(\mathrm{e}^{\mathrm{j}\omega T}))|$ 倍。显然 $|(1-Q(\mathrm{e}^{\mathrm{j}\omega T}))/(1-H(\mathrm{e}^{\mathrm{j}\omega T}))|$ 的大小直接反映了重复控制系统的谐波抑制能力，称为谐波抑制指数。显然，与误差收敛指数一样，它也是谐波频率的函数。在重复控制器设计完毕后，可以利用其伯德图方便地检验该指标。

如果取消 $Q(z)$ 滤波器，即令 $Q(z)=1$，则有

$$\left|\frac{1-Q(\mathrm{e}^{\mathrm{j}\omega T})}{1-H(\mathrm{e}^{\mathrm{j}\omega T})}\right|=0,\quad \forall\omega\in[0,\pi/T] \tag{4-26}$$

此时，奈奎斯特频率以下的所有谐波分量，包括基波误差分量，稳态时都将完全补偿掉，系统呈现无静差特性。由于 $Q(z)=1$ 即意味着重复控制器的周期信号发生器内模成为一个严格的周期积分环节，所以这种无静差的控制机理与积分(I)控制可以说是完

全类似的。

设置 $Q(z)$ 滤波器以后，由于 $Q(e^{j\omega T})\neq 1$，谐波抑制指数对任何频率的谐波都不再为零，此时的重复控制系统成为一个有静差系统。某一频率误差分量的稳态幅值与 $Q(e^{j\omega T})$ 的取值有直接关系，但受 $H(e^{j\omega T})$ 的影响更甚。以 $Q(e^{j\omega T})=0.95$ 为例，此时如果相位补偿、幅值补偿效果理想，即

$$H(e^{j\omega T})=Q(e^{j\omega T})-K_r e^{j\omega KT}S(e^{j\omega T})T(e^{j\omega T})Q(e^{j\omega T})=0.95-1\times 0.95=0 \tag{4-27}$$

则有

$$\left|\frac{1-Q(e^{j\omega T})}{1-H(e^{j\omega T})}\right|=\left|\frac{1-0.95}{1-0}\right|=\frac{0.05}{1.0}=\frac{1}{20} \tag{4-28}$$

这说明当重复控制投入后，误差将比原值衰减 20 倍(26dB)。

在实际应用中，虽然全频段的理想对消难以实现，但中低频段的对消还是比较容易的。只要重复控制器设计得当，使中低频段的对消效果较好，则中低频误差的衰减效果基本上与上述结论一致。但是到了中高频段，情况就不同了。此时控制器若仍追求对消效果，则只要对象建模稍有误差或疏漏，甚至有可能破坏稳定条件，更谈不上误差衰减效果。如果放弃高频对消，采用式(4-11)的方式构成控制器，使补偿后的对象 $K_r e^{j\omega KT}S(e^{j\omega T})T(e^{j\omega T})Q(e^{j\omega T})$ 具有较强的高频衰减特性，可以解决稳定性问题，但系统对高频误差的抑制能力仍将远不如中低频段。简单的计算即可说明这一问题：$K_r e^{j\omega KT}S(e^{j\omega T})P(e^{j\omega T})$ 的高频段增益是很低的，因此

$$H(e^{j\omega T})=Q(e^{j\omega T})-K_r e^{j\omega kT}S(e^{j\omega T})T(e^{j\omega T})Q(e^{j\omega T})\approx 0.95-0=0.95 \tag{4-29}$$

而此时的谐波抑制因子则为

$$\left|\frac{1-Q(e^{j\omega T})}{1-H(e^{j\omega T})}\right|\approx\left|\frac{1-0.95}{1-0.95}\right|=\frac{0.05}{0.05}=1 \tag{4-30}$$

以上分析表明：对于频率非常高的误差分量，重复控制基本上没有多少抑制效果。从整个频率范围看，随着误差频率由低到高逐渐变化，谐波抑制效果也逐渐从式(4-28)的理想情况过渡到式(4-30)的较差情况。

所以，设置 $Q(z)$ 滤波器，实质上是以牺牲高频谐波抑制能力来换取系统稳定性的提高。从实际应用角度看，这样做既是必需的，也是可以接受的。因为 PWM 逆变器的输出电压误差主要是由负载扰动(线性或非线性的)、直流供电电源波动、死区效应等因素引起的。误差频率分量大多位于中低频段，系统只要对这些中低频误差分量有较强的抑制能力，就已经可以大幅度地改善如总谐波失真度(THD%)、电源调整率、负载调整率等稳态指标。

4.5 重复控制在有源滤波器控制中的应用

4.5.1 APF 工作原理与数学模型

有源滤波器(Active Power Filter，APF)系统由谐波、无功电流检测电路和补偿电流发生电路组成。补偿电流发生电路的核心是根据指令电流运算电路得出的补偿电流的指令信号，产生实际的补偿电流。主电路为 PWM 逆变器。RC 组成的高通滤波器(High Pass Filter)

主要用来滤除开关噪声附近的开关纹波电流。图 4-13 所示为最基本的并联型 APF 系统构成框图。其中，u_s、i_s、i_L、i_c、u_i 分别表示交流电网电压、电网侧电流、负载侧电流、APF 输出补偿电流和输出电压。

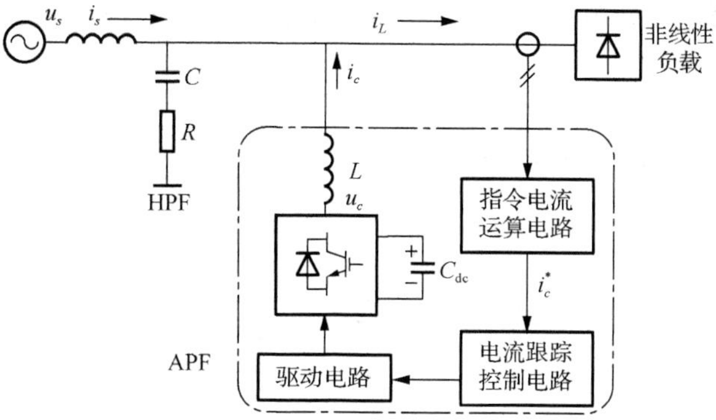

图 4-13　并联型 APF 系统构成框图

利用电路分析和自动控制原理知识，可以计算逆变器输出电压到输出电流的传递函数为

$$G_p(s)=\frac{I_c(s)}{U_I(s)}=\frac{1}{sL+R} \tag{4-31}$$

在以下设计过程中，电感量选择为 110μH，寄生电阻 0.1Ω，数字系统的采样频率为 10kHz。

4.5.2 APF 电流控制环路的重复控制器设计

由于重复控制器设计时必须保证闭环系统稳定性，因此首先采用 PI 控制器对 APF 的电流控制环进行整定。图 4-14 为采用单 PI 控制器的 APF 电流控制环轴控制结构框图，其中模拟 PI 控制器传递函数为

$$\mathrm{PI}(s)=\frac{U(s)}{E(s)}=K_p\left(1+\frac{1}{T_I s}\right) \tag{4-32}$$

其中，K_p 是比例增益；T_I 是积分时间常数。

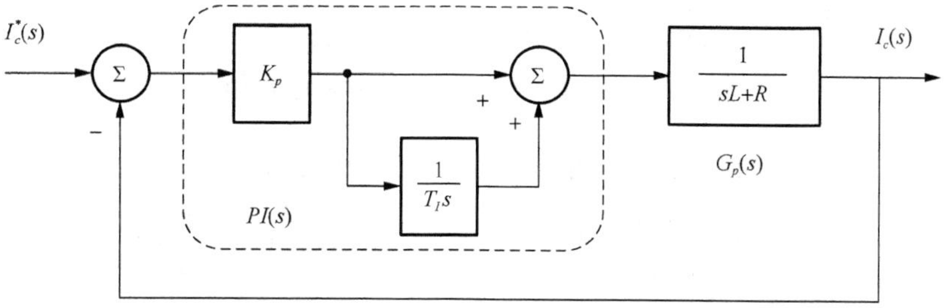

图 4-14　连续域 PI 控制电流环控制框图

由图 4-14 可推导出电流开环和闭环控制系统传递函数如下：

$$T_o(s)=\mathrm{PI}(s)G_p(s)=\frac{K_p(T_I s+1)}{T_I s(Ls+R)} \tag{4-33}$$

$$T_c(s)=\frac{T_o(s)}{1+T_o(s)}=\frac{K_p}{L}\frac{s+1/T_I}{s^2+((K_p+R)/L)s+K_p/(LT_I)} \tag{4-34}$$

由式(4-34)可知，电流闭环控制是一个典型的二阶系统，可以通过采用零极点对消方法将其简化为一阶系统。使PI控制器的零点对消控制对象在 s 平面的极点，即

$$T_I=\frac{L}{R} \tag{4-35}$$

将式(4-35)代入式(4-33)和式(4-34)有

$$T_o(s)=\frac{K_p}{Ls} \tag{4-36}$$

$$T_c(s)=\frac{1}{1+\frac{L}{K_p}s}=\frac{1}{1+\tau s} \tag{4-37}$$

$$\tau=\frac{1}{\omega_c}=\frac{1}{2\pi f_c}=\frac{L}{K_p} \tag{4-38}$$

由式(4-38)可知，APF 电流控制环的延迟时间 τ 与输出电感 L 成正比，而与电流控制器的比例系数 K_p 成反比。为了提高 APF 对输出谐波电流尽可能高的控制精度，则要求电流环的响应延迟尽可能短。所以，若要使电流环的响应加快，可增大控制器增益 K_p 或者减小电感值 L。

由于APF控制算法特别是重复控制器是采用数字控制方式实现的，因此必须考虑离散化对控制系统的影响。图4-15为数字PI控制电流环控制框图，其中，A/D等效为理想采样开关S，采样周期为 T_S；PI(z)为数字PI控制器传递函数，z^{-1} 表示数字控制滞后一拍，S为假想采样开关，$G_{h0}(z)$ 表示零阶保持器。

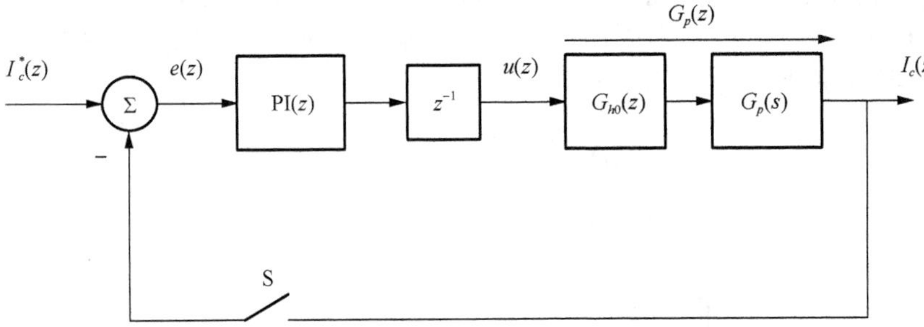

图4-15　连续域PI控制电流环控制框图

采用后向差分变换离散化方法，可得PI控制器 z 域表达式

$$\mathrm{PI}(z)=\frac{U(z)}{E(z)}=K_p\left[1+\frac{T_s z}{T_I(z-1)}\right]=K_p\left(1+\frac{K_I z}{z-1}\right) \tag{4-39}$$

忽略抗混叠滤波时，控制对象 z 域传递函数为

$$G_p(z)=Z\left[G_{h0}(s)G_p(s)\right]=Z\left[\frac{1-\mathrm{e}^{-T_s s}}{s}G_p(s)\right]=(1-z^{-1})Z\left[\frac{G_p(s)}{s}\right] \tag{4-40}$$

系统完整的开环传递的 z 域传递函数为

$$T_o(z)=\mathrm{PI}(z)z^{-1}G_p(z) \tag{4-41}$$

系统闭环传递的 z 域传递函数为

$$T_c(z)=\frac{T_o(z)}{1+T_o(z)} \tag{4-42}$$

根据自动控制原理的知识，二阶系统相位裕度与闭环系统阻尼存在一一对应的关系；为了使二阶系统的过渡过程不发生振荡，一般系统相位裕度取值范围在 30°～70°。图 4-16 分别为转折频率为 300Hz、400Hz 和 500Hz 时，离散域电流控制闭环频率响应曲线。图 4-17 为转折频率为 300Hz、400Hz 和 500Hz 时电流环闭环阶跃响应曲线。通过间接设计方法可以对数字 PI 控制电流环进行比较准确的设计，保证系统相位裕度在 60°左右，可以得到比较好的动态性能指标。而通过提高转折频率提高 APF 对谐波的补偿精度在这里显然是行不通的，因此，需要引入其他的高稳态精度控制算法，如重复控制。

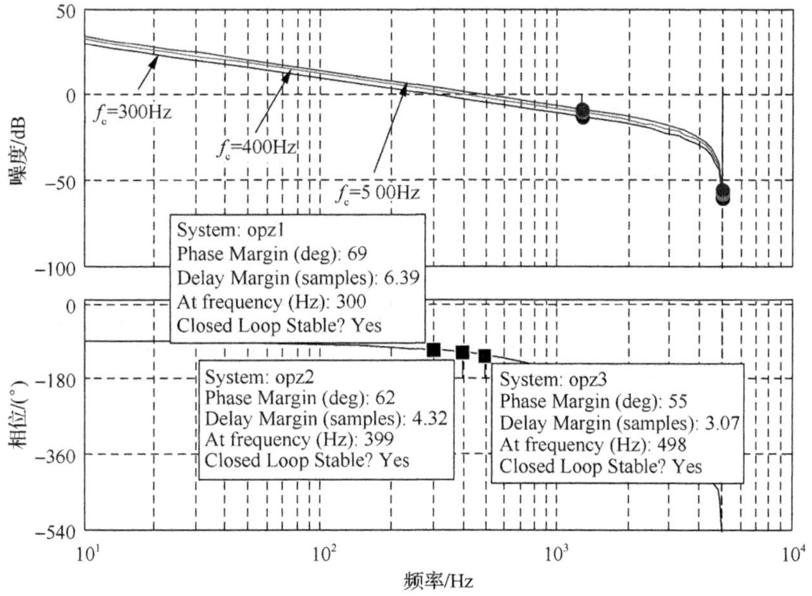

图 4-16 离散域 PI 控制电流环闭环频率响应特性曲线

APF 电流环重复控制系统包括一个 PI 控制内环和一个重复控制外环，其系统控制框图如图 4-18 所示。在图 4-18 中 PI 控制环的开环传递函数作为重复控制的控制对象 $P(z)$，因此 PI 控制内环起到了为重复控制外环提供一个稳定的控制对象的作用，重复控制则对 PI 控制环所剩余的控制误差进行修补，提高闭环系统的控制精度。在动态响应方面，重复控制作用总是需要滞后一个电网基波周期才能起作用，所以其响应总是大于一个基波周期。同时，由于误差前馈通道的存在，指令和扰动的动态变化将通过前馈通道直接加载到 PI 控制环上，PI 控制器可以立即对动态变化做出响应，动态响应速度主要取决于 PI 控制内环闭环带宽。因此，PI 控制器一方面起着为重复控制提供稳定控制对象的作用，另一方面决定系统动态响应速度。

对于重复控制器参数设计，关键点在于补偿器 $C(z)=K_r z^k S(z)$ 的选择和参数设计，以及闭环系统稳定性的校验。由 4.3 节的介绍可知，补偿器 $C(z)$ 的设计是与闭环系统稳定性息息相关的，其设计准则就是最好地保证闭环系统的稳定性。补偿器设计可以按照以下步骤进行。

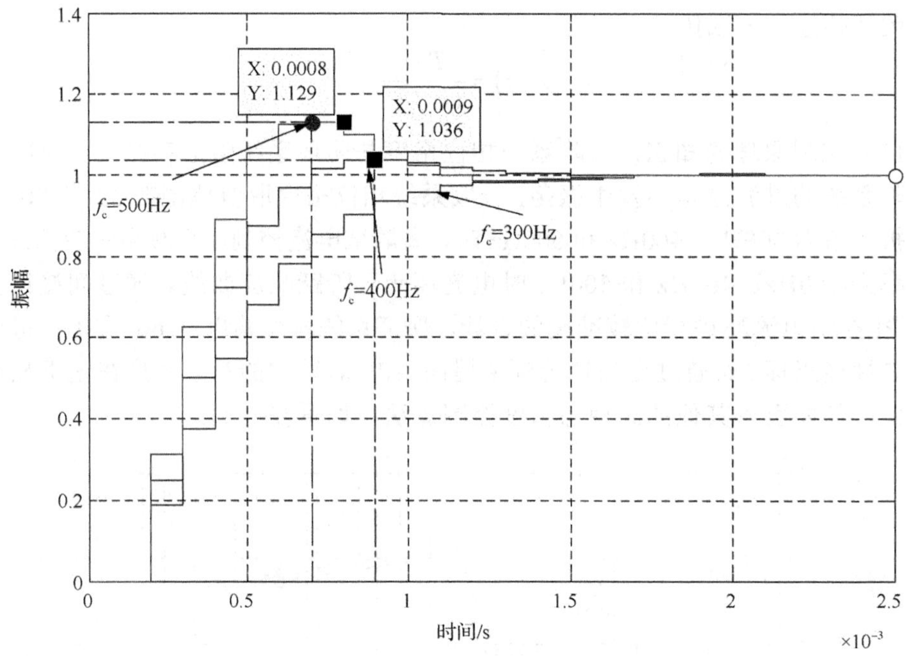

图 4-17　离散域 PI 控制电流环闭环阶跃响应曲线

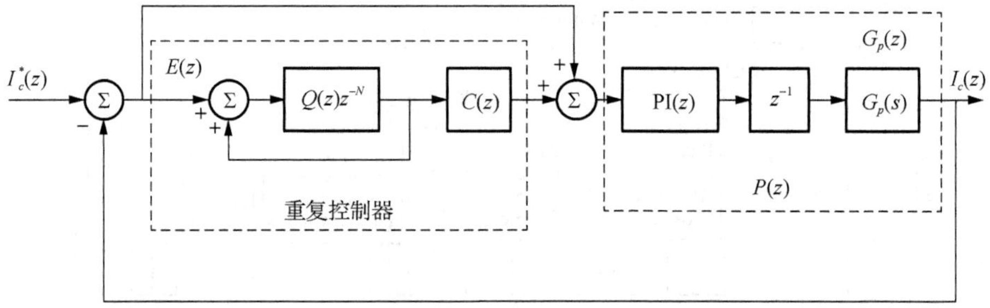

图 4-18　连续域 PI 控制电流环控制框图

1. 二阶低通滤波器设计

补偿器二阶低通滤波器连续域表达式为

$$F_2(s)=\frac{\omega_c^2}{s^2+2\xi\omega_c s+\omega_c^2} \tag{4-43}$$

二阶低通滤波器作用为对相位进行修正和实现高频信号衰减，所以最好将其设计成一个过阻尼二阶系统，即 $\xi>0.707$；对于截止频率 ω_c 选择在系统带宽附近，保证对高频信号的衰减，同时对中低频段只产生相位滞后。

将式(4-43)离散化到 z 域为

$$F_2(z)=\frac{az^2+bz+c}{z^2+dz+e} \tag{4-44}$$

2. 超前环节 z^k 设计

在 PI 控制电流环闭环传递函数 $T_c(z)$ 基础上，对传递函数 $C(z)T_c(z)$，按照中低频段 0° 相位滞后原则选择超前拍数。图 4-19 为校准后的 $C(z)T_c(z)$ 频率特性响应曲线，超前拍数分别为 4 拍和 5 拍。超前环节为 4 拍时，$C(z)T_c(z)$ 相位没有很好的补偿到 0°，所以重复控制的控制精度没有达到最优。但是，$C(z)T_c(z)$ 的相角总是在−90°～90°，由图 4-20 可知，这将大大有利于这个系统的稳定。超前环节为 5 拍时，$C(z)T_c(z)$ 在中低频段（1kHz 前）相位很好地补偿到 0°左右，所以，重复控制的控制精度基本达到最优。同时，$C(z)T_c(z)$ 的相角在 0°～270°，这将不利于系统的稳定，必须设置 $Q(z)$ 小于 1。

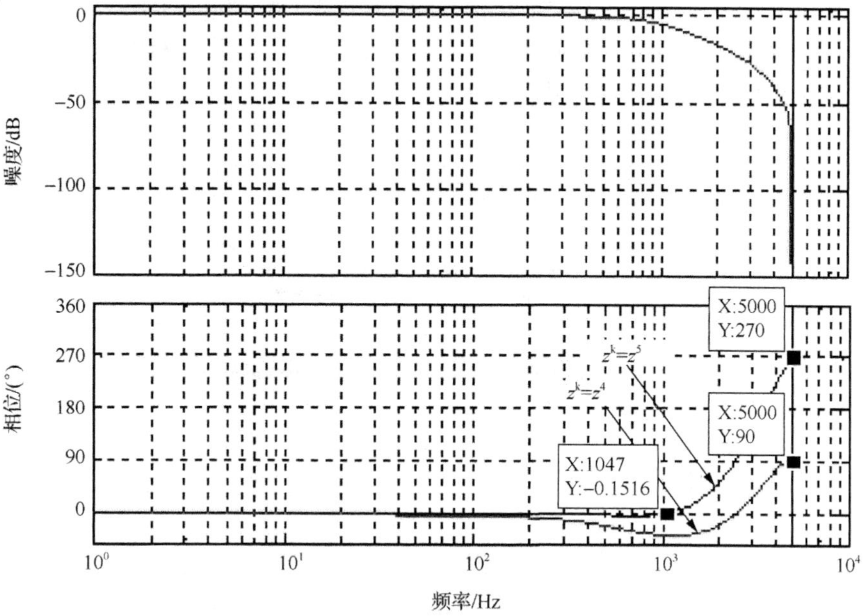

图 4-19 $C(z)T_c(z)$ 频率响应特性曲线

3. 稳定性检验——$C(z)T_c(z)$ 奈奎斯特曲线

图 4-20 为超前环节为 4 拍或 5 拍时整体闭环系统的稳定条件。由图可见超前 4 拍的稳定性略优于超前 5 拍。

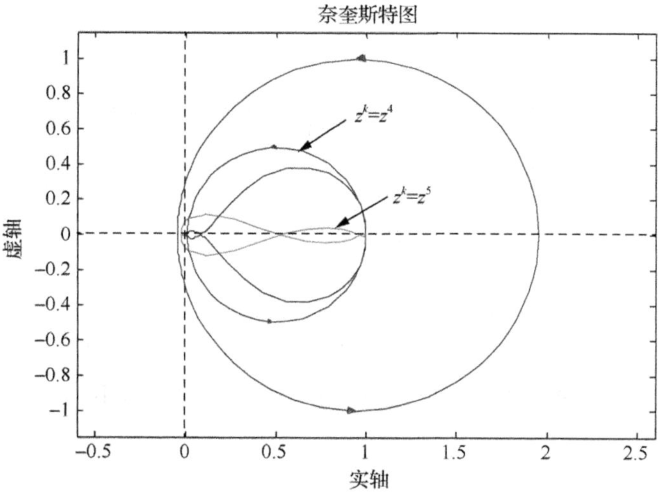

图 4-20 稳定条件校验

注意：重复控制器设计过程中不是一次性就能找到最优的参数，合适的参数也不是唯一的，但是利用 MATLAB 工具软件，通过试错法可以很快找到一组满足系统要求的参数。

4.5.3 实验结果

图 4-21 为电流控制采用单 PI 控制策略补偿效果图，其中，负载电流 THD 为 28%，补偿后电网电流 THD 为 15%、难以达到较好的补偿效果(如 5%)。图 4-22 为电流控制采用重复控制后补偿效果图，其中，负载电流 THD 为 28%，补偿后电网电流 THD 为 1.6%，大大提高了波形控制精度和电网谐波电流补偿效果。

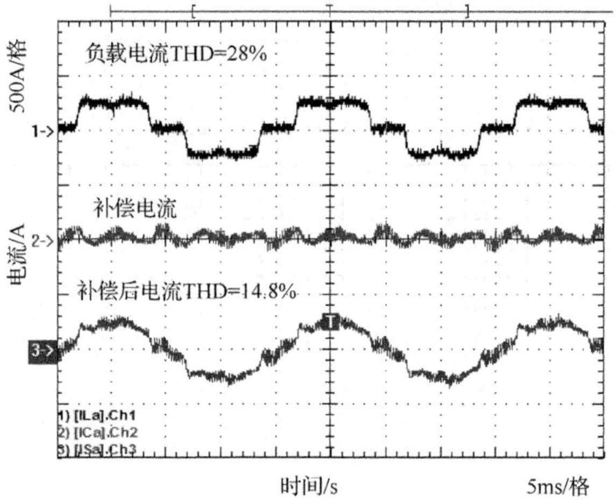

图 4-21　单 PI 控制 APF 稳态补偿效果图

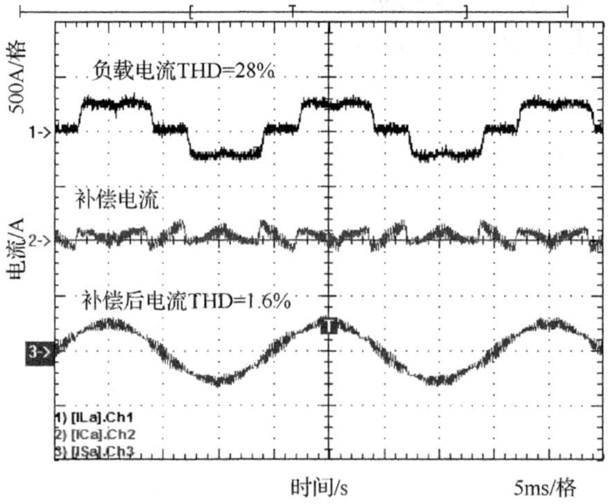

图 4-22　基于重复控制 APF 稳态补偿效果图

第 5 章　模型预测控制

5.1　概　　述

模型预测控制(Model Predictive Control，MPC)是 20 世纪 80 年代初发展起来的一种新型计算机优化控制算法。该控制算法直接产生于工业过程控制中的实际应用，并在和工业应用的紧密结合中不断改进、完善和成熟。MPC 算法由于应用了模型预测、滚动优化和反馈校正等控制策略，因此具有系统控制效果良好、鲁棒性强、对系统模型精确度要求不高等优点。该控制方法概念直观，易于理解，它可以很容易地推广应用于多种系统；多变量控制容易实现，可以补偿死区时间，模型中容易考虑非线性因素，易于处理系统限制条件。在实际应用中，大量的工业生产过程均具有非线性、不确定性和时变等特点，建立精确的数学解析模型十分困难，所以经典控制方法如 PID 控制和现代控制理论都难以在实际工业应用中获得良好的控制效果。而 MPC 具有的优点决定了该控制方法能够有效地用于复杂工业过程的控制，并且已经在化工、石油、机械、冶金等工业部门的过程控制系统中得到了成功的应用。但是，与经典控制器相比，MPC 计算量更大。模型的质量直接影响所得到控制器的质量，如果系统的参数是时变的，就必须考虑一些自适应或估计算法。

目前的模型预测控制算法主要有基于非参数模型的模型算法控制(Model Algorithmic Control，MAC)、动态矩阵控制(Dynamic Matrix Control，DMC)，以及基于状态空间模型的状态反馈预测控制(State Feedback Predictive Control，SFPC)。其中，MAC 采用控制对象的脉冲响应模型，DMC 采用控制对象的阶跃响应模型，上述两种模型都具有容易获得的优点；SFPC 综合预测控制和状态反馈控制的优点，具有状态反馈和输出反馈，可以用于开环不稳定系统。

本章主要介绍模型算法控制、动态矩阵控制以及状态反馈预测控制这三种预测控制方法，具体介绍各类预测控制的基本思想与原理，控制器设计、参数选择和性能评价。最后介绍模型预测控制在逆变器应用中的一个案例，控制结果表明了模型预测控制的优越性。

5.2　预测控制的基本思想与结构

5.2.1　基本思想

预测控制在动态系统控制中备受关注，并在控制实践中发挥着重要作用。预测控制的思想可以概括如下。

(1) 预测有限时间范围内过程状态 / 输出的未来行为。

(2) 通过最小化权值函数，在线计算每一步的未来输入信号。

(3) 只在被控对象上应用控制变量的第一个矢量，并用新的测量输入/状态/输出变量重复上一步。

因此，对象模型的存在是预测控制发展的必要条件。预测控制系统结构示意图如图 5-1 所示。预测控制包括三要素：预测模型、滚动优化、反馈校正。整个预测控制的过程为：①利用过去和当前的输入／输出状态，根据系统内部模型来预测计算系统未来的输出状态；②经过模型输出误差进行反馈校正，与参考轨迹进行比较；③采用变量的二次型性能指标进行滚动优化，并计算当前时刻控制输入，进而完成整个循环。预测控制不仅应用当前和过去的参考偏差值，还应用预测模型来预测计算过程未来的参考偏差值，以滚动优化确定得到当前的最优控制输入，使未来一段时间内被控变量与参考值偏差最小。而传统的 PID 控制，根据过程当前以及过去的输出测量值和参考值的偏差来计算确定当前的控制输入。与传统的 PID 控制相比，预测控制优于 PID 控制。

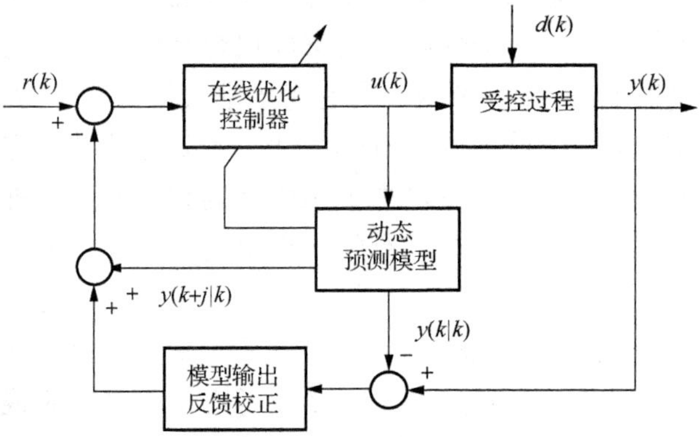

图 5-1　预测控制系统结构示意图

5.2.2　预测模型

基于模型的预测示意图如图 5-2 所示。预测模型根据被控对象的过去信息 $\{u(k-j),y(k-j)|j\geqslant 1\}$ 和未来输入变量 $\{u(k+j-1)|j=1,2,\cdots,m\}$，预测被控系统未来的响应 $\{y(k+j)|j=1,2,\cdots,p\}$。目前常用的预测模型形式包括参数模型和非参数模型。其中，参数模型可以进一步细分为微分方程模型、差分方程模型，而非参数模型进一步细分为脉冲响应模型和阶跃响应模型。

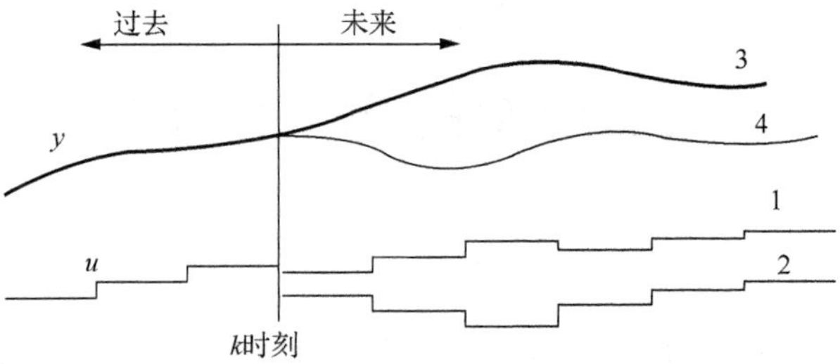

图 5-2　基于模型的预测示意图

1—控制策略 I；2—控制策略 II；3—对应于控制策略 I 的输出；4—对应于控制策略 II 的输出

5.2.3　滚动优化

滚动优化示意图如图 5-3 所示。引入最优控制策略，未来的控制作用是通过使某一性能指标最优化来确定的。该最优控制策略是采用滚动式的有限时域优化策略，而不是采用一个不变的全局最优目标。在每一个采样时刻，根据该时刻的最优性能指标，求解从该时刻起有限时段内的最优控制率。虽然优化过程中的每一步实现的是静态优化，但全局则是动态优化。计算得到的控制作用指令也只有当前值是实际运行的，在下一采样时刻又重新依据性能指标求取最优控制率。这就是所谓的滚动优化。

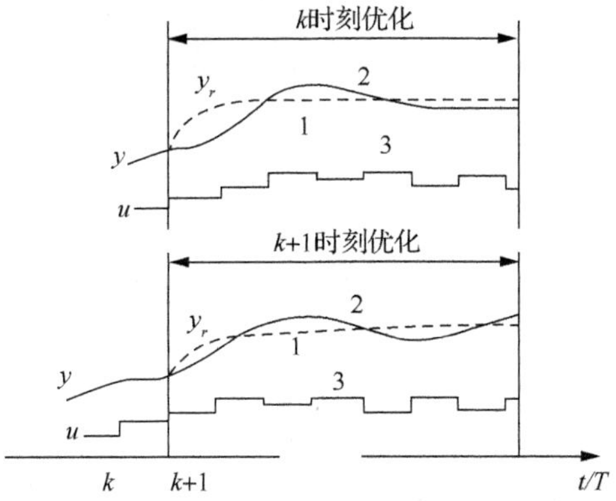

图 5-3　滚动优化示意图

1—参考轨迹 y_r（虚线）；2—最优预测输出 y（实线）；3—最优控制作用 u

5.2.4　反馈校正

反馈校正示意图如图 5-4 所示。由于实际应用中的被控过程都存在非线性、不确定性、时变性等因素，使基于系统模型的预测不可能精确地与实际被控过程一致。因此，在每一个采样时刻，都要通过实际测得的输出信息对基于系统模型的预测输出进行校正，然后再进行新的滚动优化。不断根据系统实际输出信息对预测输出作出校正，使滚动优化不但基于系统模型，而且利用实测反馈信息，构成闭环优化。

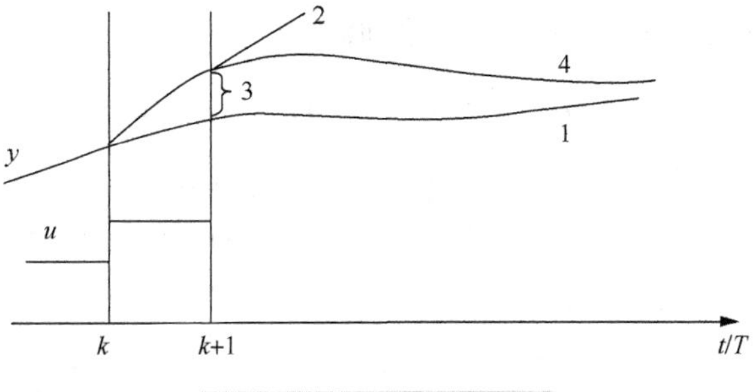

图 5-4　反馈校正示意图

1—k 时刻的预测输出；2—k+1 时刻实际输出；3—k+1 时刻预测误差；4—k+1 时刻校正后的预测输出

5.3　模型算法控制

模型算法控制(MAC)是一种基于脉冲响应模型的预测控制，又称模型预测启发式控制，适用于线性定常系统，最早可以追溯到 20 世纪 60 年代末 Richalet 等在法国工业企业中锅炉和精馏塔的控制应用。MAC 原理示意图如图 5-5 所示。该控制算法主要包括以下内容：预测模型、反馈校正、参考轨迹设定和滚动优化。

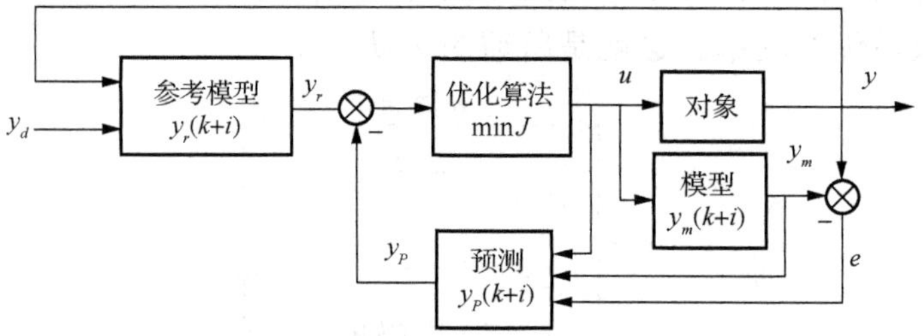

图 5-5　MAC 原理示意图

5.3.1　预测模型

如图 5-6 所示，从渐近稳定线性被控对象的单位脉冲响应出发，有限脉冲响应(Finite Impulse Response，FIR)参数 $\boldsymbol{h}^{\mathrm{T}}=\{h_1,h_2,\cdots,h_N\}$ 可完全描述系统的动态特性，N 称为模型时域长度。系统的渐近稳定性保证了模型可用有限的脉冲响应描述，有限个采样周期后满足 $\lim\limits_{j\to\infty} h_j=0$。系统的线性保证了可用线性系统的叠加性。

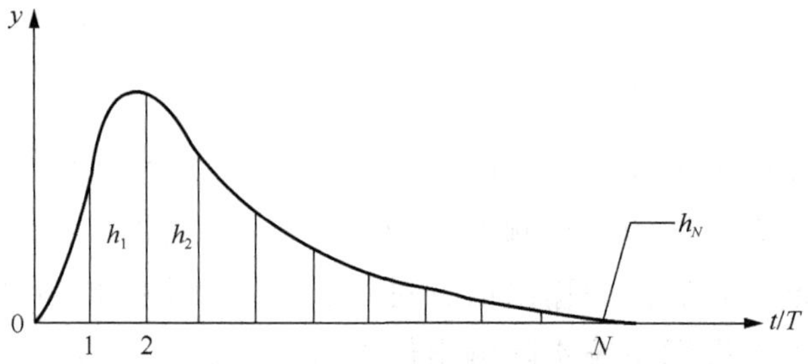

图 5-6　脉冲响应示意图

采用脉冲响应模型对未来时刻输出进行预测

$$y_m(k+j)=\sum_{i=1}^{N}h_i u(k+j-i),\quad j=1,2,\cdots,P \tag{5-1}$$

其中，P 称为预测时域。令 $u(k+j)$ 在 $i=M-1$ 后保持不变

$$u(k+i)=u(k+M-1),\quad i=M,M+1,\cdots,P-1 \tag{5-2}$$

其中，M 称为控制时域，$M<P$。

未来输出值的 P 步预测值为

$$\begin{aligned}
y_m(k+j)&=\sum_{i=1}^{N}h_i u(k+j-i),\quad j=1,2,\cdots,M-1\\
y_m(k+j)&=\sum_{i=1}^{j-M+1}h_i u(k+M-i)+\sum_{i=j-M+2}^{N}h_i u(k+j-i),\quad j=M,M+1,\cdots,P
\end{aligned} \tag{5-3}$$

控制作用可分为两类

$$U_1(k)=[u(k-N+1)\ \ u(k-N+2)\ \ \cdots\ \ u(k-1)]^{\mathrm{T}}_{1\times(N-1)} \tag{5-4}$$

$$U_2(k)=[u(k)\ \ u(k+1)\ \ \cdots\ \ u(k+M-1)]^{\mathrm{T}}_{1\times M} \tag{5-5}$$

其中，$U_1(k)$ 为已知控制作用；$U_2(k)$ 为未知控制作用。

预测模型输出为

$$Y_m(k)=H_1U_1(k)+H_1U_2(k) \tag{5-6}$$

其中

$$H_1=\begin{bmatrix} h_N & h_{N-1} & h_{N-2} & \cdots & h_2 \\ & \ddots & \vdots & & \vdots \\ 0 & & h_N & \cdots & h_{p+1} \end{bmatrix}_{P\times(N-1)}$$

$$H_2=\begin{bmatrix} h_1 & & & & 0 \\ h_2 & h_1 & & & \\ h_3 & h_2 & h_1 & & \\ \vdots & \vdots & & \ddots & \\ h_M & h_{M-1} & \cdots & h_2 & h_1 \\ h_{M+1} & h_M & \cdots & h_3 & h_1+h_2 \\ \vdots & \vdots & & \vdots & \vdots \\ h_p & h_{p-1} & \cdots & h_{p-M+2} & \sum\limits_{i=1}^{P-M+1} h_1 \end{bmatrix}_{P\times M}$$

5.3.2　反馈校正

以当前过程输出测量值与模型计算值之差修正模型预测值

$$y_p(k+j)=y_m(k+j)+\beta_j[y(k)-y_m(k)],\quad j=1,2,\cdots,P \tag{5-7}$$

其中，$y_m(k+j)=\sum\limits_{i=1}^{N}h_iu(k-i)$ 为预测模型的输出值；$y(k)$ 为 k 采样时刻的实测输出值；β 为误差校正系数。

对于 P 步预测

$$\begin{aligned} &Y_P(k)=Y_m(k)+\beta e(k)\\ &e(k)=y(k)-y_m(k),\quad \beta=[\beta_1\ \beta_2\cdots\beta_p]^{\mathrm{T}}\\ &Y_P(k)=[y_P(k+1)\ \ y_P(k+2)\ \cdots\ y_P(k+P)]^{\mathrm{T}}_{l\times p}\end{aligned} \tag{5-8}$$

其中，$e(k)$ 为预测模型误差；β 为误差校正矩阵。

5.3.3　参考轨迹设定

预测控制的控制要求并不是需要输出迅速地跟踪参考值，而是使输出按照一定趋势缓慢地跟踪参考值，参考轨迹跟踪的示意图如图 5-7 所示。根据参考值和当前过程输出实测值确定参考轨迹，其中最广泛使用的参考轨迹是一阶指数变化形式：

$$y_r(k+j)=\alpha^j y(k)+(1-\alpha^j)y_d,\quad j=1,2,\cdots,P \tag{5-9}$$

其中，$\alpha = e^{-\frac{T_s}{T}}$；$T_s$ 为采样周期；T 为参考轨迹的时间常数；$y(k)$ 为当前时刻过程输出；y_d 为设定的参考轨迹。

对于 P 步参考轨迹设定为

$$\boldsymbol{Y}_r(k) = [y_r(k+1) \ \ y_r(k+1) \ \ \cdots \ \ y_r(k+1)]_{1\times P}^{\mathrm{T}} \tag{5-10}$$

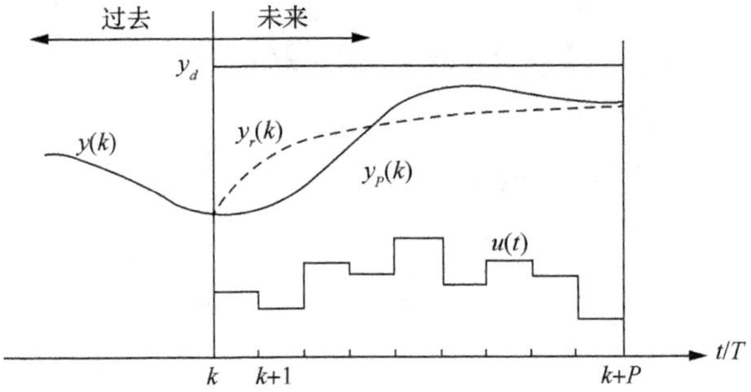

图 5-7　参考轨迹跟踪示意图

5.3.4　最优控制

选择优化控制的目标函数选择为

$$\begin{aligned}\min\ J &= \left\|\boldsymbol{Y}_P(k) - \boldsymbol{Y}_r(k)\right\|_Q^2 + \left\|\boldsymbol{U}_2(k)\right\|_R^2 \\ &= \left[\boldsymbol{Y}_P(k) - \boldsymbol{Y}_r(k)\right]^{\mathrm{T}} \boldsymbol{Q}\left[\boldsymbol{Y}_P(k) - \boldsymbol{Y}_r(k)\right] + \boldsymbol{U}_2^{\mathrm{T}}(k)\boldsymbol{R}\boldsymbol{U}_2(k)\end{aligned} \tag{5-11}$$

替换 $\boldsymbol{Y}_P(k)$，有

$$\begin{aligned}J =& \left[\boldsymbol{H}_1\boldsymbol{Y}_1(k) + \boldsymbol{H}_1\boldsymbol{U}_2(k) + \boldsymbol{\beta}\boldsymbol{e}(k) - \boldsymbol{Y}_r(k)\right]^{\mathrm{T}} \boldsymbol{Q}\left[\boldsymbol{H}_1\boldsymbol{Y}_1(k) + \boldsymbol{H}_1\boldsymbol{U}_2(k) + \boldsymbol{\beta}\boldsymbol{e}(k) - \boldsymbol{Y}_r(k)\right] \\ &+ \boldsymbol{U}_2^{\mathrm{T}}(k)\boldsymbol{R}\boldsymbol{U}_2(k)\end{aligned} \tag{5-12}$$

求解最优控制率 $\dfrac{\partial J}{\partial \boldsymbol{U}_2(k)} = 0$。

最优控制率为

$$\boldsymbol{U}_2(k) = \left[\boldsymbol{H}_2^{\mathrm{T}}\boldsymbol{Q}\boldsymbol{H}_2 + \boldsymbol{R}\right]^{-1} \boldsymbol{H}_2^{\mathrm{T}}\boldsymbol{Q}[\boldsymbol{Y}_r(k) - \boldsymbol{H}_1\boldsymbol{U}_1(k)] \tag{5-13}$$

其中，$\boldsymbol{Q} = \mathrm{diag}[q_1 \ q_1 \ \cdots \ q_1]$ 为误差权矩阵；$\boldsymbol{R} = \mathrm{diag}[r_1 \ r_2 \ \cdots \ r_M]$ 为控制权矩阵。那么，采样时刻 k 的最优控制作用为

$$\boldsymbol{U}_2(k) = \boldsymbol{D}^{\mathrm{T}}[\boldsymbol{Y}_r(k) - \boldsymbol{H}_1\boldsymbol{U}_1(k) - \boldsymbol{\beta}\boldsymbol{e}(k)] \tag{5-14}$$

$$\boldsymbol{D}^{\mathrm{T}} = [1 \ \ 0 \ \ \cdots \ \ 0]_{1\times M}\left[\boldsymbol{H}_2^{\mathrm{T}}\boldsymbol{Q}\boldsymbol{H}_2 + \boldsymbol{R}\right]^{-1} \boldsymbol{H}_2^{\mathrm{T}}\boldsymbol{Q} \tag{5-15}$$

5.4　动态矩阵控制

动态矩阵控制(DMC)是一种基于阶跃响应模型的预测控制算法，适用于渐近稳定的线性系统。1973 年，DMC 最早应用于美国壳牌石油公司的生产装置上；1979 年，Cutler 等在美国化工学会年会上首次介绍了 DMC 算法。该控制算法主要包括以下三个内容：预测模型、滚动优化以及反馈校正。

5.4.1 预测模型

图 5-8 为渐近稳定线性被控对象的单位阶跃响应示意图。被控对象的动态特性可以用一系列动态系数 $\boldsymbol{a}^{\mathrm{T}}=\{a_1,a_2,\cdots,a_N\}$ 刻画，N 称为模型时域长度。系统的渐近稳定性保证了模型可用有限的阶跃响应描述，有限个采样周期后，$a_N\approx a(\infty)$ 足够接近稳态值系数。系统的线性保证了可用线性系统的叠加性。

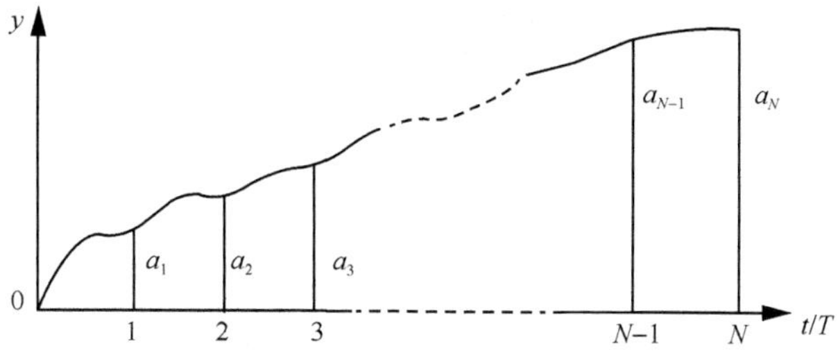

图 5-8　单位阶跃响应示意图

由线性系统的叠加性质，如果在某个 k 时刻输入为 $u(k)$，则 $\Delta u(k)$ 对输出 $y(k)$ 的贡献为

$$\delta y(k)=\boldsymbol{a}\bullet\Delta u(k),\quad \boldsymbol{a}=\begin{bmatrix}a_1 & a_2 & \cdots & a_N\end{bmatrix}^{\mathrm{T}} \tag{5-16}$$

令无控制作用 $\Delta u(k)$ 时的预测输出初始值为

$$\hat{\boldsymbol{y}}_{N0}(k)=\begin{bmatrix}\hat{y}_0(k+1) & \hat{y}_0(k+2) & \cdots & \hat{y}_0(k+N)\end{bmatrix}^{\mathrm{T}} \tag{5-17}$$

其中，N 为未来预测域，那么 k 时刻未来 N 个时刻的预测值为

$$\hat{\boldsymbol{y}}_{N1}(k)=\hat{\boldsymbol{y}}_{N0}(k)+\boldsymbol{a}\bullet\Delta u(k) \tag{5-18}$$

其中，$\hat{\boldsymbol{y}}_{N1}(k)=\begin{bmatrix}\hat{y}_1(k+1) & \hat{y}_1(k+2) & \cdots & \hat{y}_1(k+N)\end{bmatrix}^{\mathrm{T}}$。

选择 M 个控制增量，如图 5-9 所示，系统在未来 P 时刻的输出为

$$\hat{\boldsymbol{y}}_{PM}(k)=\hat{\boldsymbol{y}}_{P0}(k)+\boldsymbol{A}\bullet\Delta\boldsymbol{u}_M(k) \tag{5-19}$$

其中

$$\Delta\boldsymbol{u}_M(k)=\begin{bmatrix}\Delta u(k) & \Delta u(k+1) & \cdots & \Delta u(k+M-1)\end{bmatrix}^{\mathrm{T}}$$

$$\boldsymbol{A}=\begin{bmatrix}a_1 & & 0\\ \vdots & \ddots & \\ a_M & \cdots & a_1\\ \vdots & & \vdots\\ a_P & \cdots & a_{P-M+1}\end{bmatrix}$$

$$\hat{\boldsymbol{y}}_{PM}(k)=\begin{bmatrix}\hat{y}_M(k+1)\\ \vdots\\ \hat{y}_M(k+P)\end{bmatrix},\quad \hat{\boldsymbol{y}}_{P0}(k)=\begin{bmatrix}\hat{y}_0(k+1)\\ \vdots\\ \hat{y}_0(k+P)\end{bmatrix}$$

其中，$\boldsymbol{A}$ 称为 DMC 的动态矩阵；P 为预测时域；M 是控制时域。其中，$\hat{y}_0(k+i)$ 为

$$\begin{aligned}\hat{y}_0(k+i)&=a_s u(k-N+i-1)+a_N\Delta u(k+i-N)+a_{N-1}\Delta u(k+i-N+1)+\cdots+a_{i+1}\Delta u(k-1)\\&=a_s u(k-N+i-1)+\sum_{j=i+1}^{N}a_j\Delta u(k+i-N),\quad i=1,2,\cdots,N\end{aligned} \tag{5-20}$$

等式右边第一项是在第 $(k-N+i-1)$ 时刻的控制作用的阶跃响应稳态值，a_s 等同于稳态增益，可以取 $a_s=a_N$。等式右边其他项则是 $\Delta u(k-1),\Delta u(k-2),\Delta u(k+i-N)$ 的响应。

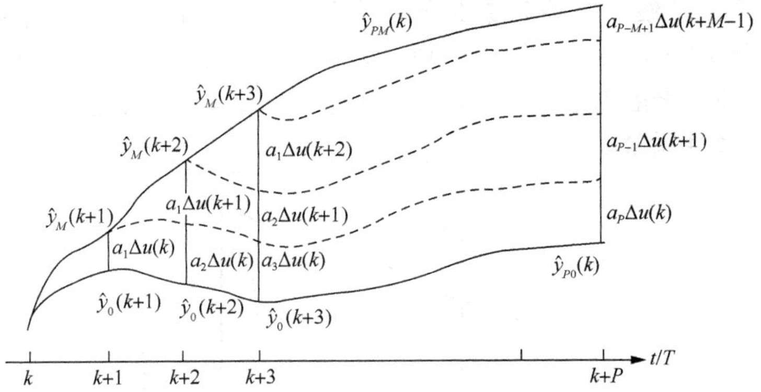

图 5-9　模型预测输出示意图

5.4.2　滚动优化

滚动优化的示意图如图 5-10 所示。通过选择系统性能指标，确定未来的 M 个控制输入增量，使系统未来 P 个输出预测值尽可能地接近参考值。对于不同的采样时刻，系统性能指标不同，但是均具有同样的形式，并且优化时域随时间不断地向前推移。滚动优化的性能指标选择为

$$
\begin{aligned}
\min J &= \left\|\boldsymbol{r}_P(k)-\hat{\boldsymbol{y}}_{PM}(k)\right\|_Q^2+\left\|\Delta\boldsymbol{u}_M(k)\right\|_R^2 \\
&= \left[\boldsymbol{r}_P(k)-\hat{\boldsymbol{y}}_{PM}(k)\right]^{\mathrm{T}}\boldsymbol{Q}\left[\boldsymbol{r}_P(k)-\hat{\boldsymbol{y}}_{PM}(k)\right]+\Delta\boldsymbol{u}_M^{\mathrm{T}}(k)\boldsymbol{R}\Delta\boldsymbol{u}_M(k)
\end{aligned}
\tag{5-21}
$$

$$
\boldsymbol{r}_P(k)=\begin{bmatrix} r(k+1)\\ r(k+1)\\ \vdots \\ r(k+P)\end{bmatrix},\quad
\hat{\boldsymbol{y}}_{PM}(k)=\begin{bmatrix} \hat{y}_M(k+1)\\ \hat{y}_M(k+1)\\ \vdots \\ \hat{y}_M(k+P)\end{bmatrix},\quad
\Delta\boldsymbol{u}_M(k)=\begin{bmatrix} \Delta u(k)\\ \Delta u(k+1)\\ \vdots \\ \Delta u(k+M-1)\end{bmatrix}
$$

$$
\boldsymbol{Q}=\mathrm{diag}\left[Q_1\ \ Q_2\ \ \cdots\ \ Q_P\right],\qquad \boldsymbol{R}=\mathrm{diag}\left[R_1\ \ R_2\ \ \cdots\ \ R_M\right]
$$

其中，$\boldsymbol{Q}$ 为误差权矩阵；$\boldsymbol{R}$ 为控制作用矩阵。

将系统在未来 P 时刻的输出式(5-19)代入性能指标式(5-21)：

$$
\begin{aligned}
\min J=&\left[\boldsymbol{r}_P(k)-\hat{\boldsymbol{y}}_{P0}(k)-\boldsymbol{A}\cdot\Delta\boldsymbol{u}_M(k)\right]^{\mathrm{T}}\boldsymbol{Q}\left[\boldsymbol{r}_P(k)-\hat{\boldsymbol{y}}_{P0}(k)-\boldsymbol{A}\cdot\Delta\boldsymbol{u}_M(k)\right]\\
&+\Delta\boldsymbol{u}_M^{\mathrm{T}}(k)\boldsymbol{R}\Delta\boldsymbol{u}_M(k)
\end{aligned}
\tag{5-22}
$$

通过 $\dfrac{\partial J}{\partial\Delta\boldsymbol{u}_M(k)}=0$ 求出最优控制增量：

$$
\Delta\boldsymbol{u}_M^*(k)=\left(\boldsymbol{A}^{\mathrm{T}}\boldsymbol{Q}\boldsymbol{A}+\boldsymbol{R}\right)^{-1}\boldsymbol{A}^{\mathrm{T}}\boldsymbol{Q}\left[\boldsymbol{r}_P(k)-\hat{\boldsymbol{y}}_{P0}(k)\right]
\tag{5-23}
$$

其中，$\Delta\boldsymbol{u}_M^*(k)=\left[\Delta u(k)\ \ \Delta u(k+1)\ \ \cdots\ \ \Delta u(k+M-1)\right]$。

获得最优控制作用后，预测控制并不是将整个最优控制时间序列付诸运行，而只是取第一项 $\Delta u^*(k)$ 作为即时控制增量：

$$
\Delta u^*(k)=\boldsymbol{c}^{\mathrm{T}}\Delta u_M(k)=\boldsymbol{d}^{\mathrm{T}}\left[\boldsymbol{r}_P(k)-\hat{\boldsymbol{y}}_{P0}(k)\right]
\tag{5-24}
$$

其中，$\boldsymbol{c}^{\mathrm{T}}=\begin{bmatrix}1 & 0 & 0 & 0\end{bmatrix}$，$\boldsymbol{d}^{\mathrm{T}}=\boldsymbol{c}^{\mathrm{T}}\left(\boldsymbol{A}^{\mathrm{T}}\boldsymbol{Q}\boldsymbol{A}+\boldsymbol{R}\right)^{-1}\boldsymbol{A}^{\mathrm{T}}\boldsymbol{Q}$。

实际系统采取的控制作用为

$$u(k)=u(k-1)+\Delta u^{*}(k) \tag{5-25}$$

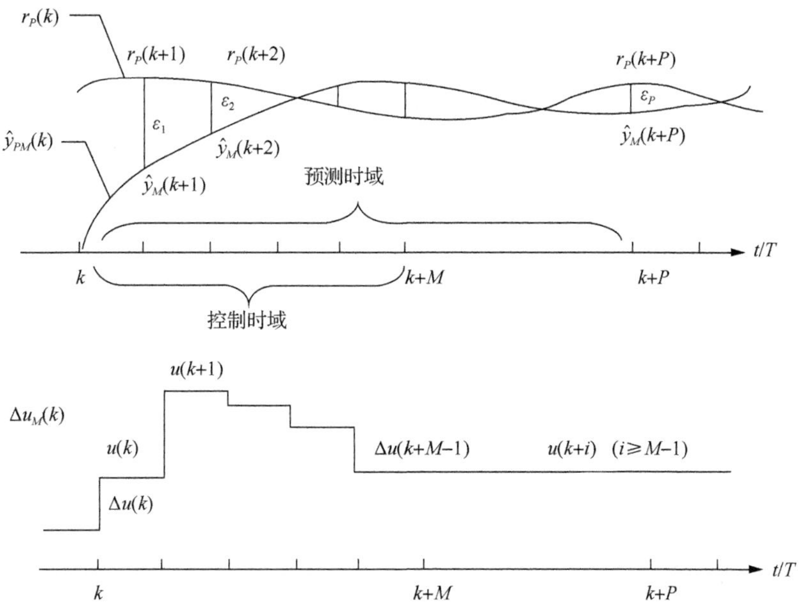

图 5-10　滚动优化示意图

5.4.3　反馈校正

在 k 采样时刻，$\Delta u(k)$ 实施到被控系统上，对未来时刻输出预测值的作用为

$$\hat{\boldsymbol{y}}_{N1}(k)=\hat{\boldsymbol{y}}_{N0}(k)+\begin{bmatrix}a_1\\a_2\\\vdots\\a_p\end{bmatrix}\Delta u(k) \tag{5-26}$$

在 $k+1$ 采样时刻，系统实测输出值为 $y(k+1)$，由于系统模型不够精确和未知扰动等因素，与预测值 $\hat{y}_1(k+1)$ 相比较，存在的输出误差：

$$e(k+1)=y(k+1)-\hat{y}_1(k+1) \tag{5-27}$$

其中，$\hat{y}_1(k+1)=y_0(k+1)+a_1\Delta u(k)$。利用这一误差值对未来时刻其他预测值进行校正，反馈校正的示意图如图 5-11 所示。

$$\hat{\boldsymbol{y}}_{\mathrm{COR}}(k)=\hat{\boldsymbol{y}}_{N1}(k)+\boldsymbol{h}e(k+1) \tag{5-28}$$

$$\begin{bmatrix}\hat{y}_{\mathrm{COR}}(k+1)\\\hat{y}_{\mathrm{COR}}(k+2)\\\vdots\\\hat{y}_{\mathrm{COR}}(k+N)\end{bmatrix}=\begin{bmatrix}\hat{y}_1(k+1)\\\hat{y}_1(k+2)\\\vdots\\\hat{y}_1(k+N)\end{bmatrix}+\begin{bmatrix}h_1\\h_2\\\vdots\\h_3\end{bmatrix}\left[y(k+1)-\hat{y}_1(k+1)\right] \tag{5-29}$$

$\hat{\boldsymbol{y}}_{\mathrm{COR}}(k)$ 作为下一时刻的预测初始值

$$\hat{y}_{N0}\left[(k+1)+i\right]=\hat{y}_{\mathrm{COR}}\left[k+(i+1)\right],\quad i=1,2,\cdots,N-1 \tag{5-30}$$

引入移位矩阵 $\boldsymbol{S}$，得到下一次预测初值：

$$\hat{\boldsymbol{y}}_{N0}(k+1)=\boldsymbol{S}\cdot\hat{\boldsymbol{y}}_{\mathrm{COR}}(k)$$

$$\boldsymbol{S}=\begin{bmatrix}0&1&0&\cdots&0\\0&0&1&\cdots&0\\\vdots&\vdots&\vdots&\ddots&\vdots\\0&0&0&\cdots&1\\0&0&0&\cdots&1\end{bmatrix}\tag{5-31}$$

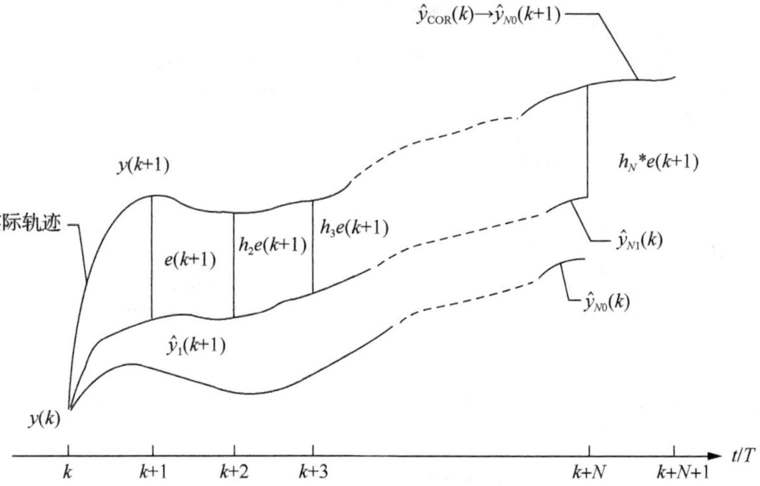

图 5-11 DMC 的反馈校正示意图

5.4.4 参数选择与品质分析

1. 参数选择

1) 采样周期 T_s 和建模时域 N

首先，采样周期 T_s 必需满足香农采样定理。NT_s 为被控过程的过渡时间，当 T_s 取值很小时，对扰动的影响可以更及时地发现；但将使得 N 增大，会增加控制的计算量和储存量。通常取 $N=20\sim50$。

2) 预测时域 P 和控制时域 M

为了用 M 个优化变量满足 P 个预测时域的优化要求，设定 $M\leqslant P$。当 M 选择很小时，控制灵活性弱，难以使输出跟踪设定值；当 M 选择很大时，随着控制灵敏度的提高，系统的稳定性以及鲁棒性变差，同时矩阵求逆的计算量增加。一般取 $M=2\sim8$，对 S 形动态的对象 M 可取小些，对振荡或反向特性动态复杂的对象可取大些。

P 必须覆盖对象阶跃响应的主要部分，必须超过阶跃响应的时滞区段和反向区段。P 选择很小时，如 $P=1$ 成为一步最小拍控制，此时对模型失配及扰动的鲁棒性极差，而且不适用于非最小相位的过程(包括时滞过程)，有时导致不稳定；P 选择很大时，系统稳定性好，但动态响应过于平缓，建议选择 $P=2M$ 。

3) 误差权矩阵 $\boldsymbol{Q}$ 和控制权矩阵 $\boldsymbol{R}$

$\boldsymbol{Q}$ 的各个元素 Q_i 是对第 i 时刻系统输出误差平方值的权系数，对时滞区段和反向区段，

这些时刻 $\boldsymbol{Q}_i = 0$；其他时刻，$\boldsymbol{Q}_i = 1$。

$\boldsymbol{R}$ 的各个元素 R_j 是对第 j 时刻控制增量平方值的权系数，$\boldsymbol{R}_j$ 是降低控制作用的波动而引入的，通常取一个小数值，在许多情况取 $\boldsymbol{R}_j = 0$。

4) 校正系数 h_i：在 0～1 之间选择

通常取 $h_i = 1$，其余的 $h_i < 1$。

5) 参考轨迹参数 α

α 越大，系统的柔性越好，鲁棒性越强，但控制的快速性变差。

6) 不同控制对象的参数选择

对于时滞对象，设纯滞后为 l 个采样周期，将优化时域 P 增加到 $P+l$。对于非最小相位对象，设反向特性时间为 l 个采样周期，可将优化时域 P 增加到 $P+l$，即将反向特性等同纯滞后。对于开环不稳定对象，可先用 PID 控制器将其稳定化，以闭环 PID 控制系统作为 DMC 的被控对象，构成 DMC-PID 串级控制系统，如图 5-12 所示。

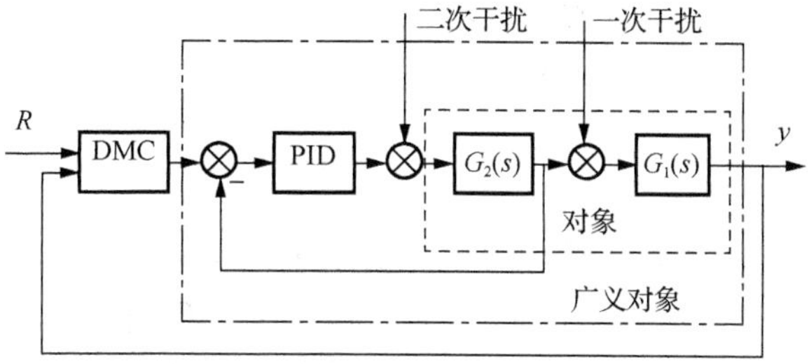

图 5-12　DMC-PID 串级控制结构示意图

2. 稳态误差问题

MAC 在一般的性能指标下，即使模型没有失配，也会出现稳态误差，主要由于它以 $\boldsymbol{u}$ 作为控制量，本质上导致了比例性质的控制。

DMC 以 Δu 作为控制量，在控制中涵盖了数字积分环节，即使模型参数失配，也能导致无稳态误差的控制。

3. 预测控制系统的稳定性和鲁棒性

首先讨论系统的稳定性，如取 $\boldsymbol{Q} = \boldsymbol{I}, \boldsymbol{R} = 0, M = 1$，则无论系统阶跃响应曲线是何种形状，总可以通过选择充分大的 P 值得到稳定的控制器。

鲁棒性分析：当模型失配时，如果对象的实际增益小于模型增益，系统往往仍是稳定的；如果对象的实际增益大于模型增益，增益失配至多达到模型的两倍，超过此限值，系统将会不稳定。

5.5　状态反馈预测控制

状态反馈预测控制(SFPC)，是一种基于系统状态空间模型的预测控制方法，该控制方法结合了预测控制和状态反馈控制两者的优点，具备状态反馈和输出反馈，可以用于开环不稳定系统。该方法最早于 20 世纪 90 年代，由中国石油大学自动化系袁璞教授提出，是当今唯一一种基于机理模型的预测控制。本节将介绍 SFPC 的基本原理、增量算法以及算法特点。

5.5.1　基本原理

假设被控过程为数学模型，其状态空间描述如下

$$\begin{aligned} \boldsymbol{x}(k+1) &= \boldsymbol{A}\boldsymbol{x}(k) + \boldsymbol{B}\boldsymbol{u}(k) \\ \boldsymbol{y}(k) &= \boldsymbol{C}\boldsymbol{x}(k) \end{aligned} \tag{5-32}$$

其中，$\boldsymbol{x}\in R^{n},\boldsymbol{y}\in R^{r},\boldsymbol{u}\in R^{m},\boldsymbol{A}\in R^{n\times n},\boldsymbol{B}\in R^{n\times m},\boldsymbol{C}\in R^{r\times n}$。状态变量 $\boldsymbol{x}$ 和输出 $\boldsymbol{y}$ 在未来 P 时刻的预测值分别为

$$\hat{\boldsymbol{x}}(k+p)=\boldsymbol{A}^{p}\boldsymbol{x}(k)+\sum_{i=1}^{p}\boldsymbol{A}^{i-1}\boldsymbol{B}\boldsymbol{u}(k+p-i) \tag{5-33}$$

$$\hat{\boldsymbol{y}}(k+p)=\boldsymbol{C}\boldsymbol{A}^{p}\boldsymbol{x}(k)+\sum_{i=1}^{p}\boldsymbol{C}\boldsymbol{A}^{i-1}\boldsymbol{B}\boldsymbol{u}(k+p-i) \tag{5-34}$$

接下来，对未来 P 时刻的预测输出进行反馈校正

$$\hat{\boldsymbol{y}}_{c}(k+p)=\hat{\boldsymbol{y}}(k+p)+\boldsymbol{y}(k)-\hat{\boldsymbol{y}}(k) \tag{5-35}$$

其中，$\boldsymbol{y}(k)$ 为系统输出实际测量值，$\hat{\boldsymbol{y}}(k)$ 为相同预测时域内，由过去输入和过去状态对当前输出的预测值，即

$$\hat{\boldsymbol{y}}(k)=\boldsymbol{C}\boldsymbol{A}^{p}\boldsymbol{x}(k-p)+\sum_{i=1}^{p}\boldsymbol{C}\boldsymbol{A}^{i-1}\boldsymbol{B}\boldsymbol{u}(k-i) \tag{5-36}$$

对于多变量预测控制系统，每一个输出都可以有一个相应的预测时域：

$$\boldsymbol{P}=[p_{1}\quad p_{2}\quad \cdots \quad p_{r}]^{\mathrm{T}} \tag{5-37}$$

第 j 个输出在未来 p_j 采样时刻的预测值为

$$\hat{y}_{j}(k+p_{j})=\boldsymbol{c}_{j}\boldsymbol{A}^{p_{j}}\boldsymbol{x}(k)+\sum_{i=1}^{p_{j}}\boldsymbol{c}_{j}\boldsymbol{A}^{i-1}\boldsymbol{B}\boldsymbol{u}(k+p_{j}-i),\quad j=1,2,\cdots r \tag{5-38}$$

$$\hat{y}_{j}(k)=\boldsymbol{c}_{j}\boldsymbol{A}^{p_{j}}\boldsymbol{x}(k-p_{j})+\sum_{i=1}^{p_{j}}\boldsymbol{c}_{j}\boldsymbol{A}^{i-1}\boldsymbol{B}\boldsymbol{u}(k-i),\quad j=1,2,\cdots r \tag{5-39}$$

应用单值预测控制算法，控制时域 $L=1$，即 $\boldsymbol{u}(k+i)=\boldsymbol{u}(k),i>0$，则预测值为

$$\hat{y}_{j}(k+p_{j})=\boldsymbol{c}_{j}\boldsymbol{A}^{p_{j}}\boldsymbol{x}(k)+\boldsymbol{s}_{j}(p_{j})\boldsymbol{u}(k) \tag{5-40}$$

其中，$\boldsymbol{s}_{j}(p_{j})=\sum_{i=1}^{p_{j}}\boldsymbol{c}_{j}\boldsymbol{A}^{i-1}\boldsymbol{B}$ 是第 j 个输出的阶跃响应在 p_j 时刻的值

$$\boldsymbol{s}_{j}(i)=\sum_{l=1}^{i}\boldsymbol{c}_{j}\boldsymbol{A}^{l-1}\boldsymbol{B},\quad \boldsymbol{s}_{j}(0)=0 \tag{5-41}$$

建立系统的预测模型后，进行反馈修正：

$$\hat{\boldsymbol{y}}_{cj}(k+p_{j})=\hat{\boldsymbol{y}}_{j}(k+p_{j})+\boldsymbol{y}_{j}(k)-\hat{\boldsymbol{y}}_{j}(k) \tag{5-42}$$

$$\hat{\boldsymbol{y}}_{cj}(k+p_{j})=\boldsymbol{c}_{j}\boldsymbol{A}^{p_{j}}\boldsymbol{x}(k)+\boldsymbol{s}_{j}(p_{j})\boldsymbol{u}(k)+\boldsymbol{y}_{j}(k)-\hat{\boldsymbol{y}}_{j}(k) \tag{5-43}$$

其中，$\boldsymbol{y}_{j}(k)$ 为 k 时刻的输出测量值。

多变量单值模型预测控制的最优化目标，为使反馈校正后的输出预测值等于输出参考值，即

$$\boldsymbol{y}_{j}^{S}(k)=\hat{\boldsymbol{y}}_{cj}(k+p_{j}) \tag{5-44}$$

$$\boldsymbol{y}_{j}^{S}(k)=\boldsymbol{c}_{j}\boldsymbol{A}^{p_{j}}\boldsymbol{x}(k)+\boldsymbol{y}_{j}(k)-\hat{\boldsymbol{y}}_{j}(k)+\boldsymbol{s}_{j}(p_{j})\boldsymbol{u}(k) \tag{5-45}$$

对于 r 个输出：

$$\boldsymbol{y}^{S}(k)=\begin{bmatrix}\boldsymbol{c}_{1}\boldsymbol{A}^{p_{1}}\\ \vdots \\ \boldsymbol{c}_{r}\boldsymbol{A}^{p_{r}}\end{bmatrix}\boldsymbol{x}(k)+\boldsymbol{y}(k)-\hat{\boldsymbol{y}}\ (k)+\begin{bmatrix}\boldsymbol{s}_{1}(p_{1})\\ \vdots \\ \boldsymbol{s}_{r}(p_{r})\end{bmatrix}\boldsymbol{u}(k) \tag{5-46}$$

假设多变量系统输入维数与输出维数相对，即 $r=m$。那么，最优控制律为

$$\boldsymbol{u}(k)=\boldsymbol{S}^{-1}(P)[\boldsymbol{y}^s(k)-\boldsymbol{y}(k)-\boldsymbol{K}\boldsymbol{x}(k)+\hat{\boldsymbol{y}}(k)] \tag{5-47}$$

$$\boldsymbol{K}=\begin{bmatrix}\boldsymbol{c}_1\boldsymbol{A}^{p_1}\\ \boldsymbol{c}_2\boldsymbol{A}^{p_2}\\ \vdots\\ \boldsymbol{c}_r\boldsymbol{A}^{p_r}\end{bmatrix},\quad \boldsymbol{S}(P)=\begin{bmatrix}\boldsymbol{s}_1(p_1)\\ \boldsymbol{s}_2(p_2)\\ \vdots\\ \boldsymbol{s}_r(p_r)\end{bmatrix}=\begin{bmatrix}\sum_{i=1}^{p_1}\boldsymbol{c}_1\boldsymbol{A}^{i-1}\boldsymbol{B}\\ \sum_{i=1}^{p_2}\boldsymbol{c}_2\boldsymbol{A}^{i-1}\boldsymbol{B}\\ \vdots\\ \sum_{i=1}^{p_r}\boldsymbol{c}_r\boldsymbol{A}^{i-1}\boldsymbol{B}\end{bmatrix}$$

其中，$\boldsymbol{y}^s(k)$ 为输出给定值；$\hat{\boldsymbol{y}}(k)$ 为输出预测值。

SFPC 控制结构示意图如图 5-13 所示。与 MAC、DMC 不同，SFPC 的控制系统增加了状态反馈控制回路。当模型准确时，输出反馈回路虽然等效断开，但是状态反馈回路仍然存在，所以多变量状态反馈预测控制系统，可以用于不稳定的被控过程。

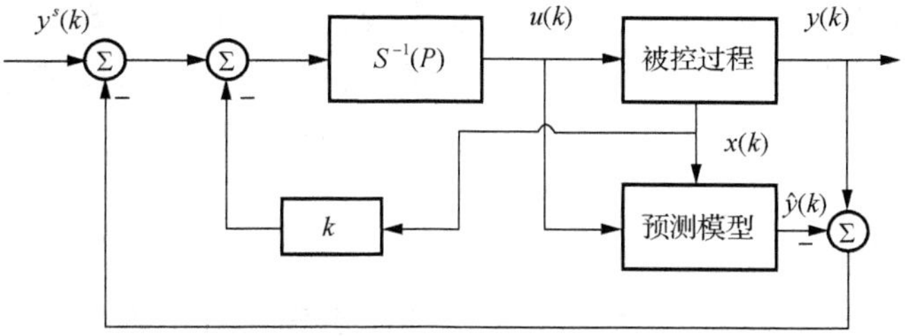

图 5-13　SFPC 控制结构示意图

假设多变量预测控制系统的预测模型准确，即 $\boldsymbol{y}(k)=\hat{\boldsymbol{y}}(k)$，则控制律为

$$\boldsymbol{u}(k)=\boldsymbol{S}^{-1}(P)[\boldsymbol{y}^s(k)-\boldsymbol{K}\boldsymbol{x}(k)] \tag{5-48}$$

闭环预测控制系统的状态空间描述为

$$\begin{aligned}\boldsymbol{x}(k+1)&=\boldsymbol{A}_c\boldsymbol{x}(k)+\boldsymbol{B}_c\boldsymbol{y}^s(k)\\ \boldsymbol{y}(k)&=\boldsymbol{C}\boldsymbol{x}(k)\end{aligned} \tag{5-49}$$

其中，$\boldsymbol{A}_c=\boldsymbol{A}-\boldsymbol{B}\boldsymbol{S}^{-1}(P)\boldsymbol{K},\boldsymbol{B}_c=\boldsymbol{B}\boldsymbol{S}^{-1}(P)$。闭环预测控制系统对给定值的传递函数为

$$G_c(z)=\boldsymbol{C}(zI-\boldsymbol{A}_c)^{-1}\boldsymbol{B}_c \tag{5-50}$$

5.5.2　增量算法

将式(5-43)中的预测修正值 $\hat{\boldsymbol{y}}_{cj}(k+p_j)$ 进行增量化，首先代入式(5-39)中 $\hat{y}_j(k)$：

$$\hat{\boldsymbol{y}}_{cj}(k+p_j)=\boldsymbol{y}_j(k)+\boldsymbol{c}_j\boldsymbol{A}^{p_j}\left[\boldsymbol{x}(k)-\boldsymbol{x}(k-p_j)\right]+\boldsymbol{s}_j(p_j)\boldsymbol{u}(k)-\sum_{i=1}^{P_j}\boldsymbol{c}_j\boldsymbol{A}^{i-1}\boldsymbol{B}\boldsymbol{u}(k-i) \tag{5-51}$$

上式经过增量化得到：

$$\hat{\boldsymbol{y}}_{cj}(k+p_j)=\boldsymbol{y}_j(k)+\boldsymbol{c}_j\boldsymbol{A}^{p_j}\left[\boldsymbol{x}(k)-\boldsymbol{x}(k-p_j)\right]+\boldsymbol{s}_j(p_j)\Delta\boldsymbol{u}(k)+\sum_{i=1}^{P_j}\left[\boldsymbol{s}_j(p_j)-\boldsymbol{s}_j(i)\right]\Delta\boldsymbol{u}(k-i) \tag{5-52}$$

反馈修正后的输出预测值等于输出给定值 $\boldsymbol{y}_j^S(k)=\hat{\boldsymbol{y}}_{cj}(k+p_j)$，增量形式的最优控制律为

$$\Delta\boldsymbol{u}(k)=\boldsymbol{S}^{-1}(P)[\boldsymbol{y}^s(k)-\boldsymbol{y}(k)-\varDelta_x-\varDelta_u] \tag{5-53}$$

其中

$$\varDelta_x=\begin{bmatrix} \boldsymbol{c}_1\boldsymbol{A}^{p_1}\left[\boldsymbol{x}(k)-\boldsymbol{x}(k-p_1)\right] \\ \boldsymbol{c}_1\boldsymbol{A}^{p_2}\left[\boldsymbol{x}(k)-\boldsymbol{x}(k-p_2)\right] \\ \vdots \\ \boldsymbol{c}_r\boldsymbol{A}^{p_r}\left[\boldsymbol{x}(k)-\boldsymbol{x}(k-p_r)\right] \end{bmatrix},\quad \varDelta_u=\begin{bmatrix} \sum\limits_{i=1}^{P_1}\left[\boldsymbol{s}_1(p_1)-\boldsymbol{s}_1(i)\right]\Delta\boldsymbol{u}(k-i) \\ \sum\limits_{i=1}^{P_2}\left[\boldsymbol{s}_2(p_2)-\boldsymbol{s}_2(i)\right]\Delta\boldsymbol{u}(k-i) \\ \vdots \\ \sum\limits_{i=1}^{P_r}\left[\boldsymbol{s}_r(p_r)-\boldsymbol{s}_r(i)\right]\Delta\boldsymbol{u}(k-i) \end{bmatrix}$$

5.5.3 算法特点

1. 稳定性

若被控过程的状态是可实测的，则引入状态反馈。当模型准确且无干扰，模型预测值与实际输出值相等时，尽管输出反馈通道相当于断开，但是状态反馈通道仍是闭合的。

开环系统的极点与闭环系统极点是不同的，当被控过程不稳定时，通过状态反馈配置闭环极点可以实现稳定，并达到满意的控制性能。

2. 未知干扰的抑制

使用实测状态反馈构成闭环控制系统，实测状态中包含了未知干扰的信息，使控制系统抑制干扰的能力强于基于输入输出模型的预测控制算法。

如同串级控制的副变量一样，使不可测干扰能够提前抑制，而不是等到影响最后的过程输出才开始进行调节。

3. 稳态误差

若闭环系统稳定，SFPC 能够保证无稳态偏差。

4. 算法的复杂性

SFPC 的可调参数少，只有预测时域 P，不同的被控变量可以选取不同的预测时域。状态空间模型和单值预测控制算法，使预测控制要求占用的内存空间减少，在线计算量减少。DMC 要求储存的数据长度为 N，即阶跃响应的截断点又称模型时域长度，SFPC 要求储存的数据长度为 P，即预测时域长度。

5.6 模型预测控制在逆变器控制中的应用

MPC 源于化工生产过程中的控制，自 20 世纪 70 年代中期被提出以来，因其在复杂工业应用控制中自适应性、鲁棒性等方面具有较大的优势而得到了业界广泛的研究及应用。经历了 40 多年的发展，相关的理论以及应用都取得了巨大进展。此外，以数字信号处理器(Digital Signal Processor，DSP)等为代表的高性能计算机微处理器的快速发展也为这种先进控制方法的具体实施奠定了坚实的基础。当前，模型预测控制方法已经广泛应用于电力电子与电机控制领域，并且被认为是继矢量控制和直接转矩控制(Direct Torque Control，

DTC)后电力电子与电机控制领域的一种最具潜力的高性能控制策略。本节将介绍模型预测控制在三电平逆变器中的应用，通过考虑逆变器的离散特性，可以简化优化问题，使其能够在线实现。考虑到开关状态的数量有限，以及目前可用的快速微处理器，通过在线评估每个开关状态来计算最佳驱动是一种切实可行的方法。如本书后续章节所述，这种考虑使得控制方案更加灵活和简单。由于逆变器的开关状态允许有限数量的可用驱动，该方法称为有限控制集模型预测控制(Finite Control Set Model Predictive Control，FCS-MPC)。

本节以 T 型三电平逆变器为例，首先介绍它的拓扑结构、基本工作原理，进而推导相应的电流预测数学模型；其次，简述 FCS-MPC 算法的基本工作原理，并介绍该控制算法在实施过程中所面临的计算延迟补偿和外推插值两个关键技术点；最后，采用电流模型预测控制，通过实验验证了 FCS-MPC 方法的有效性。

5.6.1　T 型三电平逆变器简介

在电力能源消费以及新能源发电系统的应用中，采用逆变器为核心的电力电子装置作为能量变换的重要桥梁，对于保证能量的顺利流通和实现高品质、高质量的电能供应具有极其重要的作用。此外，随着人们对电能品质和利用效率的需求越来越高，采用电力电子变流器对电能进行变换以及控制的技术已经成为当今世界十分重要的研究课题。为满足这些日益提高的需求，新型逆变器拓扑结构及其控制方法正被不断开发。

为满足人们对电能质量以及功率等级越来越高的需求，多电平逆变器的概念最早由德国学者 Holtz 于 1970 年提出。与两电平逆变器相比，多电平逆变器具有等效开关频率高、耐压等级高和输出谐波小等众多优点，因此其拓扑结构及其控制方法得到了广泛的研究和应用。本节以 T 型三电平逆变器为研究对象，后面将分别介绍拓扑结构、基本工作原理和相应的模型预测控制方法。

1. T 型三电平逆变器基本原理

图 5-14 给出了 T 型三电平逆变器主电路的拓扑结构示意图。其中，C_P 和 C_N 分别表示正、负直流母线电容；L 表示滤波电感，R 表示相应的寄生电阻；U_{dc} 和 i_{dc} 分别表示逆变器直流母线电压以及直流母线电流；e_a、e_b、e_c 为三相电网相电压；i_a、i_b、i_c 为三相并网电流；S_{xl} 为第 $x(x=A,B,C)$ 相的第 $l(l=1,2,3,4)$ 个功率开关管对应的开关变量，$S_{xl}=1$ 表示对应的开关管导通，$S_{xl}=0$ 表示对应的开关管截止。

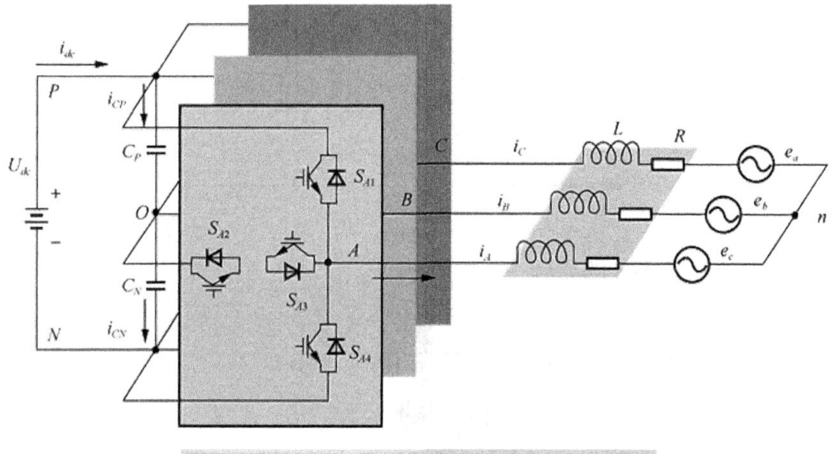

图 5-14　T 型三电平逆变器拓扑结构示意图

逆变器开关状态和输出电平对应关系如表 5-1 所示。其中，变量 S_x 为逆变器第 x 相的开关函数，P、O、N 分别代表逆变器输出电平为 $U_{dc}/2$、0、$-U_{dc}/2$ 时对应的状态。图 5-15 和图 5-16 分别表示 P 状态和 O 状态电路示意图，N 状态电路与之类似，不再给出。

表 5-1　开关状态和输出电平对应关系

S_x	$S_{x1}\ S_{x2}\ S_{x3}\ S_{x4}$	输出电平 u_{xo}	对应状态
1	1　1　0　0	$U_{dc}/2$	P
0	0　1　1　0	0	O
−1	0　0　1　1	$-U_{dc}/2$	N

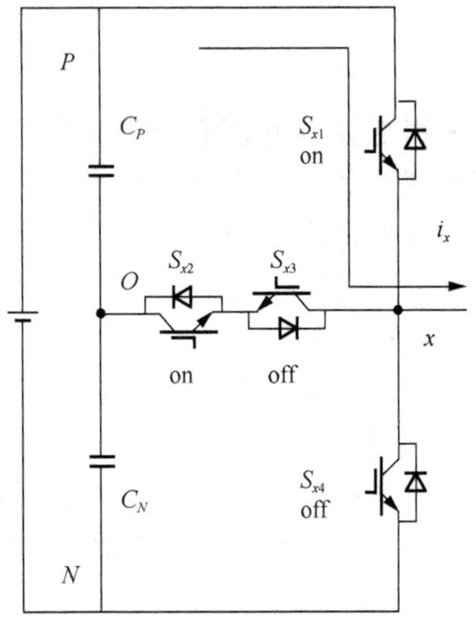

图 5-15　P 状态电路示意图

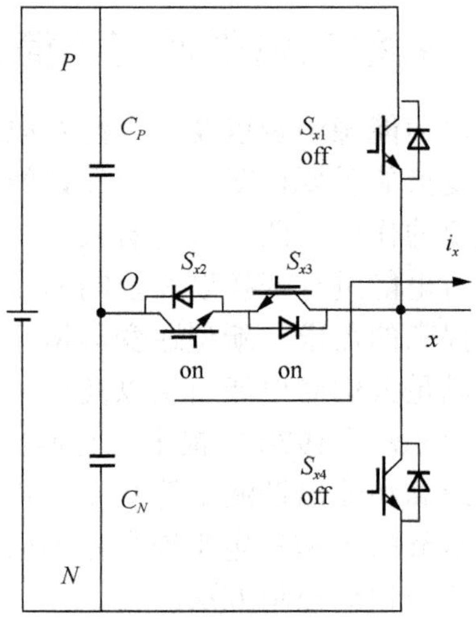

图 5-16　O 状态电路示意图

由上面的分析可知，T 型三电平逆变器的各相桥臂均存在三种开关状态，三相总计包括 $N=3^3=27$ 种不同的逆变器开关状态组合，其中，由开关函数表示的 T 型三电平逆变器的空间矢量分布如图 5-17 所示。

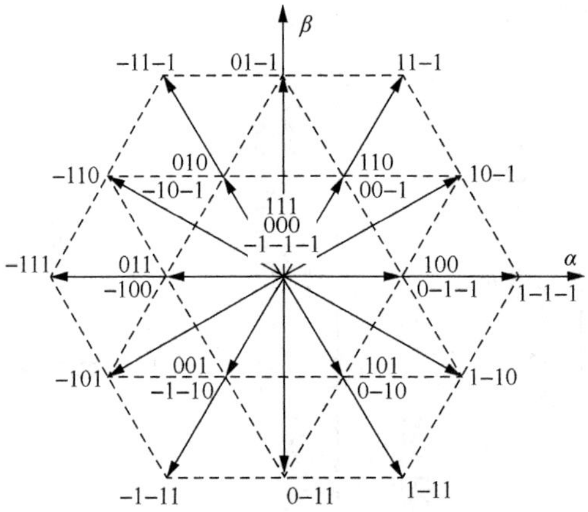

图 5-17　空间矢量分布

由图 5-17 可以得出，T 型三电平逆变器的 27 个开关状态总计对应 19 个不同的空间电压矢量，依据矢量模值大小可分为四大类。其中，矢量模值为 $2U_{dc}/3$ 的大矢量 6 个，矢量模值为 $\sqrt{3}U_{dc}/3$ 的中矢量 6 个，矢量模值为 $U_{dc}/3$ 的小矢量 6 个，零矢量 1 个，其具体分类如表 5-2 所示。可以得出，大矢量和中矢量都对应一种逆变器开关状态，小矢量和零矢量分别对应两种和三种逆变器开关状态。

表 5-2　三电平空间电压矢量分类

矢量分类	模值	对应开关状态
大矢量	$2U_{dc}/3$	1-1-1,11-1,-11-1,-111,-1-11,1-11
中矢量	$\sqrt{3}U_{dc}/3$	10-1,01-1,-110,-101,0-11,1-10
小矢量	$U_{dc}/3$	0-1-1,100,00-1,110,-10-1,010,-100,011,-1-10,001,0-10,101
零矢量	0	-1-1-1,000,111

2. 数学模型

对于图 5-14 所示的 T 型三电平逆变器拓扑结构，按照基尔霍夫电压定律，可列写出 T 型三电平逆变器三相的回路方程：

$$\begin{cases} L\dfrac{\mathrm{d}i_A}{\mathrm{d}t}+Ri_A=u_{AO}+u_{ON}+v_{Nn}-e_a \\ L\dfrac{\mathrm{d}i_B}{\mathrm{d}t}+Ri_B=u_{BO}+u_{ON}+v_{Nn}-e_b \\ L\dfrac{\mathrm{d}i_C}{\mathrm{d}t}+Ri_C=u_{CO}+u_{ON}+v_{Nn}-e_c \end{cases} \tag{5-54}$$

其中，R 为负载电阻；L 为负载电感；u_{ON} 为负直流母线电容电压；v_{Nn} 为负直流母线 N 到电网中性点 n 之间的电压。然后，进一步对式(5-54)进行 Clarke 变换可获得其在 $\alpha\beta$ 两相静止坐标系下的表达式：

$$\frac{\mathrm{d}}{\mathrm{d}t}\begin{bmatrix} i_\alpha \\ i_\beta \end{bmatrix}=-\frac{R}{L}\begin{bmatrix} i_\alpha \\ i_\beta \end{bmatrix}+\frac{1}{L}\begin{bmatrix} U_\alpha-e_\alpha \\ U_\alpha-e_\beta \end{bmatrix} \tag{5-55}$$

由式(5-55)所示的数学模型可得系统为一阶系统。其中，微分项 $\mathrm{d}i/\mathrm{d}t$ 可由一阶前向欧拉近似方法替代，微分项近似可表达为

$$\frac{\mathrm{d}i}{\mathrm{d}t}=\frac{i(k+1)-i(k)}{T_s} \tag{5-56}$$

其中，T_s 为系统的控制周期。将式(5-56)代入式(5-55)可获得系统模型的离散化表达：

$$\begin{bmatrix} i_\alpha(k+1) \\ i_\beta(k+1) \end{bmatrix}=\boldsymbol{A}\begin{bmatrix} i_\alpha(k) \\ i_\beta(k) \end{bmatrix}+\boldsymbol{B}\begin{bmatrix} u_\alpha(k)-e_\alpha(k) \\ u_\beta(k)-e_\beta(k) \end{bmatrix} \tag{5-57}$$

其中，$i_\alpha(k)$ 和 $i_\beta(k)$、$u_\alpha(k)$ 和 $u_\beta(k)$、$e_\alpha(k)$ 和 $e_\beta(k)$ 分别为时刻 k 时的并网电流、逆变器输出电压和电网电压在 $\alpha\beta$ 两相静止坐标系下的分量；$i_\alpha(k+1)$ 和 $i_\beta(k+1)$ 为采样时刻 $k+1$ 在 $\alpha\beta$ 两相静止坐标系下的模型预测的电流值。其中，矩阵系数 $\boldsymbol{A}$ 和 $\boldsymbol{B}$ 由系统物理参数决定，可以表示为

$$
\boldsymbol{A}=\begin{bmatrix}1-RT_s/L & 0\\ 0 & 1-RT_s/L\end{bmatrix}
$$
$$
\boldsymbol{B}=\begin{bmatrix}T_s/L & 0\\ 0 & T_s/L\end{bmatrix} \tag{5-58}
$$

直流母线电容电压可通过如下电容微分方程表示：

$$
\frac{\mathrm{d}V_{Cj}}{\mathrm{d}t}=\frac{1}{C}i_{Cj} \tag{5-59}
$$

其中，$j=\{P,N\}$；C 为直流母线电容的数值，同样利用前向欧拉近似替换电容电压微分项，替换方程为

$$
\frac{\mathrm{d}V_{Cj}}{\mathrm{d}t}=\frac{V_{Cj}(k+1)-V_{C_s}(k)}{T_s} \tag{5-60}
$$

结合式(5-59)和式(5-60)可得直流母线电容电压的离散化表达式为

$$
V_{Cj}(k+1)=V_{Cj}(k)+\frac{1}{C}i_{Cj}(k)T_s \tag{5-61}
$$

其中，母线电容电流 $i_{Cj}(k)$ 由开关状态和并网电流决定，可以表示为

$$
i_{Cj}(k)=i_{dc}(k)-\sum_{x=A,B,C}H_{xj}i_x(k) \tag{5-62}
$$

其中，变量 H_{xj} 可表示为

$$
H_{xj}=\begin{cases}1, & S_x=1\text{且}j=P\ \ \text{或}\ \ S_x=-1\text{且}j=N\\ 0, & \text{其他}\end{cases} \tag{5-63}
$$

5.6.2　控制问题描述

T 型三电平逆变器最基本的控制目标为快速精确地跟踪并网电流和直流母线中点电位平衡控制，这对于提高并网电流质量和保证 T 型三电平逆变器的正常稳定运行具有重要的意义。T 型三电平逆变器是具有混合特性的非线性系统，包括线性和非线性部分以及有限数量的开关设备。该逆变器的输入信号是离散信号，它们控制每个开关的开启和关闭。该逆变器的控制器需要考虑几个约束和限制，其中一些是系统固有的，如逆变器的最大输出电压，而其他一些则出于安全原因而施加，如用于保护转换器及其负载的电流限制。此外，考虑到现代数字控制系统的特点，几乎所有的控制策略都在数字控制平台上以离散时间的形式应用。控制系统的设计需要考虑用于调整控制器参数的实验平台模型，而 T 型三电平逆变器的数学模型上面已经给出。同时，随着数字信号处理器的计算能力不断提高，需要大量计算的控制算法也广泛应用。结合 T 型三电平逆变器与现代数字控制系统的特点，很契合模型预测控制算法，因此，本节将采用模型预测控制应用于 T 型三电平逆变器中以提高系统性能。

然而，模型预测控制方法在 T 型三电平逆变器的应用中仍存在挑战。由于该算法存在大量的计算，在 T 型三电平逆变器的应用中，预测模型和权值函数计算需要遍历 27 个不同的开关状态，并选择其中的最优解；DSP 会花费大量的时间来运行这些计算，将会造成严重的计算延迟，影响系统动态性能。因此，本节将进一步讨论模型预测控制在实际应用中的计算延迟补偿问题。

5.6.3　三电平逆变器的有限控制集模型预测控制

20 世纪 80 年代后，MPC 算法开始逐渐应用于低开关频率的大功率系统之中，但因为 MPC 算法运行所需的计算时间比较长，很难拓展到开关频率较高的应用中。目前，随着高性能计算机微处理器的快速发展，MPC 方法在电力电子领域的案例应用在过去十年中极大增加。本节将主要介绍 FCS-MPC 方法的基本原理、控制设计过程和算法实施过程中所面临的计算延迟补偿以及外推插值两个关键技术点。

1. FCS-MPC 基本原理

FCS-MPC 算法的基本原理是按照被控系统的数学模型预测被控变量未来的行为，然后通过提前选择好的约束规则从有限个控制集中选择最优的控制变量达到控制目的，相应的基本思想主要包括以下内容。

(1) 建立被控系统的数学模型，依据数学模型预测被控变量将来的行为。

(2) 建立可以表征被控系统期望性能指标的权值函数。

(3) 通过最优化权值函数来获取最优控制输入，进而实现控制目标。

通常，被控系统的数学模型可用如下的状态空间方程表示：

$$\boldsymbol{x}(k+1)=\boldsymbol{A}\boldsymbol{x}(k)+\boldsymbol{B}\boldsymbol{u}(k) \tag{5-64}$$

其中，矩阵系数 $\boldsymbol{A}$ 和 $\boldsymbol{B}$ 由逆变器的系统物理参数(滤波电感、直流母线电容数值等)决定；$\boldsymbol{x}$ 为系统的被控变量(本文主要考虑并网电流)，$\boldsymbol{u}$ 为系统的控制输入变量。由式(5-64)所表示系统的预测模型可以得出，系统未来的状态变量可以通过当前状态变量、输入变量以及系统物理参数预测计算得到。

设定被控系统的参考值为 $\boldsymbol{x}^*(k+1)$，为达到期望的控制性能指标，权值函数定义为

$$g=\left|\boldsymbol{x}^*(k+1)-\boldsymbol{x}(k+1)\right| \tag{5-65}$$

结合式(5-64)和式(5-65)可以看出，对于 FCS-MPC 方法，其最优化的过程就是通过式(5-64)所示被控系统的数学模型预测被控变量未来的行为，然后遍历所有的输入变量并选择其中使得式(5-65)所示权值函数最小的一个输入当作下一个控制周期的作用变量。与此同时，通过对权值函数进行不同的设计可同时包含多个约束条件，使其能通过一个权值函数就可以同时满足多个控制目标。

针对 T 型三电平逆变器的电流模型预测控制，系统控制目标为并网电流跟踪以及直流母线中点电位平衡控制。按照上面所建立的 T 型三电平逆变器电流预测模型可得，为了满足控制目标，权值函数可选择为

$$\begin{aligned} g=&\lambda_i\left(\left|i_\alpha^*(k+1)-i_\alpha(k+1)\right|+\left|i_\beta^*(k+1)-i_\beta(k+1)\right|\right)\\ &+\lambda_{dc}\left|V_{CP}(k+1)-V_{CN}(k+1)\right| \end{aligned} \tag{5-66}$$

其中，$i_\alpha^*(k+1)$ 和 $i_\beta^*(k+1)$ 为 $\alpha\beta$ 两相静止坐标系下的电流参考值；λ_i 和 λ_{dc} 分别表示并网电流跟踪和中点电位平衡控制项的权值系数，权值函数中权重系数的值越大，相应项的控制优先级就越高。

按照上述分析可知，FCS-MPC 算法运行的具体步骤如下。

(1) 在 t_k 采样时刻按照模型预测和参考变量生成的要求进行变量采样。

(2) 按照步骤(1)获得的采样信号，由被控系统预测模型计算各控制输入变量在 t_{k+1} 采样

时刻所对应的预测值。

(3) 计算每个预测值对应的权值函数大小。

(4) 选择使权值函数最优的控制输入变量。

(5) 运行最优控制输入变量。

综合上述分析可以得出，FCS-MPC 方法主要有以下几个重要的特点。

(1) 控制策略基本思想简单直观，极其容易理解。

(2) 控制算法的适用性比较广，可推广到各种系统中。

(3) 很容易涵盖、处理实际应用中的非线性问题。

(4) 能够轻松地处理多变量的情况。

(5) 能够直接通过一个权值函数同时处理多种约束条件。

(6) 控制算法十分容易实现。

但是，与传统的控制方法相比，MPC 方法同样也有必须要提及的一些缺点，如要求的计算量更大，尤其是多电平逆变器等控制变量十分多的对象。与此同时，被控系统模型的精度对控制性能也会有直接的影响。

2. 计算延迟时间补偿方法

由上面的分析可得，对于本文所研究的 T 型三电平逆变器，当采用 MPC 算法时，由于按照系统离散模型得到的预测值需要遍历计算 T 型三电平逆变器的 27 个开关状态，因此计算机微处理器需要大量的时间来运行这些计算，这将会导致严重的计算时间延迟，影响系统动态性能。因此，补偿大量计算所导致的计算时间延迟是 MPC 算法运行过程中必须要解决的一个重要问题。

图 5-18 为 FCS-MPC 算法实施过程的时间分布示意图。预测模型计算步骤需要遍历计算 T 型三电平逆变器的 27 个开关状态，这导致其需要消耗大量的模型计算时间，而信号采样和更新最优开关状态耗时相对比较少。

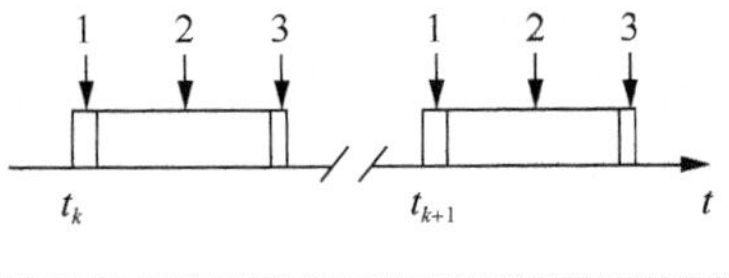

图 5-18　实施过程时间分布示意图

1—信号采样；2—模型计算；3—更新最优开关状态

在 T 型三电平逆变器 FCS-MPC 算法的实施过程中，由于模型计算和权值函数的优化过程会运行 27 次，计算机微处理器需要大量的时间完成这些运算，这将导致模型 MPC 算法实际应用的具体计算过程如图 5-19 所示。由该图可得，在完成一个周期所有的计算之前，前一控制周期所实施的最优控制输入变量将持续作用。例如，由 t_k 采样时刻预测得到的最优控制输入变量将在 t_{k+1} 采样时刻之后继续作用，之后的各采样时刻可以此类推得到。由此可得，这将会使实际值更大地偏离参考值，进一步导致被控变量输出波形质量变差。

为补偿上面所述计算延迟时间带来的影响，本文采用了一种改变原有算法实施逻辑顺序的计算延迟时间补偿方法，即在每个控制周期开始的采样时刻就实施最优控制输入变量，图 5-20 表示计算延迟时间补偿算法具体执行过程的示意图。具体的实施步骤如下。

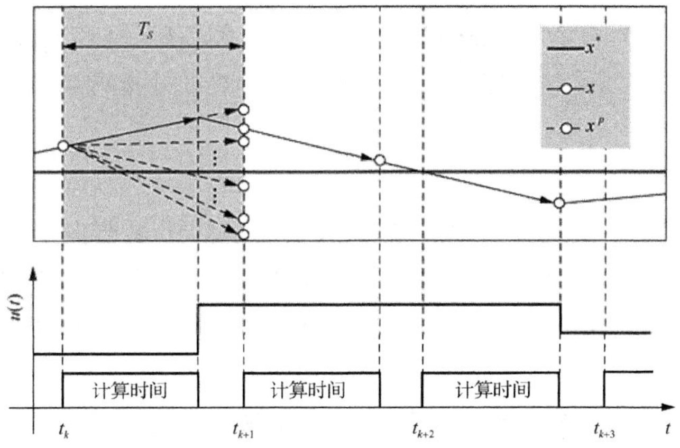

图 5-19　实际情况计算过程示意图

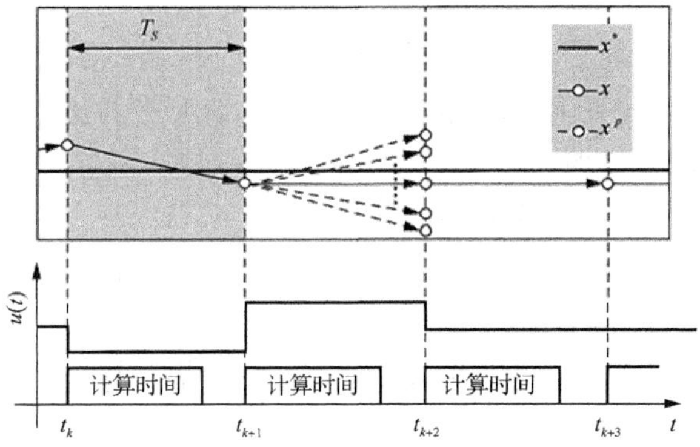

图 5-20　加延迟时间补偿情况计算过程示意图

(1) 输入由前一控制周期计算得到的最优控制输入变量。

(2) 按照模型预测和参考变量生成的需求进行变量采样。

(3) 由当前运行的开关状态计算 t_{k+1} 采样时刻的预测值。

(4) 根据 t_{k+1} 采样时刻的预测值，遍历所有控制输入变量计算 t_{k+2} 采样时刻的预测值。

(5) 计算每个预测的值对应权值函数的大小。

(6) 选择使权值函数最优的控制输入变量。

由上面的分析可以得出，采用改进的实施逻辑顺序后，控制算法的执行应用过程将不再受到计算延迟时间的影响。

针对式(5-66)所表示的电流模型预测控制的权值函数，采用上述计算延迟时间补偿方法后的权值函数可以修改为

$$\begin{aligned} g = {} & \lambda_i \left(\left| i_\alpha^*(k+2) - i_\alpha(k+2) \right| + \left| i_\beta^*(k+2) - i_\beta(k+2) \right| \right) \\ & + \lambda_{dc} \left| V_{CP}(k+2) - V_{CN}(k+2) \right| \end{aligned} \tag{5-67}$$

其中，$k+2$ 采样时刻的预测电流 $i_\alpha(k+2)$ 和 $i_\beta(k+2)$ 可以由 $k+1$ 采样时刻的值经过被控对象模型预测得到，其表达式可以表示为

$$\begin{bmatrix} i_\alpha(k+2) \\ i_\beta(k+2) \end{bmatrix} = \boldsymbol{A} \begin{bmatrix} i_\alpha(k+1) \\ i_\beta(k+1) \end{bmatrix} + \boldsymbol{B} \begin{bmatrix} u_\alpha(k+1) - e_\alpha(k+1) \\ u_\beta(k+1) - e_\beta(k+1) \end{bmatrix} \tag{5-68}$$

与此同时，式(5-67)中 $k+2$ 采样时刻的指令电流 $i_\alpha^*(k+2)$ 和 $i_\beta^*(k+2)$ 以及式(5-68)中 $k+1$ 采样时刻的电网电压 $e_\alpha(k+1)$ 和 $e_\beta(k+1)$ 都可以通过外推差值方法得到，后面将详细叙述。

3. 外推插值方法

跟踪控制对象的参考值是 FCS-MPC 算法要实现的最重要的一个需求，为达到这个目的，按照 FCS-MPC 算法的原理，通常选择可以在 $k+1$ 或者 $k+2$ 采样时刻使跟踪误差最小的控制输入变量当中最优输入并且直接作用于逆变器。通常情况下，当控制周期 T_s 和基波周期相比极其小时($T_s<20\mu s$)，被控变量的参考值可不用外推插值，即可以认为 $\boldsymbol{x}^*(k+1)\approx\boldsymbol{x}^*(k)$。但是实际应用中，特别是多电平逆变器，由于 MPC 算法计算量较大，通常要求较大的控制周期。这种情况下，参考值就必须通过外推插值来获得 $k+1$ 或 $k+2$ 采样时刻的数值以减小跟踪误差。

对于 FCS-MPC 算法，最广泛使用的是通过三阶拉格朗日插值法外推下一时刻的数值，该方法要求利用当前拍和过去两拍的样本数值，设 $\hat{x}$ 表示外推插值的预测值(x 表示电流、电压)，则具体表达式可以写为

$$\hat{x}(k+1)=3x(k)-3x(k-1)+x(k-2) \tag{5-69}$$

进一步，$k+2$ 采样时刻的外推值 $\hat{x}(k+2)$ 可利用 $k+1$ 采样时刻的外推值 $\hat{x}(k+1)$ 及其前两拍的样本数值得到

$$\hat{x}(k+2)=3\hat{x}(k+1)-3x(k)+x(k-1) \tag{5-70}$$

将式(5-69)代入式(5-70)可得

$$\hat{x}(k+2)=6x(k)-8x(k-1)+3x(k-2) \tag{5-71}$$

由式(5-71)可以得出，$k+2$ 采样时刻的外推值 $\hat{x}(k+2)$ 可以直接利用当前拍和过去两拍的样本数值计算得到。

5.6.4 实验及分析

综合前面的分析可知，T 型三电平逆变器的电流模型预测控制方法的整体控制框图如图 5-21 所示。

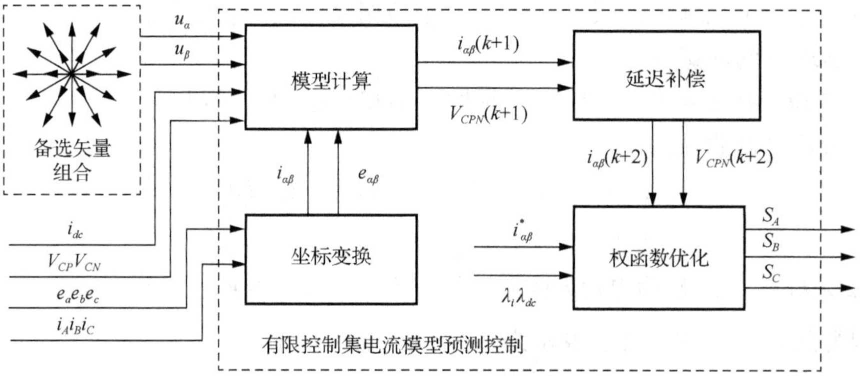

图 5-21　电流模型预测控制框图

按照控制策略，进而可获得 T 型三电平逆变器电流模型预测控制方法实施运行过程中的具体执行流程，如图 5-22 所示。

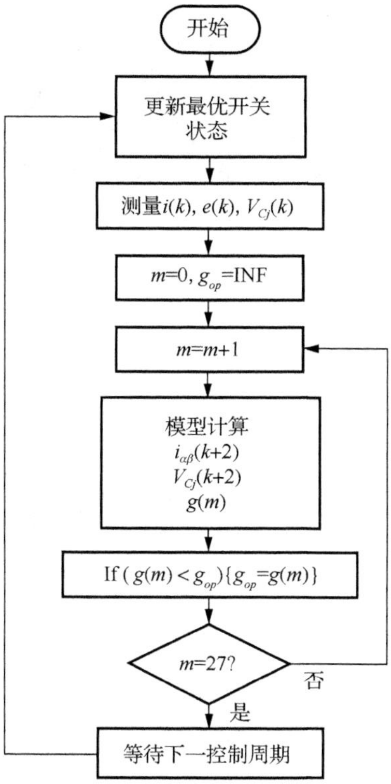

图 5-22 电流模型预测工作流程图

图 5-23(a)给出了电流参考值为 5A 时，计算延迟时间为 80μs 并且不加延迟补偿的三相并网电流以及母线电容电压的波形。由该图可得，应用电流模型预测控制算法后，三相电流仍能够较好地跟踪相应的电流参考值。但由于计算延迟时间的影响，并网电流呈现出较大的畸变，验证了上面关于计算延迟时间影响的分析。图 5-23(b)展示了相同情况下，计算延迟时间为 40μs 并且不加延迟补偿的波形。由该图可得，当计算延迟时间减小时，输出电流波形质量明显更好，母线电容电压的波动也相应减小。图 5-23(c)展示了延迟时间为 80μs 并且加上延迟补偿方法的三相并网电流和母线电容电压的波形。由该图可得，计算延迟时间带来的误差影响几乎完全消除，三相电流很好地跟踪了其电流参考值，中点电位控制也达到了较好的控制效果。

图 5-24(a)和图 5-24(b)分别展示了电流参考值为 3A 时，不用外推插值法和采用外推插值法的电流波形。由该图可得，采用外推插值法后，跟踪参考值的延迟误差被有效补偿。

本节以 T 型三电平逆变器为例，首先介绍了其拓扑结构并分析了基本工作原理；其次建立了 T 型三电平逆变器的电流预测模型；然后简述了 T 型三电平逆变器的 FCS-MPC 算法的基本原理，进一步分析了 MPC 算法实施过程中所面临的计算延迟时间补偿和外推插值这两个关键技术点；最后通过系统控制结果验证了理论分析和计算延迟补偿以及外推插值方法的有效性。

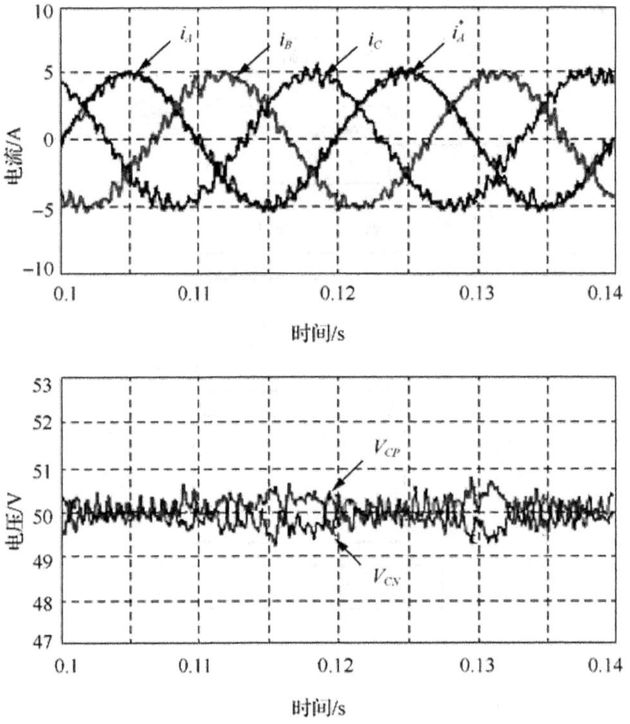

(a) 延迟80μs

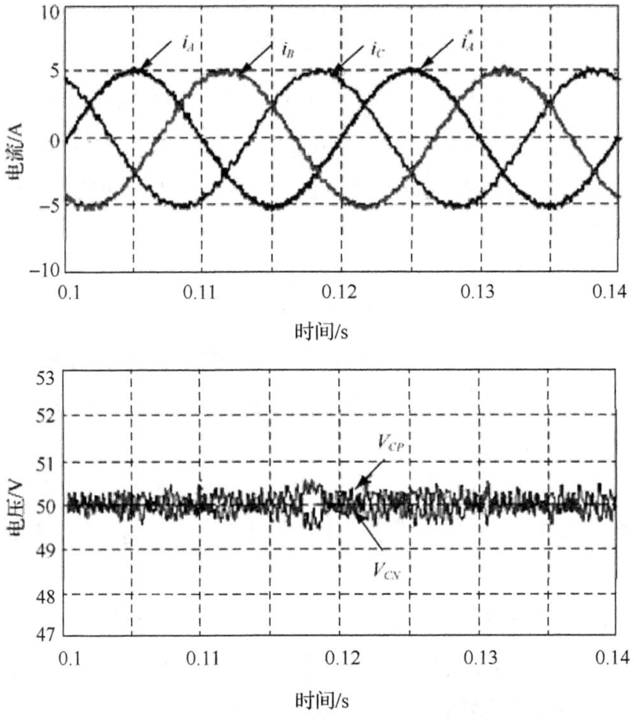

(b) 延迟40μs

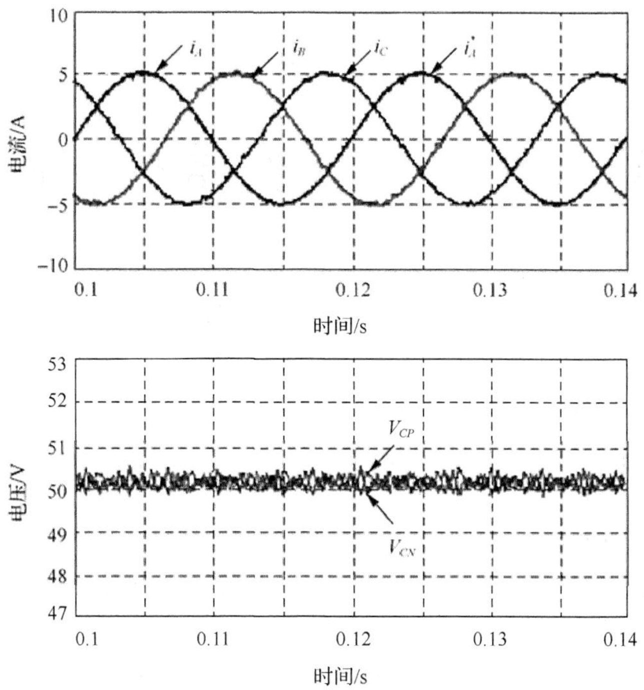

(c) 延迟80μs加延迟补偿

图 5-23　三相并网电流及中点电位波形图

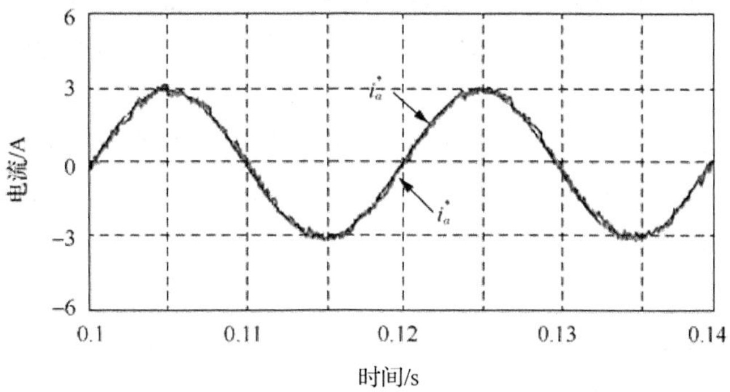

(a) 不用外推插值

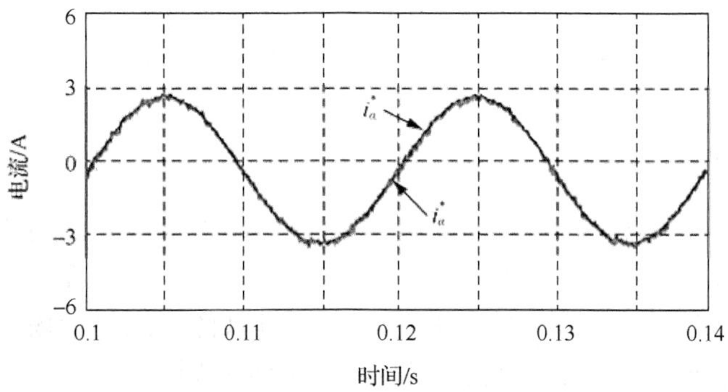

(b) 采用外推插值

图 5-24　电流跟踪结果对比

第 6 章　滑模变结构控制

6.1　概　　述

存在不确定性的控制是现代控制理论的重要研究方向之一。在研究任何控制问题时，实际系统动态特性与用于控制器设计的数学模型之间始终存在差异。这些差异(或不匹配)主要来源于外部干扰、未知系统参数与状态。在存在上述干扰和不确定性的情况下，设计能够满足闭环系统性能指标的控制器是一项非常艰巨的任务。为了解决这些问题，一系列先进控制方法如自适应控制、H_∞ 控制和反步控制被提出并广泛应用，而滑模变结构控制是这些方法之中处理有界不确定性和外部扰动问题最成功的方法。

滑模变结构控制是一种特殊的变结构控制方法。变结构控制器通常由多个可根据系统运行状态和性能需求进行实时切换的子系统构成，其中每个子系统具有固定的控制结构，并且在系统行为的指定区域内有效，从而使闭环系统不具备任何组成子系统以外的新特性。在滑模变结构控制器这种特殊情况下，这些新特性包括外部干扰和模型不确定性。滑模变结构控制通过正确设计滑动模态，将系统的相轨迹引导至正确选择的滑模面，然后通过控制使系统保持在滑模面上运动。因此，滑模变结构控制器具有以下特征：对控制相匹配的外部和内部干扰不敏感、较高的控制精度和能使滑动模态在有限时间内收敛。

变结构控制在 20 世纪 60 年代由苏联学者 Emelyanov 进行了初期研究，随后由 Utkin 等在此基础之上进行完善，于 70 年代逐步发展为自动控制理论领域的一个独立的研究方向。变结构控制的优势在于克服系统的不确定性，使控制器作用下的系统对参数变化、外部干扰和未建模动态具备较强的鲁棒性。变结构控制特别是滑模变结构控制目前已在机器人、航空航天、电力系统、伺服系统等领域积累了大量的成功应用案例。

6.2　变结构控制理论基础

6.2.1　相平面分析方法

相平面法利用绘图的方式分析微分方程解的运动过程。该方法的研究最初是由法国数学家 Poincaré 发起的。一阶或二阶时不变系统通常可以由微分方程的形式表示并且其解为一函数族。在相平面上，微分方程的解的运动轨迹可以像二维矢量场一样进行绘制，由此利用可视化的方法分析运行区域内的系统稳定性和动态特性。

对于一个二阶时不变系统：$\ddot{x}=f(x,\dot{x})$，其中，$f(x,\dot{x})$ 是由 $x(t)$ 和 $\dot{x}(t)$ 表示的函数。上述二阶系统的解可以利用 $x(t)$ 和 $\dot{x}(t)$ 表示。$x(t)$ 和 $\dot{x}(t)$ 称为系统运动的相变量(状态变量)，以 $x(t)$ 为横坐标，$\dot{x}(t)$ 为纵坐标构成的直角坐标平面称为相平面，相变量从初始时刻 t_0 对应的状态点$(x_0, \dot{x}_0)$起，随着时间在相平面上运动形成的曲线称为相轨迹。

根据微分方程解的存在唯一性定理，假设为上述二阶系统设置初始运行条件，则可以在相平面上确定相应的相轨迹和它匹配。同理，根据不同的初始条件可以绘制更多的相轨迹，最终形成描述系统动态运行过程的相轨迹簇，所得到的图形称为相平面图。若$x(t)$和$\dot{x}(t)$随时间的变化曲线如图 6-1(b)、图 6-1(c)所示，则可在横坐标为$x(t)$且纵坐标为$\dot{x}(t)$的相平面上绘制相轨迹如图 6-1(a)所示。

在某些特殊环境，还可以基于微分方程通过积分方式直接获取描述相轨迹的函数关系式，如

$$\ddot{x}=\frac{\mathrm{d}\dot{x}}{\mathrm{d}t}=\frac{\mathrm{d}\dot{x}}{\mathrm{d}x}g\frac{\mathrm{d}x}{\mathrm{d}t}=\dot{x}\frac{\mathrm{d}\dot{x}}{\mathrm{d}x} \tag{6-1}$$

$$\dot{x}\frac{\mathrm{d}\dot{x}}{\mathrm{d}x}=f(x,\dot{x}) \tag{6-2}$$

若式(6-2)可以分解为$g(\dot{x})\mathrm{d}\dot{x}=h(x)\mathrm{d}x$，对其两端积分则有

$$\int_{\dot{x}_0}^{\dot{x}} g(\dot{x})\,\mathrm{d}\dot{x}=\int_{x_0}^{x} h(x)\,\mathrm{d}x \tag{6-3}$$

由此可得x和$\dot{x}$的解析关系式，其中，x_0和$\dot{x}_0$为初始条件。

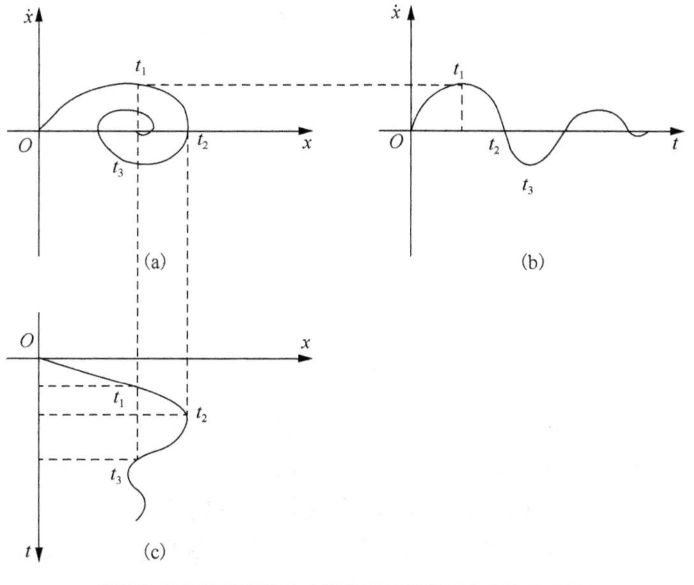

图 6-1　相轨迹曲线与时间响应曲线的关系图

另外一种绘制相轨迹的有效方法是利用等倾线进行绘制。由于等倾线法绘制相轨迹时不依靠微分方程解的精确数学表达形式，因此该方法适用于复杂的非线性系统。利用等倾线绘制相轨迹的基本步骤：①绘制系统相轨迹等倾线。②确定相轨迹的切线方向场。③由系统初始点起，根据上一步确定的方向场绘制出完整的相轨迹图。如绘制式(6-4)的微分方程的相轨迹：

$$\frac{\mathrm{d}\dot{x}}{\mathrm{d}x}=\frac{f(x,\dot{x})}{\dot{x}} \tag{6-4}$$

该方程给出了相轨迹所在相平面上任一点$(x,\dot{x})$处切线的斜率。取相轨迹切线的斜率为

某一常数 α ，可得等倾线方程：

$$\dot{x}=\frac{f(x,\dot{x})}{\alpha} \tag{6-5}$$

相轨迹与等倾线相交时可确定一点且在该点处切线的斜率为 α 。随后在等倾线上继续绘制系统相轨迹的切线方向场，采用斜率为 α 的带箭头的直线表示且箭头方向与切线方向相同。按此步骤可随即在相平面上绘制更多的等倾线。绘制好等倾线和切线方向场的系统相平面图如图 6-2 所示，接下来进行相轨迹的绘制：①从系统的初始状态 $(x_0,\dot{x}_0)$ 开始进行相轨迹绘制，沿初始点等倾线上的相轨迹切线方向做一条小线段，使其与相邻的另外一条等倾线相交。②按上一步的方式，从交点开始沿所在等倾线的相轨迹切线方向作另外一条小线段，使其与该方向上相邻的一条等倾线相交。③重复上一步，最终获得一条从初始点出发且由数条小线段构成的折线，再对其光滑处理后便得到对应系统的相轨迹。

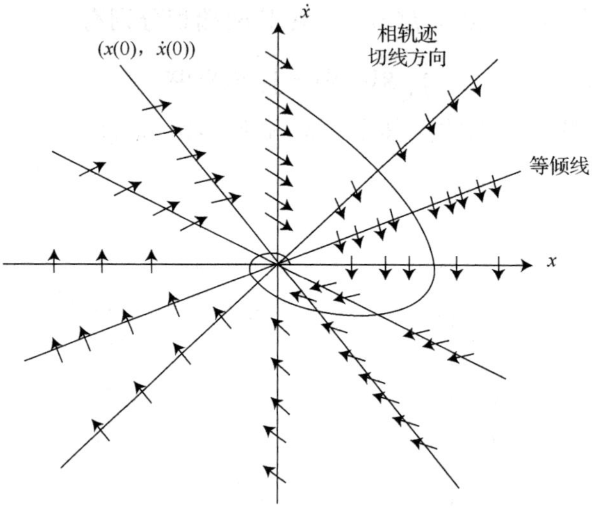

图 6-2　使用等倾线法绘制系统相轨迹

使用等倾线法绘制相轨迹时需要注意以下几点：①坐标轴 x 和 $\dot{x}$ 应选用相同的比例尺，以便根据等倾线斜率准确绘制等倾线上一点的相轨迹切线。②在相平面的上半平面，由于 $\dot{x}>0$ ，则 x 随 t 增大而增大，相轨迹的走向应该是从左向右；在相平面的下半平面 $\dot{x}<0$ ，则 x 随 t 增大而减小，相轨迹的走向应该是由右向左。③除系统的平衡点外，相轨迹与 x 轴的相交点处切线斜率 $\alpha=\dfrac{f(x,\dot{x})}{\dot{x}}$ 应为 $+\infty$ 或 $-\infty$ ，即相轨迹与 x 轴垂直相交。④等倾线的数量越多且分布越密集，绘制的系统相轨迹越准确。但是绘制相轨迹的时间和工作量也会增大。此外，还需要考虑绘制过程的作图误差。

6.2.2　线性系统的相轨迹

线性系统是非线性系统的特例，对于许多非线性一阶和二阶系统通常可以分成多个区间进行研究(系统中所含非线性环节可用分段折线表示)，而在各个区间内，非线性系统的运动特性可用线性微分方程描述。

对于线性一阶系统，令描述其自由运动的微分方程为 $T\dot{c}+c=0$ ，可以进一步求得其相

轨迹方程为

$$\dot{c}=-\frac{1}{T}c \tag{6-6}$$

设系统初始条件为 $c(0)=c_0$，则 $\dot{c}(0)=\dot{c}_0=-\frac{1}{T}c_0$。该一阶系统相轨迹位于经过原点、斜率为 $-\frac{1}{T}$ 的直线上。当 $T<0$ 时，相轨迹沿该直线发散至无穷，如图 6-3(a)所示；当 $T>0$ 时，相轨迹沿该直线收敛于原点，如图 6-3(b)所示。

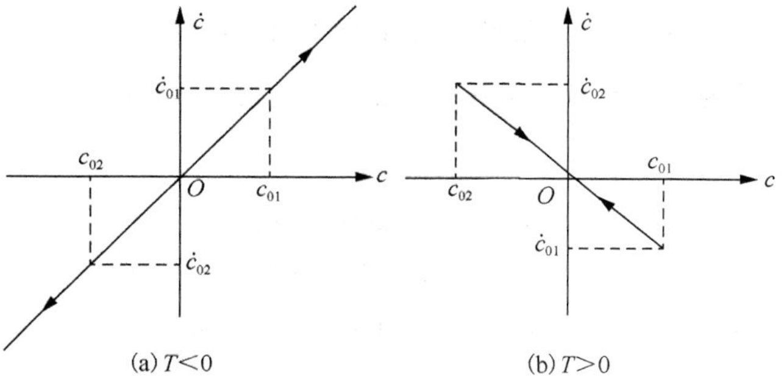

图 6-3　一阶线性系统相轨迹

对于线性二阶系统，其相轨迹变化较为复杂。首先令描述线性二阶系统自由运动的微分方程为

$$\ddot{c}+a\dot{c}+bc=0 \tag{6-7}$$

当 $b>0$ 时，微分方程可以改写为

$$\ddot{c}+2\zeta w_n\dot{c}+w_n^2c=0 \tag{6-8}$$

线性二阶系统的特征根为

$$s_{1,2}=\frac{-a\pm\sqrt{a^2-4b}}{2} \tag{6-9}$$

线性二阶系统的相轨迹微分方程为

$$\frac{\mathrm{d}\dot{c}}{\mathrm{d}c}=\frac{-a\dot{c}-bc}{\dot{c}} \tag{6-10}$$

令 $\frac{-a\dot{c}-bc}{\dot{c}}=\alpha$，可得等倾线方程为

$$\dot{c}(t)=-\frac{bc(t)}{\alpha+a}=kc(t) \tag{6-11}$$

其中，k 为等倾线的斜率。当 $a^2-4b>0$，且 $b\neq 0$ 时，可以得到满足条件的两条特殊的等倾线，其斜率为

$$k_{1,2}=\alpha_{1,2}=s_{1,2}=\frac{-a\pm\sqrt{a^2-4b}}{2}=-\zeta w_n\pm w_n\sqrt{\zeta^2-1} \tag{6-12}$$

式(6-12)表明，特殊的等倾线的斜率等于位于该等倾线上相轨迹任一点的切线斜率，即当相轨迹运动至特殊的等倾线上时，将沿着等倾线收敛或发散，而不可能脱离该等倾线。

接下来将分析三种不同的参数 b 取值情况并讨论其相轨迹的变化。

(1) 当 $b<0$ 时，线性二阶系统的特征根为

$$
\begin{aligned}
s_1 &= \frac{-a+\sqrt{a^2+4|b|}}{2} > 0 \\
s_2 &= \frac{-a-\sqrt{a^2+4|b|}}{2} < 0
\end{aligned}
\tag{6-13}
$$

s_1、s_2 为两个符号相反的互异实根，系统相轨迹图如图 6-4 所示。该图具有两条特殊的等倾线 $\dot{c}=s_1c$ 和 $\dot{c}=s_2c$，它们将相平面划分为四个区域且不同区域的相轨迹将趋近于这两条特殊的相轨迹。特别地，当系统沿 $\dot{c}=s_2c$ 运动至原点时，在受到扰动时系统将沿 $\dot{c}=s_1c$ 方向发散运动。由此可知 $b<0$ 时，线性二阶系统是不稳定的。

(2) 当 $b=0$ 时，系统特征根为 $s_1=0$，$s_2=-a$，相轨迹方程为 $\frac{\mathrm{d}\dot{c}}{\mathrm{d}c}=-a$。对微分方程两侧积分求得相轨迹方程：

$$
\dot{c}(t)-\dot{c}_0=-a(c(t)-c_0) \tag{6-14}
$$

绘制系统的相轨迹如图 6-5 所示，相轨迹为过初始点 $(c_0,\dot{c}_0)$，斜率为 $-a$ 的直线。当 $a>0$ 时，相轨迹收敛并最终停止在 c 轴上；当 $a<0$ 时，相轨迹发散至无穷。

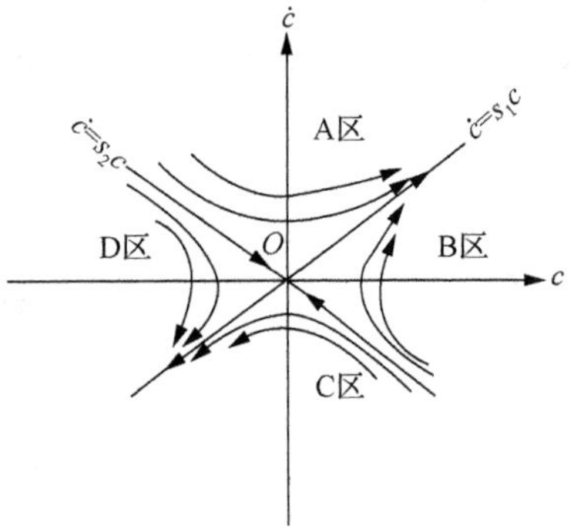

图 6-4　$b<0$ 时线性二阶系统的相轨迹图

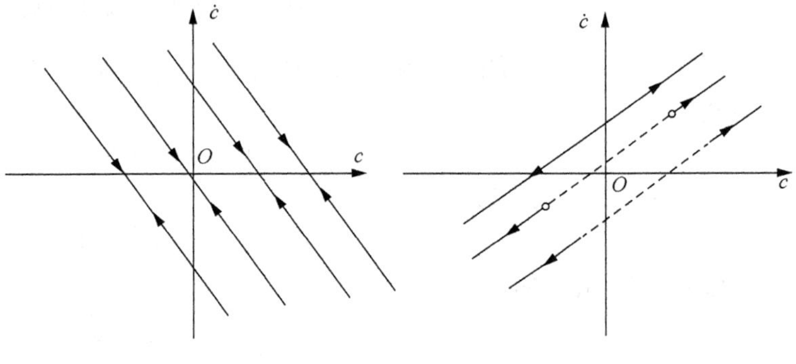

(a) $a>0$　　(b) $a<0$

图 6-5　$b=0$ 时线性二阶系统的相轨迹图

(3) 当 $b>0$ 时，令 $\zeta=\frac{a}{2\sqrt{b}}$，并对以下几种情况进行分析。

在 $0<\zeta<1$ 的条件下，二阶系统的特征根为一对具有负实部的共轭复根且在该情况下系统的零输入响应为衰减振荡形式。令 $\zeta=0.5$，$w_n=1$，绘制系统的相轨迹如图 6-6 所示，由图可知系统的相轨迹为指向原点的螺旋线。

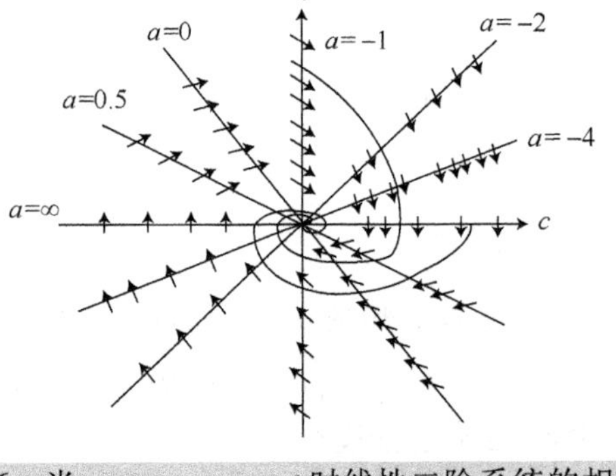

图 6-6　当 $\zeta=0.5$，$w_n=1$ 时线性二阶系统的相轨迹

在 $\zeta>1$ 的条件下，二阶系统的特征根为两个互异负实根。系统的零输入响应为非振

荡衰减形式，存在两条特殊的等倾线，其斜率分别为：$k_1 = s_1 < 0$，$k_2 = s_2 < k_1$。此时系统的相轨迹图如图 6-7 所示。由于线性二阶系统的等倾线斜率为$k = \dfrac{-w_n^2}{a + 2\zeta w_n}$，因此求得$a = -2\zeta w_n - \dfrac{w_n^2}{k}$。当等倾线位于第Ⅰ，Ⅲ象限时，$k > 0$，则$a < 0$。故在第Ⅰ象限，$c$增大，$\dot{c}$减小；在第Ⅲ象限，$c$减小，$\dot{c}$增大。在第Ⅱ或Ⅳ象限，两条特殊相轨迹将该象限分割为 A、B 和 C 三个区域，如图 6-8 所示。

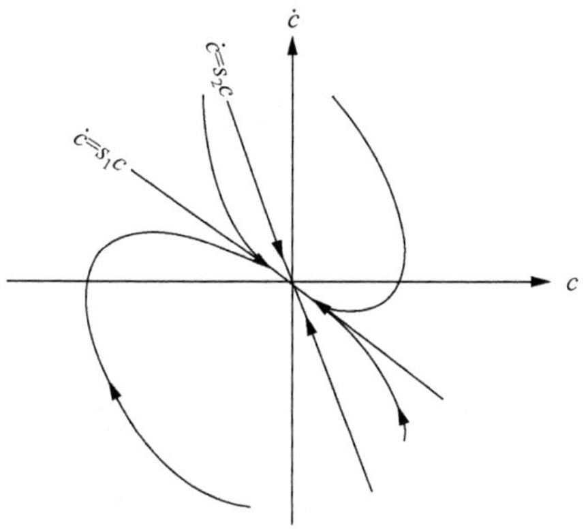

图 6-7　$\zeta > 1$时线性二阶系统的相轨迹图

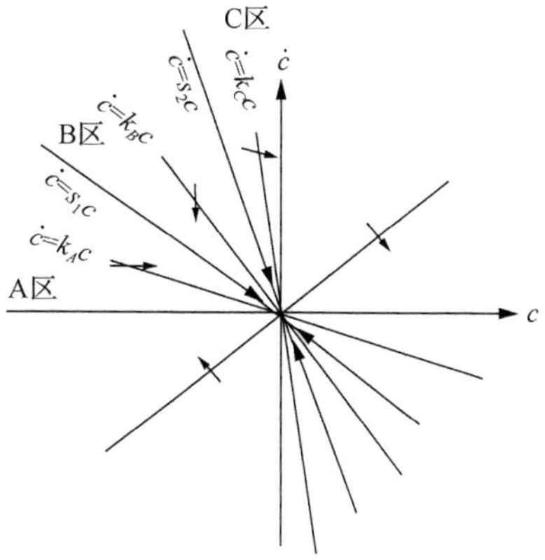

图 6-8　$\zeta > 1$时线性二阶系统相轨迹的运动

由图 6-8 的相轨迹运动可知，线性二阶系统在受扰动时其相轨迹将出现偏移，如初始沿$\dot{c} = s_2 c$运动的相轨迹在干扰下最终会沿$\dot{c} = s_1 c$的方向运动至原点。

根据时域分析可知，$\zeta > 1$的线性二阶系统的自由运动解析式为

$$c(t) = c_{10}\mathrm{e}^{-s_1 t} + c_{20}\mathrm{e}^{-s_2 t} \tag{6-15}$$

c_{10}，c_{20}由初始条件决定。假设初始值$c_{10} = 0$或$c_{20} = 0$，那么系统的相轨迹为$\dot{c} = s_1 c$或$\dot{c} = s_2 c$。对于别的情况，因为特征根s_2离虚轴远，所以式(6-15)中的第二项衰减快，系统运动过程特别是后期的运动轨迹主要由式(6-15)的第一项决定。基于相平面的分析结果也证实了这一点。

在$\zeta = 1$的条件下，系统特征根为两个相等的负实根，假设$w_n = 1$，绘制该系统的相轨迹图如图 6-9 所示。与$\zeta > 1$的情况进行对比，该情况下相轨迹的特殊等倾线有且仅有一条。由于这条特殊的等倾线也是相轨迹的渐近线，因此系统的相轨迹将按这条线的方向汇聚于原点。

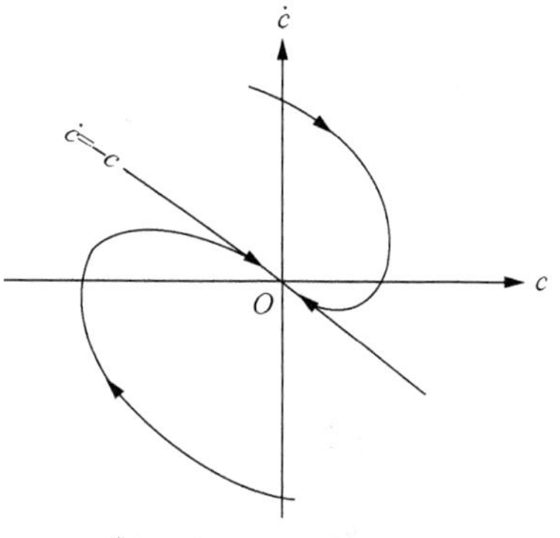

图 6-9　$\zeta = 1$，$w_n = 1$时线性二阶系统的相轨迹

在$\zeta = 0$的条件下，该系统特征根是一对纯虚根为$s_{1,2} = \pm \mathrm{j} w_n$。此时系统的动态响应特性为等幅正弦振荡。给定初点(c_0，$\dot{c}_0$)，采用直接积分的方法可以得到系统的相轨迹方程：

$$\frac{\dot{c}^2}{\dot{c}_0^2 + w_n^2 c_0^2} + \frac{w_n^2 c^2}{\dot{c}_0^2 + w_n^2 c_0^2} = 1 \tag{6-16}$$

式(6-16)表示相平面的椭圆方程。该系统的相轨迹为中心位于原点的一簇椭圆，椭圆的横轴和纵轴由初始条件决定，如图 6-10 所示。

在 $-1<\zeta<0$ 的条件下，该二阶系统的特征根为一对正实部共轭复根。假设 $\zeta=-0.5$，$w_n=1$，绘制系统的相轨迹如图 6-11 所示，相轨迹为离心的螺旋线，其运动趋势最终发散到无穷处。

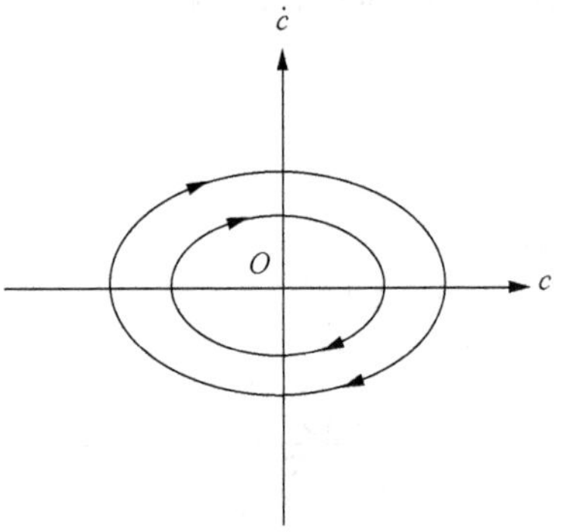

图 6-10　$\zeta=0$ 时线性二阶系统的相轨迹

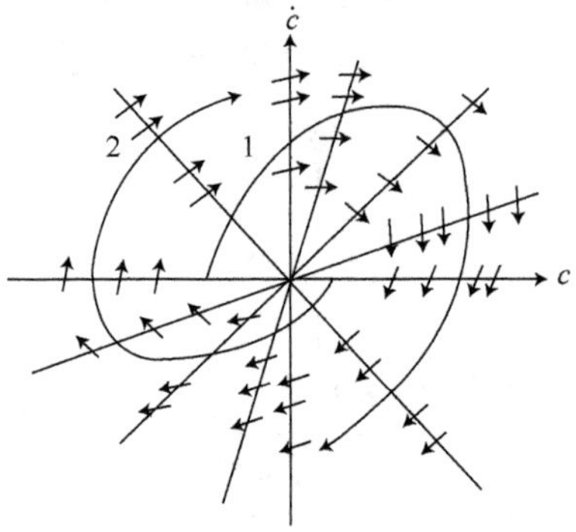

图 6-11　当 $\zeta=-0.5$，$w_n=1$ 时线性二阶系统的相轨迹

在 $\zeta\leqslant-1$ 的条件下，系统特征根为两个正实根。线性二阶系统自由运动呈非振荡发散，系统相轨迹如图 6-12 所示。无论系统初始状态位于相平面何处，其相轨迹均将沿直线或曲线运动发散至无穷处。在 $\zeta=-1$ 的条件下，线性二阶系统的特征根为两个相同的正实根，绘制系统的相轨迹如图 6-13 所示。在此条件下，系统的相轨迹也将发散至无穷处。

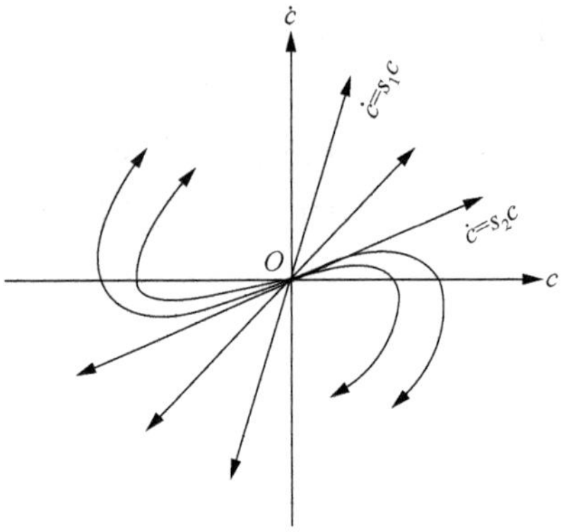

图 6-12　$\zeta<-1$ 时线性二阶系统的相轨迹

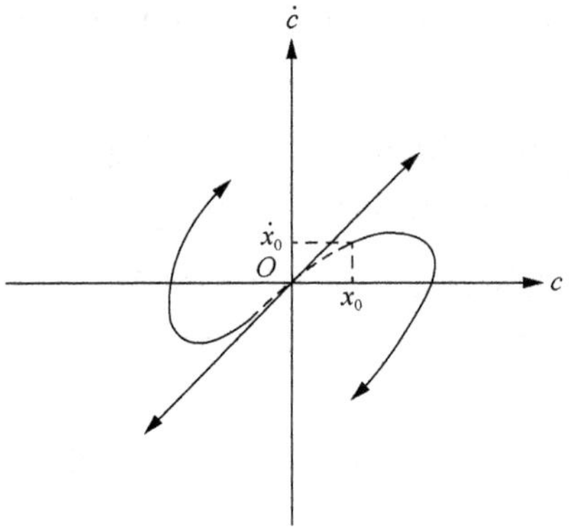

图 6-13　$\zeta=-1$ 时线性二阶系统的相轨迹

6.2.3　奇点和奇线

基于相平面绘制系统的相轨迹的目的是便于进一步分析系统的动态特性和潜在的运动状态。以下将引入奇点和奇线的概念，对由相轨迹呈现的系统特性进行归纳和分类。

1. 奇点

奇点是相轨迹上一种特殊点，要求该点需要满足 $\dot{x}=0$ 和 $f(x,\dot{x})=0$ 的条件。在奇点处，系统运动的速度和加速度同时为零。对二阶系统而言，系统运行的速度和加速度均为零，那么可以认为该系统当前处于平衡状态，因此相平面上的奇点也称为平衡点。奇点或平衡点具备以下的特征：奇点一定位于相平面的横轴上；相轨迹在奇点处切线斜率不定，表明系统在奇点处可以按任意方向趋近或离开奇点，因此相轨迹簇曲线在奇点处相交；经过奇点的相轨迹有多条，而经过一般相平面点的相轨迹只有一条。二阶系统在奇点附近的运动状态由系统的特征根决定。根据特征根的分布情况，系统有对应的六种奇点。如图 6-14 所示。

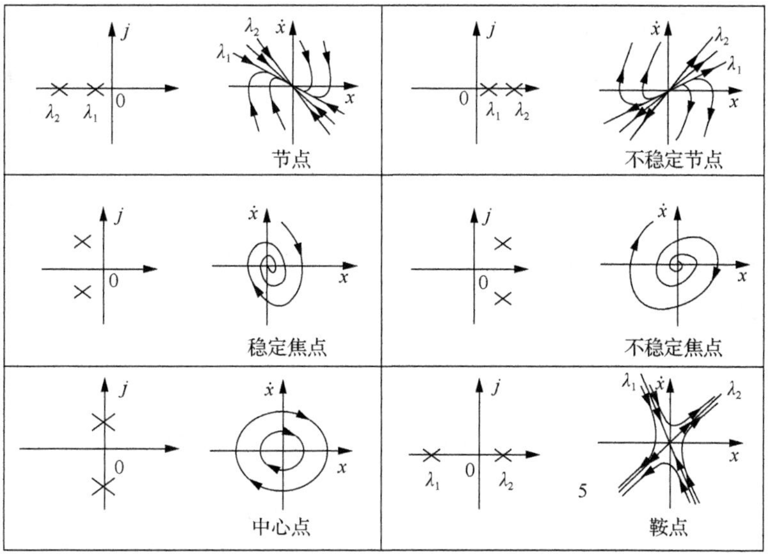

图 6-14　二阶系统的奇点类型

(1) 稳定节点：相轨迹是一簇趋向原点的抛物线。系统在奇点附近是稳定的。该情况下，二阶系统具有两个负实根。

(2) 不稳定节点：相轨迹是由原点出发的一簇发散型抛物线。系统在奇点附近是不稳定的。该情况下，二阶系统具有两个正实根。

(3) 稳定焦点：相轨迹是收敛于原点的一簇螺旋线。系统在奇点附近是稳定的。该情况下，二阶系统在左半平面具有一对共轭复数根。

(4) 不稳定焦点：相轨迹为一簇从原点发散的螺旋线。系统在奇点附近是不稳定的。该情况下，二阶系统在右半平面具有一对共轭复数根。

(5) 鞍点：系统在奇点附近是不稳定的。该情况下，二阶系统具有一个负实根，一个正实根。

(6) 中心点：相轨迹的一簇同心的椭圆曲线。系统在奇点附近可能稳定，可能不稳定，与忽略掉的高次项有关系。该情况下，二阶系统具有一对纯虚根。

2. 奇线

奇线是系统相平面图中相轨迹的分界线。奇线的种类有以下两种：分隔线和极限环。

相平面图上孤立的封闭相轨迹，而其附近的相轨迹都趋向或发散于这个封闭的相轨迹，这样的相轨迹曲线称为极限环。极限环按照其运动特性和稳定性能可以区分为以下几种。

(1) 稳定极限环：若极限环两侧的相轨迹都趋向于该环，这种极限环称为稳定极限环，如图 6-15 所示。

(2) 不稳定极限环：若极限环两侧的相轨迹从极限环发散，这种极限环称为不稳定极限环，如图 6-16 所示。

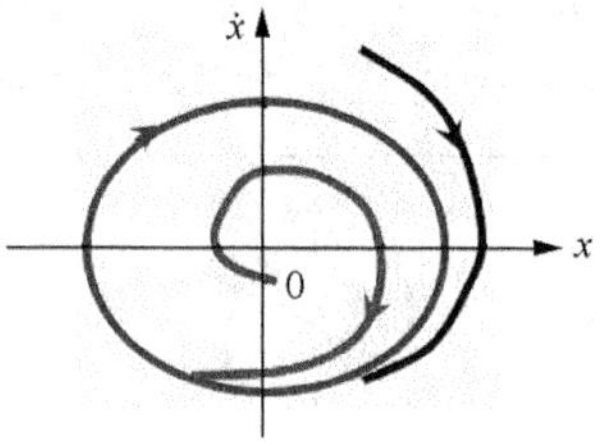

图 6-15　稳定极限环

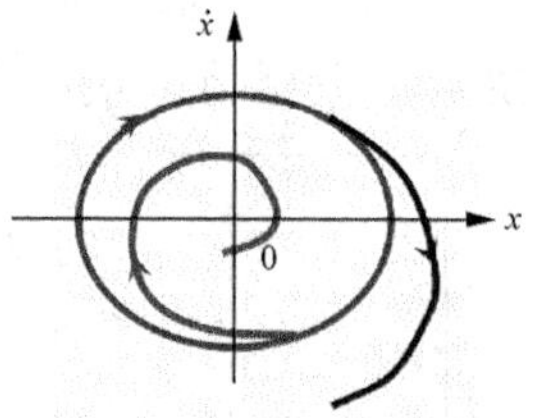

图 6-16　不稳定极限环

(3) 半稳定极限环：如果两侧的相轨迹，其中一侧离开极限环，另一侧趋向于极限环，这种极限环称为半稳定极限环，如图 6-17 所示。

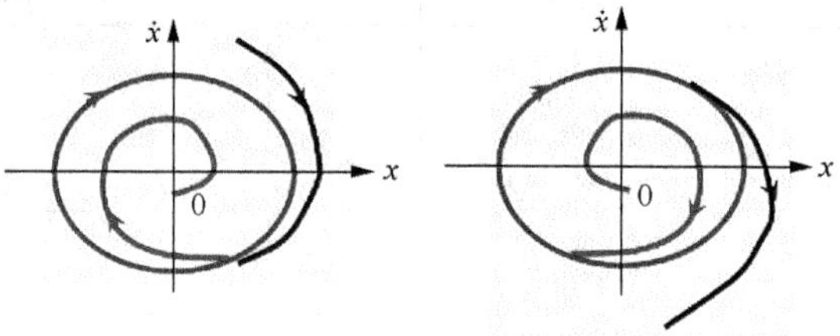

图 6-17　半稳定极限环

6.2.4　结构的定义

控制系统的很多动态特性都可以借助相轨迹图进行分析，如系统的稳定性、渐近性、动态响应快速性、振荡特性以及系统行为的鲁棒性等。所以，相轨迹描绘了系统的内在特性。如果存在一个(或几个)切换，当系统的状态达到切换函数值时，系统从一个结构自动转换成另一个确定的结构，那么这种结构称为变结构系统。对于变结构系统作以下两个定义。

1. 系统结构

系统结构利用某一组数学方程构成模型来描述。具有不同结构的系统需要用与之对应的多种数学模型进行描述。

2. 滑动模态

向系统施加设计的控制律从而使系统状态沿着指向平衡点的相轨迹运动，并逐渐趋近于平衡点并稳定，直观上可视为向平衡点进行滑动。变结构控制本质上是一类特殊的非线性控制，其非线性表现为控制的不连续性。这种控制策略与其他控制的不同之处在于系统的“结构”并不固定，可以在动态过程中，根据系统当前的状态(如偏差及其各阶导数等)有目的地不断变化，迫使系统按照预定“滑动模态”的状态轨迹运动，所以又常称为滑模变结构控制。注意：不是所有的变结构控制都能滑模控制，而滑模控制是变结构控制中最主流的设计方法。

6.3　变结构控制系统基本概念

6.3.1　变结构系统的定义

广义地说，在控制过程(瞬态过程)中，系统结构(模型)可发生变化的系统，称为变结构系统。如定义以下系统：

$$\begin{aligned}\dot{x}_1 &= x_2 \\ \dot{x}_2 &= ax_1\end{aligned} \tag{6-17}$$

则此系统的特征方程为 $p^2 - a = 0$。若 a 保持不变，则不论 a 取什么值，此系统都不会渐近稳定。对系统(6-17)取如下 Lyapunov 函数：

$$\begin{aligned}V(x) &= x_1^2 + x_2^2 \\ \dot{V}(x) &= (2+a)x_1x_2\end{aligned} \tag{6-18}$$

若 $x_1x_2 > 0$，取 $a < -2$；若 $x_1x_2 < 0$，取 $a > -2$。则可保证 $V(x)$ 函数的导数总为负，于是系统渐近稳定。注意：参数 a 根据 x_1x_2 的正负进行赋值，因此它不是取固定值而是根据系统运行状态切换取值。上述系统(6-17)满足广义变结构系统的定义，但是，像这样一些广义的变结构系统还有很多，这种变结构系统是一般意义下的转换控制系统。

6.3.2　滑动模态变结构的概念和定义

滑动变结构控制系统是一类特殊的变结构系统，其特点在于利用切换控制律使系统在切换面上沿固定相轨迹进行滑动至系统平衡点。

设系统状态方程为

$$\begin{aligned}\dot{x}_1 &= x_2 \\ \dot{x}_2 &= -a_1x_1 - a_2x_2 + u\end{aligned} \tag{6-19}$$

其中，x_1、x_2 为系统的状态变量；a_1、a_2 为固定参数，其中，$a_1 > 0$，$a_2 < 0$；u 为控制函数。令系统控制输入为

$$u = -\varphi x_1 \tag{6-20}$$

当 $\varphi = \alpha$ 时，得到一种系统结构，其中，$\alpha > a_1$ 为常数。

$$\begin{aligned}\dot{x}_1 &= x_2 \\ \dot{x}_2 &= -a_1x_1 - a_2x_2 - \alpha x_1\end{aligned} \tag{6-21}$$

由式(6-21)可知，系统的特征根是正实部复根，此时，系统的奇点为不稳定的焦点。其相轨迹于奇点螺旋发散，则这种奇点为不稳定焦点。

当 $\varphi = -\alpha$ 时，得到系统的另外一种结构：

$$\begin{aligned}\dot{x}_1 &= x_2 \\ \dot{x}_2 &= -a_1x_1 - a_2x_2 + \alpha x_1\end{aligned} \tag{6-22}$$

在这种情况下，系统的特征根是一正一负的实根。此时，系统的奇点为不稳定的鞍点。由上述分析可知，如果选择其中一种情况作为系统在基于不同取值的 φ 的控制器作用下，闭环系统均不能趋于稳定。在相平面图中即存在不稳定的焦点或不稳定的鞍点。对于上述

系统控制问题，选取滑模函数 s 且定义 s 为：$s = Cx_1 + x_2$，并当 $s = 0$ 时，选择参数 C，使得 $Cx_1 + x_2 = 0(C > 0)$ 位于 x_1 和 $\varphi = -\alpha$ 时的双曲线轨迹的渐近线之间。

其结构改变的规律具有如下形式：

$$\varphi = \begin{cases} \alpha, & x_1 s > 0 \\ -\alpha, & x_1 s < 0 \end{cases} \tag{6-23}$$

则当 $x_1 > 0$，$s > 0$（第Ⅰ象限）和 $x_1 < 0$，$s < 0$ 时（第Ⅲ象限），系统的相轨迹为不稳定焦点的轨迹；当 $x_1 < 0$，$s > 0$（第Ⅱ象限）和 $x_1 > 0$，$s < 0$（第Ⅳ象限）时，相轨迹为鞍点的轨迹。

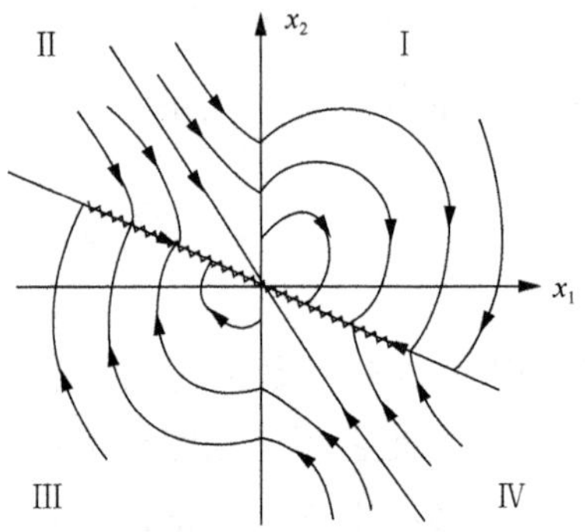

图 6-18　滑模变结构控制下的系统相轨迹

如图 6-18 所示，假设系统的初始状态从相平面图任意位置出发，沿相轨迹运动最终都会与切换线 $s = 0$ 相交。随后系统将沿着切换线朝平衡点进行滑动，如果受到扰动偏离切换线也会在系统切换控制作用下沿相轨迹回到切换线上，如图 6-18 的锯齿线所示。在 $x_1 = 0$ 上（相当于 y 轴），虽然 φ 发生切换，但控制输出不会切换。因此，$x_1 = 0$ 不能称为切换线。当系统从第Ⅱ象限进入第Ⅰ象限时，虽然 $s > 0$ 一直不变，但是从 $x_1 < 0$ 变为 $x_1 > 0$。如果 φ 发生切换，控制输入的变换是从 $u = \alpha x_1$ 变换成 $u = -\alpha x_1$。因此，控制输入可表达为

$$u = -\alpha |x_1| \operatorname{sign} s \tag{6-24}$$

若系统的运动进入滑动模态，则 $Cx_1 + x_2 = 0$，又根据系统的状态方程，故有

$$\dot{x}_1 + Cx_1 = 0 \tag{6-25}$$

此关系式为一阶微分方程，它是用来描述滑动运动的方程，称为滑动模态方程或滑动方程。显然，此方程的解为

$$x_1(t) = x_1(t_0)\mathrm{e}^{-Ct} \tag{6-26}$$

其中，t_0 为进入滑模线上的初始状态。当 $C > 0$ 时，此解稳定，故变结构系统是稳定的。由此例可见，两种都不稳定的变结构系统，若正确选择切换线，引入滑动模态之后，系统可以是稳定的。

由此，滑动变结构可以定义为有一非线性控制系统：

$$\dot{x} = f(\boldsymbol{x}, \boldsymbol{u}, t) \tag{6-27}$$

其中，$\boldsymbol{x} \in R^n$, $\boldsymbol{u} \in R^m$, $t \in R$。确定系统切换函数向量为：$s(x), s \in R^m$。切换函数向量具有的维数一般等于控制的维数，寻求变结构控制：

$$u_i(x) = \begin{cases} u_i^+(x), & s_i(x) > 0 \\ u_i^-(x), & s_i(x) < 0 \end{cases}, \quad u_i^+(x) \neq u_i^-(x) \tag{6-28}$$

6.3.3　变结构控制系统设计关键问题与目标

变结构控制系统控制器设计一般具有两个关键问题：如何选择切换函数，或者如何确定切换面 $s_i = 0$；如何确定控制律 $u_i(x)$。

对于切换函数的选择，如果系统为单输入系统，切换函数只有 1 个。确定了切换函数，

也就确定了滑动模态方程。在一般的单输入情况下，切换函数为

$$\begin{aligned} \boldsymbol{s} = \boldsymbol{C}^{\mathrm{T}}\boldsymbol{x} &= [C_1\ C_2\ \cdots\ C_n]\begin{bmatrix} x_1 \\ x_2 \\ \vdots \\ x_n \end{bmatrix} \\ &= C_1x_1 + C_2x_2 + \cdots + C_nx_n \end{aligned} \tag{6-29}$$

对于多输入系统，切换函数的确定要复杂很多，有 m 个控制，就对应有 m 个切换函数。但是，不论单输入还是多输入系统确定切换函数的问题，实质上是选择系统 $\boldsymbol{C}$（或系数矩阵 $\boldsymbol{C}$）的问题。

变结构控制系统设计的目标总结如下。

(1) 在控制器作用下系统运动轨迹在有限的时间内运行至切换面上。

(2) 切换面存在滑动模态区。

(3) 系统滑模运行是渐近稳定的，且保障了系统的动态性能。

6.4　滑动模态的存在条件与滑动模态方程

6.4.1　滑动模态的存在条件

研究滑动模态的存在性问题对于变结构控制系统稳定性与动态性能有重要意义。以下对切换面上的运动点(图 6-19)类型进行分类。

(1) 系统运动点接近切换面并穿过切换面运动，其与切换面的交点定义为常点。

(2) 系统运动点从切换面朝切换面的任意一侧离开切换面，运动轨迹在切换面上的点定义为起点。

(3) 系统运动点接近切换面时从切换面两侧趋近运动，运动轨迹与切换面的交点定义为止点。

假设在切换面上一定区域的点全部为止点，那么系统运动点靠近这个区域时，系统将趋近于该区域移动。而这些止点构成的区域称为滑动模态区域，然后定义系统在滑动模态区域的运动为滑动模态运动。

从图 6-20 可看出，相轨迹都指向滑动面，且达到滑动面上，相点不再脱离它的条件是

$$\begin{cases} \lim\limits_{s \to 0^+} \dot{s} < 0 \\ \lim\limits_{s \to 0^-} \dot{s} > 0 \end{cases} \tag{6-30}$$

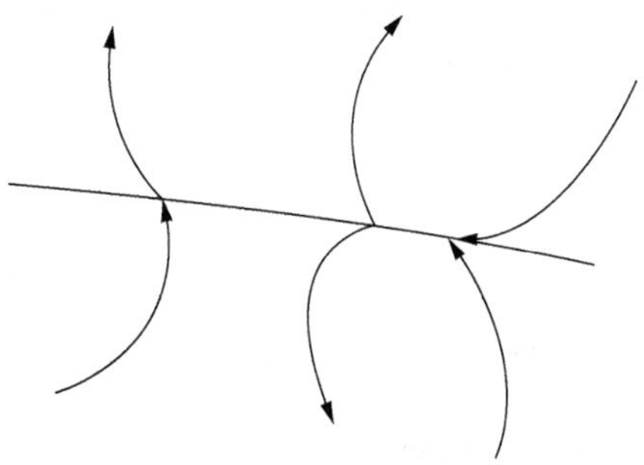

图 6-19　切换面上的运动点情况

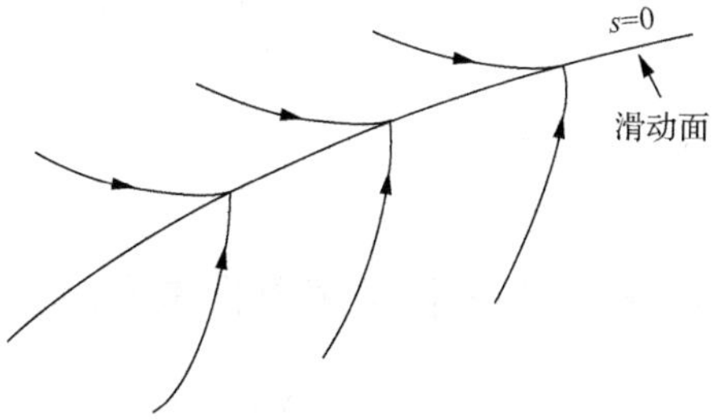

图 6-20　滑动模态运动示意图

进一步改写为

$$s\dot{s} < 0 \tag{6-31}$$

如果不等式(6-31)成立，那么在切换面上就存在滑动模态。

6.4.2　滑动模态方程

1. 消除约束法

系统在滑动面上运动时，其状态满足如下约束：

$$\begin{aligned} \dot{\boldsymbol{x}} &= \boldsymbol{f}(\boldsymbol{x}, \boldsymbol{t}) \\ \boldsymbol{s}(\boldsymbol{x}) &= 0 \end{aligned} \tag{6-32}$$

因为存在 $s(x)=0$ 的约束，n 个状态变量已不再是独立的。且系统只存在 $n-1$ 个独立变量，任意消去一个变量，如消去 x_n，得到一个 $n-1$ 个独立变量的运动方程：

$$\dot{\tilde{\boldsymbol{x}}} = \tilde{\boldsymbol{f}}(\tilde{\boldsymbol{x}}, \boldsymbol{t}) \tag{6-33}$$

由于 $s(x)=0$，所以式(6-33)方程就是滑动模态运动方程。以一个二阶继电系统为例：

$$\begin{cases} \dot{x}_1 = a_{11}x_1 + a_{12}x_2 \\ \dot{x}_2 = a_{21}x_1 + a_{22}x_2 + u \end{cases} \tag{6-34}$$

$$s = C_1 x_1 + x_2 \tag{6-35}$$

为得到沿 $s(x)=0$ 这条直线的滑动方程，假设由原系统方程中去掉第二个方程，并由 $s(x)=0$ 中，求出 x_2 代入第一个方程，得

$$\dot{x}_1 = (a_{11} - a_{12}C_1)x_1 \tag{6-36}$$

方程(6-36)就是用来描述 $s(x)=0$ 上的滑动运动的。

2. 等效控制法

对于多输入系统方程：

$$\dot{\boldsymbol{x}} = \boldsymbol{f}(\boldsymbol{x}, \boldsymbol{u}, \boldsymbol{t}) \tag{6-37}$$

令式(6-37)确定的滑模函数 $\boldsymbol{s}_i(\boldsymbol{x})$ $(i=1,2,\cdots,m)$ 的导数为 0，将所得的方程组控制向量求解，这个解称为等效控制 u_{eq}，把它代入上述方程即可求得滑动模态方程。针对下面方程描述的系统，来研究等效控制法。

$$\dot{\boldsymbol{x}} = \boldsymbol{f}(\boldsymbol{x}, \boldsymbol{t}) + \boldsymbol{B}(x, t)\boldsymbol{u} \tag{6-38}$$

式(6-38)的每一个控制输入在对应的超平面 $s_i(x)=0$ 上发生切换。

$$u_i(x,t) = \begin{cases} u^+(x,t), & s_i(x) > 0 \\ u^-(x,t), & s_i(x) < 0 \end{cases} \tag{6-39}$$

根据等效控制法，等效控制量 u_{eq} 应令 $s_i(x)$ $(i=1,2,\cdots,m)$ 的导数为 0 来求得，于是有

$$\begin{cases} s_i = C_{i1}x_1 + C_{i2}x_2 + \cdots + C_{i(n-1)}x_{n-1} + C_{in}x_n \\ \dot{s}_i = 0 \end{cases} \tag{6-40}$$

由式(6-40)得

$$\boldsymbol{Gf} + \boldsymbol{GBu}_{\mathrm{eq}} = 0 \tag{6-41}$$

其中，$\boldsymbol{G}$是$m \times n$矩阵，其行向量为 $s_i(x)$ 的梯度向量，即有

$$\nabla \boldsymbol{s}_i(x) = \left[\frac{\partial s_i}{\partial x_1} \; \frac{\partial s_i}{\partial x_2} \; \cdots \; \frac{\partial s_i}{\partial x_n} \right], \quad i = 1, 2, \cdots, m \tag{6-42}$$

若 $\det \boldsymbol{GB} \neq 0, (\forall x, \forall t)$，则有

$$\boldsymbol{u}_{\text{eq}} = -(\boldsymbol{GB})^{-1}\boldsymbol{Gf} \tag{6-43}$$

将式(6-43)代入式(6-38)可得滑动模态方程：

$$\dot{\boldsymbol{x}} = \boldsymbol{f} - \boldsymbol{B}(\boldsymbol{GB})^{-1}\boldsymbol{Gf} \tag{6-44}$$

上述方程是 n 阶的，实际上，只要用 $n-m$ 阶的方程就可以描述滑动模态的运动。这是因为利用等效控制法时，等效控制 u_{eq} 是在 $s_i(x)$ $(i=1,2,\cdots,m)$ 的导数为 0 时求取的，即上述系统状态变量具有 m 个约束。

考虑实际滑动运动，由系统的方程有

$$\begin{cases} \dot{\boldsymbol{x}} = \boldsymbol{f}(\boldsymbol{x},t) + \boldsymbol{B}(\boldsymbol{x},t)\tilde{\boldsymbol{u}} \\ \boldsymbol{s} = \boldsymbol{C}^{\mathrm{T}}\boldsymbol{x} \end{cases} \tag{6-45}$$

由上式可计算真实控制输出：

$$\tilde{\boldsymbol{u}} = -(\boldsymbol{GB})^{-1}\boldsymbol{Gf} + (\boldsymbol{GB})^{-1}\dot{\boldsymbol{s}} = \boldsymbol{u}_{\text{eq}} + (\boldsymbol{GB})^{-1}\dot{\boldsymbol{s}} \tag{6-46}$$

可见滑动模态区域的等效控制 $\boldsymbol{u}_{\text{eq}}$ 是滑动模态区域的真实控制 $\tilde{u}$ 的平均值。

6.5　滑模变结构控制的抖振问题

6.5.1　抖振现象

由于实际系统往往受时间滞后、系统惯性、状态死区和离散时间调节等因素的影响，因此滑模变结构系统的控制输入将在不同结构的控制器之间切换。上述滑模变结构系统的运行特性导致了实际系统在滑动运行时产生具有有限振幅和有限频率的“之”字形运动轨迹。这种现象称为抖振现象。由于滑模变结构系统的滑动模态不是准确地在滑动切换面，因此系统的运行状态和输出容易产生剧烈的抖动。此外，考虑系统的时间滞后、状态死区与未知系统动力学特征也可能会导致系统的不稳定。

6.5.2　削弱抖振的方法

在许多实际的控制系统中，如直流电动机和飞机控制系统，削弱抖振的主要方法是利用连续且平滑的控制信号。例如，飞机的空气动力学特性导致其不能承受高频率切换控制，但同时又希望保留控制系统对于模型不确定性和外部干扰的鲁棒性能。以下介绍两种削弱抖振的方法。

1. 准滑动模态方法

一种可显著改善控制输入不连续和不平滑的解决方案是利用一些连续且平滑的函数近似不连续函数。例如，将符号函数替换为 sigmoid 函数，如图 6-21 所示。

$$\text{sign}(\sigma) \approx \frac{\sigma}{|\sigma| + \varepsilon} \tag{6-47}$$

其中，ε 是一个小的正数。对式(6-47)右端项取极限有

$$\lim_{\varepsilon \to 0} \frac{\sigma}{|\sigma| + \varepsilon} = \text{sign}(\sigma), \quad \sigma \neq 0 \tag{6-48}$$

因此需要选择适宜的 ε 以满足理想系统动态性能和平滑控制动作的要求。

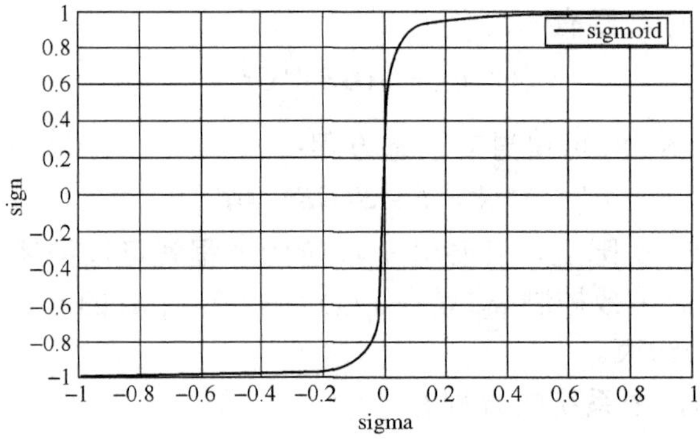

图 6-21　sigmoid 函数

2. 趋近律方法

另一种设计连续控制的方法是根据控制函数的导数来设计滑膜变结构控制器。在这种情况下，具有高频开关函数的实际控制器是连续的。这种方法称为抖振衰减。因为高频开关函数的存在，滑模控制过程仍然会存在一些周期性残差。

例如，存在系统：

$$\begin{cases}\dot{x}_1 = x_2\\ \dot{x}_2 = u + f(x_1,x_2,t)\end{cases} \tag{6-49}$$

其中，u 为控制输入；$f(x_1,x_2,t)$ 为系统有界扰动项。令系统(6-49)的初始状态为 $x_1(0)=x_{10}$，$x_2(0)=x_{20}$。将系统(6-49)进一步改写为

$$\begin{cases}\dot{x}_1 = x_2\\ \dot{x}_2 = u + f(x_1,x_2,t)\\ \dot{u} = v\end{cases} \tag{6-50}$$

通常通过选择滑动面 $\sigma = x_2 + cx_1 (c>0)$ 并设计相应的切换控制律能使系统状态渐近趋于零。为了实现抖振衰减，本节设计一个新的滑动面：

$$s = \dot{\sigma} + \overline{c}\sigma \tag{6-51}$$

通过设计合适的控制律 v 能够实现滑动模态渐近收敛且 $s \to 0$。由于利用了控制输入的导数进行设计，则系统趋于稳定时有 σ，$\dot{\sigma} \to 0$ 且 x_1，$x_2 \to 0$。区别于原始的滑模设计，系统(6-50)引入了趋近律设计，使得滑动模态(变量)渐近收敛到零。为了获取适宜的控制律 v，可以构造：

$$s\dot{s} = s\left[v + c\overline{c}x_2 + (c+\overline{c})u + (c+\overline{c})f(x_1,x_2,t) + \dot{f}(x_1,x_2,t)\right] \tag{6-52}$$

令控制律 $v = -c\overline{c}x_2 - (c+\overline{c})u + v_1$ 并将其代入式(6-52)，可得

$$s\dot{s} = s\left[v_1 + (c+\overline{c})f(x_1,x_2,t) + \dot{f}(x_1,x_2,t)\right] \tag{6-53}$$

假设系统扰动项有界且 $f(x_1,x_2,t) \leqslant L$，$\dot{f}(x_1,x_2,t) \leqslant \overline{L}$。则式(6-53)有

$$s\left[v_1 + (c+\overline{c})f(x_1,x_2,t) + \dot{f}(x_1,x_2,t)\right] \leqslant sv_1 + |s|\left[\overline{L} + (c+\overline{c})L\right] \tag{6-54}$$

令 $v_1 = -\rho\,\mathrm{sign}(s)$ 且 $\rho > 0$，则式(6-53)和式(6-54)有

$$s\dot{s} \leqslant |s|\left[-\rho + \overline{L} + (c+\overline{c})L\right] \tag{6-55}$$

选择适宜的控制增益 ρ 能保障系统滑动模态的存在，则令

$$\rho = \bar{L} + (c + \bar{c})L + \frac{\alpha}{\sqrt{2}}(\alpha > 0) \tag{6-56}$$

进一步可获得控制律 v 有

$$v = -c\bar{c}x_2 - (c + \bar{c})\ u - \rho \mathrm{sign}(s) \tag{6-57}$$

6.6　滑模变结构控制系统设计

6.6.1　滑模变结构控制的定义

有一控制系统状态方程为

$$\dot{\boldsymbol{x}} = f(\boldsymbol{x},u,t),\quad \boldsymbol{x} \in R^n,\ u \in R \tag{6-58}$$

需要确定切换函数：

$$s(x),\quad s \in R \tag{6-59}$$

进一步求解控制律：

$$\begin{cases} u^+(x), & s(x) > 0 \\ u^-(x), & s(x) < 0 \end{cases} \tag{6-60}$$

滑模变结构控制的三要素：满足可达性条件，即在切换面以外的运动点都将在有限时间内到达滑模切换面。需要满足滑动模态的存在性。保证滑动模态运动的渐近稳定性并具有良好的动态品质。

例如，令二阶系统的运动微分方程为

$$\begin{cases} \dot{x} = y \\ \dot{y} = 2y - x + u \end{cases} \tag{6-61}$$

$$u = -\psi x$$

其中，x、y 为状态变量，选择滑模切换面为 $s = 0.5x + y$。令系统控制输入 u 为

$$u = -\psi x = \begin{cases} -4x, & xs > 0 \\ 4x, & xs < 0 \end{cases} \tag{6-62}$$

(1) 当控制输入为 $u = -4x(xs > 0)$ 时，系统运动方程由式(6-61)改写为

$$\begin{cases} \dot{x} = y \\ \dot{y} = 2y - x - 4x = 2y - 5x \end{cases} \tag{6-63}$$

将 $\dot{x} = y$ 代入可得系统特征方程 $\ddot{x} - 2\dot{x} + 5x = 0$，系统特征根为 $\lambda_{1,2} = 1 \pm 2i$，奇点为不稳定焦点，绘制相轨迹图如图 6-22 所示。

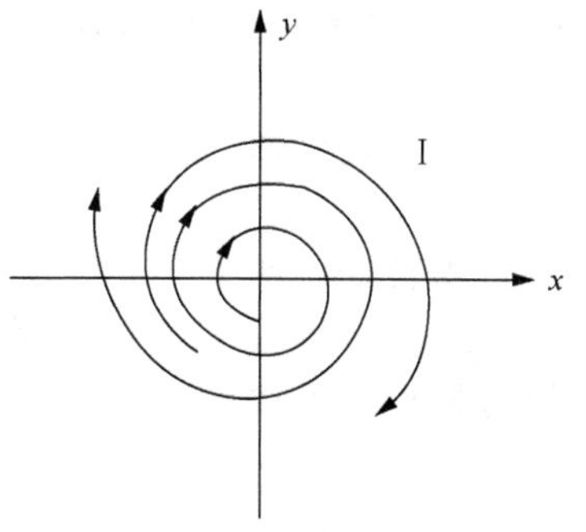

图 6-22　当控制输入为 $u = -4x(xs > 0)$ 时系统相轨迹图

(2) 当控制输入为 $u = 4x(xs < 0)$ 时，系统运动方程由式(6-61)改写为

$$\begin{cases} \dot{x} = y \\ \dot{y} = 2y - x + 4x = 2y + 3x \end{cases} \tag{6-64}$$

将 $\dot{x} = y$ 代入可得系统特征方程 $\ddot{x} - 2\dot{x} - 3x = 0$，系统特征根为 $\lambda_{1,2} = -1,3$，奇点为不稳定焦点，绘制相轨迹图如图 6-22 所示。

根据控制输入切换条件，在相轨迹图 6-22 和图 6-23 的基础上绘制整个系统的相轨迹如图 6-24 所示。

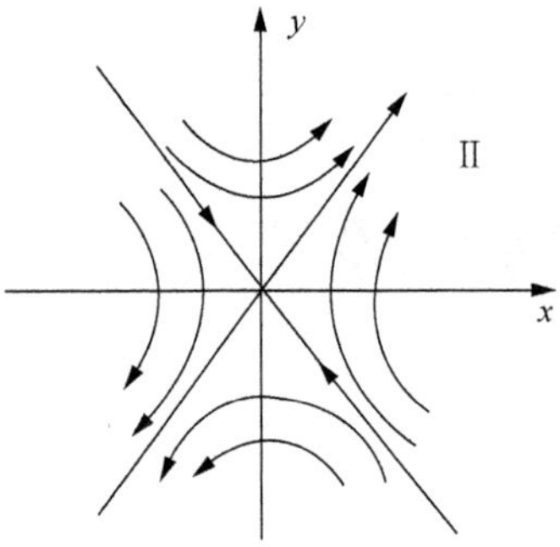

图 6-23 当控制输入为 $u=4x(xs<0)$ 时系统相轨迹图

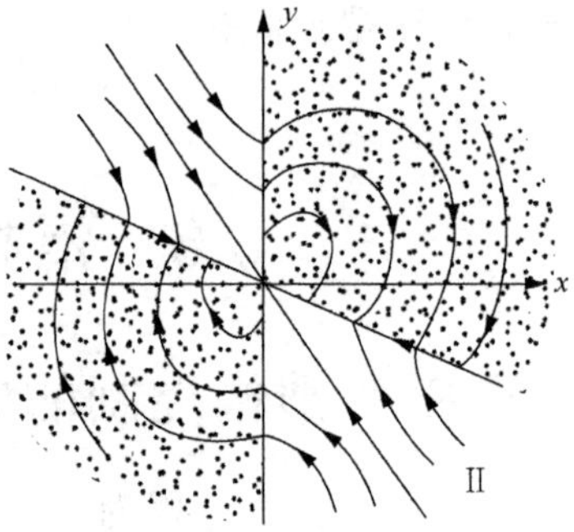

图 6-24 系统在控制输入式(6-62)下的相轨迹图

根据图 6-24，不难看出切换线上的点都是止点，即切换线 $s=0.5x+y=0$ 就是滑动模态区。当系统状态到达切换线时，状态点将满足切换线方程：$0.5x+y=0$，将 $y=\dot{x}$ 代入可得到滑动模态运动方程：

$$x+2\dot{x}=0 \tag{6-65}$$

求解(6-65)得

$$x(t)=x_0\mathrm{e}^{-0.5t} \tag{6-66}$$

由式(6-66)可知滑动模态运动是按指数稳定的。

6.6.2 滑模变结构控制的品质

系统在滑模控制器作用下的运行过程如图 6-25 所示，可以分为两个运动阶段：正常运动段代表系统运动状态位于切换面之外，如图中 $x_0\to A$ 段所示。滑动模态运动段代表系统运动状态位于切换面上的滑动模态区域之中，如图中 $A\to O$ 段所示。

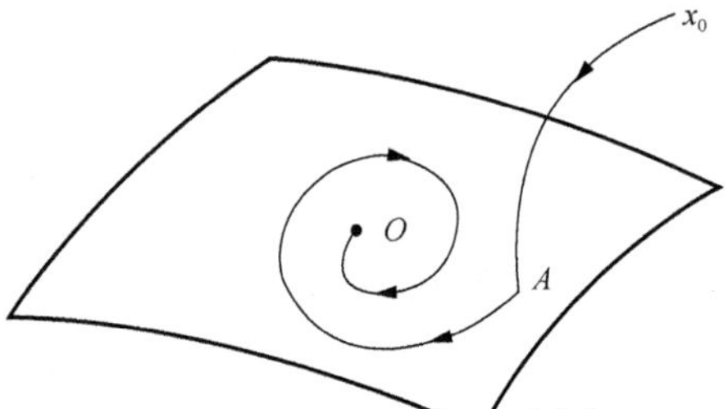

图 6-25 滑模变结构控制下系统的动态过程

滑模变结构控制的品质由这两段过程的动态特性所决定。通常选择合适的控制律改善正常运动段的动态性能，选择切换函数 $s(x)$ 提高滑动模态运动段的动态性能。采用趋近律方法可以有效改善正常运动段的品质并提高系统的趋近速度。下面列出常见的趋近律。

(1) 等速趋近律

$$\dot{s}=-\varepsilon\mathrm{sign}(s),\quad \varepsilon>0$$

(2) 指数趋近律

$$\dot{s}=-\varepsilon\mathrm{sign}(s)-ks,\quad \varepsilon>0,\ k>0$$

(3) 幂次趋近律

$$\dot{s}=-k|s|^{\alpha}\mathrm{sign}(s),\quad 0<\alpha<1$$

(4) 一般趋近律

$$\dot{s}=-\varepsilon\mathrm{sign}(s)-f(s),\quad \varepsilon>0$$

由于趋近律可以改善正常运动段的控制品质，从而使系统状态点远离，以一个较快的速度向切换面运动。但是较快的趋近速度也存在导致系统剧烈抖振的弊端，因此需要选择适宜的趋近律。

6.6.3　滑模变结构控制设计步骤

滑模变结构系统的设计可分为两个步骤。

(1) 选择适当的切换函数，或者确定切换面 $s(x)=0$。对于单输入单输出系统而言，其线性切换函数为

$$\boldsymbol{s}(x)=\boldsymbol{c}\boldsymbol{x}=\left[c_1,c_2,\cdots,c_{n-1},1\right]\begin{bmatrix}x_1\\x_2\\\vdots\\x_{n-1}\\x_m\end{bmatrix} \tag{6-67}$$

对于多输入多输出系统而言，考虑有 $\boldsymbol{m}$ 个系统输入的情况则其线性切换函数为

$$\boldsymbol{s}(x)=\begin{bmatrix}s_1(x)\\s_2(x)\\\vdots\\s_m(x)\end{bmatrix}=\boldsymbol{C}\boldsymbol{x},\quad \boldsymbol{C}\in R^{m\times n} \tag{6-68}$$

(2) 设计适当的切换控制律 $u=u^{\pm}(x)$。通常利用滑动模态存在条件 $s\dot{s}<0$，求得控制律的一个不等式，然后在满足此不等式的条件下选择合适的控制律。同时利用趋近律的方法设计切换控制律，提高系统的趋近速度。

6.7　滑模变结构控制在压电陶瓷定位控制中的应用

6.7.1　压电陶瓷

压电陶瓷作为一种精密驱动器件，具有体积小、精度和分辨率高、频响高、输出力大、不发热和响应速度快等优点，是微位移驱动器的首选驱动元件。在光学、电子、航空航天、生物工程等需要精密测量和精密制造的领域中得到广泛应用。

压电陶瓷的工作原理是压电效应。如果对一块有电极、经过极化处理的压电陶瓷施加一个力，那么压电陶瓷就会产生形变，同时还会产生电效应(如放电和充电现象)。相反，如果在压电陶瓷的电极上施加一个外电场，它就会产生形变效应，该形变应变大小与电场大小成正比，应变方向与电场方向有关。前者称为正压电效应，后者称为逆压电效应。压电效应反映了压电陶瓷的“压”和“电”之间的耦合效应。

6.7.2　压电陶瓷中的控制问题

压电陶瓷是一类非线性器件，具有明显的迟滞、蠕变和振动等非线性特性，使得其测量精度降低，瞬态响应速度变慢，严重限制压电陶瓷微位移器的应用。

1. 迟滞

压电陶瓷的迟滞特性表现为输入电压和输出位移的关系是非线性的，升压、降压时的

电压-位移曲线存在明显的位移差。图 6-26 是一个压电陶瓷的迟滞环示意图，从图中可以看出，压电陶瓷当前的输出位移由输入电压的当前值和历史值决定。在压电陶瓷微位移器的定位控制中，迟滞这一非线性特性会引入非常大的定位误差，尤其在实现大范围的位移输出时，迟滞非线性带来的不利影响非常明显。另外，迟滞非线性特性是一种静态非线性，即使在期望位移信号频率很低的情况下，依然会存在明显的迟滞非线性影响定位精度。

2. 蠕变

压电陶瓷的蠕变特性就是当施加在压电陶瓷微位移器上的电压值不再变化时，输出位移的值不是稳定在一个固定值上，而是随着时间缓慢变化，并在一定时间之后才会达到稳定值(图 6-27)。这是由于电介质内部的晶格间存在内摩擦力，晶体中电畴开始转向时互相影响，而存在一定的变形滞后。蠕变特性也会给压电陶瓷的定位控制造成极大的定位误差，进而影响定位精度。

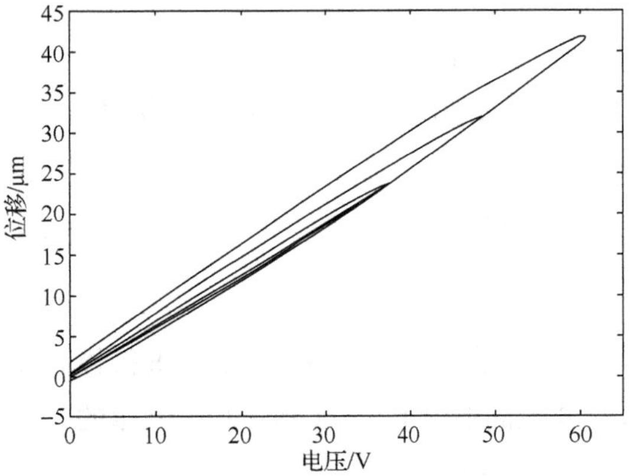

图 6-26　电压-位移关系的迟滞特性

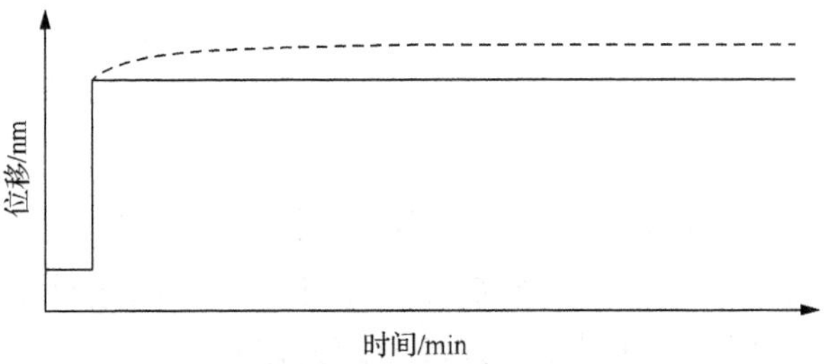

图 6-27　压电陶瓷在阶跃响应下的蠕变特性

3. 振动

压电陶瓷微位移器通常具有比较低的结构阻尼，当其工作在谐振频率时，就会产生自激振动(图 6-28)。图 6-29 是一个压电陶瓷伯德图，从图中可以看到该压电陶瓷第一谐振频率为 300Hz 左右，则该压电陶瓷微位移器在实际使用时，能跟踪的期望信号要远远小于 300Hz，以免振动带来定位误差，这严重限制了压电陶瓷微位移器的适用范围。

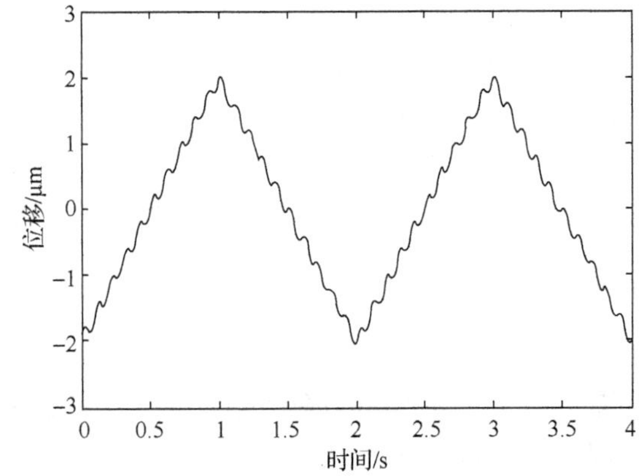

图 6-28　自激振动下三角波跟踪结果图

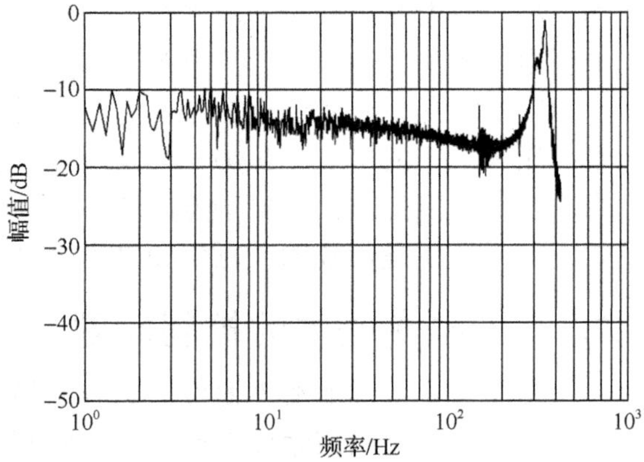

图 6-29　压电陶瓷伯德图

所以，对压电陶瓷的控制目标就是克服上述非线性特性，实现压电陶瓷对期望位置轨迹的精确跟踪。

6.7.3　滑模控制器的设计

1. 系统描述

考虑迟滞等非线性特性时，压电陶瓷微位移器系统的完整动态模型可描述为

$$M\ddot{x}(t)+B\dot{x}(t)+Kx(t)=Du(t)+Fh(t)+Q(t) \tag{6-69}$$

其中，t 为时间变量；M、B、K 和 D 分别是压电陶瓷的质量、阻尼系数、刚度和压电系数；u 为输入电压；x 为输出位置信息；Fh 为系统的迟滞等非线性；Q 为系统不确定性和外部干扰。式(6-69)所示系统可以通过代换变换为

$$\ddot{x}(t)+a_1\dot{x}(t)+a_0x(t)=b_0u(t)+d(t) \tag{6-70}$$

其中，$a_1=\dfrac{B}{M}$，$a_0=\dfrac{K}{M}$，$b_0=\dfrac{D}{M}$，$d=\dfrac{Fh+Q}{M}$。注意：d 在这里是一个由系统非线性、系统不确定性以及外部干扰所构成的一个集成扰动，由式(6-70)，扰动项 d 可以描述为

$$d=\ddot{x}+a_1\dot{x}+a_0x-b_0u \tag{6-71}$$

为了消除代数环，这里将扰动项 d 进行估计为

$$\bar{d}=\ddot{x}+a_1\dot{x}+a_0x-b_0u(t-T) \tag{6-72}$$

其中，T 为采样时间间隔。则式(6-70)代表的系统可以描述为

$$\ddot{x}(t)+a_1\dot{x}(t)+a_0x(t)=b_0u(t)+\bar{d}(t)+\tilde{d}(t) \tag{6-73}$$

其中，$\tilde{d}=d-\bar{d}$ 定义为扰动项 d 的估计误差，给出以下合理假设：

假设 6.1：$\tilde{d}$ 的变化率是有界的，即 $|\dot{\tilde{d}}|\leqslant\delta$。

2. 状态估计

由式(6-72)可知，获取扰动估计 $\bar{d}$ 的过程中，需要计算输出位置的高阶导数 $(\dot{x},\ddot{x})$，但在实际应用中，位移传感器只能获取输出位置 x。为了获取 $(\dot{x},\ddot{x})$，这里设计一个二阶鲁棒精确微分器来提供二阶的实时鲁棒精确微分，实现状态估计的有限时间收敛。微分器设计如下：

$$\begin{aligned}
\dot{z}_0&=\upsilon_0=-\lambda_1|z_0-x|^{\frac{2}{3}}\operatorname{sign}(z_0-x)+z_1\\
\dot{z}_1&=\upsilon_1=-\lambda_2|z_1-x|^{\frac{1}{2}}\operatorname{sign}(z_1-x)+z_2\\
\dot{z}_2&=-\lambda_3\operatorname{sign}(z_2-\upsilon_1)
\end{aligned} \tag{6-74}$$

其中，$\lambda_1=3\lambda^{\frac{1}{3}}$，$\lambda_2=1.5\lambda^{\frac{1}{2}}$，$\lambda_3=1.1\lambda$，$\lambda\geqslant|\ddot{x}|$。微分器的输出 z_0、z_1、z_2 分别为对 x、$\dot{x}$、$\ddot{x}$ 的估计，即在有限时间内，可以得到

$$z_0=\hat{x},\quad z_1=\hat{\dot{x}},\quad z_2=\hat{\ddot{x}} \tag{6-75}$$

定义状态估计误差为

$$e_1=x-\hat{x},\quad e_2=\dot{x}-\hat{\dot{x}},\quad e_3=\ddot{x}-\hat{\ddot{x}} \tag{6-76}$$

可以进一步得到

$$\begin{aligned}
e_1&=-\lambda_1|e_1|^{\frac{2}{3}}\operatorname{sign}(e_1)+e_2\\
e_2&=-\lambda_2|e_2-\dot{e}_1|^{\frac{1}{2}}\operatorname{sign}(e_2-\dot{e}_1)+e_3\\
e_3&=-\lambda_3\operatorname{sign}(e_3-\dot{e}_2)+[-\lambda\ \lambda]
\end{aligned} \tag{6-77}$$

其中，$e_1 = e_2 = e_3 = 0$ 可以在有限时间内实现。

利用式(6-74)，式(6-72)可以写为

$$\bar{d} = \hat{d} + \omega \tag{6-78}$$

其中

$$\hat{d} = \hat{\ddot{x}} + a_1\hat{\dot{x}} + a_0\hat{x} - b_0 u(t-T) \tag{6-79}$$

$$\omega = e_3 + a_1 e_2 + a_0 e_1 \tag{6-80}$$

其中，$\hat{d}$ 是对扰动项 d 的估计。由式(6-77)可知，$\dot{\omega}$ 是有界的，即 $|\dot{\omega}| \leqslant \rho$，那么由式(6-79)产生的扰动估计误差为 $\tilde{\tilde{d}} = d - \hat{d} = \tilde{d} + \omega$。结合假设 6.1 可知，$\tilde{\tilde{d}}$ 的变化率也是有界的，即 $\left|\dot{\tilde{\tilde{d}}}\right| \leqslant \delta + \rho$。

在实际操作中，需要通过调节微分器的增益 λ_1、λ_2、λ_3 使得微分器具有比控制器更快的动态特性，以保证使得状态估计误差比跟踪误差更快收敛。

3. 滑模控制器设计

考虑压电陶瓷动态模型(6-73)、状态估计(6-75)以及扰动估计(6-79)，控制器设计的主要目标是在同时存在状态估计误差 e_1、e_2、e_3 和扰动估计误差 $\tilde{d}$ 的情况下，使得压电陶瓷微位移器的输出位置 x 能够以足够高的精确度对期望位置轨迹 x_d 进行跟踪。相较于传统滑模控制，高阶终端滑模控制可以有效地消除抖振现象，并且具有更高的精度。针对式(6-73)描述的二阶系统，这里设计一种三阶积分终端滑模控制器来对压电陶瓷微位移器进行控制。

1) 滑模面设计

定义位置跟踪误差为

$$e = \hat{x} - x_d \tag{6-81}$$

其中，x_d 为系统期望的位置轨迹。

定义一个积分型滑模面为

$$s = c_1 e + c_2 \int_0^t |\mathrm{e}|^{\alpha} \operatorname{sign}(e) \mathrm{d}\tau \tag{6-82}$$

其中，增益 $c_1 > 0$，$c_2 > 0$ 且 $\frac{1}{2} < \alpha < 1$。滑模面的时间微分为

$$\dot{s} = c_1 \dot{e} + c_2 |\mathrm{e}|^{\alpha} \operatorname{sign}(e) \tag{6-83}$$

对于式(6-73)描述的系统模型，当滑模面设计为式(6-82)时，滑模变量有限时间稳定且与初始状态无关。

下面给出证明。

证明：选取 Lyapunov 函数

$$V = e^2 / 2 \tag{6-84}$$

其时间微分为

$$\dot{V} = e\dot{e} \tag{6-85}$$

假设 $\dot{s} = 0$ 可实现，那么由式(6-83)可知

$$\dot{e} = -\frac{c_2}{c_1} |\mathrm{e}|^{\alpha} \operatorname{sign}(e) \tag{6-86}$$

代入式(6-85)得

$$\dot{V}=-\frac{c_2}{c_1}|\mathrm{e}|^{\alpha}e\cdot\mathrm{sign}(e)=-\frac{c_2}{c_1}|\mathrm{e}|^{\alpha}\leqslant-\frac{c_2}{c_1}(\mathrm{e}^2)^{\frac{\alpha+1}{2}}$$
$$=-\frac{2^{\frac{\alpha+1}{2}}c_2}{c_1}\left(\frac{\mathrm{e}^2}{w}\right)^{\frac{\alpha+1}{2}}=-\frac{2^{\frac{\alpha+1}{2}}c_2}{c_1}V^{\frac{\alpha+1}{2}} \tag{6-87}$$

其中，$|e|=e\cdot\mathrm{sign}(e)$。因此可以得到 $\dot{V}<0$，且可以知道

$$\dot{V}+\beta V^{\eta}<0 \tag{6-88}$$

其中

$$\beta=\frac{2^{\frac{\alpha+1}{2}}c_2}{c_1},\quad \eta=\frac{\alpha+1}{2} \tag{6-89}$$

考虑到 $\frac{1}{2}<\alpha<1$，那么 $\frac{3}{4}<\eta<1$，则跟踪误差的收敛时间可得

$$T_c\leqslant\frac{V^{1-\eta}(e_0)}{\beta(1-\eta)} \tag{6-90}$$

其中，$V(e_0)$ 为式(6-84)所示的 Lyapunov 函数的初始值。

注意：由式(6-90)可知，滑模变量的收敛时间 T_c 与 Lyapunov 函数的初始值 $V(e_0)$ 和控制增益 c_1,c_2 的比值有关；$\frac{c_2}{c_1}$ 越大，收敛时间越短，但是过大的增益比值将导致超调，因此需要根据收敛速度和控制性能来权衡控制器增益 c_1,c_2 的设计。

2) 控制律设计

控制律设计如下

$$u=u(t-T)+\frac{1}{b_0}(u_{eq}+u_n) \tag{6-91}$$

$$u_{eq}=\ddot{x}_d-\hat{\ddot{x}}+\frac{\alpha c_2^{\ 2}}{c_1^{\ 2}}|\mathrm{e}|^{2\alpha-1}\mathrm{sign}(e) \tag{6-92}$$

$$u_n=-k_1|\phi|^{\frac{1}{2}}\mathrm{sign}(\phi)+z \tag{6-93}$$

$$\dot{z}=-k_2\mathrm{sign}(\phi) \tag{6-94}$$

$$\phi=\dot{s}+k_3|s|^{\frac{2}{3}}\mathrm{sign}(s) \tag{6-95}$$

其中，k_1,k_2,k_3 为增益且 $k_1,k_2,k_3>0$，$\frac{1}{2}<\alpha<1$。

定理 6.1　对于式(6-73)所描述的系统模型，当滑模面设计为式(6-82)，且满足假设 6.1 的条件时，当控制律设计为式(6-91)、式(6-95)，可在有限时间内实现 $s=\dot{s}=\ddot{s}=0$。

以下给出证明。

证明：式(6-83)的时间微分为

$$\ddot{s}=c_1\ddot{e}+\alpha c_2|\mathrm{e}|^{\alpha-1}\dot{e} \tag{6-96}$$

将式(6-86)代入可得

$$
\begin{aligned}
\ddot{s} &= c_1\ddot{e} - \frac{\alpha c_2^2}{c_1^2}|\mathrm{e}|^{2\alpha-1}\operatorname{sign}(e) \\
&= c_1(\hat{\ddot{x}} - \ddot{x}_d) - \frac{\alpha c_2^2}{c_1^2}|\mathrm{e}|^{2\alpha-1}\operatorname{sign}(e) \\
&= c_1(b_0(u - u(t-T)) + \hat{\ddot{x}} - \ddot{x}_d + \tilde{d}) - \frac{\alpha c_2^2}{c_1^2}|\mathrm{e}|^{2\alpha-1}\operatorname{sign}(e)
\end{aligned} \tag{6-97}
$$

将控制律式(6-91)代入可得

$$\ddot{s} = -k_1 c_1 |\phi|^{\frac{1}{2}} \operatorname{sign}(\phi) + c_1(z + \tilde{d}) \tag{6-98}$$

$$\dot{z} = -k_2 \operatorname{sign}(\phi) \tag{6-99}$$

假设 $p = c_1(z + \tilde{d})$，式(6-98)可变为

$$\ddot{s} = -k_1 c_1 |\phi|^{\frac{1}{2}} \operatorname{sign}(\phi) + p \tag{6-100}$$

$$\dot{p} = -k_2 c_1 \operatorname{sign}(\phi) + \dot{\tilde{d}} c_1 \tag{6-101}$$

令 $\chi_1 = s$，可以得到

$$\dot{\chi}_1 = \chi_2 \tag{6-102}$$

$$\dot{\chi}_2 = -k_1 c_1 |\phi|^{\frac{1}{2}} \operatorname{sign}(\phi) + p \tag{6-103}$$

$$\dot{p} = -k_2 c_1 \operatorname{sign}(\phi) + \dot{\tilde{d}} c_1 \tag{6-104}$$

其中

$$\phi = \chi_2 + k_3 |\chi_1|^{\frac{2}{3}} \operatorname{sign}(\chi_1) \tag{6-105}$$

可以看出，式(6-102)、式(6-103)和式(6-104)与三阶超螺旋结构相同。根据假设 6.1 可知 $\dot{\tilde{d}} c_1$ 有界，即 $\dot{\tilde{d}} c_1 \leqslant \delta c_1$。

$\chi_1(=s), \chi_2(=\dot{s})$ 以及 p 都将在有限时间内收敛到 0。结合式(6-82)和式(6-83)可得 $e = 0, \dot{e} = 0$ 可在有限时间内实现。结合式(6-103)，$\dot{\chi}_2(=\ddot{s})$ 也将在有限时间内收敛到 0。则 $s, \dot{s}, \ddot{s}$ 均连续，$\dddot{s}$ 因为符号函数项 $-k_2 c_1 \operatorname{sign}(\phi)$ 的存在不连续。因此，所设计控制器可实现有限时间收敛的三阶滑模控制。

注意：所设计控制器方框图如图 6-30 所示。所设计控制器的实现不需要利用扰动的边界值，只需要确定扰动估计误差的变化率有界(假设 1)，因此所设计的 3-ITSMC 非常易于实际工程实现。

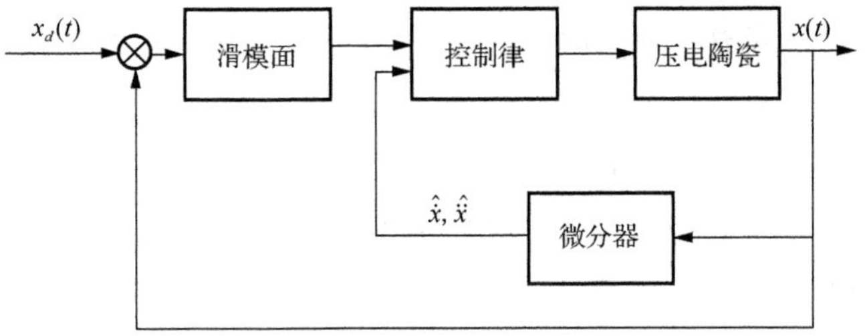

图 6-30　所设计滑模控制器方框图

6.7.4　实验结果与分析

1. 实验过程

实验主体是由一台商用的扫描探针显微镜(本原 CSPM5500 SPM)构成的，实验环境如图 6-31 所示。CSPM5500 SPM 内置一根作为驱动机构的压电陶瓷管以及相应的位移传感器。该压电陶瓷呈一个管状，具有 6 个电极，可以在三个方向产生位移(图 6-32)。外壁均匀地刻为四个电极，将相对的两极同时施加极性相反、大小相同的电压就能使压电管产生弯曲，从而实现水平方向的运动；内壁具有两个电极，施加类似的电压能使压电管在 z 方向发生伸缩，产生 z 方向的位移。这里选择水平方向上的一个方向作为实验对象。这里搭建了一个利用 Matlab-xPC Target 环境的半实物仿真平台作为实验环境。利用 Matlab 搭建控制器，然后通过一个装有 16 位 A/D 和 D/A 转换器的数据采集卡(NI PCI 6259, 2000Hz)对信号进行处理，D/A 通道将控制信号转换为电压信号，然后通过高压放大器将其放大 16 倍，并将其转换为-160～160V 的电压，用于驱动压电驱动器；同时，A/D 通道获取位移传感器输出电压信号。

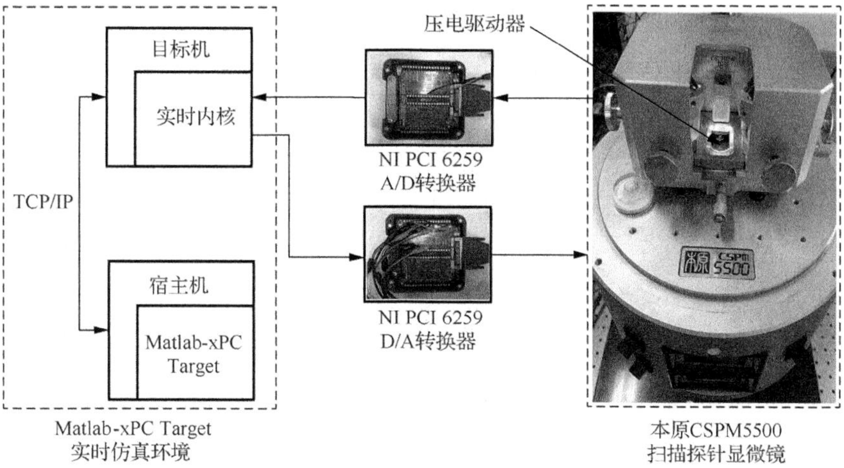

图 6-31　半实物仿真实验环境

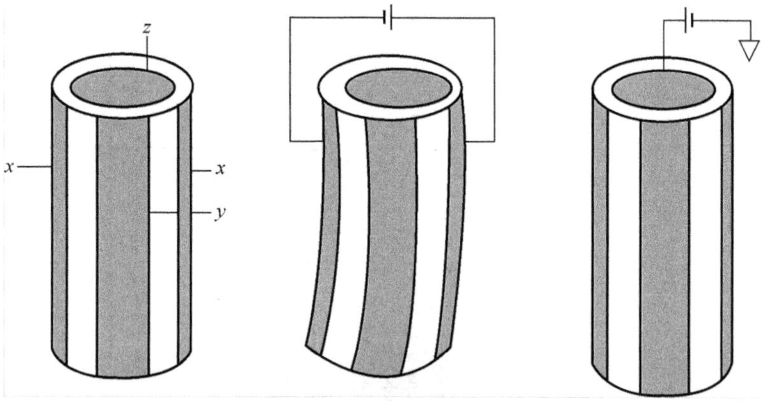

图 6-32　压电陶瓷及三个电极示意图

将上面所设计的控制器在 Matlab/Simulink 环境中进行仿真模型的搭建，结果如图 6-33 所示。

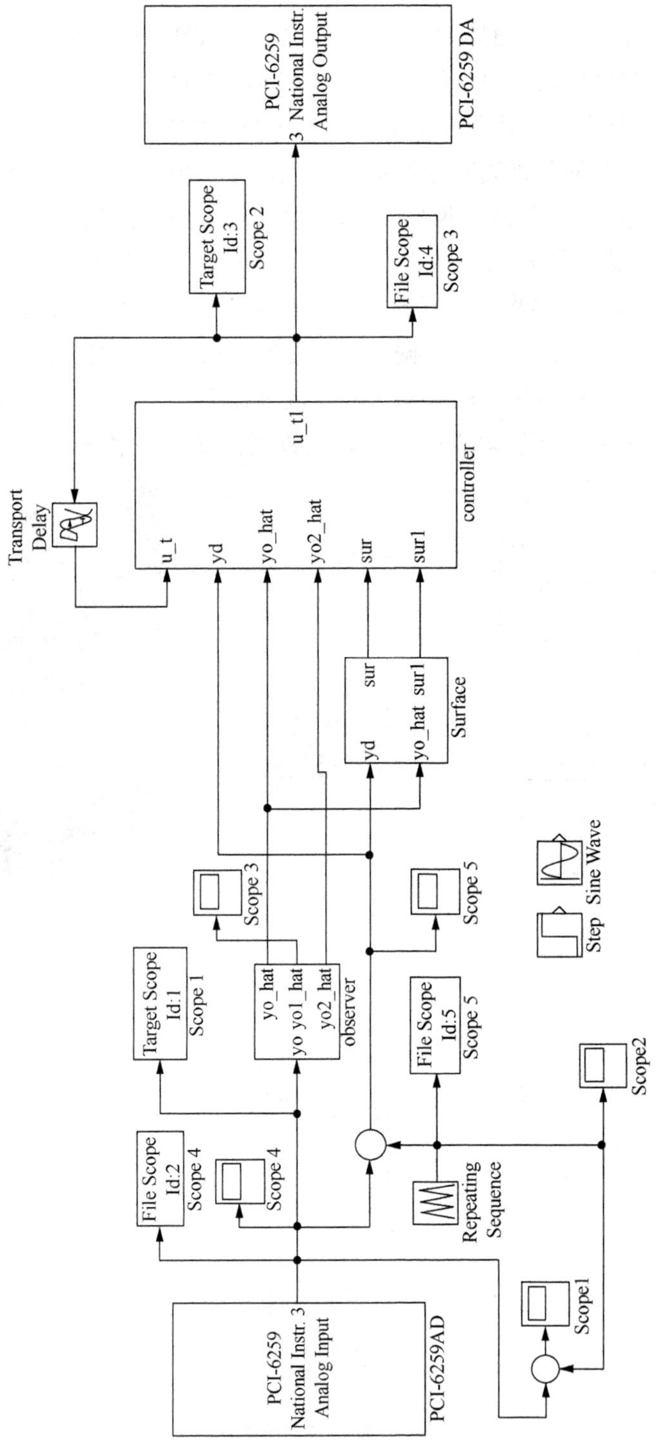

图 6-33　控制器 Simulink 仿真模型

2. 实验结果及分析

这里首先采用频率响应法对压电陶瓷微位移器进行系统辨识。使用一组振幅为 0.5V, 频率范围为 1～500Hz 的变频正弦信号驱动压电陶瓷。利用获得的输入电压和输出位移通过 Matlab 系统辨识工具箱得到一个近似的二阶模型，其参数为 $a_0 = 2.22\times10^6$ 、 $a_1 = 596$ 以及 $b_0 = 8.44\times10^6$ 。注意：这个模型是系统的一种近似，只能捕捉系统 300Hz 以下的系统动态，但在本实验中，是足够的。

三角波信号和正弦信号作为激励信号在压电陶瓷的应用中十分普遍，所以为了验证上面所设计滑模控制器的有效性，这里分别使用一组频率为 10Hz 的三角波信号驱动和正弦信号作为系统的期望位置轨迹并获取压电陶瓷的输出位移。图 6-34 和图 6-35 分别是压电陶瓷在滑模控制下对 10Hz 正弦曲线的跟踪结果和跟踪误差。从图中可以看出压电陶瓷对正弦信号的跟踪性能良好，跟踪误差被有效控制在 5%以内。

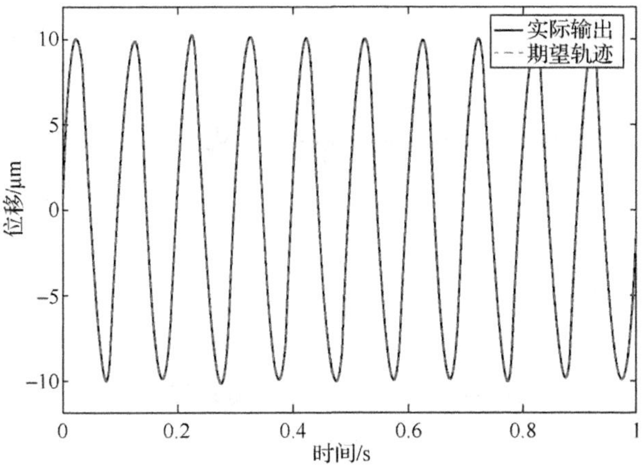

图 6-34　10Hz 正弦信号跟踪结果

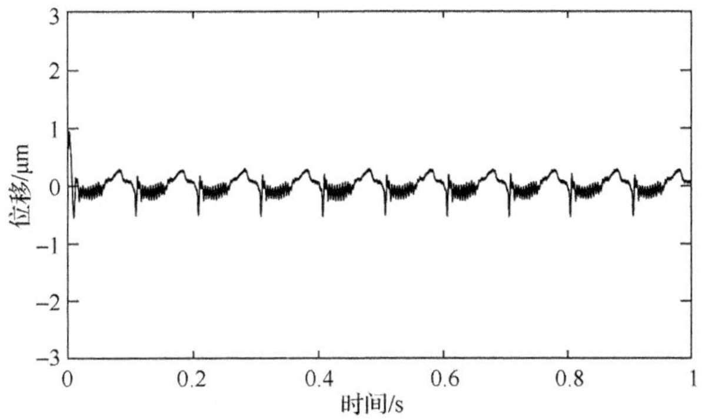

图 6-35　10Hz 正弦信号跟踪误差

图 6-36 和图 6-37 分别展示了压电陶瓷在滑模控制器下对 10Hz 三角波信号的跟踪结果和跟踪误差。从图中可以看出，压电陶瓷对三角波跟踪性能较好，最大稳态误差出现在三角波高频部分并控制在 5%左右，其他部分稳态误差均控制在 5%以内，完全满足压电陶瓷微位移器在轨迹跟踪上的精度需求。其次从图 6-34 中可以发现当初始误差比较大的时候，控制器仍能以较快的速度使输出收敛到期望轨迹，因此控制器在压电微位移器上完全满足对于系统有限时间收敛的要求，并展现了良好的有限时间收敛特性。

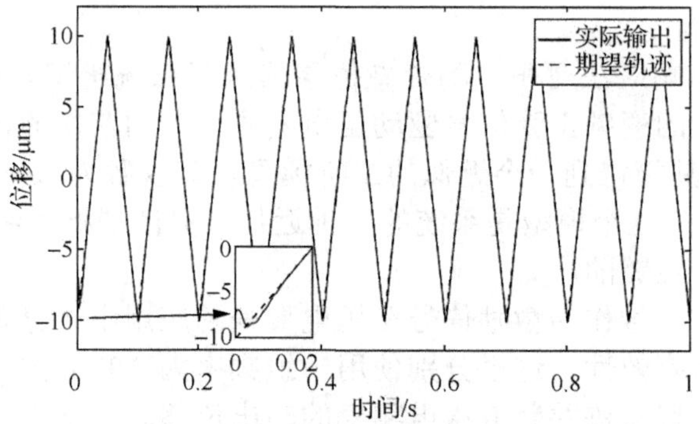

图 6-36　10Hz 三角波信号跟踪结果

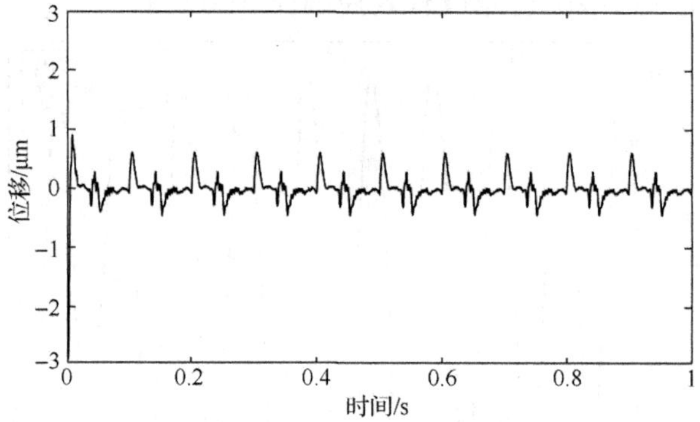

图 6-37　10Hz 三角波信号跟踪误差

第7章 模糊控制

7.1 概述

客观世界中的大多数系统具有不确定性的特点，且当系统的复杂程度不断增加时，不确定性信息的增多会降低系统描述的精确性。而传统的确定性控制方法往往依赖精确的系统模型，且只有对复杂系统的不确定性进行合理的近似或假设，并在特定的系统状态下才能充分发挥其性能。模糊控制是一种新型的智能控制方法，它以模糊集合理论为基础，将模糊推理与人类学习规则进行融合，运用模糊变量和模糊逻辑来模拟人类大脑推理的能力，实现对复杂物理过程或系统的辨识和判决。由于模糊控制可以对不完全确定性信息进行学习和推理，无须依赖确定的、精确的被控对象模型，被认为是解决复杂非线性系统的一个重要研究手段。

1965 年美国加州大学伯克利分校教授 Zadeh 首次提出“模糊集合”的概念；随后 1975 年发表的论文中提出用模糊语言对复杂系统进行描述，并通过模糊关系合成推理规则，以实现系统的控制决策。1974 年英国伦敦大学教授 Mamdani 成功研制了蒸汽发动机的模糊控制系统，实现了模糊逻辑在工程系统控制中的首次应用，通常这被认为是模糊控制发展史上一个标志性节点。20 世纪 80 年代，国际模糊系统协会(IFSA)的成立推动了模糊理论的不断发展和完善，使得模糊理论在系统的控制与健康管理、图像的识别与聚类分析等领域得以广泛应用。进入 90 年代，模糊数学理论由理论研究走向自动控制领域，在如洗衣机、空调等生活电器的控制系统，如熔炉、水泥生成炉等工业生产的控制系统，以及航空、通信领域等的专家系统中得到广泛应用。

模糊控制依赖被控系统的物理特性，可以看作由语言规则而非微分方程描述的非线性控制器，可以看作人类专家控制策略的实现。因此，对于难以建模的或复杂的系统来说模糊控制器性能显著，特别是存在以下情况，其被认为是传统控制技术的有利替代方案。

(1) 系统建模工作量过高或无法很好理解系统过程，因而无法使用该被控系统的数学模型。

(2) 专家知识在控制过程中起关键作用，应获得并应用于系统自动控制时。

(3) 多维非线性关系(如控制律)的表示应使其易于理解和修改时。

理解模糊控制系统的功能，即在模糊控制系统中的信息处理、与设备和自动控制系统其他部件的相互作用，需要具备模糊逻辑和控制理论的知识。本章首先简要介绍模糊数学与模糊控制的一些基本知识，其次说明模糊控制器的基本实现及进一步改进方案，最后通过模糊控制器在燃料电池热管理中的一个具体实例来说明该方法的优越性。

7.2　模糊数学基础

模糊控制是一种以模糊集合理论为基础的智能控制方法，它涵盖了模糊集合、模糊关系、模糊语言、模糊推理这些基础知识。本节将对这些模糊数学的基本概念进行说明。

7.2.1　模糊集合

经典集合理论表述是一个非此即彼的清晰概念，即对于一个给定的集合，元素只有属于和不属于这两种情况。然而，实际生活中存在高与矮、快和慢、冷与热等一些不分明的情况。因此，模糊集合应运而生，它打破了传统二值特征函数的思想，通过隶属函数的概念描述一个没有明确定义界限的集合，说明元素可以部分隶属于该集合。

1. 模糊集合的定义

对于模糊集合而言，输入数据可以部分隶属于该集合，且该数据可以通过隶属度函数返回一个单位区间[0,1]中的一个值。更正式的模糊集合定义如下。

给定论域 $\boldsymbol{U}$ 上的一个模糊集合 A：对于任何输入数据 $x\in\boldsymbol{U}$，都指定了一个数 $\mu_A(x)\in[0,1]$ 与之对应，称为 x 对 A 的隶属度。这意味着构造了一个映射，这个映射称为 A 的隶属度函数：

$$\mu_A:\boldsymbol{U}\to[0,1] \tag{7-1}$$

$\mu_A(x)$ 称为 x 属于 A 的隶属度，表示论域中的元素 x 属于其模糊集合 A 的程度。$\mu_A(x)$ 的值越接近 1，x 属于 A 的程度越大；$\mu_A(x)$ 的值越接近 0，x 属于 A 的程度越小。A 表示集合的全体，即论域。

2. 模糊集合的表示

通常，论域 $\boldsymbol{U}$ 上模糊集合 A 的表示方法主要有 Zadeh 表示法、序偶集合表示法、模糊向量表示法、函数表示法。

1) Zadeh 表示法

当论域 $\boldsymbol{U}$ 为离散集合 $\{x_1,x_2,\cdots,x_n\}$ 时，可以表示为

$$A=\sum_x(\mu_A(\cdot)/x) \tag{7-2}$$

若 $\boldsymbol{U}$ 是连续集合，则可以表示为

$$A=\int_x(\mu_A(\cdot)/x) \tag{7-3}$$

其中，求和符号和积分符号与其常规意义不同，它表示模糊集合全体元素间排序与整体之间的关系。

2) 序偶集合表示法

将论域 $\boldsymbol{U}$ 中所有元素 x 与其隶属度值 $\mu_A(x)$ 组成序偶，表示为

$$A=\{\langle x_1,\mu_A(x_1)\rangle,\langle x_2,\mu_A(x_2)\rangle,\cdots,\langle x_n,\mu_A(x_n)\rangle\} \tag{7-4}$$

3) 模糊向量表示法

将论域 $\boldsymbol{U}$ 中所有元素 x 的隶属度值 $\mu_A(x)$ 写成向量形式，称为模糊向量：

$$A=\left[\mu_A(x_1),\mu_A(x_2),\cdots,\mu_A(x_n)\right] \tag{7-5}$$

4）函数表示法

函数表示法是用隶属度函数来表示论域上的模糊子集。例如，论域 $\boldsymbol{U}=[15,35]$ 表示一个年龄集，那么定义为"年轻"的模糊集可以用以下的隶属度函数来表示：

$$\mu_A(x)=\begin{cases}1, & 15\leqslant x\leqslant 25\\ \dfrac{1}{1+\left(\dfrac{x-25}{5}\right)^2}, & 25<x\leqslant 35\end{cases} \tag{7-6}$$

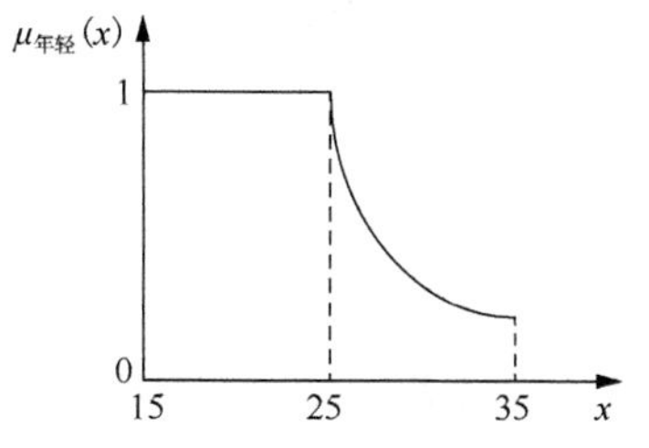

图 7-1　模糊集合的隶属函数描述

该隶属函数的形状如图 7-1 所示。

7.2.2　模糊关系

数学关系指的是用数学语言来描述集合中的元素是否存在某种联系，它们可以用"是"或"否"来直接表示。而模糊集合中这些元素之间的关联不是简单的二元关系，如"家庭关系"等，它们可以通过一种"程度"副词来对关系深浅进行说明。这样的关系就是模糊关系。

1. 模糊关系定义

已知论域 $\boldsymbol{U}$ 中的元素 x，论域 $\boldsymbol{V}$ 中的元素 y，则 $\boldsymbol{U}$ 到 $\boldsymbol{V}$ 的一个模糊关系是指定义在 $\boldsymbol{U}\times\boldsymbol{V}$ 上的一个模糊子集 R，其隶属度 $\mu_A(x)\in[0,1]$ 代表 x 和 y 对于该模糊关系的关联程度：

$$\mu_R=\boldsymbol{U}\times\boldsymbol{V}\to[0,1] \tag{7-7}$$

模糊关系通常可以用矩阵的形式来描述。假设 $\boldsymbol{x}\in\boldsymbol{U},\ \boldsymbol{y}\in\boldsymbol{U}$，则 $\boldsymbol{U}$ 到 $\boldsymbol{V}$ 的模糊关系的矩阵描述为

$$\boldsymbol{R}=\begin{bmatrix}\mu_R(x_1,y_1) & \mu_R(x_1,y_2) & \cdots & \mu_R(x_1,y_n)\\ \mu_R(x_2,y_1) & \mu_R(x_2,y_2) & \cdots & \mu_R(x_2,y_n)\\ \cdots & \cdots & \cdots & \cdots\\ \mu_R(x_n,y_1) & \mu_R(x_n,y_2) & \cdots & \mu_R(x_n,y_n)\end{bmatrix} \tag{7-8}$$

2. 模糊关系运算

假设 $\boldsymbol{R}$ 和 $\boldsymbol{S}$ 是论域上 $\boldsymbol{U}\times\boldsymbol{V}$ 的两个模糊关系，分别描述为

$$\boldsymbol{R}=\begin{bmatrix}r_{11} & r_{12} & \cdots & r_{1n}\\ r_{21} & r_{22} & \cdots & r_{2n}\\ \cdots & \cdots & & \cdots\\ r_{m1} & r_{m2} & \cdots & r_{mn}\end{bmatrix},\quad \boldsymbol{S}=\begin{bmatrix}s_{11} & s_{12} & \cdots & s_{1n}\\ s_{21} & s_{22} & \cdots & s_{2n}\\ \cdots & \cdots & & \cdots\\ s_{m1} & s_{m2} & \cdots & s_{mn}\end{bmatrix}$$

那么，模糊关系的运算规则可以描述如下。

(1) 模糊关系的相等：

$$\boldsymbol{R}=\boldsymbol{S}\Leftrightarrow r_{ij}=s_{ij}$$

(2) 模糊关系的包含：

$$\boldsymbol{R}\supseteq\boldsymbol{S}\Leftrightarrow r_{ij}\geqslant s_{ij}$$

(3) 模糊关系的并：

$$\boldsymbol{R}\cup\boldsymbol{S}=\begin{bmatrix} r_{11}\vee s_{11} & \cdots & r_{1n}\vee s_{1n} \\ \cdots & \cdots & \cdots \\ r_{m1}\vee s_{m1} & \cdots & r_{mn}\vee s_{mn} \end{bmatrix}$$

3. 模糊关系合成

假设 $\boldsymbol{R}$ 是论域 $U\times V$ 上的模糊关系，$\boldsymbol{S}$ 是论域 $V\times W$ 上的模糊关系，$\boldsymbol{R}$ 和 $\boldsymbol{S}$ 分别描述为

$$\boldsymbol{R}=\begin{bmatrix} \mu_R(x_1,y_1) & \mu_R(x_1,y_2) & \cdots & \mu_R(x_1,y_n) \\ \mu_R(x_2,y_1) & \mu_R(x_2,y_2) & \cdots & \mu_R(x_2,y_n) \\ \cdots & \cdots & & \cdots \\ \mu_R(x_m,y_1) & \mu_R(x_m,y_2) & \cdots & \mu_R(x_m,y_n) \end{bmatrix},\quad \boldsymbol{S}=\begin{bmatrix} \mu_S(y_1,z_1) & \mu_S(y_1,z_2) & \cdots & \mu_S(y_1,z_l) \\ \mu_S(y_2,z_1) & \mu_S(y_2,z_2) & \cdots & \mu_S(y_2,z_l) \\ \cdots & \cdots & & \cdots \\ \mu_S(y_n,z_1) & \mu_S(y_n,z_2) & \cdots & \mu_S(y_n,z_l) \end{bmatrix}$$

则 $\boldsymbol{R}$ 和 $\boldsymbol{S}$ 可以合成为论域 $U\times W$ 上的一个新的模糊关系 $\boldsymbol{C}$，记作：

$$\boldsymbol{C}=\boldsymbol{R}\circ\boldsymbol{S}$$

合成运算法则为

$$\mu_C(x_i,z_j)=\underset{k}{\vee}[\mu_R(x_i,y_k)\wedge\mu_S(k_k,y_j)]$$

7.2.3　模糊语言

模糊语言具有自己的组成要素和规则，了解这些基本组成成分后才能更好地判断和处理模糊信息，提高控制的精度。

1. 语言变量

语言变量是用模糊语言来描述的单词或语句，而不是通常意义上的数值。例如，对于一个表示“水温”的模糊集合，其中的模糊语言变量包括过热、过冷、合适等。语言变量可以表示如下：

$$[x,T(x),U,M] \tag{7-9}$$

其中，x 为语言变量的名称；$T(x)$ 是语言变量语言值的集合；U 是 x 的量化论域；M 为语义规则，用来联系集合 T 中的语言值和论域 U。

2. 语言规则中的模糊关系

人类生活、生产中的操作经验和控制规则可以用自然语言描述，而模糊控制器会利用这些控制知识来进行控制决策。因此，从语言规则中提取其蕴含的模糊关系是模糊控制器设计的关键。

1) 简单条件语句

假设 u、v 是定义在论域 $\boldsymbol{U}$ 和 $\boldsymbol{V}$ 的两个语言变量，人类的语言控制规则为“如果 u 是 A，则 v 是 B”，其蕴涵的模糊关系 $\boldsymbol{R}$ 和隶属度运算法则为

$$\boldsymbol{R}=(A\times B)\cup(\overline{A}\times V) \tag{7-10}$$

其中，$A\times B$ 称作 A 和 B 的笛卡儿乘积。

假设 u、v 是已定义的两个语言变量，人类的语言控制规则为“如果 u 是 A，则 v 是 B；否则，v 是 C”，其蕴涵的模糊关系 $\boldsymbol{R}$ 和隶属度运算法则为

$$\boldsymbol{R}=(A\times B)\cup(\overline{A}\times C) \tag{7-11}$$

$$\mu_{A\times B}(u,v)=\{\mu_A(u)\wedge\mu_B(v)\}\vee\{[1-\mu_A(u)]\wedge\mu_C(v)\} \tag{7-12}$$

2) 多重条件语句

由多个简单条件语句并列构成的语句称为多重条件语句，其句型为：“如果 u 是 A_1，则 v 是 B_1；否则，如果 u 是 A_2，则 v 是 B_2；…，否则，如果 u 是 A_n，则 v 是 B_n”，其蕴涵的模糊关系 $\boldsymbol{R}$ 和隶属度运算法则为

$$\boldsymbol{R}=(A_1\times B_1)\cup(A_2\times B_2)\cup\cdots\cup(A_n\times B_n)=\bigcup_{i=1}^{n}(A_i\times B_i) \tag{7-13}$$

$$\mu_R(u,v)=\bigvee_{i=1}^{n}[\mu_{A_i}(u)\wedge\mu_{B_i}(v)] \tag{7-14}$$

3) 多维条件语句

具有多输入量的简单条件语句，称为多维条件语句。“如果 u_1 是 A_1，且 u_2 是 A_2，…，且 u_m 是 A_m，则 v 是 B”，其蕴涵的模糊关系 $\boldsymbol{R}$ 和隶属度运算法则为

$$\boldsymbol{R}=A_1\times A_2\times\cdots\times A_m\times B \tag{7-15}$$

$$\mu_R(u_1,u_1,\cdots,u_m,v)=\mu_{A_1}(u_1)\wedge\mu_{A_2}(u_2)\wedge\cdots\wedge\mu_{A_m}(u_m)\wedge\mu_B(v) \tag{7-16}$$

4) 多维多重条件语句

具有多输入量的多重条件语句，称为多重多维条件语句。其句型为：“如果 u_1 是 A_{11}，且 u_2 是 A_{12}，…，且 u_m 是 A_{1m}，则 v 是 B_1；如果 u_1 是 A_{21}，且 u_2 是 A_{22}，…，且 u_m 是 A_{2m}，则 v 是 B_2；…；如果 u_1 是 A_{n1}，且 u_2 是 A_{n2}，…，且 u_m 是 A_{nm}，则 v 是 B_n”，其蕴涵的模糊关系 $\boldsymbol{R}$ 和隶属度运算法则为

$$\boldsymbol{R}=\bigcup_{i=1}^{n}(A_{i1}\times A_{i2}\times\cdots\times A_{im}\times B_i) \tag{7-17}$$

$$\mu_R(u_1,u_1,\cdots,u_m,v)=\bigvee_{i=1}^{n}[\mu_{A_{i1}}(u_1)\wedge\mu_{A_{i2}}(u_2)\wedge\cdots\wedge\mu_{A_{im}}(u_m)\wedge\mu_{B_i}(v)] \tag{7-18}$$

7.2.4　模糊推理

知道语言控制规则中蕴涵的模糊关系后，就可以根据模糊关系和输入情况，来确定输出情况，称为模糊推理。常用的模糊推理方法有 Zadeh 法和 Mamdani 法两种。

1. 单输入模糊推理

对于单输入的情况，假设两个语言变量 x，y 之间的模糊关系为 $\boldsymbol{R}$，当 x 的模糊取值为 A^* 时，与之相对应的 y 的取值 B^*，可通过模糊推理得出：

$$B^*=A^*\circ\boldsymbol{R} \tag{7-19}$$

采用 Zadeh 法计算如下：

$$\begin{aligned}B^*(y)=A^*(x)\circ\boldsymbol{R}(x,y)&=\bigvee_{x\in X}\{\mu_{A^*}(x)\wedge\mu_R(x,y)\}\\&=\bigvee_{x\in X}\{\mu_{A^*}(x)\wedge[\mu_A(x)\wedge\mu_B(y)\vee(1-\mu_A(x))]\}\end{aligned}$$

采用 Mamdani 推理方法计算时，该方法是用 A 和 B 的笛卡儿积来表示 $A\to B$ 的模蕴含关系 $\boldsymbol{R}=A\to B=A\times B$，则计算如下：

$$
\begin{aligned}
B^*(y) = A^*(x) \circ \boldsymbol{R}(x,y) &= \bigvee_{x\in X}\{\mu_{A^*}(x) \wedge \mu_R(x,y)\} \\
&= \bigvee_{x\in X}\{\mu_{A^*}(x) \wedge \mu_A(x)\} \wedge \mu_B(y) \\
&= \alpha \wedge \mu_B(y)
\end{aligned}
$$

其中，α 称为和 A 的适配度，是 A^* 和 A 的交集的高度。按图 7-2 的图形化描述，Mamdani 推理方法可以描述为一种削顶法，即结论是图中 α 对 B 进行切割的结果。

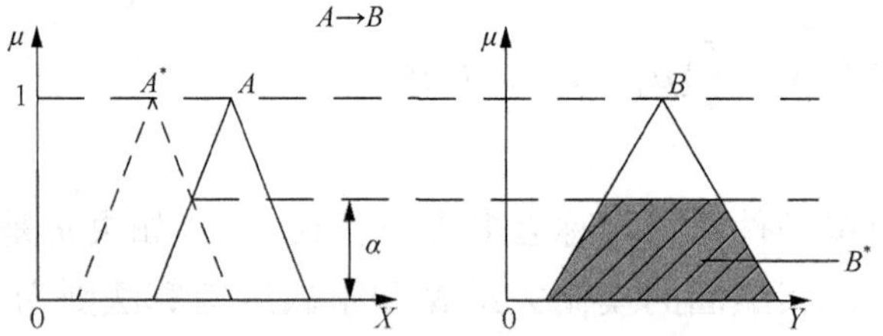

图 7-2　单输入 Mamdani 推理的图形化描述(削顶法)

2. 多输入模糊推理

对于语言规则含有多个输入的情况，假设输入语言变量 $x_1, x_2, \cdots, x_m$ 与输出语言变量 y 之间的模糊关系为 $\boldsymbol{R}$，当输入变量的模糊取值分别为 $A_1^*, A_2^*, \cdots, A_m^*$ 时，与之相对应的 y 的取值 B^*，可通过下式得到：

$$
B^* = (A_1^* \times A_2^* \times \cdots \times A_m^*) \circ \boldsymbol{R} \tag{7-20}
$$

采用 Zadeh 法计算如下：

$$
\begin{aligned}
B^*(y) &= [A_1^*(x_1) \times A_2^*(x_2) \times \cdots \times A_m^*(x_m)] \circ \boldsymbol{R}(x_1, x_2, \cdots, x_m, y) \\
&= \bigvee_{x_1, x_2, \cdots, x_m} \{\mu_{A_1^*}(x_1) \wedge \mu_{A_2^*}(x_2) \wedge \cdots \wedge \mu_{A_m^*}(x_m) \wedge \mu_R(x_1, x_2, \cdots, x_m, y)\}
\end{aligned}
$$

以二维模糊输入举例说明 Mamdani 法在多输入模糊推理的具体实现，仍采用图形的方式进行直观说明，如图 7-3 所示。

假设有二维模糊输入变量 x 和 y，且它们之间的模糊关系 $\boldsymbol{R}$ 可以用 IF x is A and y is B THEN z is C 来表示。其中，变量 x 的模糊规则 $\boldsymbol{R}_1$ 可以表示为 IF x is A THEN z is C，而变量 y 的模糊规则 R_2 可以表示为 IF y is B THEN z is C。令二维模糊输入变量 x 和 y 的模糊取值分别为 A^* 和 B^*，由规则 $\boldsymbol{R}_1$ 推理获得的模糊输出为 C_1^*，由规则 $\boldsymbol{R}_2$ 推理获得的模糊输出为 C_2^*，模糊规则 $\boldsymbol{R}$ 推理得到的模糊输出为 C^*。

则二维模糊规则 $\boldsymbol{R}$ 可以看作模糊规则 $\boldsymbol{R}_1$ 和模糊规则 $\boldsymbol{R}_2$ 的交集，即 C^* 是输出变量 C_1^* 和 C_2^* 的交集：

$$
\begin{aligned}
C^* &= [A^* \circ (A \times C)] \cap [B^* \circ (B \times C)] \\
&= \{\bigvee_{x\in X} \mu_A(x) \wedge [\mu_A(x) \wedge \mu_C(x)]\} \wedge \{\bigvee_{y\in Y} \mu_B(y) \wedge [\mu_B(y) \wedge \mu_C(z)]\} \\
&= \{\bigvee_{x\in X} [\mu_A(x) \wedge \mu_A(x)] \wedge \mu_C(x)\} \wedge \{\bigvee_{y\in Y} [\mu_B(y) \wedge (\mu_B(y)] \wedge \mu_C(z)\} \\
&= \{\alpha_1 \wedge \mu_C(z)\} \wedge \{\alpha_2 \wedge \mu_C(z)\} \\
&= \{\alpha_1 \wedge \alpha_2\} \wedge \mu_C(z)
\end{aligned}
$$

按图 7-3 的图形化描述，C^*的推理结果对应于用α_1和α_2的最小值对C进行削顶后的图形。

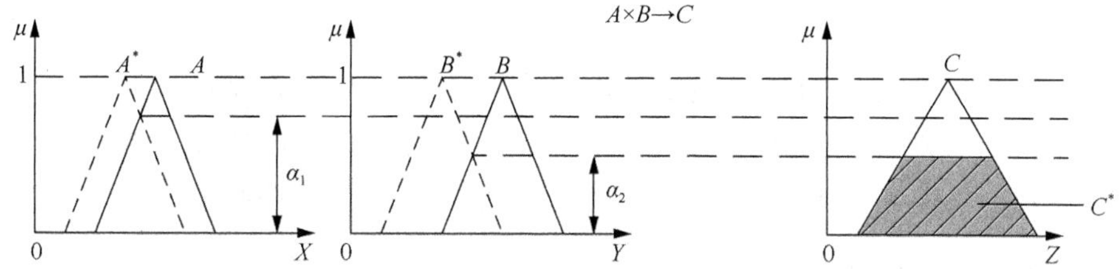

图 7-3 多输入 Mamdani 推理的图形化描述(削顶法)

3. 多输入多规则模糊推理

对于语言规则含有多个输入多个规则的情况，规则库 $\boldsymbol{R}$ 可以描述为

$\boldsymbol{R}_1$: IF x is A_1 and y is B_1 THEN z is C_1;

$\boldsymbol{R}_2$: IF x is A_2 and y is B_2 THEN z is C_2;

$\vdots$

$\boldsymbol{R}_n$: IF x is A_n and y is B_n THEN z is C_n;

当二维输入变量的模糊取值分别为A^*和B^*时，根据 $\boldsymbol{R}$ 推理得到的模糊输出C^*等于所有根据 $\boldsymbol{R}_i$ 推理得到的模糊输出C_i的并集。如图 7-4 所示。

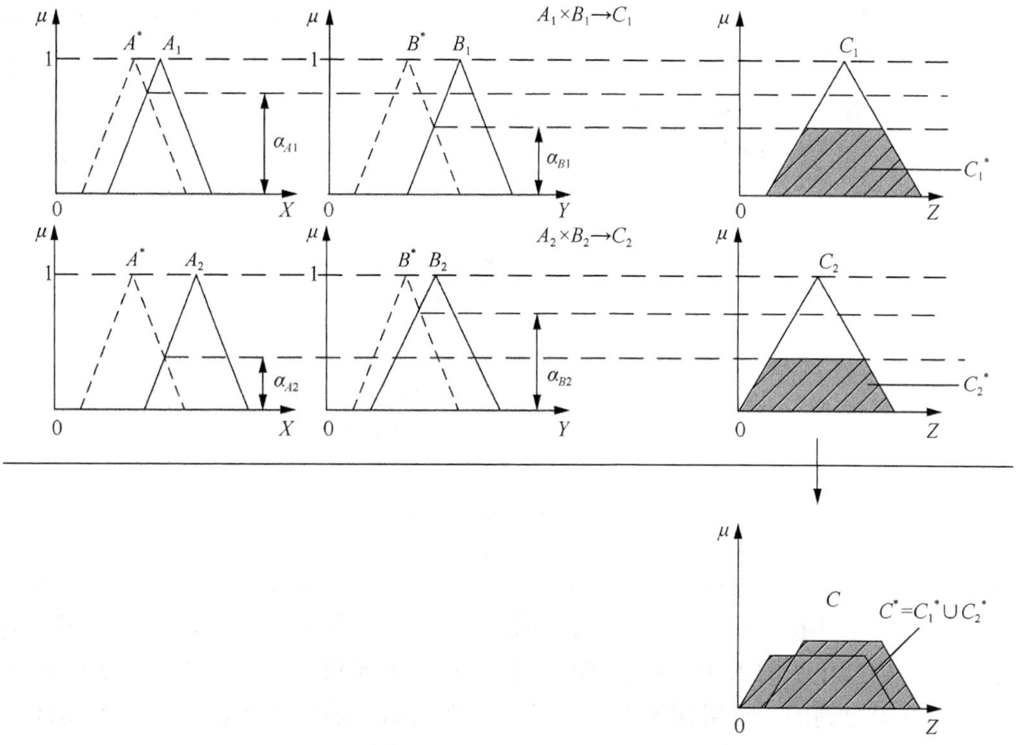

图 7-4 两规则两输入 Mamdani 推理的图形化描述(削顶法)

7.3　模糊控制的基本原理

模糊控制是一种非线性的智能控制算法，本质上是一种语言型的控制方法。它从行为上构造人类的控制规则，模仿人类的模糊推理和决策过程，从而实现对被控对象的控制。本节对模糊控制的基本思想和原理进行说明，以便更好地设计控制器。

7.3.1　模糊控制的基本思想

对于解决线性或非线性、定常或时变的多输入多输出系统问题时，常规控制器与模糊控制器的本质差别是“语言差异”，常微分方程是前者的语言，而模糊规则是后者的语言。因此，常规控制更依赖数学模型的精确性，而模糊控制通过研究控制行为特点并结合人类思维方式来设计一套控制规则即可以进行准确的控制决策。

具体来说，其基本思想包括：首先获取专家或技术人员的操作经验，用模糊变量对经验知识模糊量化并建立模糊规则库；然后将实际信号模糊化并输入模糊控制器，对模糊信号进行推理和决策；最后将模糊输出进行清晰化操作以获得实际的物理控制信号，实现对被控对象操作。

专家或技术人员的操作经验往往是通过诸如“较大”“稍小”“偏高”这些模糊性语言来实现模糊控制规则表述的。以图 7-5 所示的热水器水温调节为例，设计一个模糊控制器来调节燃气阀的开合大小，从而将水温稳定在设定值附近。按照日常的操作经验，可以得到基本的控制规则为：“如果水温比设定值高，就把燃气阀关小；如果水温比设定值偏低，就把燃气阀开大”。该模糊规则阐述了输入(水温与设定值偏差 e)和输出(燃气阀开度增量 u)之间的模糊关系 R。

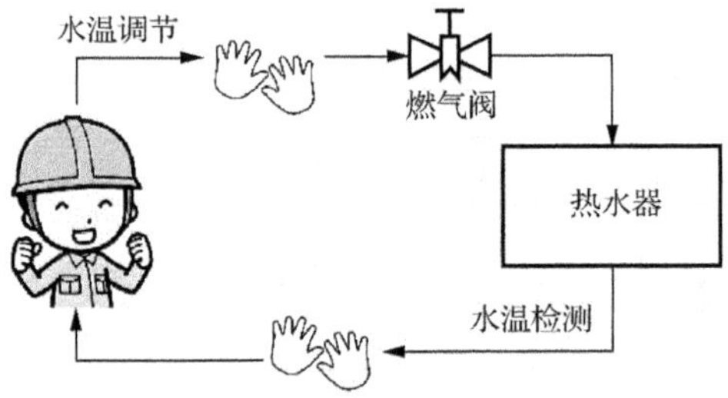

图 7-5　热水器水温调节

利用专家或技术人员的操作经验来设计模糊控制系统以实现对热水器温度的调节，其具体实现框图如图 7-6 所示。其中，温度传感器替代人的触觉实现对水温的监测，电磁燃气阀替代了常规操作中的人手和机械燃气阀作为该控制系统中的执行机构，模糊规则 $\boldsymbol{R}$ 是由人类操作经验得到的。水温模糊调节的具体实现包括：采用传感器模拟量经 A/D 转换成数字量输入模糊控制器中；模糊控制器输出的数字型控制量经 D/A 变换后转换成了模拟量来调节电磁燃气阀的开度。其中，模糊控制器的输出是由模糊规则 $\boldsymbol{R}$ 决定的，它可以实现温度的自适应调节。

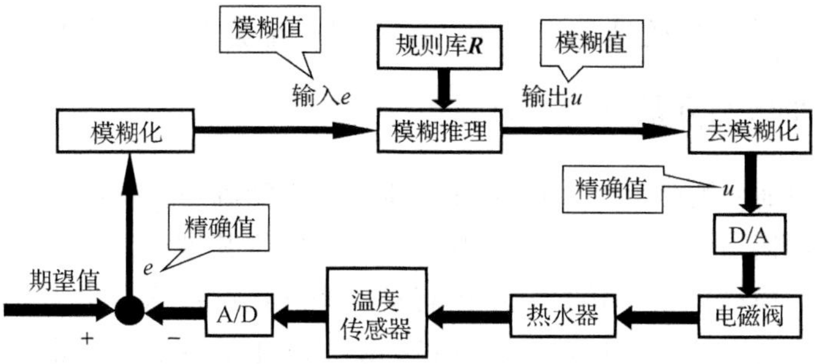

图 7-6 热水器温度模糊控制系统结构框图

7.3.2 模糊控制的工作原理

模糊控制系统的工作原理如图 7-7 所示，该系统主要包括四个组成部分：模糊控制器、输入/输出接口装置、被控对象、传感器。其中，模糊控制器是该系统的核心。

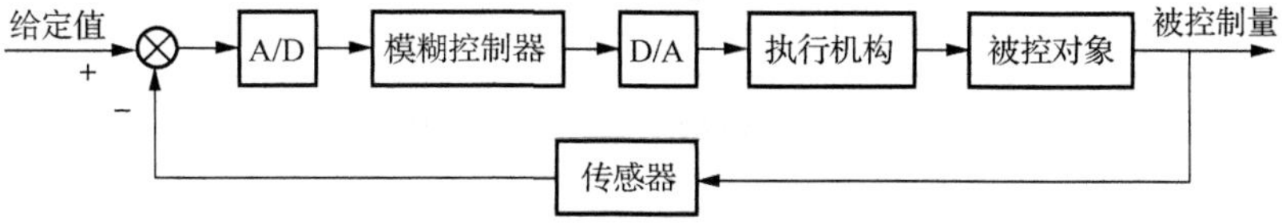

图 7-7 模糊控制系统结构框图

对于模糊控制器而言，模糊规则是其设计核心。模糊规则是由若干模糊性语句组成的控制律，它们是对人类经验的模糊量化和表达，其具体实现往往是由计算机程序进行处理转换得到的。模糊控制器实际上可以认为是一台微计算机。

输入/输出接口装置在模糊控制系统中往往是 A/D、D/A 及其必要的电平转换电路。模糊控制器的输入/输出是被控对象的数字信号，而执行机构的输入/输出是被控制量的模拟信号。

对于模糊控制系统而言，被控对象可以是线性或非线性的，定常的或时变的，单变量的或多变量的，且该被控对象模型的高精度并不是模糊控制系统中的必要要求。

传感器在模糊控制系统中将过程的非电信号形式的被控制量，如温度、压强、湿度等，转换成相应的电信号。其中，传感器的性能(精度、时滞、分辨率等)直接影响整个控制系统的精度。

模糊控制的具体过程描述如下：微机通过中断采样获得整个系统被控制量的传感器测量值，将该被控制量的实际值与设计目标值进行比较，以得到误差信号；该误差信号通过系统的输入接口装置(A/D 及其电平转换电路)转换为与模糊控制器匹配的数字信号，进而由模糊控制器模糊量化变成模糊量；通过模糊控制器的推理和决策，得到模糊控制器的输出信号，即系统的模糊控制量；该控制量再经过输出接口装置(D/A 及其电平转换电路)转换为与执行机构匹配的模拟信号，通过执行机构实现被控对象的动态调节。

7.4 模糊控制器设计

模糊控制器本质上是一个模糊推理系统，它利用模糊变量来刻画系统的控制特性，利用模糊规则表示变量之间的函数关系，利用模糊推理方法来模拟人类对被控对象的决策行为。本节主要对模糊控制器的结构进行拆分并对每一部分的设计过程进行详细说明。

7.4.1　模糊控制器的基本结构

模糊控制器的控制决策行为是由输入/输出接口、模糊规则和模糊推理来实现的。输入/输出接口可以看作模糊语言和物理系统的交互窗口，可以将其进一步划分为模糊化接口和清晰化接口。具体来说，模糊化接口是将系统中真实的物理量进行语言化表述，转化成模糊控制器可以识别的模糊语言；清晰化接口是将模糊控制器输出的模糊决策量转化成执行机构能够处理的物理量。模糊控制器的基本组成如图 7-8 所示，下面将对其组成部分进行具体说明。

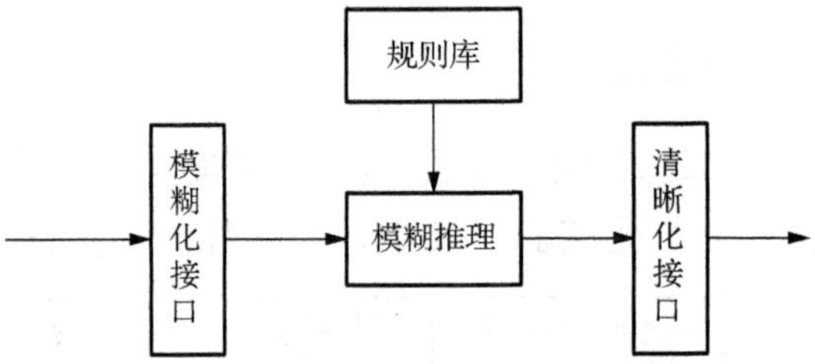

图 7-8　模糊控制器基本结构

1. 模糊化接口

模糊化接口是模糊控制器的输入接口，即将输入物理量进行模糊化处理的地方，它主要完成模糊变量的定义、模糊集合的划分和隶属度函数设计的工作。具体而言，对于模糊控制器的输入误差 e 信号，其模糊子集通常可以按以下形式进行划分。

(1) e={负大, 负小, 零, 正小, 正大}={NB, NS, ZO, PS, PB}。

(2) e={负大, 负中, 负小, 零, 正小, 正中, 正大}={NB, NM, NS, ZO, PS, PM, PB}。

完成以上模糊变量定义和模糊子集的设计后，将根据模糊集合的分布来确定该输入误差 e 信号值对应的隶属度，如将(2)采用高斯型隶属度函数表示，如图 7-9 所示。

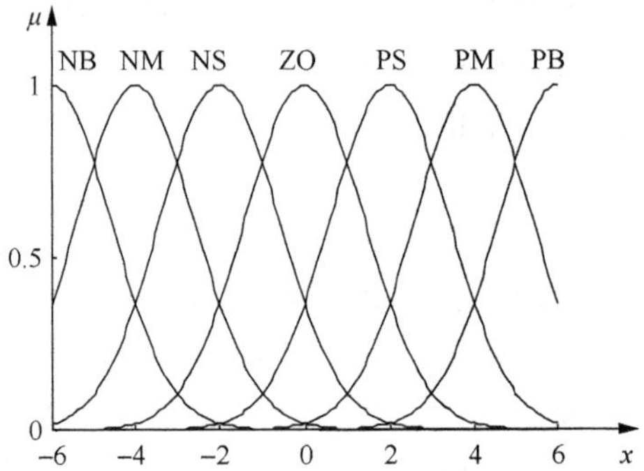

图 7-9　模糊子集和模糊化函数

2. 规则库

模糊规则库用于存放模糊控制器所涉及的全部模糊规则。这些模糊规则是根据专家知识或操作人员的实践经验而抽象出的由语言变量描述的控制规则，它们本质上是一组由“if, then, and, or, also” 等关系词来连接的条件语句。在实际控制器设计中，规则库通常是由模糊规则表的形式给出的，且模糊子集划分得越细，规则库中模糊规则的数目就越多。

3. 模糊推理

模糊推理过程类似于人脑的推理和决策过程，它通过建立和求解各模糊变量之间的关系，来得到模糊控制量。模糊推理的实现过程已在 7.2.4 节中给出，这里不再赘述。

4. 清晰化接口

清晰化接口可以看作模糊控制器与系统执行器之间的语言接口，它用于实现模糊控制器的去模糊化(清晰化)过程。去模糊化过程，即将模糊推理得到的模糊控制量进行转换，以得到清晰、确定的控制量作为系统执行器的输入数据。通常是在模糊推理的解集中选择一个最能代表整个模糊推理结果的值，并对该值进行精确化。常用的精确化计算方法包括最大隶属度函数法、重心法、加权平均法。

7.4.2 模糊控制器的结构设计

模糊控制器的结构设计主要由控制变量的数目来确定，一般可以分为单变量模糊控制器和多变量模糊控制器。而单变量模糊控制器又可以根据输入变量的个数进一步划分为一维模糊控制器、二维模糊控制器和三维模糊控制器。

1. 单变量模糊控制器

单变量模糊控制器只有一个输出语言变量，但是根据其不同的输入变量个数可以进一步划分为三种单变量模糊控制器，如图 7-10 所示。

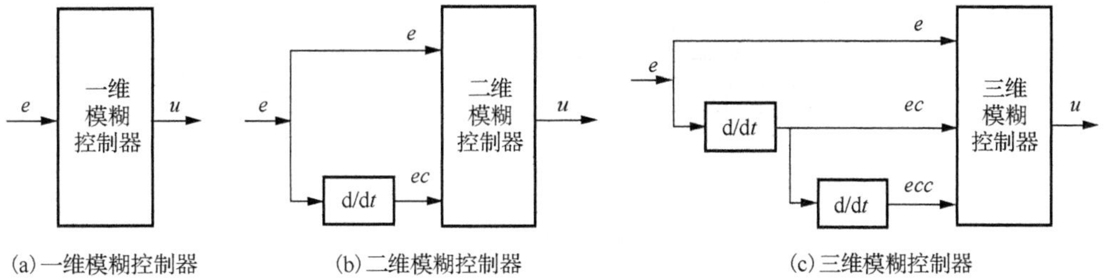

(a) 一维模糊控制器　(b) 二维模糊控制器　(c) 三维模糊控制器

图 7-10　单变量模糊控制器结构图

(1) 一维模糊控制器是最简单的模糊控制器，常用于一阶控制系统中。该控制器的输入变量为被控制量与设定目标值之间的偏差 e。由于只考虑系统的误差，因此难以反映系统的动态特性。

(2) 二维模糊控制器是应用最为广泛的一类模糊控制器，它将系统误差 e 和该误差的变化率 ec 作为控制输入。该模糊控制器能很好地反映过程的动态品质特性，控制效果明显优于一维模糊控制器，并在跟踪控制系统、设定值控制系统中具有很大的潜力。

(3) 三维模糊控制器通常将系统误差 e、误差变化率 ec 和 ec 的变化率 ecc 作为输入，该控制器用于动态特性要求特别高的系统中。由于这类模糊控制器结构复杂，控制规律较多，推理时间较长，其实际应用场景有限。

2. 多变量模糊控制器

多变量模糊控制器的常见结构如图 7-11 所示，它具有多维输入变量和多个输出变量。因为直接设计一个多变

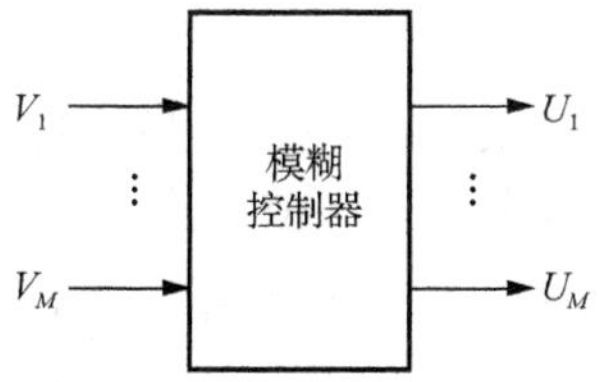

图 7-11　多变量模糊控制器结构图

量模糊控制器是非常困难的，所以通常的做法是对模糊关系方程求解，进而实现控制结构上的解耦。即将多输入多输出的模糊控制器分解成若干个多输入单输出的模糊控制器，再采用单变量模糊控制器的一般方法进行设计。

7.4.3　模糊控制器的常规设计

以二维模糊控制器为例说明模糊控制器的常规设计方法。在实际应用中，模糊控制器常采用查表法来确定控制变量的输出，即首先通过专家经验或实际情况计算得到一个模糊规则表，根据得到的误差 e 和误差变化率 ec 的模糊量化值来查找当前时刻的模糊输出值，最后经过去模糊化得到执行器的控制量。

该模糊控制器的结构如图 7-12 所示，其具体设计包括如下步骤。

(1) 确定该二维模糊控制器的输入和输出，即两个输入变量(误差值 e 和误差变化率 ec)和一个输出变量(控制量 u)。

(2) 确定控制器输入变量 e、ec 的量化因子 K_e、K_{ec}，以及输出变量 u 的比例因子 K_u。

(3) 确定输入/输出变量的模糊语言取值，设计各自的隶属函数。

(4) 获取专家经验、学习变量间的相互关系、提取模糊规则，最终总结出模糊规则表。

(5) 根据被控对象的特点和控制器的精度要求选择合适的推理算法。

(6) 根据被控对象的特点和控制器的精度要求确定清晰化的方法。

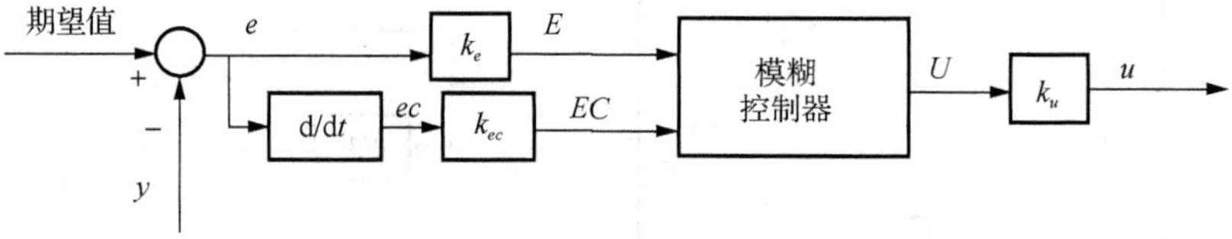

图 7-12　二维模糊控制器结构框图

1. 模糊化接口

模糊化接口的设计，即定义模糊控制器输入/输出的语言变量，包括以下几步。

1) 语言变量的设计

模糊控制器二维输入变量为系统误差 e、误差变化率 ec，将其分别定义为语言变量 E、EC；模糊控制器的输出变量为控制量 u，将其定义为语言变量 U。

2) 语言变量论域的设计

语言变量(E、EC 和 U)的模糊论域通常定义为有限的离散论域。例如，误差 E 的论域包含 $2m$ 个整数变量，表示为 $\{-m, \cdots, -1, 0, 1, \cdots, m\}$；误差变化率 EC 的模糊论域由 $2n$ 个整数变量组成，表示为 $\{-n, \cdots, -1, 0, 1, \cdots, n\}$；同理，控制量 U 的论域可以表示为 $\{-l, \cdots, -1, 0, 1, \cdots, l\}$。

在实际应用中，模糊控制器输入变量(e、ec)和输出变量(u)的取值是连续的，例如，系统误差 e 的取值范围是 $[e_L, e_H]$，误差变化率 ec 的取值范围是 $[ec_L, ec_H]$，控制量 u 的取值范围是 $[u_L, u_H]$。其中，下标 L 表示取值范围的下限，H 表示取值范围的上限。这些变量在模糊控制器中进行模糊化后就变成了离散的。为了匹配模糊变量和实际变量之间的关系，引入了量化因子 K_e、K_{ec} 和比例因子 K_u，由此可以实现控制器变量取值从连续域到离散域的转换。则系统误差、误差变化率的量化因子可以表示为：

$$K_e = \frac{2m}{e_H - e_L} \tag{7-21}$$

$$K_{ec} = \frac{2n}{ec_H - ec_L} \tag{7-22}$$

同理，控制量取的比例因子 K_u 可由下式确定：

$$K_u = \frac{u_H - u_L}{2l} \tag{7-23}$$

在确定了量化因子和比例因子之后，误差 e 和误差变化率 ec 可通过下式转换为模糊控制器的输入 E 和 EC：

$$E = \langle K_e \cdot (e - \frac{e_H + e_L}{2}) \rangle \tag{7-24}$$

$$EC = \langle K_{ec} \cdot (ec - \frac{ec_H + ec_L}{2}) \rangle \tag{7-25}$$

其中，<> 代表取整运算。模糊控制器的输出 U 可以通过下式转换为实际的输出值 u：

$$u = K_u \cdot U + \frac{u_H + u_L}{2} \tag{7-26}$$

3) 定义各语言变量的语言值

通常可以对语言变量 E、EC 和 U 的模糊论域进行划分，例如，划分为{NB, NM, NS, ZO, PS, PM, PB}，或划分为{NB, NS, ZO, PS, PB}。其中，N 和 P 表示负、正取值的划分；B、M、S 分别表示大、中、小；ZO 表示为 0。一般来说，模糊论域划分的档位越多，控制规则也就相应增多，这虽然可以精细化控制变量、提高控制精度，但也加大了控制器的设计难度和计算复杂度。通常，模糊论域划分的档位越少、控制规则也相应减少，虽降低了控制器的设计和计算难度，但也相应降低了控制的准确性。集合的划分大小由控制系统特性或精度需求来确定。

4) 定义各语言值的隶属函数

隶属函数的类型是多种多样的，且它们可以通过单一或复合的形式来构成不同类型的模糊控制器。大多数设计者采用的隶属度函数包括正态分布型、三角型和梯型，具体形状如图 7-13 所示。

隶属函数确定时需要考虑以下几个问题。

(1) 隶属函数曲线形状对控制性能的影响。一般来说，曲线形状越尖锐，输出变量对输入变量的变化越敏感，控制灵敏度越高；曲线形状越圆润，输入变量的变

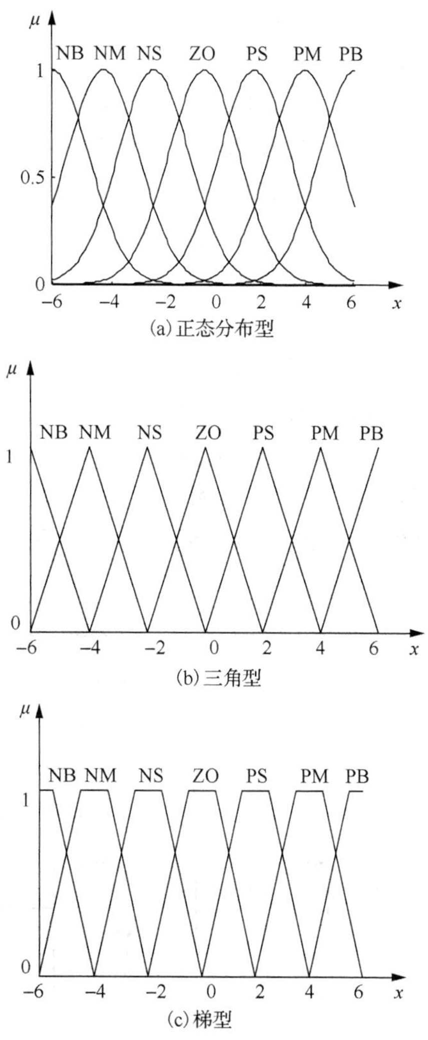

图 7-13 隶属度函数

化对输出变量的影响越小，控制稳定性越好。因而，通常在输入较大的区域内采用低分辨率曲线(形状较缓)，在输入较小的区域内采用较高分辨率曲线(形状较尖)，当输入接近零时选用高分辨率曲线(形状尖)。

(2) 隶属函数曲线的分布对控制性能的影响。一般来说，隶属度函数分布需要涵盖整个模糊论域，即函数设计的完备性；各隶属度函数曲线之间需要有明显的差异，即函数设计的清晰性。为进一步考虑控制的鲁棒性和灵敏度，还需要考虑两相邻曲线交点的隶属度值的大小，增大该值将提高鲁棒性，而降低灵敏度。因此，在设计隶属度函数分布时还需兼顾控制的灵敏度和鲁棒性。

2. 规则库设计

模糊控制规则是模糊控制器的核心，其优劣直接决定了控制性能的好坏，其设计主要包括以下两个方面。

1) 规则库的产生

模糊控制规则的生成方法主要有以下几种。

(1) 由专家经验生成模糊控制规则。该方法将获得的专家经验归纳成控制规则，再通过实验对规则进行验证和校正，最终形成模糊规则库。

(2) 由模糊模型生成模糊控制规则。该方法用模糊语言、模糊关系和模糊逻辑建立模糊模型，从而获得输入与输出的模糊关系。

(3) 由智能算法获取模糊控制规则。该方法通过自适应学习算法(如神经网络)，利用过程中的实际数据进行建模和优化，最终生成模糊控制规则。

2) 规则库的表述

模糊规则库由若干条模糊规则组成，它们是对专家经验的总结和提取，它们通常以表格的形式进行描述。其中，每条模糊规则是按照“IF … is … AND … is … THEN … is … ”这样模糊语句进行表示的。

例如，在模糊控制直流电机调速系统中，模糊控制器的输入为 E(转速误差)、EC(转速误差变化率)，输出为 U (电机的力矩电流值)。为每个模糊变量的论域定义语言子集为{PB, PM, PS, ZO, NS, NM, NB}。基于专家经验，最终总结得出的控制规则如表 7-1 所示。

表 7-1　模糊控制规则表

U		EC						
		NB	NM	NS	ZO	PS	PM	PB
E	NB	NB	NB	NB	NB	NM	ZO	ZO
	NS	NB	NB	NB	NB	NM	ZO	ZO
	NM	NM	NM	NM	NM	ZO	PS	PS
	ZO	NM	NM	NS	ZO	PS	PM	PM
	PS	NS	NS	ZO	PM	PM	PM	PM
	PM	ZO	ZO	PM	PB	PB	PB	PB
	PB	ZO	ZO	PM	PB	PB	PB	PB

在模糊控制规则库的设计和总结时，需要注意以下几个问题。

(1) 规则数量合理。通常，增加控制规则可以精细化控制变量、提高控制精度，但也加大了控制器的计算复杂度，降低了系统的运行速度。

(2) 规则具有一致性。保证一致的控制目标，避免出现相互矛盾的控制结果。

(3) 规则具有良好的完备性。模糊规则设计要全面考虑系统可能出现的情况，避免系统失控。

3. 模糊推理

基于获得的模糊规则库，利用 7.2.4 节的模糊推理方法得到控制器的模糊输出值。具体来讲，控制规则库中的各个规则可以看作“或”的关系，即求并运算。

4. 清晰化接口

模糊控制器的输出值 U 只有转化为精确控制量 u，才能作用于系统中的执行器。一般将模糊变量转化真实物理变量这一过程称为清晰化，也称为模糊判决。下面对清晰化的常用方法(如最大隶属度函数法、重心法、加权平均法)进行具体说明。

1) 最大隶属度函数法

最大隶属度函数法是取集合中隶属度最大的元素，并将其清晰化的结果作为精确控制量。若存在多个隶属度相同的最大值，则对这些元素进行平均操作，取其四舍五入的整数值作为模糊控制器的最终控制量。采用如下公式可得最大隶属度函数法下的精确控制量。

$$u_0 = \frac{1}{N}\sum_{i=1}^{N} u_i, \quad u_i = \max_{u\in U}(\mu_0(u)), U = |\{u\}| \tag{7-27}$$

其中，N 为具有相同最大隶属度输出的个数。

最大隶属度函数法只考虑最大隶属度处的输出值，所以其计算简单。但是，该方法不考虑隶属度函数的形状，所以存在信息丢失的情况，控制精度不高。

2) 重心法

重心法取隶属度函数曲线与横坐标围成面积的重心作为精确输出控制量，因此其输出更为平滑。采用重心法的精确输出控制量计算如下：

$$u_0 = \frac{\int_U u\mu_u(u)\mathrm{d}u}{\int_U \mu_u(u)\mathrm{d}u} \tag{7-28}$$

3) 加权平均法

加权平均法对模糊输出量中各元素及其对应的隶属度求加权平均值，并进行四舍五入取整，得到精确输出控制量，计算方式如下：

$$u_0 = \frac{\sum_{i=1}^{m} u_i k_i}{\sum_{i=1}^{m} k_i} \tag{7-29}$$

其中，系数 k_i 的取值由实际情况而定，不同的值代表系统具有不同的动态响应特性。当其等于 $\mu_u(u_i)$ 时，该方法等效为重心法。

5. 模糊查询表

模糊查询表记录了每一种输入—输出对，即根据当前的 E 和 EC 取值就可以查询到相

应的输出量 U。注意：采用不同的模糊推理方法和去模糊方法可以得到不同的模糊查询表。这里采用极大极小的模糊推理方法和基于重心法的去模糊化方法，可以得到如表 7-2 所示的模糊查询表。

表 7-2　模糊查询表

U		EC						
		−3	−2	−1	0	1	2	3
E	−3	3	3	2	2	1	1	0
	−2	3	3	2	1	1	0	0
	−1	2	3	1	1	0	−1	−2
	0	2	1	1	0	−1	−1	−2
	1	2	1	0	−1	−1	−2	−2
	2	0	0	−1	−1	−2	−2	−3
	3	0	−1	−1	−2	−2	−3	−3

模糊查询表是离线建立的，所以模糊控制器运算速度快，可以确保控制的实时性。

7.4.4　常规模糊控制器的优缺点

模糊控制是基于模糊集合理论和人工经验，结合传统控制理论，模拟人脑推理，对难以建立精确模型的对象实施控制的一种方法。因此，基于模糊控制理论建立的模糊控制器具有以下明显的优点。

(1) 不依赖精确的被控对象数学模型，只需掌握控制经验。

(2) 模糊控制是一种反映人类智慧的智能控制方法，模糊量和模糊推理都反映人类的思维方式。

(3) 模糊规则通过语言来表示，易于被理解和接受。

(4) 鲁棒性强、适应性好，通过专家经验设计的模糊控制规则使得该控制器可以对非线性时变、滞后系统进行有效控制。

然而，在一些复杂非线性系统中，常规模糊控制器的性能还存在以下不足之处。

(1) 模糊化接口和清晰化接口设计缺乏系统方法，比例因子和量化因子的设计主要靠经验与试凑。

(2) 当系统的复杂性增加，相应模糊变量和模糊子集增加时，模糊控制规则库的总结存在难度。

(3) 当模糊化接口、清晰化接口以及控制规则确定时，相应的参数和规则不能在线实时调整，不能较好地适应复杂的控制环境。

(4) 缺乏积分环节，因而常规模糊控制器的稳态性能不佳。

7.5 模糊控制器的改进方法

模糊控制器的性能在很大程度上取决于其结构设计、模糊规则的确定、模糊量化参数的可调整性。本节通过对常规模糊控制器的性能分析，提出改进方案，以提高系统的控制特性。

7.5.1 模糊比例控制器

在常规模糊控制中，模糊输出量化的离散性会使得控制量在相邻两个量级间来回摆动，从而造成控制量的小幅震荡。为了解决以上问题，在模糊查询表的两个相邻离散级之间，引入比例调节因子，使模糊控制量趋于连续化。则模糊比例控制器的输出可表示为

$$u=\left(K_u\cdot U+\frac{u_H+u_L}{2}\right)+K_p[(K_e\cdot e)\text{的小数部分}] \tag{7-30}$$

其中，$[u_L,u_H]$是控制量u的连续取值范围；K_e是量化因子；K_u是比例因子；e是系统误差；K_p是引入的调节比例因子。

7.5.2 模糊控制与 PID 控制的结合

在工业生产中，PID 控制仍是最主要的控制方法，然而 PID 参数整定都依赖被控对象的特性。将模糊控制器与 PID 控制器结合被认为是一种有效的复合控制方法。模糊控制器根据操作人员的经验来调整输出，适应于多变的工业环境；PID 控制器可以消除系统的稳态误差。这两种方法的结合可以起到取长补短、优化控制性能的作用，以下列出它们的常见结合方式。

1. 双模控制

双模控制器由模糊控制器和 PI 控制器并联组成，其结构如图 7-14 所示。在该复合控制结构中，当误差较大时，系统利用模糊控制器的鲁棒性来处理不确定因素造成的系统偏差；当系统误差较小时，系统利用 PI 控制器的积分环节来消除稳态误差。

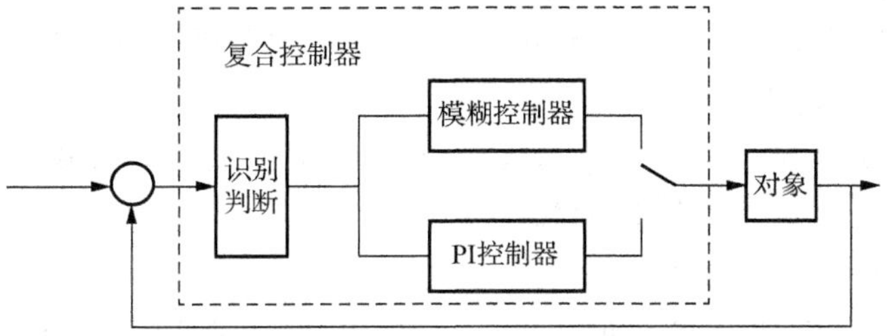

图 7-14 双模控制器结构图

2. 串联控制

由模糊控制器和 PI 控制器串联而成的复合控制器结构如图 7-15 所示。当系统误差较大时，系统误差和模糊控制器同时作用于 PI 控制器以快速消除不确定性因素的影响；当误差较小，即趋于 0 时，仅采用 PI 控制器来消除系统的稳态误差。

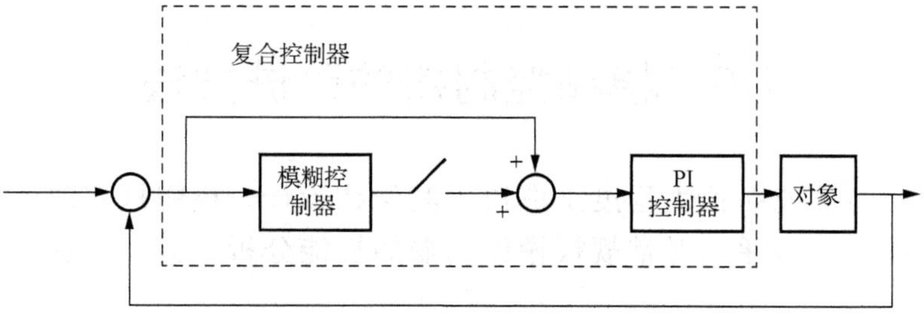

图 7-15　模糊控制器和 PI 控制器的串联结构

3. 并联控制

由模糊控制器和 PI 控制器并联组成的复合控制器如图 7-16 所示。当系统误差较大时，PI 控制器和模糊控制器这两个控制器的输出同时作用于被控对象，来克服不确定性因素对系统的影响并增强系统的控制效果。当误差较小，即趋于 0 时，系统仅采用 PI 控制器消除稳态误差。

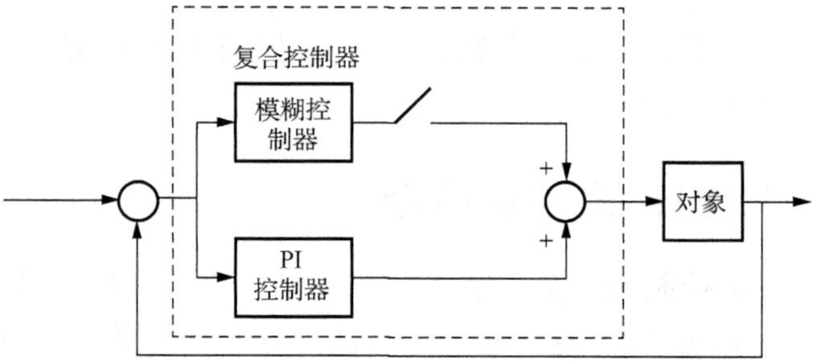

图 7-16　模糊控制器和 PI 控制器的并联结构

7.5.3　自校正模糊控制器

由于常规模糊控制器的模糊参数及控制规则是离线确定的，无法实现在线调整，其较差的自适应能力无法满足不确定因素下的高精度控制需求。自校正模糊控制器可以有效解决以上问题，通过对模糊参数或控制规则的在线修正，增强了模糊控制器的自适应性，提高了系统的鲁棒性和动静态性能。自校正模糊控制器主要包括两类：参数自校正模糊控制器和规则自校正模糊控制器。下面对这两类改进的控制器进行具体说明。

1. 参数自校正模糊控制器

参数自校正模糊控制器，即随系统实时控制的进程自动对模糊控制器中的量化因子 K_e、K_{ec} 和比例因子 K_u 进行在线自调整。

1) 固定模糊参数的不利影响

模糊控制器改进设计前先简要说明固定比例因子和量化因子对系统控制性能的不利影响。即当误差较大时，该控制器动态响应速度受限，不能快速地消除误差；当误差较小(趋于 0)时，控制器存在调节死区，造成控制量的小幅震荡。另外，当系统受到不确定因素影响时，如受到随机干扰、被控对象参数变化时，该控制器的适应能力有限。因此，为了确保控制动静态性能和精度，使模糊控制器能适应不断变化的情况，需要对 K_e、K_{ec} 和 K_u 进行在线实时修改。

2)模糊参数的调整原则

根据固定模糊参数产生的不利影响，对比例因子和量化因子进行有针对性的调整。当e和ec较大时，可以通过增大比例因子K_u以获得较大的控制量，从而加快系统的动态响应速度，尽快减少系统误差；当e和ec较小时，可以增大量化因子K_e和K_{ec}以提高控制器对输入变量的分辨率，及时对系统的微小误差做出反应，从而较少系统的超调、改善稳态性能。

3)模糊参数调整器的设计

参数自校正的方式主要包括引入调整因子或额外的模糊控制器。下面以引入额外模糊控制器的方式来说明K_e、K_{ec}和K_u的具体调整过程，其原理图如图 7-17 所示。用于参数调整的模糊控制器设计过程和一般模糊控制器一致，下面仅对关键设计步骤进行说明。

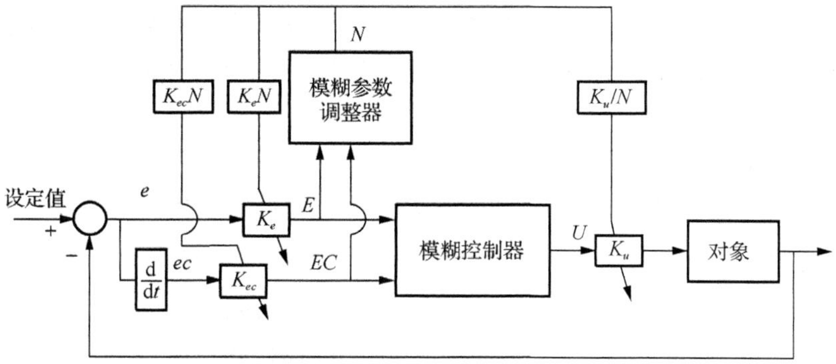

图 7-17 参数自校正模糊控制系统原理图

(1)确定各模糊控制器的输入、输出变量。由图 7-17，模糊参数调整器的输入变量为系统误差e及误差变化率ec，输出变量是模糊控制器比例因子、量化因子的缩放倍数N。模糊控制器的输入变量也是e和ec，其输出变量是执行器的调节量。

(2)确定模糊参数调整器的输入和输出的论域、语言取值及其隶属函数。这里，将输入变量E和EC的论域定义为$\{-6,-5,\cdots,-1,0,1,\cdots,5,6\}$，在各自的论域上设置语言子集为{PB,PM,PS,ZO,NS,NM,NB}；模糊参数调整器输出，即缩放倍数N的论域定义为$\{0.125,0.25,0.5,1,2,4,8\}$，相应的缩放倍数语言值定义为{NH,NM,NL,ZO,EL,EM,EH}，分别表示为{高缩,中缩,低缩,不变,低放,中放,高放}。

然后，根据专家和操作人员的经验得到模糊控制规则，根据这些规则的模糊关系及蕴含信息，得到如表 7-3 所示的缩放倍数调整规则表。

表 7-3 模糊参数调整器缩放倍数调整规则表

N		EC						
		NB	NM	NS	ZO	PS	PM	PB
E	NB	NH	NM	NL	ZO	NL	NM	NH
	NM	NM	NL	ZO	ZO	ZO	NL	NM
	NS	NL	ZO	ZO	EL	ZO	ZO	NL
	ZO	ZO	ZO	EM	EH	EM	ZO	ZO
	PS	NL	ZO	ZO	EL	ZO	ZO	NL
	PM	NM	NL	ZO	ZO	ZO	NL	NM
	PB	NH	NM	NL	ZO	NL	NM	NH

(3) 根据表 7-3 中的模糊规则，经过模糊推理、去模糊化操作后即可以得到模糊参数调整器的输出结果。

2. 规则自校正模糊控制器

规则自校正模糊控制器，即随系统实时控制的进程自动对模糊控制器中的控制规则进行在线自调整。

1) 模糊规则校正的必要性

模糊控制规则的合理性和准确性极大地影响系统的动静态特性和控制精度。由于模糊规则是基于人类经验总结得到的，模糊推理是根据人类思维方式设计的，因此模糊控制器的设计存在主观因素，其性能存在一定的偏差。此外，实际系统受各种因素的影响，其工作条件是不断变化的，使用一个固定不变的模糊控制规则表，往往在某种程度上会存在精度不够或动态特性难以满足的情况。因此，需要自适应地修正控制规则和查询表，来保证系统的控制要求。

2) 模糊规则修正原理

对于一个二维模糊控制器，当输入变量 E 和 EC，以及输出变量 U 的论域等级划分相同时，其控制查询表可以近似归纳为

$$\begin{cases} U=(E+EC)/2, & E\text{和}U\text{的极性相同时} \\ U=-(E+EC)/2, & E\text{和}U\text{的极性相反时} \end{cases}$$

在上式的基础上引入一个调整因子，可得到一种带有调整因子的控制规则：

$$\begin{cases} U=<\alpha E+(1-\alpha)EC>, & E\text{和}U\text{的极性相同时} \\ U=<-[\alpha E+(1-\alpha)EC]>, & E\text{和}U\text{的极性相反时} \end{cases}$$

其中，α 是调整因子，它反映了 E 和 EC 对输出变量 U 的加权程度。

调整因子的引入，可以根据模糊控制系统的不同状态对 E 和 EC 进行不同程度的加权，从而达到改变模糊控制规则的目的。规则自校正模糊控制器的结构如图 7-18 所示，由此可以看出当系统的误差较大时，模糊控制器通过增大 E 的权重来消除误差，加快系统响应速度；当系统误差趋于零时，模糊控制器通过增大 EC 的权重来减小系统超调，以使系统尽快稳定。

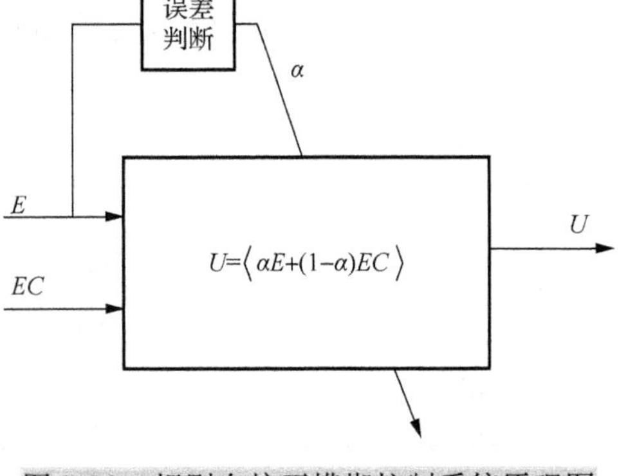

图 7-18　规则自校正模糊控制系统原理图

3) 模糊规则修正的具体实现

引入调整因子 α 可实现二维模糊控制器的模糊规则调整。调整因子的实现主要有两种形式，一是分段法，二是函数法。

分段法是将误差 E 的取值范围划分为若干段并为每段设置一个特定的调整因子 α。其中，调整因子 α 的取值将会随误差的增大而增大。

$$\alpha=\begin{cases}\alpha_1, & |E|\leqslant A_1\\ \alpha_2, & A_1<|E|\leqslant A_2\\ \vdots & \vdots\\ \alpha_{n-1}, & A_{n-2}<|E|\leqslant A_{n-1}\\ \alpha_n, & A_{n-1}<|E|\end{cases}$$

$$0\leqslant\alpha_1\leqslant\alpha_2\leqslant\cdots\leqslant\alpha_n\leqslant 1$$

函数法即通过定义的函数 $\alpha=1-\exp(-ke^2)$，$(k>0)$ 表示调整因子。可以看出，当 E 较大时，α 也较大，系统能尽快消除偏差；当 E 较小时，α 也较小，系统能尽快趋于稳态。即根据模糊目标的隶属函数来调节的大小，从而达到调整控制规则的目的。

7.5.4　变结构模糊控制器

在实际运行中，由于系统的运行状态不同，模糊控制器的控制规则、模糊变量的论域也因而不同。若企图采用单一结构的模糊控制器对整个系统的运行状态进行调节并保证很好的控制效果，这是难以实现的。但是，可以将系统的运行状态进行划分，并根据不同的划分设计相应的模糊控制器；而系统可以根据误差、误差变化率等特征自适应地匹配最佳的模糊控制器。这样就可以保证系统在不同状态下都有良好的性能。

变结构模糊控制器的常见结构如图 7-19 所示。

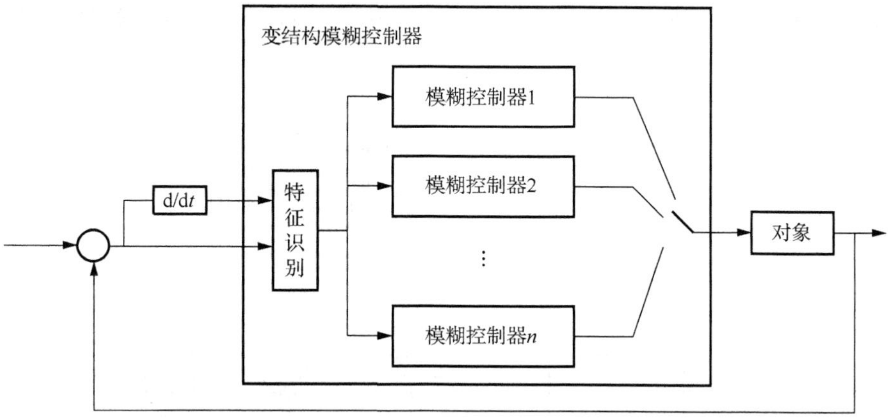

图 7-19　变结构模糊控制系统原理图

7.6　模糊控制在氢燃料电池温度控制中的应用

模糊控制器作为一种基于语言规则的智能控制器，它不依赖精确的被控对象模型，具有结构简单、适应性好、鲁棒性强等优点。所以，相比于常规控制器，模糊控制器更适用于非线性、不确定性的复杂系统中。近年来，模糊控制技术已广泛应用于工业过程中。本节将结合燃料电池系统的特点，结合燃料电池系统温度控制的准确性和鲁棒性需求，介绍一种变论域模糊增量控制器在燃料电池系统温度控制中的应用。

7.6.1　氢燃料电池热管理系统介绍

在新能源发电系统中，质子交换膜燃料电池(Proton Exchange Membrane Fuel Cell，PEMFC)具有环境友好、结构紧凑、启动温度低、运行效率高等突出优点，被认为是具有发展潜力的新能源技术。但是，PEMFC 的性能和可靠性在很大程度上取决于其工作温度。通常，太低的工作温度会减慢电化学反应速度并降低 PEMFC 性能；适宜的工作温度可以提高电化学反应速率以及质子在电解质膜中的传输速度，从而提高 PEMFC 的电压和功率；然而，过高的工作温度会增加水蒸气分压，减缓反应物传输速率，降低电极催化层厚度，极大地降低燃料电池的性能。此外，电堆内部温度分布的不均匀性会造成每节电池的发电性能差异，长期的性能差异性不仅会影响系统的输出性能，还会影响整个电堆的寿命。因此，有效的热管理是保证燃料电池高性能、长寿命运行的关键，除了将 PEMFC 工作温度控制在设定值，还需要将 PEMFC 电堆出入口温差控制在一定的范围内。为了更好地设计燃料电池系统的温度控制器，这里先简要介绍控制对象的特点，即燃料电池热管理系统结构、PEMFC 热管理系统模型。

1. 燃料电池热管理系统结构

燃料电池热管理系统结构如图 7-20 所示，该热管理系统由 PEMFC 电池堆、水泵、水箱、散热器和相应的冷却管道组成。燃料电池热管理系统通过循环冷却液的方式来带走 PEMFC 多余的热量。考虑 PEMFC 电堆内部冷却回路中水压的限制，将散热器安置于电堆入口处，而将水泵置于电堆和散热器之间，这样的冷却回路设计可以避免因 PEMFC 内部水压过高而造成的燃料电池损坏。

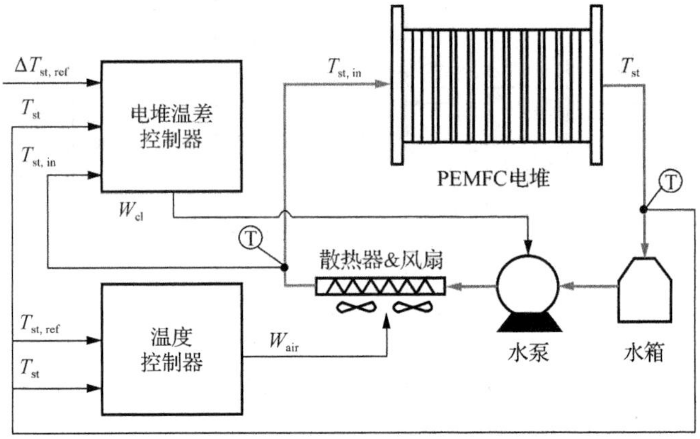

图 7-20　燃料电池热管理系统结构图

在燃料电池发电系统运行时，水泵会驱动冷却管道内的冷却水循环，流经燃料电池堆，使电堆内部的温度分布趋于均匀和稳定；散热器通过风扇增加系统中的空气对流速率，从而将 PEMFC 电池产生的多余热量带走。由于 PEMFC 电堆内部冷却水压的限制，系统中冷却水流速是有限的，则冷却水流速的变化对 PEMFC 温度的影响也是有限的，因此散热器是 PEMFC 热管理系统的主要散热方式。

这里，将冷却水流速和散热器处的空气流量作为控制量，通过调节冷却水流速来控制 PEMFC 电堆出入口冷却水的温度差，通过调节散热器处的空气流量实现对 PEMFC 温度的控制。因为 PEMFC 电堆的热容很大，所以将电堆出口处的冷却水温度近似为 PEMFC 的温度，将电堆出入口冷却水的温度差作为电堆的温差。

2. PEMFC 热管理系统模型

1) PEMFC 热模型

根据能量守恒定律建立 PEMFC 电堆的温度模型，其能量组分包括：电化学反应产生的总功率 $\dot{Q}_{\text{tot}}$，负载消耗的电功率 P_{st}，阴阳极气体带走的热功率 $\dot{Q}_{\text{gas}}$，冷却水带走的热功率 $\dot{Q}_{\text{cl}}$，以及系统散失的热功率 $\dot{Q}_{\text{amb}}$。

$$m_{\text{st}}Cp_{\text{st}}\frac{\mathrm{d}T_{\text{st}}}{\mathrm{d}t}=\dot{Q}_{\text{tot}}-P_{\text{st}}-\dot{Q}_{\text{gas}}-\dot{Q}_{\text{cl}}-\dot{Q}_{\text{amb}} \tag{7-31}$$

其中，m_{st} 是 PEMFC 电堆的质量；Cp_{st} 是电堆的比热容。在 PEMFC 氢氧电化学反应中产生的总功率可以表示为电池节数 n，电堆电流 I_{st}，法拉第常数 F，以及氢的燃烧焓 ΔH 的函数：

$$\dot{Q}_{\text{tot}}=\Delta H\frac{nI_{\text{st}}}{2F} \tag{7-32}$$

PEMFC 电堆的输出功率 P_{st} 是电堆电压 V_{st} 和电堆电流的乘积：

$$P_{\text{st}}=V_{\text{st}}I_{\text{st}} \tag{7-33}$$

通过循环冷却水带走电堆内部多余的热量，将电堆出口冷却水的温度视为 PEMFC 电堆温度，式(7-34)说明了冷却水带走的热功率。

$$\dot{Q}_{\text{cl}}=W_{\text{cl}}Cp_{\text{cl}}(T_{\text{st}}-T_{\text{st,in}}) \tag{7-34}$$

其中，W_{cl} 是冷却水的质量流速；Cp_{cl} 是冷却水的比热容；$T_{\text{st,in}}$ 是电堆入口冷却水的温度；T_{st} 是电堆出口冷却水温度，即电堆温度。

考虑到循环冷却水是整个燃料电池系统中的主要散热方式，约 90%的余热是通过该方式排出的。因此，这里忽略了系统的热辐射 $\dot{Q}_{\text{amb}}$，也忽略了由气体带走的热量 $\dot{Q}_{\text{gas}}$。

2) 水箱模型

这里，进入水箱的冷却水温度被认为是 PEMFC 电堆温度 T_{st}，将水箱出口的冷却水温度视为水箱温度 T_{rv}。

$$m_{\text{rv}}Cp_{\text{rv}}\frac{\mathrm{d}T_{\text{rv}}}{\mathrm{d}t}=W_{\text{cl}}Cp_{\text{cl}}(T_{\text{st}}-T_{\text{rv}})-h_{\text{rv}}(T_{\text{rv}}-T_{\text{amb}}) \tag{7-35}$$

其中，m_{rv} 是水箱的质量；Cp_{rv} 是水箱的比热容；h_{rv} 是水箱自然热传导系数；T_{amb} 是环境温度。

3) 散热器模型

散热器通过风扇将 PEMFC 电化学反应产生的大量热量散到周围环境中，其主要的热交换包括：冷却水与散热器之间的热交换，换热器与环境之间的热交换。将进入散热器的冷却水温度看作水箱温度，将散热器出口的冷却水温度视为散热器温度，散热器模型可以表示为

$$m_{\text{ra}}Cp_{\text{cl}}\frac{\mathrm{d}T_{\text{ra}}}{\mathrm{d}t}=W_{\text{cl}}Cp_{\text{cl}}(T_{\text{rv}}-T_{\text{ra}})-W_{\text{air}}Cp_{\text{air}}(T_{\text{ra,air}}-T_{\text{amb}}) \tag{7-36}$$

其中，W_{air} 是空气的质量流速；Cp_{air} 是空气的比热容。散热器出口的空气温度 $T_{ra,air}$ 等于散热器出入口冷却水温度的平均值。

7.6.2　变论域模糊增量控制器设计

PEMFC 是一个非线性、时变性、强耦合的复杂动态系统，其运行过程中存在大量随机干扰，如负载电流、气体流量、气体压强、环境条件等，难以建立精确的 PEMFC 热模型。模糊控制器是根据人类控制经验设计的，不依赖精确的被控对象模型，具有鲁棒性强、易于实现等优点，适用于 PEMFC 的热管理。

本文采用变论域模糊增量控制器将 PEMFC 电堆温度稳定在 340K，将电堆出入口温差稳定在 6K。该控制器可以看成由参数自校正部分和二维增量模糊控制器组成，其基本原理如图 7-21 所示。二维增量型模糊控制器相当于 PI 控制器，可以消除常见模糊控制器的静态误差和振荡。参数自校正部分，即变论域模糊控制，可以解决一般模糊控制器控制规则有限和无积分环节等问题。由于 PEMFC 温度控制器与温差控制器设计过程一致，现以 PEMFC 温度控制来具体说明该控制器。

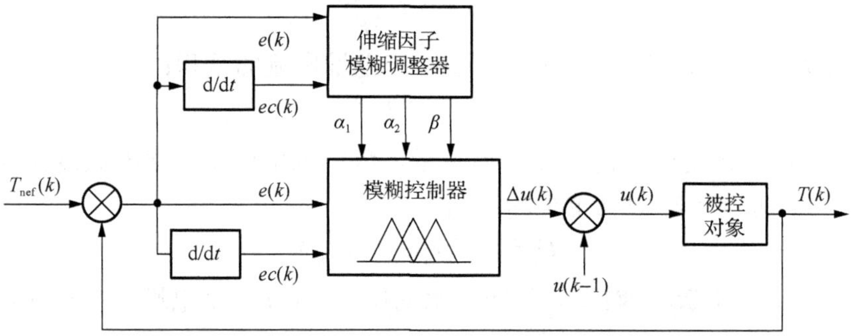

图 7-21　燃料电池变论域模糊增量控制器基本原理图

1. 二维增量模糊控制器设计

增量模糊控制器的两个输入量分别是：设定温度与实际 PEMFC 温度之间的误差 $e(k)$，温度误差变化率 $ec(k)$。增量式模糊控制器可以看作一个 PI 控制器，当误差 $e(k)$ 等于 0 时，控制量 $u(k)$ 将不再变化。相比于一般模糊控制器，增量式模糊控制器可以改善控制器稳态精度。

具体来说，首先通过采样获得精确的 PEMFC 温度误差及误差变化率，将其通过量化因子转换为模糊的语言值；再根据人类语言控制规则进行模糊推理，将控制量的模糊取值转换为精确的物理控制量，即散热风扇电压的变化值 $\Delta u(k)$；最后，增量式模糊控制器的输出为风扇的电压值 $u(k)$。

为了使增量式模糊控制器高效地工作，需要对语言变量论域进行有效的划分，并设计合理的模糊控制规则。这里，$e(k)$ 和 $ec(k)$ 的模糊论域均为[−6,6]，风扇电压变化值 $\Delta u(k)$ 的模糊论域为[−3,3]，它们均被划分为 7 个模糊子集{NB,NM,NS,ZO,PS,PM,PB}，表示为{负大,负中,负小,零,正小,正中,正大}。其中，NB 和 PB 的隶属度函数分别表示为 Z 型和 S 型，其他模糊子集的隶属度函数均采用三角型。具体的，$e(k)$、$ec(k)$ 和 $u(k)$ 的隶属度函数曲线如图 7-22 所示。

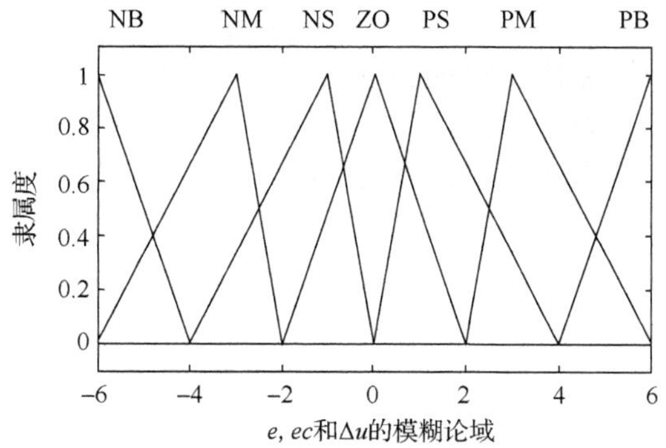

图 7-22　燃料电池模糊增量控制器的隶属度函数

模糊控制规则是模糊控制器设计的重要部分，当误差较大时所设计的控制量以消除误差为主，而当误差较小时所设计的控制量要以系统稳定为主。本文根据控制过程经验，按照 AND-OR 的逻辑推理，得到 49 条具有 IF-THEN 表达形式的模糊规则，具体的模糊规则如表 7-4 所示。最后，采用重心法进行模糊判决，得到模糊控制器的精确控制量，即风扇的电压值。

表 7-4　燃料电池温度控制模糊规则表

ΔU		*EC*						
		NB	NM	NS	ZO	PS	PM	PB
E	NB	PB	PB	PB	PB	PM	ZO	ZO
	NM	PB	PB	PB	PB	PM	ZO	ZO
	NS	PM	PM	PM	PM	ZO	NS	NS
	ZO	PM	PM	PS	ZO	NS	NM	NM
	PS	PS	PS	ZO	NM	NM	NM	NM
	PM	ZO	ZO	NM	NB	NB	NB	NB
	PB	ZO	ZO	NM	NB	NB	NB	NB

2. 变论域模糊控制器设计

变论域模糊控制器可以根据实际控制误差来实时调节控制论域的范围，即通过伸缩因子使得误差变小时论域收缩，误差增大时论域扩大。因此，可以进一步提高控制精度，增大控制器适应性。这里通过模糊控制器来调节伸缩因子，可以实现对模糊论域的在线自动调整，同时避免了对伸缩因子函数模型及其参数的选择。

这里，设计的伸缩因子调整器是一个二维三输出的模糊控制器，输入为 PEMFC 温度误差 $e(k)$ 和温度误差变化率 $ec(k)$，输出为 $e(k)$ 的论域伸缩因子 α_1，$ec(k)$ 的论域伸缩因子 α_2 和输出论域的伸缩因子 β。将模糊控制器中 $e(k)$ 和 $ec(k)$ 的量化因子 K_e、K_{ec} 分别除以对应的伸缩因子 α_1、α_2，将比例因子 $K_{\Delta u}$ 乘以相应的伸缩因子 β，即可实现模糊控制器论域的收缩。

变论域模糊控制器的设计过程与模糊增量控制器一致，包括模糊化、模糊推理、模糊抉择和去模糊化。由于变论域模糊控制器的输入量与模糊增量控制器的输入量一致，所以其输入量 $e(k)$ 和 $ec(k)$ 的模糊化、各变量的语言取值及其隶属函数的设定与模糊增量控制器相同。如图 7-23 所示，输出量伸缩因子 α_1 和 α_2 的模糊论域均划分为四个模糊子集 {B,M,S,Z}，其峰值点对应的横坐标取值为{1, 0.75, 0.5, 0.25}，采用均匀分布的三角型隶属度函数；如图 7-24 所示，伸缩因子 β 的模糊论域被划分为四个模糊子集 {B,M,S,Z}，其峰值点对应的横坐标取值为{1, 0.8333, 0.6667, 0.5}，采用均匀分布的三角型隶属度函数。

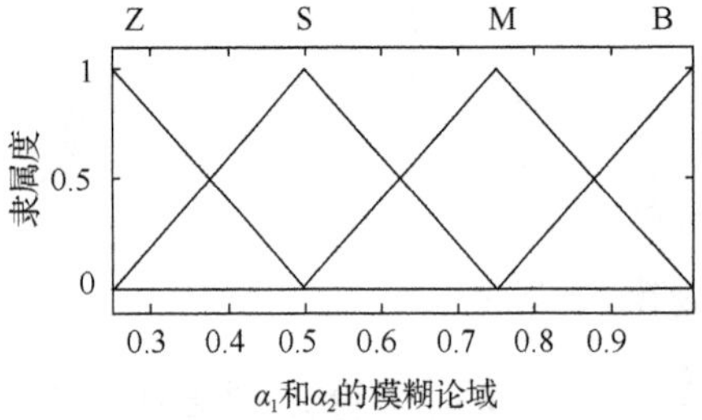

图 7-23　伸缩因子 α_1 和 α_2 的隶属度函数

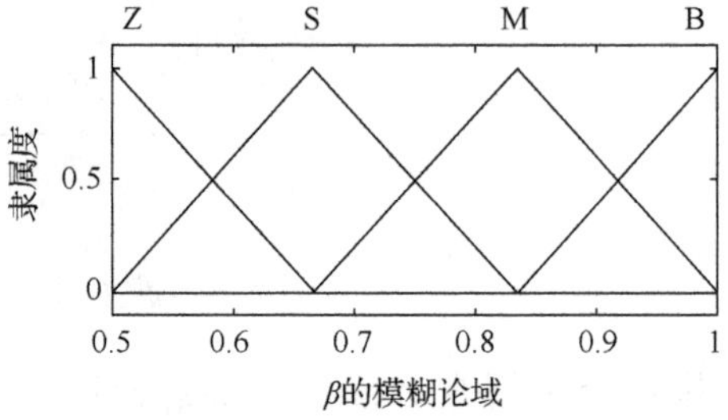

图 7-24　伸缩因子 β 的隶属度函数

根据专家经验和变论域理论，可以得到伸缩因子（α_1、α_2 和 β）各自的模糊规则表。这里，将这些规则记录在表 7-5 中。三个伸缩因子的模糊控制规则表均按照 AND-OR 的逻辑推理，且都含有 49 条具有 if-then 表达形式的模糊规则。具体的，当 $e(k)$ 和 $ec(k)$ 为 PS、ZO 或 NS 时，缩小伸缩因子 α_1 和 α_2（增大量化因子 K_e 和 K_{ec}），可以使模糊论域被映射到更大论域中，相当于间接增加了控制规则的数量，不仅提高了控制灵敏度及稳态精度，还可以提高响应速度。最后，采用重心法进行模糊判决，得到模糊控制器论域伸缩因子的具体值。

表 7-5　燃料电池温度控制器伸缩因子规则表

N		*EC*						
		NB	NM	NS	ZO	PS	PM	PB
E	NB	B/B/B	B/B/B	M/M/B	M/M/M	M/M/M	B/B/M	B/B/B
	NM	B/B/M	M/B/B	M/M/M	S/S/M	M/M/S	M/B/M	B/B/M
	NS	M/M/S	S/S/M	S/S/S	Z/Z/S	S/S/Z	S/S/S	M/M/S
	ZO	S/M/Z	S/S/S	Z/Z/S	Z/Z/Z	Z/Z/Z	S/S/Z	S/M/S
	PS	M/M/S	S/S/M	Z/Z/S	Z/Z/Z	S/S/Z	S/S/S	M/M/S
	PM	B/B/M	M/B/B	M/M/M	S/S/M	M/M/S	M/B/M	B/B/M
	PB	B/B/B	B/B/B	M/M/B	M/M/M	M/M/M	B/B/M	B/B/B

7.6.3　实验结果与分析

为了验证所设计的变论域模糊增量控制器的性能，设计了两组仿真实验：一组用于研究所设计的控制器在 PEMFC 负载电流扰动下的控制性能，另一组用于研究所设计控制器在 PEMFC 模型参数变化下的控制性能。此外，在本仿真算例中将模糊增量控制器，带积分的模糊增量控制器作为对比方法，研究模糊增量控制在 PEMFC 热管理系统中的应用，并说明变论域模糊增量控制器的有效性。

1. 电流扰动下的性能比较

PEMFC 系统运行过程中，负载电流的变化会影响 PEMFC 的电化学反应，从而影响 PEMFC 电堆温度和温差的变化。这里，将负载电流的阶跃变化曲线作为外部扰动(图 7-25)，由此可以得到模糊增量控制器作用下 PEMFC 电堆温度变化曲线(图 7-26)和 PEMFC 电堆出入口温差曲线(图 7-27)。可以看出，三类模糊增量控制器均可以将 PEMFC 温度维持在 340K，且将 PEMFC 电堆出入口温差维持在 6K，调节时间不超过 500s。其中，变论域的模糊增量控制器的控制效果明显优于另外两种模糊增量控制器，具有更快的动态响应速度，最大超调小于 1K，且当系统稳定后无静态误差。

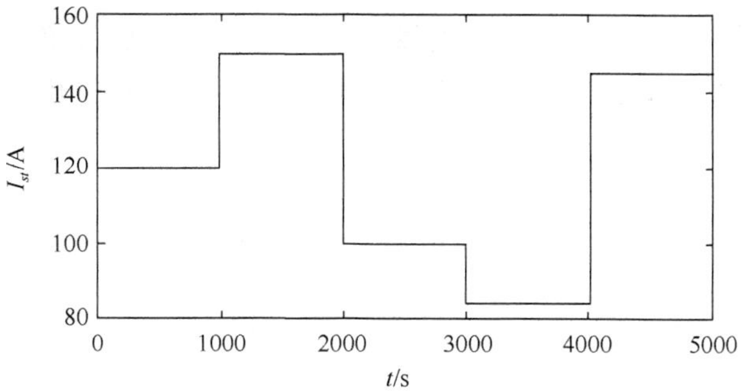

图 7-25　负载电流测试信号

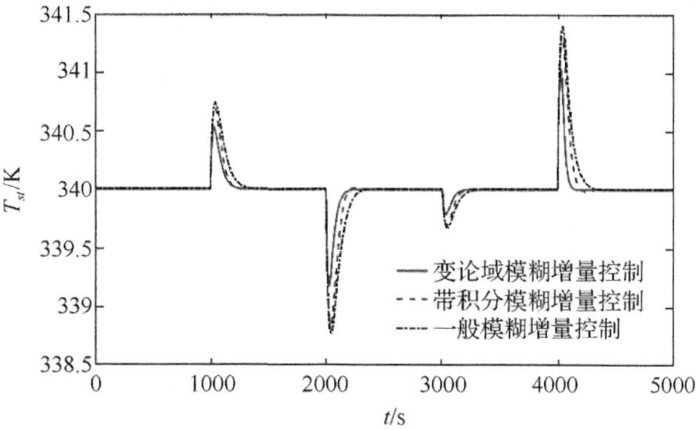

图 7-26　负载电流扰动下的温度曲线

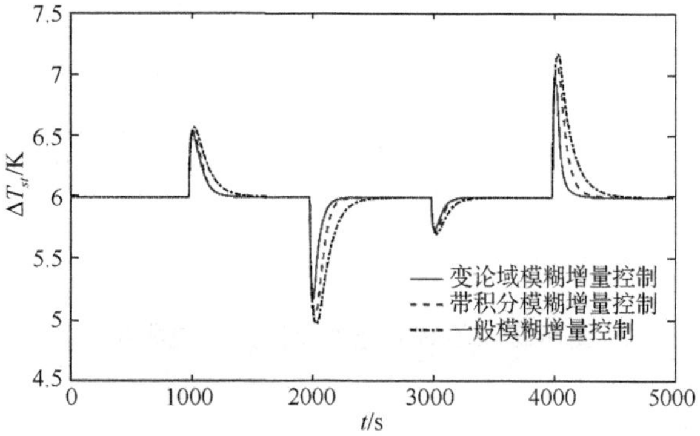

图 7-27　负载电流扰动下的温差曲线

2. 参数扰动下的性能比较

PEMFC 是一个非线性、时变性的复杂动态系统，模型参数存在由于环境因素和系统非线性特性引起的摄动。为了研究所设计控制器在 PEMFC 模型参数变化下的控制性能，将电堆电流稳定在 120A，设定测试信号为：在 1000s 时膜中的水含量由 10 阶跃到 18；在 2000s 到 2080s 时环境温度由 298K 变为 302K；在 3000s 到 3060s 时电堆入口处冷却水温度由 334K 变为 336K，在 4000s 时阴极压强由 3atm 变为 5atm。当 PEMFC 模型参数变化时，三类模糊增量控制器均可以将电堆温度和温差稳定在设定值，电堆温度的动态变化曲线如图 7-28 所示，电堆出入口温度差的动态过程如图 7-29 所示。通过仿真实验对比可以看出，变论域模糊增量控制器的调节时间更快，超调幅度明显小于另外两种模糊增量控制器。由此说明，本文设计的变论域模糊增量控制器具有更强的鲁棒性。

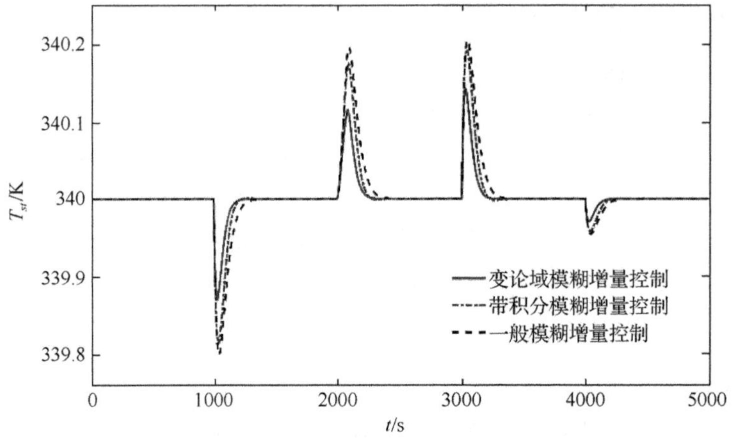

图 7-28　系统参数变化下的温度曲线

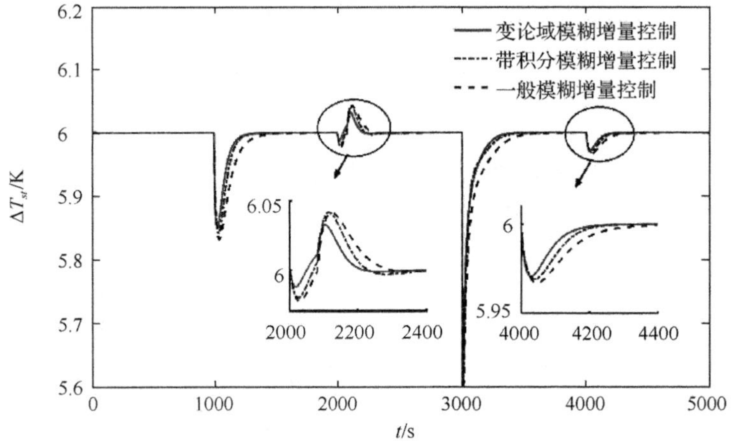

图 7-29　系统参数变化下的温差曲线

第 8 章　神经网络控制

8.1　概　　述

随着被控对象越来越复杂，并且存在着多种不确定(随机性)和难以准确描述的非线性，以及对控制系统的要求越来越高。因此迫切要求提高控制系统的智能化水平，即系统具有逻辑思维和推理判断的能力，同时具有自适应学习能力、良好的鲁棒性和实时性。

神经网络(Neural Networks)是一种具有高度非线性的信息处理工具并有着很强的自学习能力，同时由于其对非线性系统具有的强大逼近能力，神经网络广泛应用于各种复杂对象的控制中。此外由于具备了冗余性、容错性、大规模并行性和本质的非线性等特性，以及很强的自适应、自学习、自组织能力，神经网络给不断发展的控制理论带来了新的生机。

神经网络控制理论的发展动力来源于当前控制系统所面临的越来越多的严峻挑战。由于神经网络本身具备传统控制方法无法实现的一些优势和特点，因此近年来神经网络控制器的研究得以迅速发展。

近年来神经网络控制的研究进展如下。

(1)基于神经网络的系统辨识。可在已知常规系统模型结构的情况下，将神经网络作为未知被辨识系统的估计模型的参数，或者利用神经网络的非线性特性建立未知非线性系统的静态、动态、逆动态等模型，以实现未知非线性系统的建模。

(2)神经网络控制器。将神经网络作为控制系统的控制器，可以对不确定系统及外部扰动进行有效的控制和补偿，提升系统的控制性能。

(3)神经网络与其他智能算法的结合。将神经网络与模糊逻辑、专家系统、遗传算法等智能算法相结合可构成性能更为优异的新型控制器。

(4)优化计算。在一些控制系统的设计中会面临约束优化问题的求解，而神经网络强大的非线性逼近能力为这类问题提供了新的有效途径。

8.2　神经网络基础理论

近年来神经生理学和神经解剖学的一些相关研究表明人脑的构造极其复杂，主要是由多达1000多亿个神经元交织在一起的网状结构构成的，其中约140亿个神经元在大脑皮层，其他约 1000 亿个神经元分布在小脑皮层。为了探索人脑怎样完成思维等高级活动，以及利用数学模型模拟人脑的活动，大量研究人员展开了对神经网络的深入研究。

8.2.1 生物神经元

神经网络是在研究人脑组织的现代生物学的基础上提出的，主要用于模拟人类大脑中神经网络的功能。它是对人脑在微观结构和功能上的一种抽象与简化，同时可以反映人脑功能的若干基本特征，包括记忆、学习、联想、并行信息处理、模式分类等高级活动。

单个神经元的解剖图如图 8-1 所示，神经元(神经细胞)是神经系统中的基本构造。作为人体内各个部分之间信息传递和处理的基本单元，神经元都是由细胞体、轴突和树突三部分组成的。其中轴突的功能是利用细胞体将本神经元经外部刺激的输出传递到别的神经元，轴突末端树枝样的神经末梢可使信号同时传递给多个神经元。而树突的功能主要是接收来自其他神经元的输出信号并传递给细胞体。

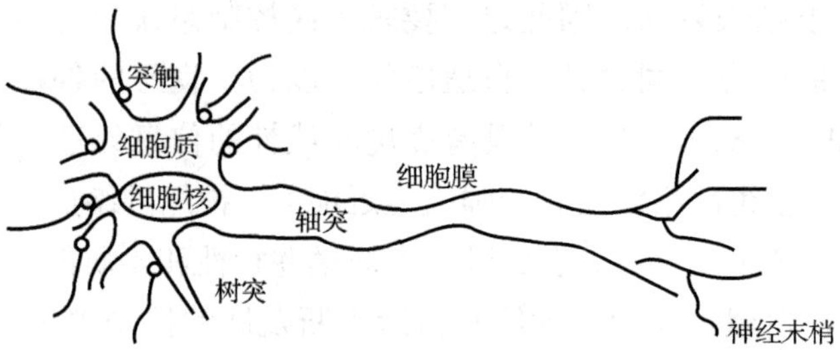

图 8-1 单个神经元的解剖图

神经元的主要功能有以下两点。

(1) 兴奋与抑制。若传入神经元的刺激使细胞膜电位升高并且超过动作电位的阈值从而产生神经冲动的状态即为兴奋。若传入神经元的刺激使细胞膜电位降低并且低于动作电位的阈值的状态即为抑制。

(2) 学习与遗忘。由于神经元具有可塑性，可加强和减弱突触的传递作用。因此，神经元具有学习和遗忘两个功能。

8.2.2 人工神经元

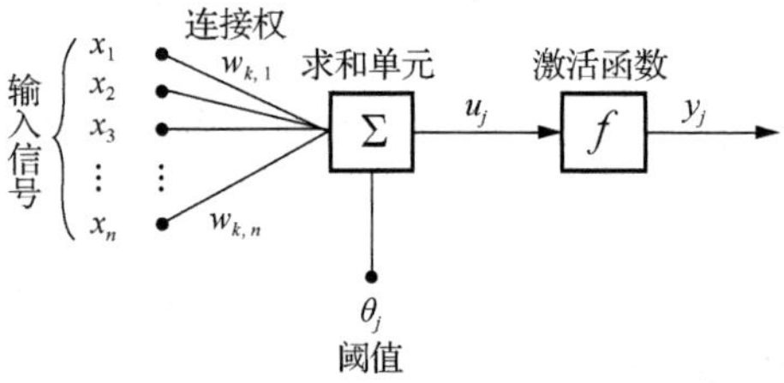

图 8-2 单个人工神经元结构图

1943 年，美国的心理学家 McCulloch 以及数学家 Pits 提出了称为 MP 的人工神经元模型，它是一个多输入多输出非线性的信息处理结构，如图 8-2 所示，其中，x_i 为其他神经元传至本神经元的输入信号；θ_j 为神经元 j 的阈值，此阈值决定了该神经元的兴奋与否；W_{ij} 表示从神经元 i 到神经元 j 的连接权值；$f(\cdot)$ 称为激励函数(也有称为响应函数或传输函数)。

因此，第 i 个神经元的输入为

$$I_i = \sum_{i=1}^{n} W_{ij} x_i - \theta_j \tag{8-1}$$

第 j 个神经元的输出为

$$y_j = f\left(I_i\right) \tag{8-2}$$

其中，激励函数 $f(\cdot)$ 有以下几种常用的形式，如图 8-3～图 8-5 所示。

(1) 阶跃函数：

$$f(x)=\begin{cases}1, & x\geqslant 0\\ 0, & x<0\end{cases}$$

(2) Sgn 函数：

$$f(x)=\begin{cases}1, & x\geqslant 0\\ -1, & x<0\end{cases}$$

(3) S 状函数：

$$f(x)=\frac{1}{1+\exp(-\beta x)},\quad \beta>0$$

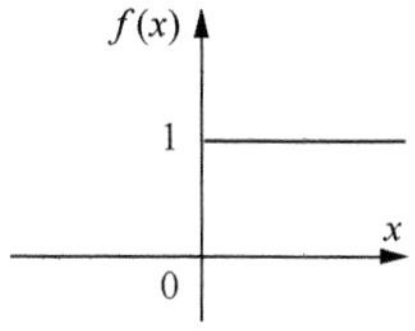

图 8-3　阶跃函数

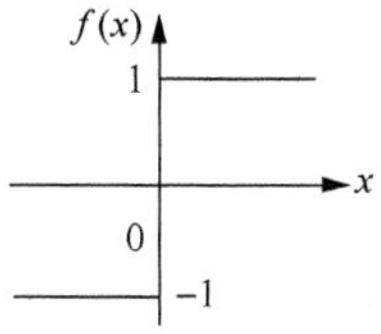

图 8-4　Sgn 函数

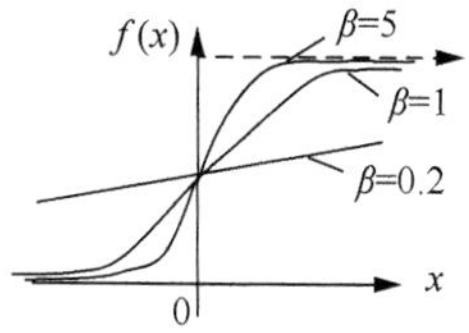

图 8-5　S 状函数

8.2.3　人工神经网络

人工神经网络(Artificial Neural Network，ANN)或称连接机制(Connectionism)是从微观结构与功能上对人脑神经系统的模拟而建立起来的一类模型。许多个信息处理单元(神经元)就构成了人工神经网络，网络的信息处理由神经元相互作用来实现，即通过把问题表示成神经元之间的连接权重来处理。多年来，学者建立了多种网络模型，其中整体性能的决定要素如下。

(1) 神经元的特性。

(2) 神经元相互连接的拓扑结构。

(3) 为适应实际环境而改善的神经网络学习规则。

由于人工神经网络是人脑的某种简化、抽象和模拟，同时反映了若干人脑功能的基本特征，因此具有以下特点。

(1) 通过处理单元之间的相互作用来实现网络的信息处理，具有并行处理的特征。

(2) 各个处理单元之间分布式的物理联系表示知识与信息的存储。

(3) 各个单元连接权重的动态变化过程由网络的学习和识别决定。

(4) 具有联想记忆(Associative Memory)。

因此，神经网络不仅是一个具有高度非线性的系统，并且还具有一般非线性系统的特性。虽然单个神经元的组织和功能极其有限，但是大量神经元构成的网络系统所能实现的功能是非常丰富的。

8.2.4　神经网络的分类

以数学的手段来抽象和模拟人脑的神经网络结构以及特征的系统称为人工神经网络。通过人工神经元可以组成各种不同拓扑结构的神经网络，从而实现不同生物神经网络的近似和模拟。

当前神经网络模型的种类已经十分丰富，包括近 40 多种神经网络模型，其中包括多层前向传播网络(BP)、小脑模型(CMAC)、双向联想记忆(BAM)、Hopfield 网络、ART 自适应共振理论、Madaline 网络、SOM 自组织网络、Blotzman 网络等。

依据神经网络的连接形式，目前神经网络大致可分为如下三种形式。

(1) 前向神经网络。神经元在神经网络中分层排列，每个神经元只与前一层的神经元相连接，分为输入层、隐含层(一层或多层)和输出层，如图 8-6 所示。

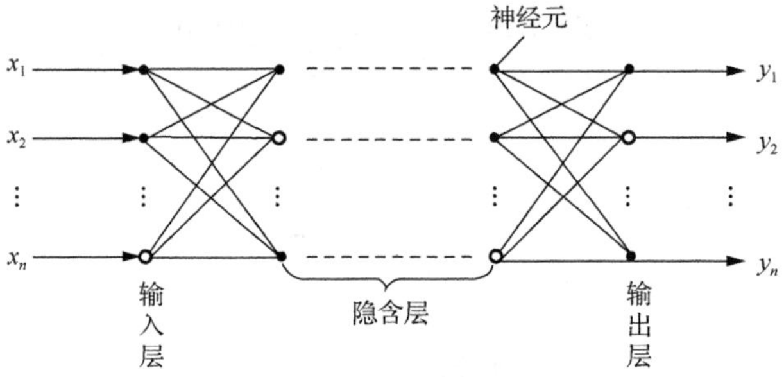

图 8-6　前向网络

(2) 反馈前向神经网络。它本身是前向型的神经网络，然而网络结构在输出层和输入层之间存在反馈，即每一个输入节点均有可能接收外部的输入以及神经元的输出反馈。这种神经网络本质是一种反馈动力系统，需要工作一段时间后才能达到稳定，如图 8-7 所示。

(3) 互连网络：任意两个神经元之间可能都有连接，并且输入信号会在各个神经元之间反复传递，如图 8-8 所示。

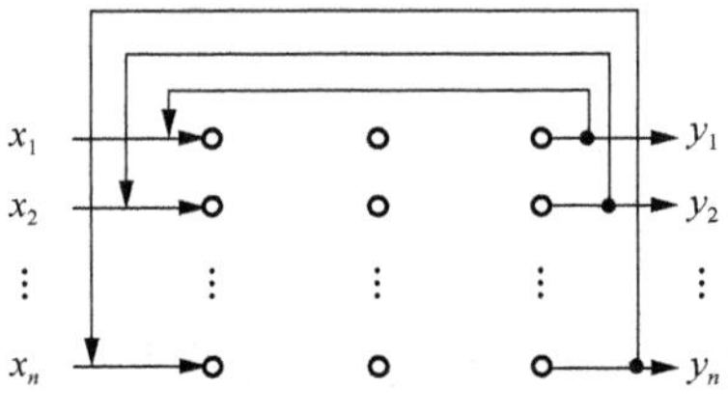

图 8-7　反馈前向网络

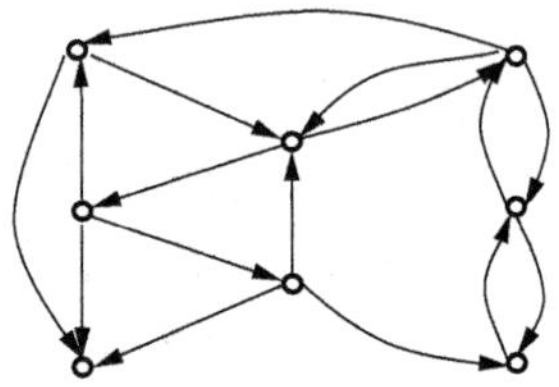

图 8-8　互连网络

8.2.5　神经网络的学习算法

当确定神经网络的结构之后，关键的问题是如何设计一个学习速度快并具有良好收敛性的学习算法。学习算法是神经网络具有智能特性的一个重要标志。此外神经网络通过设计的学习算法实现自适应、自学习以及自组织的能力。

当前神经网络有多种学习算法，根据有无导师分类，可分为无导师学习(Unsupervised Learning)、有导师学习(Supervised Learning)、再励学习(Reinforcement Learning)等。在有导师的学习算法中，神经网络的输出与期望输出(导师信号)进行比较，然后通过两者之间的差异来调整网络的权值，最终使得差异变小，如图 8-9 所示。在无导师的学习算法中，输入信号进入网络后，网络根据预先设定的一种规则来自动调整权值，最终使网络具备模式分类等功能，如图 8-10 所示。而介于上述两种之间的一种学习方式称为再励学习，即只评价输出结果并不给出具体答案，此外学习系统将强化某些受奖励的动作来改善性能。

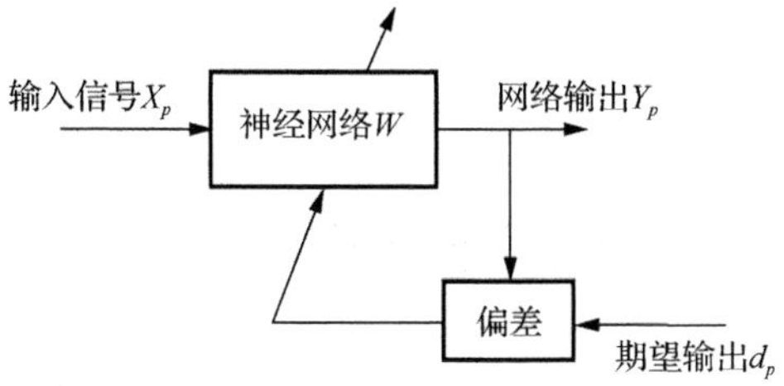

图 8-9　有导师的学习算法

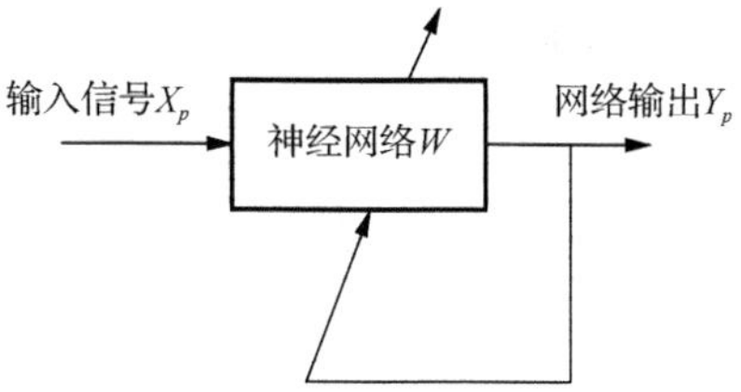

图 8-10　无导师的学习算法

目前应用于神经网络的学习算法主要有如下两大类。

(1) Hebb 学习算法。Hebb 算法是一种联想学习的算法。基于生物学家 Hebbian 对心理学以及生物学的研究，他认为当两个神经元同时处在激发状态时，将加强它们之间的连接强度。这一论述的数学描述称为 Hebb 学习算法，即

$$w_{ij}(k+1)=w_{ij}(k)+I_i I_j \tag{8-3}$$

其中，$w_{ij}(k)$为连接神经元i到神经元j的当前权值；I_i 和I_j分别为神经元i和神经元j的激活水平。Hebb 学习算法是一种无导师的学习方法，仅依据神经元之间的激活水平来改变权值。

(2) Delta(**δ**) 学习算法。假定误差准则函数为

$$E=\frac{1}{2}\sum_{p=1}^{P}\left(d_p-y_p\right)^2=\sum_{p=1}^{P}E_p \tag{8-4}$$

其中，d_p为期望输出；y_p为神经网络实际的输出，$y_p=f\left(W^{\top}X_p\right)$,$W$为网络中的权值向量，即

$$W=\left(w_0,w_1,\cdots,w_n\right)^{\mathrm{T}} \tag{8-5}$$

令X_p为输入模式，p为训练样本总数有

$$X_p=\left(x_{p0},x_{p1},\cdots,x_{pn}\right)^{\mathrm{T}},\quad p=1,2,\cdots,P \tag{8-6}$$

然后选择梯度下降法来实现权值的调整，即

$$\begin{gathered}\Delta W=\eta\left(-\frac{\partial E}{\partial W_i}\right)\\ \frac{\partial E}{\partial W_i}=\sum_{p=1}^{r}\frac{\partial E_p}{\partial W_i}\end{gathered} \tag{8-7}$$

其中

$$E_p=\frac{1}{2}\left(d_p-y_p\right)^2 \tag{8-8}$$

令网络输出为$\theta_p=W^{\top}X_p$，则有

$$y_p = f\left(\theta_p\right) \tag{8-9}$$

$$\frac{\partial E_p}{\partial W_i} = \frac{\partial E_p}{\partial \theta_p}\frac{\partial \theta_p}{\partial W_i} = \frac{\partial E_p}{\partial y_p}\frac{\partial y_p}{\partial \theta_p}X_{ip} = -\left(d_p - y_p\right)f'\left(\theta_p\right)X_{ip} \tag{8-10}$$

最后得到权值W的修正算法为

$$\Delta W = \eta\sum_{p=1}^{P}\left(d_p - y_p\right)f'\left(\theta_p\right)X_{ip} \tag{8-11}$$

式(8-11)称为Delta(**δ**)学习算法。

8.3　基于神经网络的系统辨识

系统辨识是基于系统模型的控制关键所在，它通过测量对象的输入输出状态来估计对象的数学模型，使建立的数学模型和对象具有相同的输入输出特性。神经网络对非线性函数具有任意精度逼近以及自学习能力，这为非线性动态系统的辨识提供了一个非常有效的方法。神经网络的系统辨识本质上是选择一个适合的神经网络模型来近似实际系统的数学模型。

8.3.1　神经网络系统辨识的原理

系统辨识是在输入和输出数据的基础上，在一组给定的模型中来确定一个与被测系统等价的数学模型。辨识原理为通过改变辨识模型的结构使近似误差e最小，如图8-11所示。

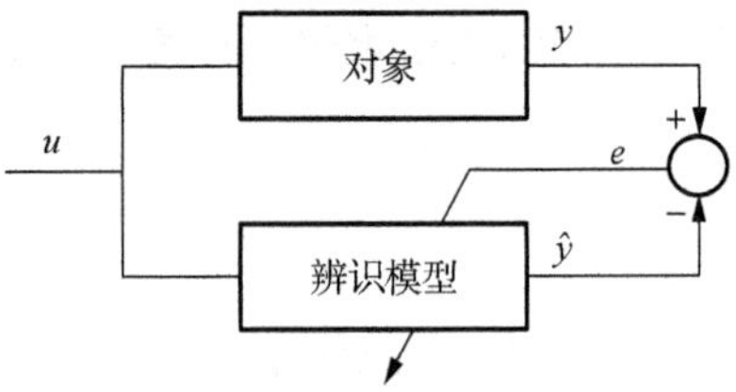

图8-11　神经网络系统的辨识原理

在神经网络的系统辨识中，神经网络作为辨识模型，将对象的输入输出状态u, y作为神经网络训练的样本数据，把$J=1/2e^2$设为网络训练的目标，再通过一定的训练算法来训练神经网络，最终使包含误差的表达式J足够小，就完成了辨识对象模型的要求。

此外，基于神经网络的系统辨识过程通过是否在系统实际运行中进行，分为在线辨识和离线辨识，两种辨识方式的特点如下。

(1)在线辨识是在对象系统实际运行的过程中进行的，辨识过程要求实时性，即必须在一个采样周期的时间间隔内至少进行一次网络权值的调整；而离线辨识是在得到对象系统的输入输出数据后再进行系统辨识，因此辨识的过程与实际系统是分开的，没有实时性的要求。

(2)离线辨识在系统工作前预先完成网络的学习或训练，但输入输出训练集很难覆盖对象所有可能的工作范围且难以适应系统在工作过程中的参数变化，故最好的辨识方式是：先进行离线训练、再进行在线学习，将离线训练得到的权值作为在线学习的初始权，以加快在线学习的速度。(由于网络具有学习能力，故当被辨识对象的特性变化时，神经网络也能通过不断地调整权值和阈值自适应地跟踪对象系统的变化。)

(3)对于神经网络控制系统，其中的辨识是以系统在闭环控制下所得到的观测数据进行的，因此一般属于在线辨识。对于时变系统，则只能使用在线辨识。

8.3.2　系统正模型与逆模型的辨识

用神经网络当作被辨识对象的正、逆模型等称为神经网络建模。主要有以下两个特点。

(1) 实质上神经网络的系统辨识目的是建立被测对象的模型，因此在最简单的情况下，辨识只需要对象本身的输入和输出数据。

(2) 神经网络建模本身不涉及如某一具体控制任务等其他目的，因此与作为神经网络控制系统的结构框图相比，辨识的原理结构图要简单得多，只要能完成建模的任务即可；一般地，神经网络系统辨识的结构图只包含对象系统和神经网络两大主体。

神经网络建模的两种基本情况如下所示。

(1) 前向建模：利用神经网络逼近对象本身的动力学特性建立系统本身的模型，也称正向建模，如图 8-12 所示。

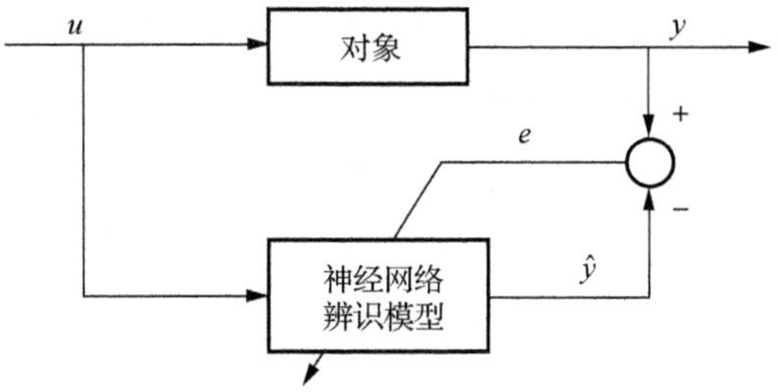

图 8-12　前向建模结构图

前向建模结构中网络与系统并联；输出之差用作训练信号；对网络而言，系统的实际输出构成了期望的导师信号，故为有导师学习；可用多层前馈神经网络实现；可进行离线辨识，也可进行在线辨识。

(2) 逆向建模：一般而言，建立逆模型对神经网络控制的意义重大，如图 8-13(a) 所示。

逆向建模结构可用于离线辨识，也可用于在线辨识。其缺点在于不是目标导向的，系统输入也不可能预先定义。因此实际常采用正-逆建模结构，如图 8-13(b) 所示。

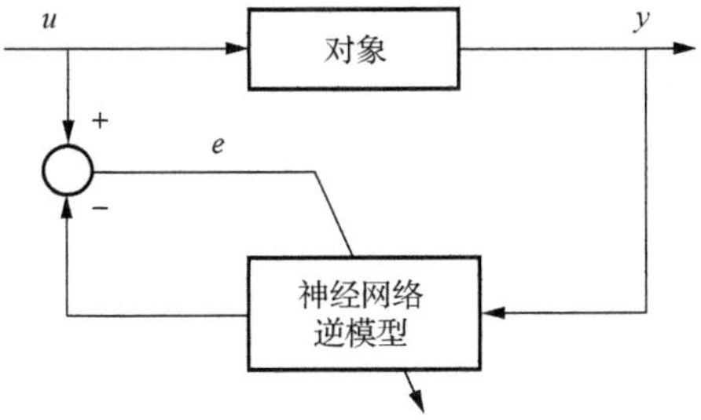

(a) 逆向建模结构图

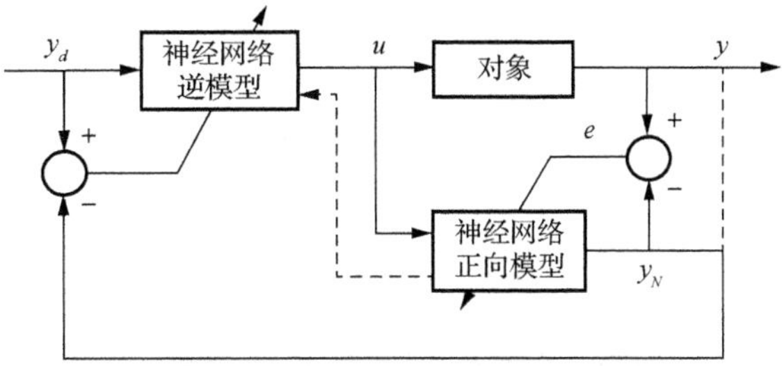

(b) 正-逆向建模结构图

图 8-13　建模结构图

正-逆建模结构的优点在于是目标导向的，即训练信号是期望输出与实际输出之差。常用于在线辨识。

神经网络建模需要考虑的因素主要为以下几个方面。

(1) 模型的选择。精确性和复杂性的权衡：对神经网络辨识而言，权衡表现为网络隐含层数的选择和隐含层内节点的选择。权衡的有效途径：进行多次仿真实验。

(2) 输入信号的选择。在时域上，输入信号被要求持续加在对象系统上，以便在辨识的时间内可以充分地激励所有的系统模态、反映系统对象的完整动态过程。这里的输入信号是加在系统上的信号，也将构成神经网络的输入或输出信号。频域上，要求输入信号的频谱覆盖系统的频谱。

(3) 等价准则的选择。等价意味着按照某种误差评价准则，使既定的神经网络模型可以更好地拟合被辨识系统的静态或者动态特性。

误差的泛函通常作为误差评价准则，即

$$J(W)=\alpha\sum_{k}h\left[e(k)\right] \tag{8-12}$$

其中，$e(k)$ 为神经网络模型与系统模型之间的误差，α 为常数通常取为 1，$h(\cdot)$ 通常为误差的平方函数，即

$$h\left[e(k)\right]=e^2(k) \tag{8-13}$$

8.3.3 非线性系统模型与辨识

神经网络作为系统辨识的有效工具，主要用于非线性系统的辨识。针对不同的非线性系统需要选择不同的神经网络辨识系统。对于静态系统，其输入输出间只是某种非线性映射关系，因此可以直接利用前向神经网络进行建模。对于动态系统，可利用动态神经网络建模，也可利用静态前向神经网络建模。一般而言，后者更便于分析，但需要将动态系统的神经网络建模转化为静态系统的神经网络建模。

1．非线性静态系统的神经网络辨识

静态系统也称为稳态系统，指系统的各状态变量不随时间而变化。静态系统输入输出间的关系，实际上就是一个非线性映射关系，故可用前馈神经网络进行学习。具有 n 维输入和 m 维输出的非线性静态系统可表示为

$$\begin{cases}y_1=f_1\left(x_1,x_2,\cdots,x_n\right)\\ \quad\vdots\\ y_m=f_m\left(x_1,x_2,\cdots,x_n\right)\end{cases} \tag{8-14}$$

每个非线性方程分别构造一个神经网络。假设对应于第 i 个方程的神经网络输出为 $\hat{y}_i$，则调整网络权值系数的误差评价函数为

$$J(W_i)=\frac{1}{2}e_i^2=\frac{1}{2}(y_i-\hat{y}_i)^2 \tag{8-15}$$

其中，W_i 为第 i 个神经网络的权值系数。

仅用一个神经网络构成静态系统的神经网络模型，用神经网络的输出矢量 $\hat{\boldsymbol{y}}$ 逼近系统的实际输出矢量 $\boldsymbol{y}=\left[y_1,y_2,\cdots,y_m\right]^{\mathrm{T}}$，调整网络权值系数的误差评价函数为

$$J(W)=\frac{1}{2}\sum_{i=1}^{m}e_i^2=\frac{1}{2}\sum_{i=1}^{m}\left(y_i-\hat{y}_i\right)^2 \tag{8-16}$$

2．非线性动态系统的神经网络辨识

所有的非静态系统统称为动态系统，并且动态系统输入输出之间的关系更加复杂。关于动态系统的系统辨识主要有两个思路。

(1) 直接使用动态神经网络。

(2) 将动态系统的神经网络辨识转化为静态系统的神经网络辨识。

上述两种不同的思路产生了动态系统中两种常见的神经网络辨识结构。

(1) 对于思路 (1) 一般采用并列模型结构，如图 8-14 所示。其中输入到神经网络的量包含了网络本身输出的过去值，即网络包含到自身的反馈，故所用网络为动态神经网络。模

型的表达式为

$$\hat{y}(k+1)=N[\hat{y}(k),\hat{y}(k-1),\cdots,\hat{y}(k-n+1),u(k),u(k-1),\cdots,u(k-m+1)] \tag{8-17}$$

(2) 对于思路 (2) 一般采用串联并列模型结构，如图 8-15 所示。其中网络自身不含反馈，可采用 BP 算法调整权值。并且辨识过程相对简单，收敛性较好，一般场合均可采用。模型的表达式为

$$\hat{y}(k+1)=N[y(k),y(k-1),\cdots,y(k-n+1),u(k),u(k-1),\cdots,u(k-m+1)] \tag{8-18}$$

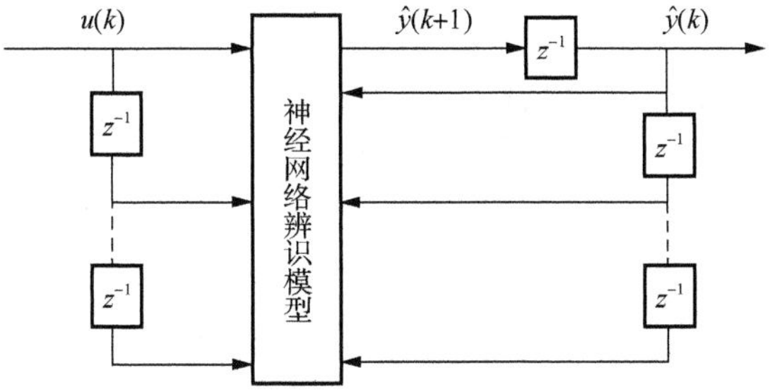

图 8-14　并列模型

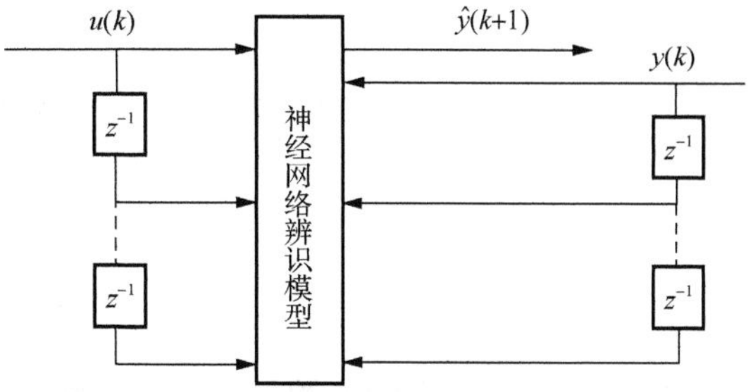

图 8-15　串联并列模型

8.4　神经网络控制器设计

相比于传统控制器，将神经网络用于控制器设计的优越性主要表现在以下几方面。

(1) 利用神经网络可以处理很多难以用模型或规则描述的被控对象。

(2) 采用了并行分布式的信息处理方式，神经网络具有很强的容错性。

(3) 神经网络实质上是一个非线性系统并且可以实现任意的非线性映射，因此在非线性控制系统中神经网络具有很好的发展前景。

(4) 由于具备极强的信息综合能力，神经网络能够同时处理多种不同类型的输入，这样可以很好地解决输入信息之间的冗余性以及互补性等问题。

(5) 神经网络相关的硬件实现也越来越方便，大规模集成电路的技术发展给神经网络的硬件实现提供了丰富的技术手段，同时为神经网络的应用开辟了新的前景。

此外依据神经网络在控制器中的不同作用，可以将神经网络控制器大致分为两种：一种称为神经网络控制，主要是以神经网络为基础而实现的独立的智能控制系统；另一种为混合神经网络控制，主要是利用神经网络的自学习和优化能力来提升传统控制方法性能的智能控制方法，如自适应神经网络控制等。

因此综合当前的不同分类方法，可将目前神经网络控制的结构大致总结为以下几类。

8.4.1　神经网络监督控制

神经网络监督控制指首先对传统的控制器进行学习，然后利用神经网络控制器取代传统的控制器的控制方法，如图 8-16 所示。神经网络控制器本质上是一个前馈控制器 NN，建立了被控对象的逆模型。通过对传统的控制器输出进行学习，并且在线调整神经网络权值，最终使反馈控制的输入趋于零，同时使神经网络控制器的控制作用逐渐占据主导地位，

最终取代反馈控制器的作用。然而系统一旦出现干扰，反馈控制器将重新启动。因此这种前馈加上反馈的监督控制方法一方面可以确保控制系统的稳定性和鲁棒性，另一方面可以有效地提高系统的控制精度以及增强系统自适应能力。

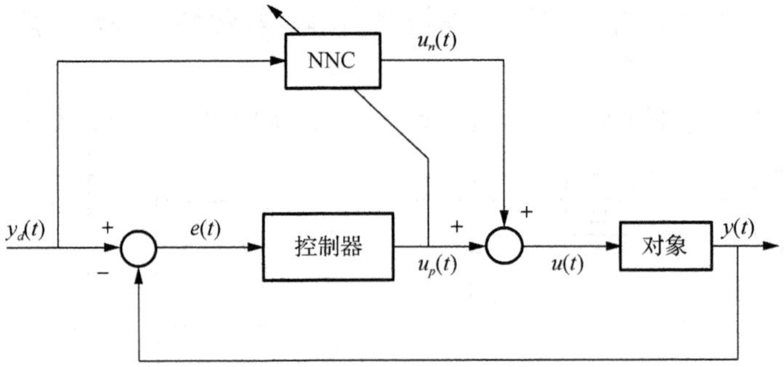

图 8-16　神经网络监督控制框图

8.4.2　神经网络直接逆动态控制

将被控系统与被控系统的神经网络逆模型串联起来，使得期望输出与系统实际的输出之间传递函数为 1 的控制方法称为神经网络直接逆控制。将此神经网络用作前馈控制后，被控系统的输出即为期望的输出。事实上逆模型的准确度在一定程度上决定了神经网络直接逆控制的控制性能。然而因为缺少反馈，导致简单连接的直接逆控制鲁棒性较差。因此，需要神经网络连接权值具备在线学习和调整的能力。

图 8-17 展示了神经网络直接逆控制两种不同的结构。在图 8-17(a)中，NN1、NN2 是两个相同的网络结构，同时采用了一致的学习算法来分别实现被控系统的逆。在图 8-17(b)中，神经网络需要利用选择好的评价函数进行学习来实现被控对象的逆控制。

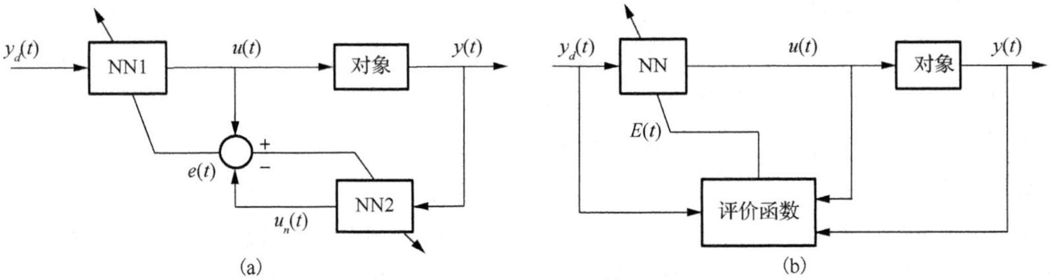

(a)　　(b)

图 8-17　神经网络直接逆动态控制框图

8.4.3　神经网络自适应控制

神经网络自适应控制分为神经网络模型参考自适应控制以及神经网络自校正控制两种控制方法。神经网络自校正控制依据对被控系统正模型或者逆模型的结果来调节控制器的内部参数，使得系统能满足既定的相关指标；然而神经网络模型参考自适应控制下的闭环系统的性能主要通过一个稳定的参考模型来表示。

1. 神经网络自校正控制

神经网络自校正控制主要分为间接自校正控制以及直接自校正控制。间接自校正控制中采用常规的控制器，需要神经网络估计器具有较高的建模精度。而直接自校正控制中同时采用了神经网络控制器以及神经网络估计器。

1) 神经网络直接自校正控制

实质上与神经网络直接逆控制类似，其结构如图 8-17 所示。

2) 神经网络间接自校正控制

结构框图如图 8-18 所示。假定被控系统为如下单输入单输出非线性仿射系统：

$$y_{k+1} = f(y_k) + g(y_k)u_k \tag{8-19}$$

如果采用神经网络对系统的非线性函数 $f(y_k)$ 和 $g(y_k)$ 进行近似，得到 $\hat{f}(y_k)$ 和 $\hat{g}(y_k)$，则控制输入为 $u(k) = \left[r_{k+1} - \hat{f}(y_k)\right] / \hat{g}(y_k)$，其中，$r(k+1)$ 为 $k+1$ 时刻的期望输出。

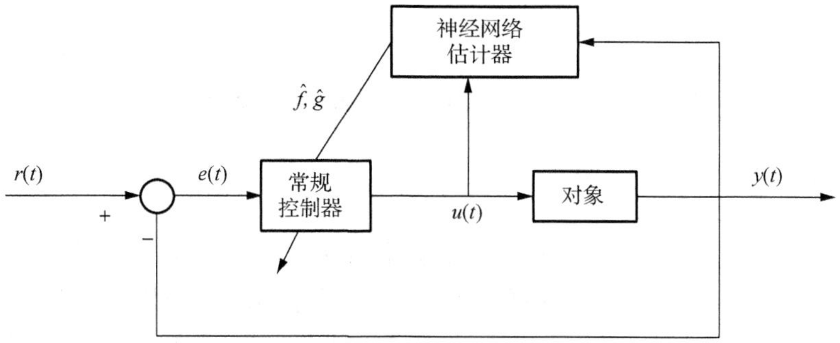

图 8-18　神经网络间接自校正控制框图

2. 神经网络模型参考自适应控制

神经网络模型参考自适应控制主要分为间接模型参考自适应控制以及直接模型参考自适应控制两种类型。

1) 直接模型参考自适应控制

控制框图如图 8-19 所示。神经网络控制器的作用是使得被控系统和参考模型输出的误差变小。然而该方法需要已知被控对象的 Jacobian 信息 $\dfrac{\partial y}{\partial u}$。

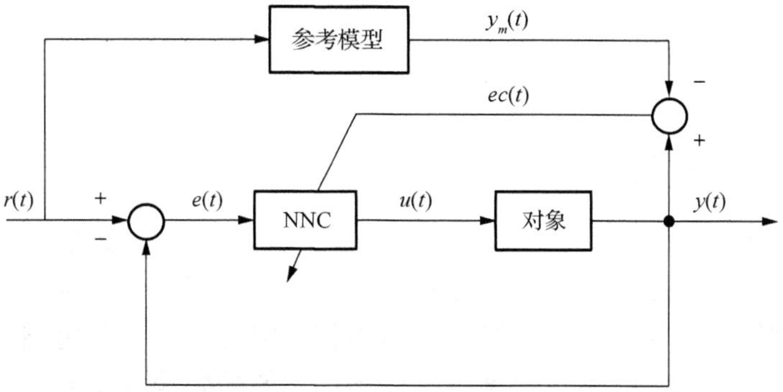

图 8-19　神经网络直接模型参考自适应控制框图

2）间接模型参考自适应控制

控制框图如图 8-20 所示。神经网络辨识器 NNI 为神经网络控制器 NNC 提供被控系统的相关信息用于神经网络控制器 NNC 的学习。

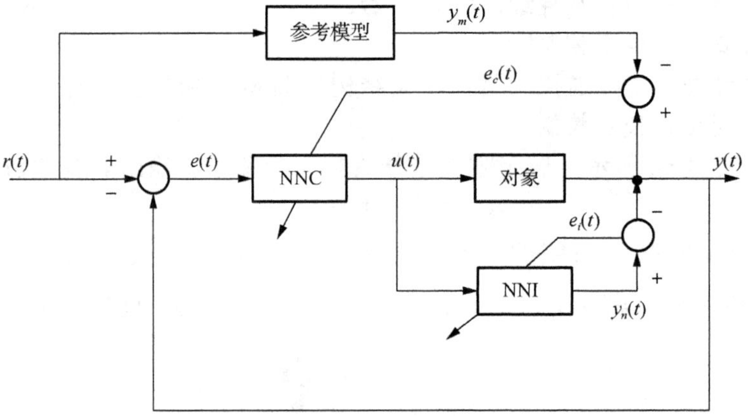

图 8-20　神经网络间接模型参考自适应控制框图

8.4.4　神经网络内模控制

将被控对象的正模型以及逆模型加入反馈控制回路，同时将被控系统的正模型当作被控系统近似模型并和实际系统进行并联，最后将两者输出的差值用作反馈信号的控制方法称为传统的内模控制。图 8-21 为神经网络内模控制框图，被控系统的正模型以及控制器都是由神经网络来实现的。

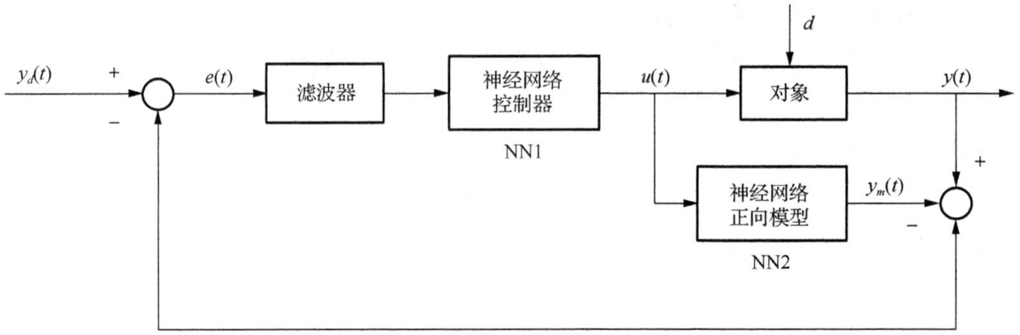

图 8-21　神经网络内模控制框图

8.4.5　神经网络预测控制

预测控制是一种基于模型的控制方法，包含了预测模型、滚动优化和反馈校正三个部分。神经网络预测控制的控制框图如图 8-22 所示，首先通过神经网络预测器来建立非线性被控系统的预测模型，并可进行在线的学习调整。因此进一步利用该预测模型，同时设计优化性能指标，再利用非线性优化器可以得到优化的控制输入 $u(t)$。

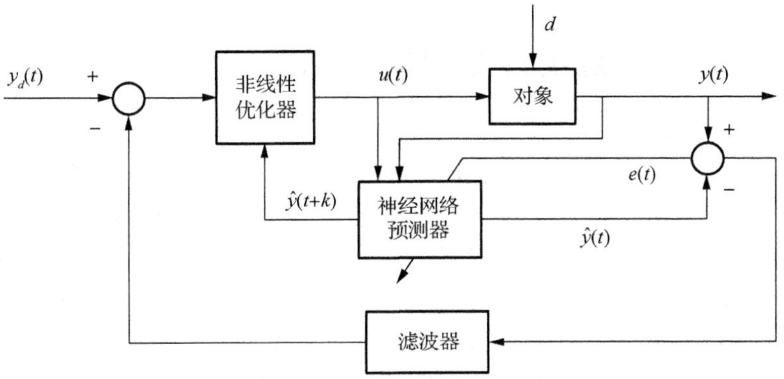

图 8-22　神经网络预测控制框图

8.4.6　神经网络自适应评判控制

神经网络自适应评判控制的控制框图如图 8-23 所示。其内部的自适应评判网络需要不断的再励学习，学习完成后根据被控系统当前的状态和外部的激励信号产生一个内部的再励信号，以便对当前的控制效果作出正确的评价。控制选择网络在内部信号的指导下进行再励学习相当于一个多层前馈神经网络控制器，控制选择网络在进行再励学习后，依据编码后的不同系统状态来进一步选择下一步的控制作用。

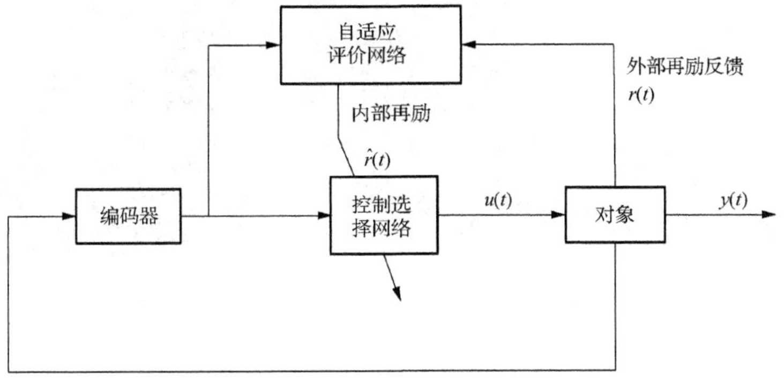

图 8-23　神经网络自适应评判控制框图

8.4.7　神经网络混合控制

通过集成人工智能不同分支的优点，再由神经网络控制技术和模糊控制以及专家系统等智能算法相结合而形成的一种新的智能控制系统称为神经网络混合控制。例如，神经网络与模糊控制结合可以构成模糊神经网络，通过神经网络与专家系统结合可以构成神经网络专家系统。因此采用神经网络混合控制的控制系统同时具备推理、学习以及决策等能力。

8.5　神经网络控制在精密运动控制中的应用

神经网络由于具有强大的能以任意精度来逼近来连续非线性函数的能力，因此近年来大量运用在处理系统的不确定性和非线性特性中。并且，神经网络控制作为一种智能控制方法，相比传统的控制器更适用于复杂环境中的实际系统的高精度控制。基于上述两点，本节主要介绍神经网络控制在光刻机运动平台精密运动控制中的应用。

8.5.1 光刻机运动平台及其控制问题描述

1. 光刻机运动平台

光刻机是芯片制造过程中的核心仪器，主要利用光学投影等方式将掩模板上的线路图复制在硅晶圆上，其分辨率直接决定了芯片的制程以及性能。然而我国目前生产的芯片水平与世界上先进的企业相比仍有巨大的差距，在我国自主研发军用、民用电子产品相关领域带来了巨大的挑战。在 20 世纪 80 年代，光刻机的出现将半导体推向了产业化，然而其作为研发生产工具具有很高的技术门槛。高质量的半导体产品不仅需要制造过程中的高工艺技术，并且需要在光刻曝光过程中实现更高精度的稳定控制。

本节实验所采用的光刻机为无掩模步进投影式光刻机，主要由光源、Micro-E 的 Mercury Ⅱ500 型光栅尺、UM 系列三相同步无铁直线电机、空气轴承、精密定位控制台等部件构成，光刻机运动平台实物图如图 8-24 所示。

图 8-24　无掩模步进投影式光刻机运动平台

2. 光刻机中的控制问题

整个运动平台的运动过程都会受到干扰的影响，这将会直接降低光刻曝光的精度以及效率。因此对外部干扰力进行了测量，最终结果如图 8-25 所示。

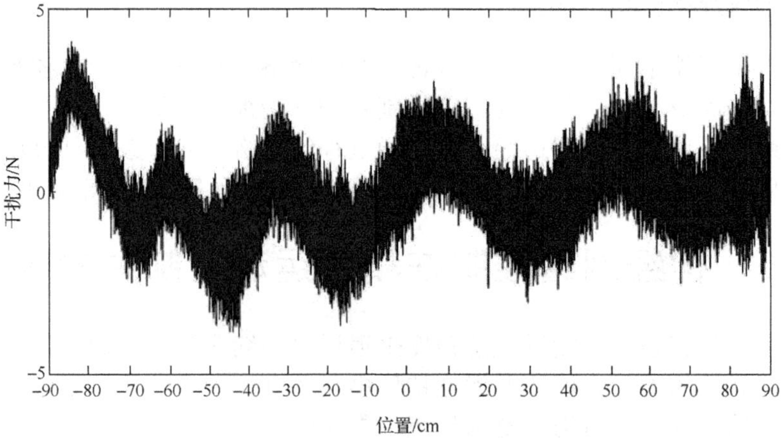

图 8-25　光刻机运动平台干扰力测量结果

直线电机的运动同时受各种噪声的影响，包括电磁噪声、环境干扰等，而这些噪声都将会对定位精度产生不利影响。因此对噪声进行了测量，最终结果如图 8-26 所示。

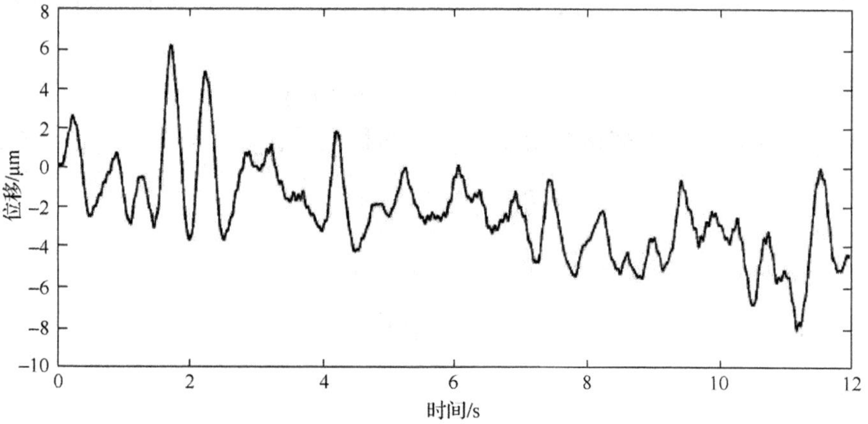

图 8-26　光刻机运动平台噪声测量结果

此外直线电机的电机驱动存在输入死区，当输入电流未能达到驱动器正常工作的边界值时，电机驱动器的输出电压为 0，此时整个运动平台处于无控制状态。

8.5.2　神经网络自适应控制器设计

1. 设计思路

针对光刻机运动平台在输入死区以及外部干扰等约束下的高精度定位控制问题，本节采用神经网络结合自适应控制的方式来设计控制器。其中，神经网络用于补偿光刻机运动平台中存在的未知输入死区、外部扰动以及逼近控制器中未知的非线性函数项。为了能在光刻机运动平台控制中保证神经网络的稳定性和收敛性，这里采用的自适应控制为基于李雅普诺夫的自适应控制方法，并利用虚拟反馈控制器以及设计的神经网络权值更新率来保证整个运动过程的稳定性。此外为了解决由于噪声引起的工件台零点漂移的问题以及实现工件台的快速定位，采用固定时间控制的框架设计虚拟反馈控制器。

2. 相关引理及定义

定义 8.1　$\mathbb{N}^*$表示自然数，$\lambda(\cdot)$表示矩阵的特征值并且$\lambda_{\max}(\cdot)$表示矩阵的最大特征值，$\|\cdot\|$表示向量的欧几里得范数。

定义 8.2　考虑两个$m\times n$的矩阵，$\boldsymbol{A}=[a_{ij}],\boldsymbol{B}=[b_{ij}],i=1,\cdots,m,j=1,\cdots,n$，称$(\boldsymbol{A}\circ\boldsymbol{B})_{ij}=(a)_{ij}(b)_{ij}$为矩阵$\boldsymbol{A}$与$\boldsymbol{B}$的 Hadamard 积。

定义 8.3　考虑 m 维向量$x=[x_1,x_2,\cdots,x_m]^{\mathrm{T}}\in\mathbb{R}^m$，定义如下的规则：①$x^n=[x_1^n,x_2^n,\cdots,x_m^n]^{\mathrm{T}}\in\mathbb{R}^m$，②$x^{n\mathrm{T}}=[x_1^n,x_2^n,\cdots,x_m^n]\in\mathbb{R}^m$，其中，$m$，$n$为正整数。

引理 8.1　在紧集$\Omega_Z\subset\mathbb{R}^n$内，当神经网络节点数$l$充分大时，神经网络可采用如下的形式对任意连续的非线性函数$f(Z)$以任意的精度逼近：

$$f(Z)=W^{*\mathrm{T}}S(Z)+\varepsilon(Z)\tag{8-20}$$

其中，$W^*\in\mathbb{R}^n$为期望权值；$Z\in\mathbb{R}^n$为神经网络的输入；$S(Z)$为基函数；$\varepsilon(Z)$为神经网络的逼近误差。进一步地，期望权值W^*可以表示为

$$W^*:\arg\min_{W\in\mathbb{R}^l}\{\sup_{Z\in\Omega_Z}\left|f(Z)-W^{\mathrm{T}}S(Z)\right|\} \tag{8-21}$$

引理 8.2　对一个非线性系统 $\dot{x}=f(t,x)$，$x(0)=x_0$，若存在一个正定函数 $V(x)$ 满足如下条件：

$$\dot{V}(x)\leqslant -aV^p(x)-bV^q(x) \tag{8-22}$$

其中，$a,b>0, p>1, 0<q<1$，则称该系统是固定时间稳定的，且收敛时间 T_{fd} 可进行估计，即

$$T_{\mathrm{fd}}\leqslant T_{\max}=\frac{1}{a(p-1)}+\frac{1}{b(1-q)} \tag{8-23}$$

引理 8.3　对任意 $x_i\in\mathbb{R}^+, i=1,2,\cdots,n$ 以及 $a\in(0,1]$，有

$$\left(\sum_{i=1}^{n}x_i\right)^a\leqslant\sum_{i=1}^{n}x_i^a \tag{8-24}$$

引理 8.4　对任意 $x_i\in\mathbb{R}^+, i=1,2,\cdots,n$ 以及 $a\in(1,\infty)$，有

$$\left(\sum_{i=1}^{n}x_i\right)^a\leqslant n^{a-1}\sum_{i=1}^{n}x_i^a \tag{8-25}$$

引理 8.5　对任意 $x,y\in\mathbb{R}$ 以及 $\epsilon>0, a>1, b>1, (a-1)(b-1)=1$，有

$$xy\leqslant\frac{\epsilon^a}{a}|x|^a+\frac{1}{b\epsilon^b}|y|^b \tag{8-26}$$

引理 8.6　对任意 $\mu\in\mathbb{R}^+$ 以及 $z\in\mathbb{R}$，当 $|z|<|\mu|$ 时，有

$$\ln\frac{\mu^2}{\mu^2-z^2}\leqslant\frac{z^2}{\mu^2-z^2} \tag{8-27}$$

引理 8.7　对 m 维向量 $x,y,z\in\mathbb{R}^m$，有

$$x^T(y\circ z)=(x\circ y)^{\mathrm{T}}z \tag{8-28}$$

其中，'∘'表示 Hadamard 积运算符号。

引理 8.8　对任意 m 维向量 $x,y\in\mathbb{R}^m$ 以及 $\delta>0$，有

$$\begin{gathered}-x^{3\mathrm{T}}y\leqslant\frac{3\delta^{\frac{4}{3}}}{4}x^{3\mathrm{T}}x+\frac{1}{4\delta^4}y^{2\mathrm{T}}y^2\\ -x^{\mathrm{T}}y^3\leqslant 3x^{2\mathrm{T}}y^2+\frac{1}{12}y^{2\mathrm{T}}y^2\end{gathered} \tag{8-29}$$

3. 控制器设计

本书考虑光刻机运动平台在 y 方向上的运动。因为工件台的运动由直线电机驱动，因此可以把光刻机运动平台系统近似考虑为直线电机加上工件台。同时可以将其写作一类如下的带外部干扰的单输入单输出仿射非线性系统：

$$\begin{aligned}&\dot{x}=\upsilon\\&\dot{\upsilon}=\frac{u-f_{\mathrm{friction}}-f_{\mathrm{ripple}}}{m}+\omega(t)\\&y=x\end{aligned} \tag{8-30}$$

其中，f_{friction} 为摩擦力；f_{ripple} 为波痕力；m 为负载的质量；u 为驱动力；$\omega(t)$ 为未知的外部扰动。摩擦力和波痕力与系统的状态相关，为两个时变的不确定参数。

1) 反步设计法设计虚拟反馈控制器

本节利用反步设计法设计虚拟反馈控制器，令 $x = x_1, \upsilon = x_2, \omega(t) = d(t)$ ，$g(x) = \dfrac{1}{m}$，$f(x) = \dfrac{-f_{\text{friction}} - f_{\text{ripple}}}{m}$ 。

第 1 步：依据反步设计法，令输出误差为 $e_1 = x_1 - y_d$ ，并求其关于时间的微分可得

$$\dot{e}_1 = \dot{x}_1 - \dot{y}_d = x_2 - \dot{y}_d \tag{8-31}$$

虚拟控制器 α_1 设计为

$$\alpha_1 = -k_{1,1}\frac{1}{e_1}\xi_{e_1} - k_{1,2}e_1^3 - k^* e_1 + \dot{y}_d \tag{8-32}$$

其中，$k^* > 0$ ，分段光滑函数 ξ_{e_1} 设计为

$$\xi_{e_1} = \begin{cases} (e_1^2)^{\frac{3}{4}}, & |e_1| \geqslant \gamma_1 \\ e_1^2(\gamma_1^2)^{-\frac{1}{4}}, & \text{其他} \end{cases} \tag{8-33}$$

其中，$0 < k_{1,1}, 0 < k_{1,2}$ 并且 $\gamma_1 > 0$ 。

考虑设计如下形式的李雅普诺夫函数：

$$V_1 = \frac{1}{2}e_1^2 \tag{8-34}$$

令 $\alpha_1 = x_2$ ，并对式(8-34)求其关于时间的微分，并将式(8-31)和式(8-32)代入其中，依据式(8-33)以及引理 8.3～引理 8.6 可得

第一种情况($|e_1| \geqslant \gamma_1$ 时)有

$$\dot{V}_1 \leqslant -k'_{1,1}(V_1)^{\frac{3}{4}} - k'_{1,2}(V_1)^2 \tag{8-35}$$

第二种情况($|e_1| < \gamma_1$ 时)有

$$\dot{V}_1 \leqslant -k_{1,1}(e_1^2)^{\frac{3}{4}} - k_{1,2}e_1^4 + k_{1,1}(\gamma_1^2)^{\frac{3}{4}} \tag{8-36}$$

其中，$k'_{1,1} = 2^{\frac{3}{4}}k_{1,1}, k'_{1,2} = 4k_{1,2}$ ，$a_1 = k_{1,1}(\gamma_1^2)^{\frac{3}{4}}$ 是一个正数。依据基本不等式，可以将式(8-35)和式(8-36)合并为

$$\dot{V}_1 \leqslant -k'_{1,1}(V_1)^{\frac{3}{4}} - k'_{1,2}(V_1)^2 + a_1 \tag{8-37}$$

注 1：对式(8-33)中的分段光滑函数 ξ_{e_1} ，目的是避免虚拟控制器在控制过程中产生奇异性问题。即采用 ξ_{e_1} 时，当 $|e_1| < \gamma_1$ 时有

$$\lim_{e_1 \to 0}\frac{1}{e_1}\xi_{e_1} = \lim_{e_1 \to 0} e_1(\gamma_1^2)^{-\frac{1}{4}} = 0 \tag{8-38}$$

注 2：在式(8-36)中利用不等式：

$$a_1 = k_{1,1}(\gamma_1^2)^{\frac{3}{4}} \geqslant k_{1,1}(e_1^2)^{\frac{3}{4}} - k_{1,1}e_1^2(\gamma_1^2)^{-\frac{1}{4}} \tag{8-39}$$

得到了一个上界值，这个值主要是将式(8-35)和式(8-36)两种情况进行合并，便于后面的推导，增加方法的完整性。

第 2 步：令误差 $e_2 = x_2 - \alpha_1$ ，并且对其求关于时间的微分可得

$$\dot{e}_2 = \dot{x}_2 - \dot{x}_{2d} = f(x) + g(x)u - \dot{\alpha}_1 + d(t) \tag{8-40}$$

令 $\Delta u = v - u$，并将 Δu 代入式(8-40)，可得

$$\dot{e}_2 = f(x) + g(x)(v - \Delta u) - \dot{\alpha}_1 + d(t) \tag{8-41}$$

设计如下的李雅普诺夫函数：

$$V_2 = V_1 + \frac{1}{2}\frac{e_1^2}{g(x)} \tag{8-42}$$

对式(8-42)中的函数求关于时间的微分，并代入式(8-41)，可得

$$\dot{V}_2 = \dot{V}_1 + \frac{fe_2}{g} + (v - \Delta u)e_2 + \frac{e_2 d(t)}{g} - \frac{\dot{\alpha}_1 e_2}{g} - \frac{1}{2}\frac{\dot{g} e_2^2}{g^2} \tag{8-43}$$

设计如下的死区输入：

$$v = -k_{2,1}\frac{1}{e_2}\xi_{e_2} g^{-\frac{3}{4}} - k_{2,2}e_2^3 g^{-2} + \frac{\dot{\alpha}_1 - f}{g} + \frac{1}{2}\frac{\dot{g} e_2}{g^2} - \frac{e_2}{g^2} - ke_2 + \Delta u \tag{8-44}$$

并且分段光滑函数 ξ_{e_n} 设计为

$$\xi_{e_2} = \begin{cases} (e_2^2)^{\frac{3}{4}}, & |e_2| \geqslant \gamma_2 \\ e_2^2(\gamma_2^2)^{-\frac{1}{4}}, & \text{其他} \end{cases} \tag{8-45}$$

其中，$1 < k, 0 < k_{2,1}, 0 < k_{2,2}$ 并且 $\gamma_2 > 0$。

同时将式(8-44)和式(8-45)代入式(8-43)，借助不等式 $\frac{e_2 d(t)}{g} - \frac{e_2^2}{g^2} \leqslant \frac{1}{4}|d(t)|^2 \leqslant \frac{1}{4}\bar{d}^2$ 以及式(8-41)，通过引理 8.3～引理 8.6 可得以下结论。

第一种情况($|e_2| \geqslant \gamma_2$ 时)有

$$\dot{V}_2 \leqslant -k'_{2,1}(V_2)^{\frac{3}{4}} - k'_{2,2}(V_2)^2 + a_1 + \frac{1}{4}\bar{d}^2 \tag{8-46}$$

第二种情况($|e_2| < \gamma_2$ 时)有

$$\dot{V}_2 \leqslant -k'_{2,1}(V_2)^{\frac{3}{4}} - k'_{2,2}(V_2)^2 + \sum_{i=1}^{2} a_i + \frac{1}{4}\bar{d}^2 \tag{8-47}$$

其中

$$\begin{aligned} k'_{2,1} &= \min(2^{\frac{3}{4}}k_{1,1}, 2^{\frac{3}{4}}k_{2,1}) \\ k'_{2,2} &= \min(k_{1,2}, k_{2,2}) \end{aligned} \tag{8-48}$$

以及

$$a_2 = k_{2,1}(\gamma_2^2)^{\frac{3}{4}} g^{-\frac{3}{4}} \tag{8-49}$$

再依据基本不等式，可将式(8-46)以及式(8-47)合并为

$$\dot{V}_2 \leqslant -k'_{2,1}(V_2)^{\frac{3}{4}} - k'_{2,2}(V_2)^2 + \sum_{i=1}^{2} a_i + \frac{1}{4}\bar{d}^2 \tag{8-50}$$

2) 神经网络逼近控制器非线性项

在上一小节 1) 中利用反步设计法设计了基于系统模型的控制器，然而式(8-44)中的死区输入中包含了未知非线性系统函数，以及未知的输入死区。依据第 2 章中给出的神经网

络逼近原理，本节考虑用神经网络对未知非线性进行近似：

$$\theta^{\mathrm{T}}\psi(S)=-k_{2,1}\frac{1}{e_2}\xi_{e_2}g^{-\frac{3}{4}}-k_{2,2}e_2^3g^{-2}+\frac{\dot{\alpha}_{2-1}-f}{g}+\frac{1}{2}\frac{g\,e_2}{g^2}-\frac{e_2}{g^2}-\varepsilon_1 \tag{8-51}$$

$$\theta_d^{\mathrm{T}}\psi(S_d)=\Delta u-\varepsilon_2$$

其中，$\theta^{\mathrm{T}}\in\mathbb{R}^l$ 和 $\theta_d^{\mathrm{T}}\in\mathbb{R}^l$ 是期望权值，ε_1 以及 ε_2 是神经网络逼近误差，l 是神经网络节点数。此外 ε_1 以及 ε_2 分别在两个紧集 $S,S_d\in\Omega_S$ 中满足 $|\varepsilon_1|<\overline{\varepsilon}_1$ 和 $|\varepsilon_2|<\overline{\varepsilon}_2$，$\overline{\varepsilon}_1,\overline{\varepsilon}_2$ 是两个正常数。$\boldsymbol{S}=[x_1^{\mathrm{T}},x_2^{\mathrm{T}},\cdots,x_j^{\mathrm{T}},e_n]$，$S_d=[x_1^{\mathrm{T}},x_2^{\mathrm{T}},\cdots,x_j^{\mathrm{T}},v]$ 分别是两个神经网络的输入。$\psi(S)=[\psi_1(S),\psi_2(S),\cdots,\psi_l(S)]\in\mathbb{R}^l$，$\psi(S_d)=[\psi_1(S_d),\psi_2(S_d),\cdots,\psi_l(S_d)]\in\mathbb{R}^l$ 是两个径向基神经网络的基函数，且选择为高斯函数的形式，即 $\psi_i(S)=\exp\left(\left[-(S-\varsigma_i)^{\mathrm{T}}(S-\varsigma_i)\right]/\iota_i^2\right)$，$\psi_i(S_d)=\exp\left(\left[-(S_d-\varsigma_i)^{\mathrm{T}}(S_d-\varsigma_i)\right]/\iota_i^2\right)$，$i=1,2,\cdots,l$，其中 $\varsigma_i=[\varsigma_{i1},\varsigma_{i2},\cdots,\varsigma_{il}]\in\mathbb{R}^l$ 是接收域的中心，ι_i 是高斯函数的宽度。同时高斯向量函数 $\psi(\cdot)$ 的范数是有界的并满足不等式 $\|\psi(\cdot)\|^2<l$。

因此式(8-44)中的死区输入 v 可以重新表示为

$$v=-ke_2+\hat{\theta}^{\mathrm{T}}\psi(S)+\hat{\theta}_d^{\mathrm{T}}\psi(S_d) \tag{8-52}$$

其中，神经网络估计函数项 $\hat{\theta}^{\mathrm{T}}\psi(S)$ 和 $\hat{\theta}_d^{\mathrm{T}}\psi(S_d)$ 是用来近似式(8-51)中的神经网络期望函数项 $\theta^{\mathrm{T}}\psi(S)$ 和 $\theta_d^{\mathrm{T}}\psi(S_d)$。同时，神经网络权值的逼近误差定义为 $\tilde{\theta}=\hat{\theta}-\theta$ 和 $\tilde{\theta}_d=\hat{\theta}_d-\theta_d$。

3) 神经网络权值的更新率设计

依据式(8-52)得到的死区输入，为了使闭环系统满足固定时间稳定性。因此，需要设计神经网络权值的更新率。

将式(8-52)代入式(8-51)，可得

$$\begin{aligned}\dot{e}_2=&g(\tilde{\theta}^{\mathrm{T}}\psi(S)+\tilde{\theta}_d^{\mathrm{T}}\psi(S_d)-k_{2,1}\frac{1}{e_2}\xi_{e_2}\cdot g^{-\frac{3}{4}}-k_{2,2}e_2^3\cdot g^{-2}\\&+\frac{1}{2}\frac{g\,e_2}{g^2}-\frac{e_2}{g^2}+\frac{d(t)}{g}-ke_2-\varepsilon_1-\varepsilon_2)\end{aligned} \tag{8-53}$$

重新选择李雅普诺夫函数 V_2：

$$V_2=V_1+\frac{1}{2}\frac{e_2^2}{g}+\frac{1}{2}\tilde{\theta}^{\mathrm{T}}\boldsymbol{\Phi}^{-1}\tilde{\theta}+\frac{1}{2}\tilde{\theta}_d^{\mathrm{T}}\boldsymbol{\Phi}_d^{-1}\tilde{\theta}_d \tag{8-54}$$

设计的神经网络权值更新率如下：

$$\begin{aligned}\dot{\hat{\theta}}&=-\boldsymbol{\Phi}(\psi(S)e_n+\sigma_1\hat{\theta}\circ\hat{\theta}\circ\hat{\theta}+\sigma_2\hat{\theta})\\\dot{\hat{\theta}}_d&=-\boldsymbol{\Phi}_d(\psi(S_d)e_n+\sigma_{d1}\hat{\theta}_d\circ\hat{\theta}_d\circ\hat{\theta}_d+\sigma_{d2}\hat{\theta}_d)\end{aligned} \tag{8-55}$$

其中，四个变量 $\sigma_1,\sigma_2,\sigma_{d1},\sigma_{d2}>0$，并且 $\boldsymbol{\Phi},\boldsymbol{\Phi}_d$ 为正定矩阵。

对式(8-54)中函数求关于时间的微分，并代入式(8-53)和式(8-55)，可得

$$\begin{aligned}\dot{V}_2\leqslant&-k_{1,1}(V_1)^{\frac{3}{4}}-k_{1,2}(V_1)^2-k_{2,1}(e_2^2)^{\frac{3}{4}}g^{-\frac{3}{4}}-k_{2,2}e_2^3g^{-2}\\&-\sigma_1\tilde{\theta}^{\mathrm{T}}(\hat{\theta}\circ\hat{\theta}\circ\hat{\theta})-\sigma_2\tilde{\theta}^{\mathrm{T}}\hat{\theta}-\sigma_{d1}\tilde{\theta}_d^{\mathrm{T}}(\hat{\theta}_d\circ\hat{\theta}_d\circ\hat{\theta}_d)-\sigma_{d2}\tilde{\theta}_d^{\mathrm{T}}\hat{\theta}_d\\&-e_n(\varepsilon_1+\varepsilon_2)+\frac{e_2d(t)}{g}-\frac{e_2^2}{g^2}-ke_2^2+\sum_{i=1}^{2}a_i\end{aligned} \tag{8-56}$$

为得到形如引理 8.1 的不等式，需要对式(8-56)中包含神经网络权值的项进行处理。

对于式(8-56)中项 $-\sigma_1\tilde{\theta}^{\mathrm{T}}(\hat{\theta}\circ\hat{\theta}\circ\hat{\theta})$，利用引理 8.6 可得

$$-\sigma_1\tilde{\theta}^{\mathrm{T}}(\hat{\theta}\circ\hat{\theta}\circ\hat{\theta})=-\sigma_1\tilde{\theta}^{3\mathrm{T}}\tilde{\theta}-3\sigma_1\tilde{\theta}^{3\mathrm{T}}\theta-3\sigma_1\tilde{\theta}^{2\mathrm{T}}\theta^2-\sigma_1\tilde{\theta}^{\mathrm{T}}\theta^3 \tag{8-57}$$

对于式(8-57)中的项 $-3\sigma_1\tilde{\theta}^{3\mathrm{T}}\theta$ 和 $-\sigma_1\tilde{\theta}^{\mathrm{T}}\theta^3$，利用引理 8.7 可得

$$\begin{aligned}&-3\sigma_1\tilde{\theta}^{3\mathrm{T}}\theta\leqslant\frac{9\sigma_1\delta^{\frac{4}{3}}}{4}\tilde{\theta}^{3\mathrm{T}}\tilde{\theta}+\frac{3\sigma_1}{4\delta^4}(\theta^2)^{\mathrm{T}}\theta^2\\&-\sigma_1\tilde{\theta}^{\mathrm{T}}\theta^3\leqslant3\sigma_1\tilde{\theta}^{2\mathrm{T}}\theta^2+\frac{\sigma_1}{12}(\theta^2)^{\mathrm{T}}\theta^2\end{aligned} \tag{8-58}$$

对于式(8-58)中的项 $-\sigma_1\tilde{\theta}^{3\mathrm{T}}\tilde{\theta}$，利用引理 8.3 可得

$$-\sigma_1\tilde{\theta}^{3\mathrm{T}}\tilde{\theta}\leqslant-\frac{\sigma_1}{l\lambda_{\max}^2(\boldsymbol{\Phi}^{-1})}(\tilde{\theta}^{\mathrm{T}}\boldsymbol{\Phi}^{-1}\tilde{\theta})^2 \tag{8-59}$$

然后将式(8-58)以及式(8-59)代入式(8-57)中，并选择参数 $0<\delta<\left(\frac{2}{3}\right)^{\frac{3}{2}}$。

可以将式(8-57)改写为

$$-\sigma_1\tilde{\theta}^{\mathrm{T}}(\hat{\theta}\circ\hat{\theta}\circ\hat{\theta})\leqslant\frac{4\sigma_1-9\sigma_1\delta^{\frac{4}{3}}}{l\lambda_{\max}^2(\boldsymbol{\Phi}^{-1})}\left(\frac{1}{2}\tilde{\theta}^{\mathrm{T}}\boldsymbol{\Phi}^{-1}\tilde{\theta}\right)^2+\left(\frac{3\sigma_1}{4\delta^4}+\frac{\sigma_1}{12}\right)(\theta^2)^{\mathrm{T}}\theta^2 \tag{8-60}$$

注意：到式(8-56)中的项 $-\sigma_{d1}\tilde{\theta}_d^{\mathrm{T}}(\hat{\theta}_d\circ\hat{\theta}_d\circ\hat{\theta}_d)$ 与式(8-57)中的项 $-\sigma_1\tilde{\theta}^{\mathrm{T}}(\hat{\theta}\circ\hat{\theta}\circ\hat{\theta})$ 具有类似的结构，进一步利用式(8-57)～式(8-59)的不等式技术，将式(8-55)中的项 $-\sigma_{d1}\tilde{\theta}_d^{\mathrm{T}}(\hat{\theta}_d\circ\hat{\theta}_d\circ\hat{\theta}_d)$ 改写为

$$-\sigma_{d1}\tilde{\theta}_d^{\mathrm{T}}(\hat{\theta}_d\circ\hat{\theta}_d\circ\hat{\theta}_d)\leqslant\frac{4\sigma_{d1}-9\sigma_{d1}\delta_d^{\frac{4}{3}}}{l\lambda_{\max}^2(\boldsymbol{\Phi}_d^{-1})}\left(\frac{1}{2}\tilde{\theta}_d^{\mathrm{T}}\boldsymbol{\Phi}_d^{-1}\tilde{\theta}_d\right)^2+\left(\frac{3\sigma_{d1}}{4\delta_d^4}+\frac{\sigma_{d1}}{12}\right)(\theta_d^2)^{\mathrm{T}}\theta_d^2 \tag{8-61}$$

对于式(8-55)中项 $-\sigma_2\tilde{\theta}^{\mathrm{T}}\hat{\theta}$，利用基本不等式，可得

$$-\sigma_2\tilde{\theta}^{\mathrm{T}}\hat{\theta}\leqslant-\frac{1}{2}\sigma_2\tilde{\theta}^{\mathrm{T}}\tilde{\theta}+\frac{1}{2}\sigma_2\theta^{\mathrm{T}}\theta \tag{8-62}$$

对于式(8-62)中的项 $-\frac{1}{2}\sigma_2\tilde{\theta}^{\mathrm{T}}\tilde{\theta}$，利用不等式放缩，可得

$$-\frac{1}{2}\sigma_2\tilde{\theta}^{\mathrm{T}}\tilde{\theta}=-\frac{1}{4}\sigma_2\tilde{\theta}^{\mathrm{T}}\tilde{\theta}-\sigma_2(\tilde{\theta}^{\mathrm{T}}\tilde{\theta})^{\frac{3}{4}}+\sigma_2(\tilde{\theta}^{\mathrm{T}}\tilde{\theta})^{\frac{1}{2}}-\frac{1}{4}\sigma_2\left[(\tilde{\theta}^{\mathrm{T}}\tilde{\theta})^{\frac{1}{2}}-2(\tilde{\theta}^{\mathrm{T}}\tilde{\theta})^{\frac{1}{4}}\right]^2 \tag{8-63}$$

以及

$$\sigma_2(\tilde{\theta}^{\mathrm{T}}\tilde{\theta})^{\frac{1}{2}}\leqslant\frac{\sigma_2}{8}\tilde{\theta}^{\mathrm{T}}\tilde{\theta}+2\sigma_2 \tag{8-64}$$

将式(8-63)和式(8-64)代入式(8-62)中，可得

$$-\sigma_{d2}\tilde{\theta}_d^{\mathrm{T}}\hat{\theta}_d\leqslant-\sigma_{d2}\left(\frac{2}{\lambda_{\max}(\boldsymbol{\Phi}_d^{-1})}\right)^{\frac{3}{4}}\left(\frac{1}{2}\tilde{\theta}_d^{\mathrm{T}}\boldsymbol{\Phi}_d^{-1}\tilde{\theta}_d\right)^{\frac{3}{4}}+\frac{1}{2}\sigma_{d2}\theta_d^{\mathrm{T}}\theta_d+2\sigma_{d2} \tag{8-65}$$

注意：式(8-55)中的项 $-\sigma_{d2}\tilde{\theta}_d^{\mathrm{T}}\hat{\theta}_d$ 与式(8-56)中的项 $-\sigma_2\tilde{\theta}^{\mathrm{T}}\hat{\theta}$ 具有类似的结构，因此利用式(8-61)～式(8-64)的不等式技术，可将式(8-55)中的项 $-\sigma_{d2}\tilde{\theta}_d^{\mathrm{T}}\hat{\theta}_d$ 改写为

$$-\sigma_{d2}\tilde{\theta}_d^{\mathrm{T}}\hat{\theta}_d \leqslant -\sigma_{d2}\left(\frac{2}{\lambda_{\max}(\boldsymbol{\Phi}_d^{-1})}\right)^{\frac{3}{4}}\left(\frac{1}{2}\tilde{\theta}_d^{\mathrm{T}}\boldsymbol{\Phi}_d^{-1}\tilde{\theta}_d\right)^{\frac{3}{4}}+\frac{1}{2}\sigma_{d2}\theta_d^{\mathrm{T}}\theta_d+2\sigma_{d2} \tag{8-66}$$

另外，对于式(8-56)中的项 $-e_2(\varepsilon_1+\varepsilon_2)+\dfrac{e_2 d(t)}{g}-\dfrac{e_2^2}{g^2}$，通过基本不等式放缩技术，可以得到两个不等式：$-e_2(\varepsilon_1+\varepsilon_2)\leqslant e_2^2+\dfrac{1}{2}(\varepsilon_1^2+\varepsilon_2^2)$ 以及 $\dfrac{e_2 d(t)}{g}-\dfrac{e_2^2}{g^2}\leqslant\dfrac{1}{4}|d(t)|^2\leqslant\dfrac{1}{4}\bar{d}^2$，因此基于上述分析，可以得到：

$$-e_2(\varepsilon_1+\varepsilon_2)+\frac{e_2 d(t)}{g}-\frac{e_2^2}{g^2}\leqslant e_2^2+\frac{1}{2}(\bar{\varepsilon}_1^2+\bar{\varepsilon}_2^2)+\frac{1}{4}\bar{d}^2 \tag{8-67}$$

基于上述的推导结果，式(8-55)可改写为

$$\begin{aligned}\dot{V}_2=&-k_{1,1}(V_1)^{\frac{3}{4}}-k_{1,2}(V_1)^2-k_{2,1}(e_2^2)^{\frac{3}{4}}g^{-\frac{3}{4}}\\&-k_{2,2}e_2^3g^{-2}-\kappa_1\left(\frac{1}{2}\tilde{\theta}^{\mathrm{T}}\boldsymbol{\Phi}^{-1}\tilde{\theta}\right)^2-\rho_1\left(\frac{1}{2}\tilde{\theta}^{\mathrm{T}}\boldsymbol{\Phi}^{-1}\tilde{\theta}\right)^{\frac{3}{4}}\\&-\kappa_{d1}\left(\frac{1}{2}\tilde{\theta}_d^{\mathrm{T}}\boldsymbol{\Phi}_d^{-1}\tilde{\theta}_d^{\mathrm{T}}\right)^2-\rho_{d1}\left(\frac{1}{2}\tilde{\theta}_d^{\mathrm{T}}\boldsymbol{\Phi}_d^{-1}\tilde{\theta}_d\right)^{\frac{3}{4}}+D\end{aligned} \tag{8-68}$$

其中，常量 D 的表达式为

$$\begin{aligned}D=&\kappa_2(\theta^2)^{\mathrm{T}}\theta^2+\kappa_{d2}(\theta_d^2)^{\mathrm{T}}\theta_d^2+\frac{1}{2}\rho_2(\theta)^{\mathrm{T}}\theta\\&+\frac{1}{2}\rho_{d2}(\theta_d)^{\mathrm{T}}\theta_d+\frac{1}{2}(\bar{\varepsilon}_1^2+\bar{\varepsilon}_2^2)+\frac{1}{4}\bar{d}^2+\sum_{i=1}^{2}a_i\end{aligned} \tag{8-69}$$

并且式(8-67)中参数的表达式为

$$\begin{aligned}\kappa_2&=\frac{3\sigma_1}{4\delta^4}+\frac{\sigma_1}{12}\\\kappa_{d2}&=\frac{3\sigma_{d1}}{4\delta_d^4}+\frac{\sigma_{d1}}{12}\\\rho_2&=2\sigma_2+\frac{1}{2}\theta^{\mathrm{T}}\theta\\\rho_{d2}&=2\sigma_{d2}+\frac{1}{2}\theta_d^{\mathrm{T}}\theta_d\end{aligned} \tag{8-70}$$

通过式(8-66)和式(8-53)，再利用引理 8.2 和引理 8.3，可得

$$\dot{V}_2\leqslant-\zeta_1(V_2)^{\frac{3}{4}}-\zeta_2(V_2)^2+D \tag{8-71}$$

其中，式(8-69)中的参数表达式为

$$\begin{aligned}\zeta_1&=\min(2^{\frac{3}{4}}k_{1,1},2^{\frac{3}{4}}k_{2,1})\\\zeta_2&=\min(k_{1,2},k_{2,2})\end{aligned} \tag{8-72}$$

以及式(8-70)中的参数表达式为

$$\kappa_1=\frac{4\sigma_1-9\sigma_1\delta^{\frac{4}{3}}}{l\lambda_{\max}^2(\boldsymbol{\Phi}^{-1})}$$

$$\kappa_{d1}=\frac{4\sigma_{d1}-9\sigma_{d1}\delta_d^{\frac{4}{3}}}{l\lambda_{\max}^2(\boldsymbol{\Phi}_d^{-1})}$$

$$\rho_1=\sigma_2\left(\frac{2}{\lambda_{\max}(\boldsymbol{\Phi}^{-1})}\right)^{\frac{3}{4}} \tag{8-73}$$

$$\rho_{d1}=\sigma_{d2}\left(\frac{2}{\lambda_{\max}(\boldsymbol{\Phi}_d^{-1})}\right)^{\frac{3}{4}}$$

4）稳定性分析

定理 8.1　基于虚拟控制器式(8-32)，以及式(8-52)中设计的死区输入和式(8-55)中设计的神经网络权值在线更新率，有如下结论。

(1)所有信号在闭环系统中都是有界的。

(2)闭环系统中的输出误差e_1将在时间$T_{\rm fd}$收敛到紧集Θ_{e_1}内，神经网络的权值近似误差$\tilde{\theta}$和$\tilde{\theta}_d$将在时间$T_{\rm fd}$分别收敛到紧集$\Theta_{\tilde{\theta}}$以及$\Theta_{\tilde{\theta}_d}$内，$\Theta_{e_1}$，$\Theta_{\tilde{\theta}}$和$\Theta_{\tilde{\theta}_d}$为

$$\Theta_{e_1}:=\left\{e_1\in\mathbb{R}\,\|\,e_1|\leqslant\sqrt{2\bar{D}}\right\}$$

$$\Theta_{\tilde{\theta}}:=\left\{\tilde{\theta}\in\mathbb{R}^l\,|\,\|\tilde{\theta}\|\leqslant\sqrt{\frac{2\bar{D}}{\lambda_{\min}(\boldsymbol{\Phi}^{-1})}}\right\} \tag{8-74}$$

$$\Theta_{\tilde{\theta}_d}:=\left\{\tilde{\theta}_d\in\mathbb{R}^l\,|\,\|\tilde{\theta}_d\|\leqslant\sqrt{\frac{2\bar{D}}{\lambda_{\min}(\boldsymbol{\Phi}_d^{-1})}}\right\}$$

其中，固定时间$T_{\rm fd}$的上界值可估计为

$$T_{\rm fd}\leqslant T_{\max}=\frac{4}{\zeta_1}+\frac{1}{\zeta_2(1-\varpi)} \tag{8-75}$$

其中，常量$\bar{D}=\sqrt{\dfrac{D}{\varpi\zeta_2}}$并且有$0<\varpi<1$。

证明：对于(1)，当$V_2^2\geqslant D/\zeta_2$时，可得$\dot{V}_2\leqslant-\zeta_1(V_2)^{\frac{3}{4}}<0$，此时$V_2$单调递减；当$V_2^2<D/\zeta_2$时，$V_2$是有界的。因此，$V_2$是有界的。依据式(8-42)可知$V_2$单调递减；当$V_2^2<D/\zeta_2$时，$V_2$是有界的。因此$V_2$是有界的。依据式(8-42)可知$V_i$ $(i=1,2)$均有界，同时$e_i(i=1,2)$是有界的。此外因为函数ξ_{e_i}是连续的，所以虚拟控制器x_1均是有界的。因为V_2是有界的，所以可得神经网络权值的估计值$\hat{\theta},\hat{\theta}_d$是有界的。此外因为高斯函数$\psi(\cdot)$的范数是有界的，所以死区输入也是有界的。利用上述推导的结果，很容易得到闭环系统中的其他信号均有界。

对于(2)，当$V_2^2\geqslant D/\bar{\omega}\zeta_2$时，依据式(8-71)可得

$$\dot{V}_2\leqslant-\zeta_1(V_2)^{\frac{3}{4}}-(1-\bar{\omega})\zeta_2(V_2)^2 \tag{8-76}$$

依据引理 8.1，V_2将在固定时间收敛到紧集$\{V_2\leqslant\sqrt{D/\bar{\omega}\zeta_2}\}$；当$V_2^2\leqslant D/\bar{\omega}\zeta_2$时，上式自然满足。因此$V_2$将在固定时间内收敛到紧集$\{V_2\leqslant\sqrt{D/\bar{\omega}\zeta_2}\}$。因此依据式(8-34)和式(8-54)可得$V_1=1/2e_1^2\leqslant D/\bar{\omega}\zeta_2$，同样根据式(8-54)，可以推导出$1/2\tilde{\theta}^{\rm T}\boldsymbol{\Phi}^{-1}\tilde{\theta}\leqslant D/\bar{\omega}\zeta_2$和$1/2\tilde{\theta}_d^{\rm T}\boldsymbol{\Phi}_d^{-1}\tilde{\theta}_d^{\rm T}\leqslant D/\bar{\omega}\zeta_2$。

8.5.3　实验结果与分析

本小节利用Matlab-xPC Target半实物仿真实验系统以及由PCI板卡组成的数据采集系统实现控制算法。首先在主机中的 Matlab/Simulink 环境中编写算法程序并将其编译为可执行文件，并利用主从机之间的 TCP/IP 网络通信协议将其载入从机中。从机则利用网卡来启动 xPC Target 实时内核并执行程序，通过数据采集卡(NI PCI 6289 如图 8-28 所示)和运动平台的 I/O 端口交换数据。光刻机半实物仿真平台工作流程图如图 8-27 和图 8-28 所示。

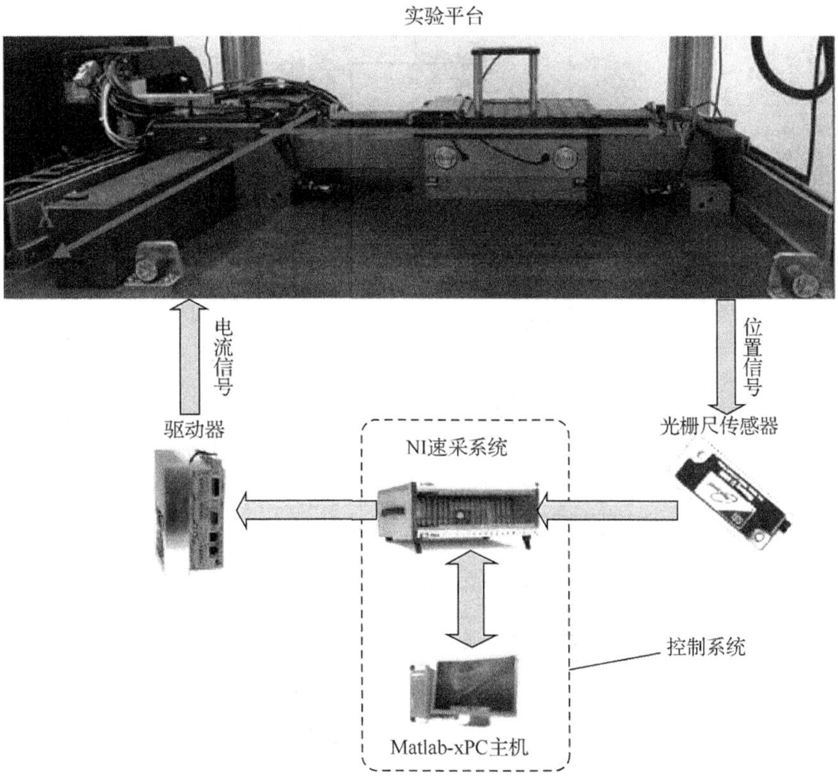

图 8-27　光刻机运动平台结构示意图

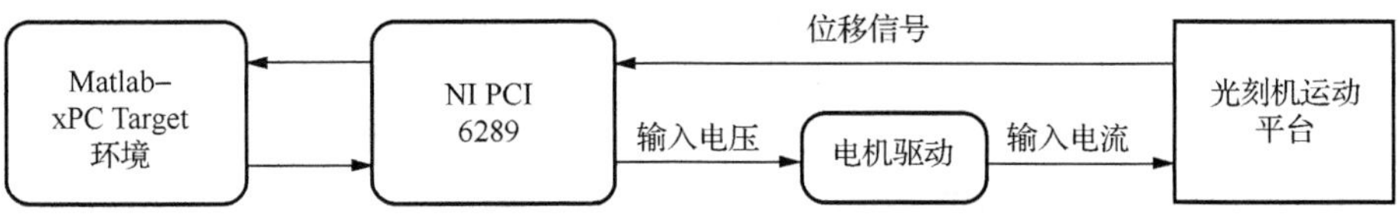

图 8-28　xPC Target 半实物仿真系统

采集卡采样频率设为 1000Hz，光栅尺的分辨率设为 5μm。神经网络节点数设为 $l=2^4$，基函数 $\psi(\cdot)$ 接收域的中心设为 $[-1,1]\times[-1,1]\times[-1,1]\times[-1,1]$，神经网络权值初值设为 $\hat{\boldsymbol{\theta}}(0)=\hat{\boldsymbol{\theta}}_d(0)=[0,\cdots,0]^{\mathrm{T}}\in\mathbb{R}^{2^4}$，控制器参数设为 $k_{1,1}=15$，$k_{1,2}=3$，$k=50$，$k^*=1$，$\gamma_1=0.01$，$\boldsymbol{\Phi}=10I_{16\times16}$，$\boldsymbol{\Phi}_d=I_{16\times16}$，$\sigma_2=\sigma_{d2}=\sigma_1=\sigma_{d1}=0.001$。期望轨迹设 $y_d=\cos(t/2)$，初始输出设为 $\boldsymbol{x}(0)=[0,0]^{\mathrm{T}}$。程序框图如图 8-29 所示。

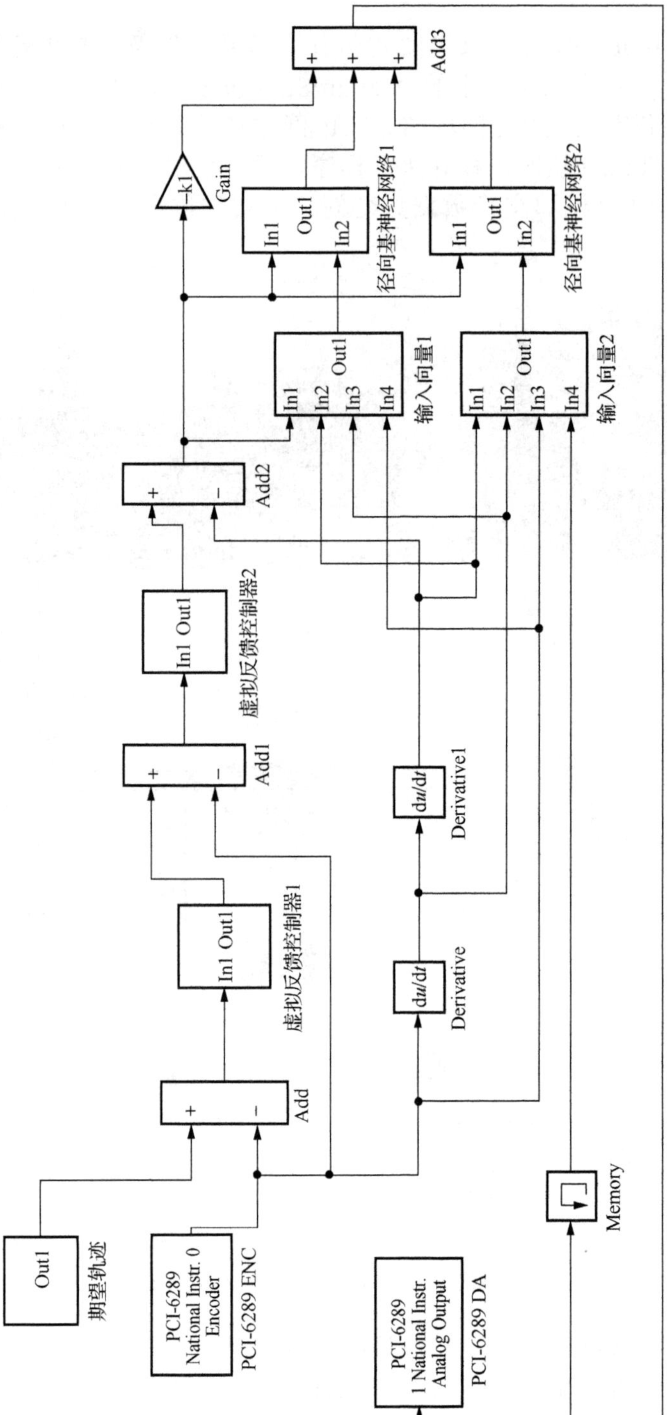
Out1
期望轨迹
PCI-6289
National Instr. 0
Encoder
PCI-6289 ENC
PCI-6289
1 National Instr.
Analog Output
PCI-6289 DA
Memory
Add
In1 Out1
虚拟反馈控制器1
du/dt
Derivative
du/dt
Derivative1
Add1
In1 Out1
虚拟反馈控制器2
Add2
In1 In2 In3 In4 Out1
输入向量1
In1 In2 In3 In4 Out1
输入向量2
-k1
Gain
In1 Out1 In2
径向基神经网络1
In1 Out1 In2
径向基神经网络2
Add3

图 8-29　实验程序框图

实验结果如图 8-30～图 8-33 所示。图 8-30 为本设计的自适应神经网络控制器在光刻机运动平台中的控制性能，实验结果表明控制器能以较快的速度使输出收敛到期望轨迹展现了良好的闭环系统收敛特性。

图 8-31 为输出跟踪的误差，实验结果表明在外部高频扰动的不利条件下，控制器仍能保证误差收敛到 0 附近的一个小领域，体现出了控制器具备较强的鲁棒性。

图 8-32 为系统的死区输入，实验结果表明本节设计的神经网络控制器能很好地解决输入死区的问题。

图 8-33 为神经网络权值的欧几里得范数的变化趋势图，实验结果表明神经网络权值的估计值收敛到期望权值的领域内。

综上所述，本节设计的神经网络自适应控制器在光刻机运动平台上展现出了良好的控制性能。

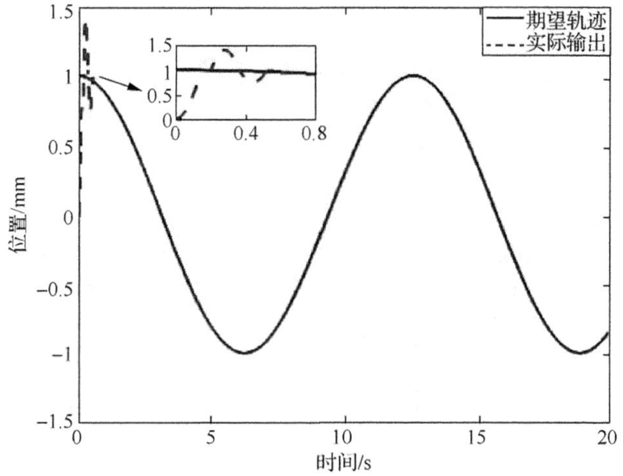

图 8-30　光刻机输出轨迹跟踪

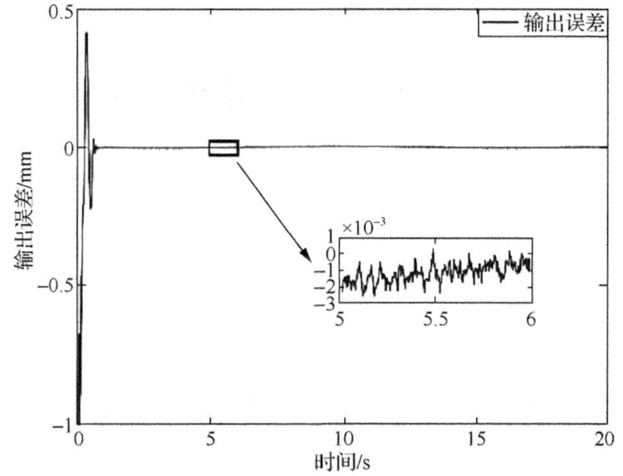

图 8-31　光刻机输出误差

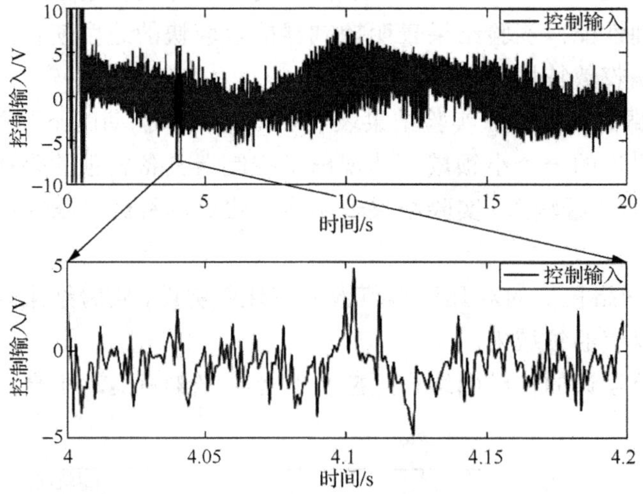

图 8-32　光刻机控制输入

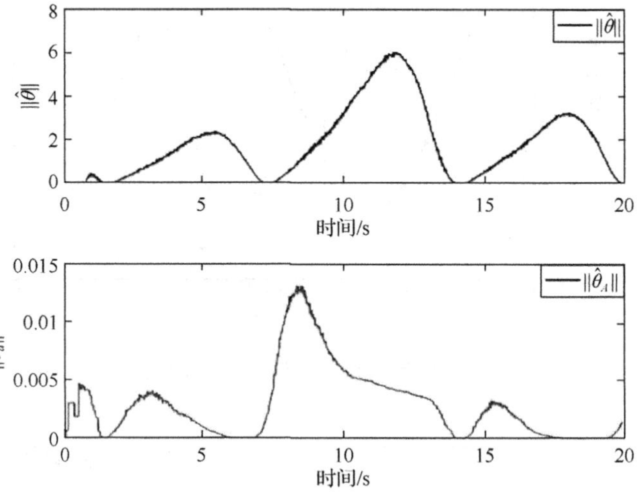

图 8-33　神经网络权值欧几里得范数

参 考 文 献

艾文欢, 2008. 迭代学习控制算法的研究[D/OL]. 兰州: 兰州理工大学, [2008-05-01]. http://cdmd.cnki.com.cn/Article/CDMD-10731-2008113692.htm.

陈虹, 2013. 模型预测控制[M]. 北京: 科学出版社.

陈纪朋, 2005. 迭代学习控制的分析与应用[D/OL]. 南京: 南京理工大学, [2006-06-25]. http://cdmd.cnki.com.cn/Article/CDMD-10288-2005118131.htm.

陈贻源, 1984. 模糊数学[M]. 武汉: 华中工学院出版社.

陈永义, 1993. 模糊控制技术及其应用实例[M]. 北京: 北京师范大学出版社.

程鹏, 王艳东, 2008. 现代控制理论基础. 北京: 北京航空航天大学出版社.

戴欢, 朱志豪, 2019. 先进控制理论及策略在电机控制中的应用[J]. 电子技术与软件工程, 5: 122.

丁伟杰, 2017. 迭代学习控制的算法研究[D/OL]. 广州: 华南理工大学, [2017-06-16]. http://cdmd.cnki.com.cn/Article/CDMD-10561-1017733678.htm.

范嘉文, 2015. 扫描探针显微镜的先进控制技术研究[D/OL]. 成都: 电子科技大学, [2008-05-15]. http://cdmd.cnki.com.cn/Article/CDMD-10614-1018991213.htm.

高红亮, 2010. 先进控制技术方法及其应用[J]. 可编程控制器与工厂自动化, 8: 28-32.

高为炳, 1990. 变结构控制理论基础[M]. 北京: 中国科学技术出版社.

葛宝明, 2007. 先进控制理论及其应用[M]. 北京: 机械工业出版社.

葛宝明, 林飞, 2005. 控制理论及其应用[M]. 北京: 机械工业出版社.

宫锡芳, 1979. 最优控制问题的计算方法[M]. 北京: 科学出版社.

何彦民, 周雪松, 马幼捷, 2004. 控制理论研究的现状分析及发展动态[J]. 天津理工学院学报, 20(1): 13-17.

胡鹏, 曹广益, 朱新坚, 2011. 质子交滑模燃料电池温度模型与模糊控制[J]. 控制理论与应用, 28(10): 1371-1376.

胡寿松, 2019. 自动控制原理[M]. 7 版. 北京: 科学出版社.

胡跃明, 2003. 变结构控制理论与应用[M]. 北京: 科学出版社.

焦李成, 1990. 神经网络系统理论[M]. 西安: 西安电子科技大学出版社.

焦李成, 1993. 神经网络的应用与实现[M]. 西安: 西安电子科技大学出版社.

李翠明, 2008. 工业机器人迭代学习控制策略研究[D/OL]. 兰州: 兰州理工大学, [2008-06-04]. http://cdmd.cnki.com.cn/Article/CDMD-10731-2008113666.htm.

李国勇, 2005. 智能控制及其 MATLAB 实现[M]. 北京: 电子工业出版社.

李洪兴, 1999. 变论域自适应模糊控制器[J]. 中国科学(E 辑), 29(1): 32-42.

李佳津, 2019. 四旋翼飞行器的鲁棒与容错控制系统研究[D]. 成都: 电子科技大学.

李仁俊, 韩正之, 2005. 迭代学习控制综述[J]. 控制与决策, 20(9): 961-966.

李士勇, 1990. 模糊控制和智能控制理论与应用[M]. 哈尔滨: 哈尔滨工业大学出版社.

李志安, 2008. 迭代学习控制的初值问题研究[D/OL]. 南京: 南京理工大学, [2008-07-01]. http://cdmd.cnki.

com.cn/Article/CDMD-10288-2008158398.htm.
刘金琨, 2005. 滑模变结构控制 MATLAB 仿真[M]. 北京: 清华大学出版社.
刘金琨, 2017. 智能控制[M]. 4 版. 北京: 电子工业出版社.
刘培玉, 葛斌, 王金城, 2000. 最优控制系统设计[M]. 大连: 大连理工大学出版社.
刘耀达, 2011. RBF 神经网络在滑模变结构控制中的应用研究[D]. 青岛: 青岛科技大学.
罗可汗, 2020. 一类不确定非线性仿射系统的固定时间控制方法研究[D]. 成都: 电子科技大学.
毛云英, 1994. 动态系统与最优控制[M]. 北京: 高等教育出版社.
南英, 陈昊翔, 杨毅, 2015. 现代主要控制方法的研究现状及展望[J]. 南京航空航天大学学报, 47(6): 798-810.
倪寄淞, 2015. 浅谈自动控制理论的发展及其应用[J]. 东方企业文化, 15: 192-195.
庞倩超, 崔玉华, 李艳秋, 2003. 先进控制技术综述[J]. 国外油田工程, 12: 37-38.
逢旭军, 2005. 导弹高度控制系统的变结构设计[D]. 哈尔滨: 哈尔滨工程大学.
朴凤贤, 张庆灵, 王哲峰, 2006. 迭代学习控制的收敛速度分析[J]. 东北大学学报(自然科学版), 27(8): 835-838.
钱学森, 宋健, 1980. 工程控制论(修订版). 北京: 科学出版社.
尚桦, 李海军, 闫清, 等, 2013. 迭代学习控制的分析与仿真[J]. 控制理论与应用, 32(8): 6-14.
邵诚, 董希文, 王晓芳, 2010. 变论域模糊控制器伸缩因子的选择方法[J]. 信息与控制, 39(5): 536-541.
舒迪前, 1996. 预测控制系统及其应用[M]. 北京: 机械工业出版社.
孙明轩, 黄宝健, 1999. 迭代学习控制[M]. 北京: 国防工业出版社.
孙增圻, 邓志东, 张再兴, 2011. 智能控制理论与技术[M]. 2 版. 北京: 清华大学出版社.
涂承宇, 涂承媛, 杨晓莱, 等, 1998. 模糊控制理论与实践[M]. 北京: 地震出版社.
王德人, 1979. 非线性方程组解法与最优化方法[M]. 北京: 人民教育出版社.
王建华, 俞孟藤, 李众, 1998. 智能控制基础[M]. 北京: 科学出版社.
王建举, 1991. 泛函分析与最优理论[M]. 厦门: 厦门大学出版社.
王康宁, 1995. 最优控制的数学理论[M]. 北京: 国防工业出版社.
王立新, 2003. 模糊系统与模糊控制教程[M]. 北京: 清华大学出版社.
王树青, 2000. 先进控制技术[M]. 北京: 化学工业出版社.
王维德, 2003. 化工自动化的发展趋势——先进控制技术的应用[J]. 化工装备技术, 24(4): 51-54.
王艳秋, 2008. 先进控制技术的集成及应用研究[D/OL]. 沈阳: 东北大学, [2006-01-01]. http://cdmd.cnki.com.cn/Article/CDMD-10145-2006155610.htm.
韦巍, 2000. 智能控制技术[M]. 北京: 机械工业出版社.
魏韡, 梅生伟, 张雪敏, 2013. 先进控制理论在电力系统中的应用综述及展望[J]. 电力系统保护与控制, 41(12): 143-153.
魏永辉, 王秀丽, 2014. 机械工程控制理论及应用研究[M]. 北京: 中国原子能出版社.
吴受章, 1987. 应用最优控制[M]. 西安: 西安交通大学出版社.
席裕庚, 1993. 预测控制[M]. 北京: 国防工业出版社.
席裕庚, 李德伟, 林姝, 2013. 模型预测控制——现状与挑战[J]. 自动化学报, (3): 222-236.
谢川, 2012. 数字控制大容量并联型 APF 关键技术研究[D]. 杭州: 浙江大学.

谢宏, 1998. 智能模糊控制系统在生产中的应用[J]. 湖南电力, 6: 10-13.

谢雨岑, 邹见效, 彭超, 2019. 基于变论域模糊增量理论的质子交换膜燃料电池温度控制[J]. 控制理论与应用, 36(3): 428-435.

解学书, 1994. 最优控制理论与应用[M]. 北京: 清华大学出版社.

邢继祥, 张春蕊, 徐洪泽, 2003. 最优控制应用基础[M]. 北京: 科学出版社.

须田信英, 等, 1979. 自动控制中的矩阵理论[M]. 曹长修, 译. 北京: 科学出版社.

徐肖豪, 焦华, 胡明华, 1996. 综合火力/飞行控制系统的一种自调整因子模糊控制[J]. 南京航空航天大学学报, 28(4): 568-571.

薛定宇, 1995. 控制系统计算机辅助设计——MATLAB 语言及应用[M]. 北京: 清华大学出版社.

薛荣辉, 2019. 智能控制理论及应用综述[J]. 现代信息科技, 3(22): 176-178.

杨光宇, 2004. 移动机器人轨迹跟踪模糊变结构控制的研究[D]. 长春: 吉林大学.

杨行峻, 1992. 人工神经网络[M]. 北京: 高等教育出版社.

叶庆凯, 王肇明, 1984. 优化与最优控制中的计算方法[M]. 北京: 科学出版社.

于少娟, 齐向东, 吴聚华, 2005. 迭代学习控制理论及应用[M]. 北京: 机械工业出版社.

俞金寿, 2005. 先进控制是技术发展的必然趋势[J]. 世界仪表与自动化, 7: 18.

张德昌, 1990. 最优系统基础[M]. 西安: 西北工业大学出版社.

张国良, 邓方林, 2002. 模糊控制及其 MATLAB 应用[M]. 西安: 西安交通大学出版社.

张慧平, 戴波, 杨薇, 2006. 现代控制理论在过程工业中的应用和发展[J]. 北京石油化工学院学报, 14(3): 56-61.

张杰, 2014. 重复/迭代学习控制器的设计与实现[D/OL]. 杭州: 浙江工业大学, [2014-05-20]. http://cdmd.cnki.com.cn/article/cdmd-10337-1015505239.htm.

张凯, 2000. 基于重复控制原理的 CVCF-PWM 波形控制技术研究[D]. 武汉: 华中科技大学.

张省伟, 林辉, 2011. 一种模糊-PI 双模控制系统的仿真与设计[J]. 电子设计工程, 19(2): 37-39.

张泽州, 2019. 基于无模型迭代学习的光刻机工件台轨迹跟踪控制[D]. 成都: 电子科技大学.

赵永永, 2018. 机器人迭代学习控制与重复控制研究[J]. 自动化应用, 12: 76-77.

钟宜生, 2015. 最优控制[M]. 北京: 清华大学出版社.

周其节, 徐建闽, 1992. 神经网络控制系统的研究与展望[J]. 控制理论与应用, (6): 569-577.

诸静, 1998. 模糊控制原理与技术[M]. 北京: 机械工业出版社.

诸静, 2002. 智能预测控制及其应用[M]. 杭州: 浙江大学出版社.

邹涛, 丁宝苍, 张端, 2010. 模型预测控制工程应用导论[M]. 北京: 化学工业出版社.

ANDERSON B D O, MOOREJ B, 1971. Linear optimal control[M]. Englewood Cliffs: Prentice Hall.

BROBERG H L, MOLYET R G, 1994. A new approach to phase cancellation in repetitive control[C] //IEEE Industry Applications Society Annual Meeting, 2-5: 1766-1770.

CORTES P, KAZMIERKOWSKI M P, KENNEL R M, et al., 2008. Predictive control in power electronics and drives[J]. IEEE Transactions on Industrial Electronics, 55(12): 4312-4324.

COSNER C, ANWAR G, TOMIZUKA M, 1990. Plug in repetitive control for industrial robotic manipulators[J]. IEEE International Conference on Robotics and Automation, 13-18: 1970-1975.

DRAKUNOV S V, UTKIN V I, 1992. Sliding mode control in dynamic systems[J]. International Journal of

Control, 55 (4) : 1029-1037.

FRANCIS B A, WONHAM W M, 1975. The internal model principle for linear multivariable regulators[J]. Applied Mathematics and Optimization , 2 (2) : 70-194.

FRANKLIN G F, POWELL J D, EMAMI-NAEINI A, 1991. Feedback control of dynamic systems[M]. Hoboken: Addison-Wesley Publishing Company, Inc.

GAMKERLIDZE R V, 1978. Principles of optimal control theory[M]. New York: Plenum Press.

GE S S, LEE T H, HARRIS C J, 1998. Adaptive neural network control of robotic manipulators[M]. London: World Scientific.

HARA S, YAMAMOTO Y, OMATA T, et al., 1988. Repetitive control system: A new type servo system for periodic exogenous signals[J]. IEEE Transactions on Automatic Control, 33 (7) : 659-667.

KAMAL S, CHALANGA A, MORENO J A, et al. , 2014. Higher order super-twisting algorithm[C] //IEEE Internaitional Workshop on Variable Structrue Systems, Nantes, France: 1-5.

KLIR G J, YUAN B, 1995. Fuzzy sets and fuzzy logic: Theory and applications [M]. New Jersey: Prentice Hall Upper Saddle River.

LASALLE J, LEFSCHETZ S, 1961. Stability by Lyapunov's direct method[M]. New York: Academic Press.

LEVINE W S, 2011. The control handbook[M]. Boca Roaton: CRC Press.

LEWIS F L, VRABIE D L, SYRMOS V L , 2012. Optimal control[M]. New Jersey: John Wiley & Sons, Inc.

MAMDANI E H, 1974. Applications of fuzzy algorithms for simple dynamic plant [J]. Institution of Electrical Engineers, 121: 1585-1588.

RODRIGUEZ J, CORTES P, 2012. Predictive control of power converters and electrical drives[M]. Chichester: John Wiley & Sons.

RODRIGUEZ J, KAZMIERKOWSKI M, ESPINOZA J, et al., 2013. State of the art of finite control set model predictive control in power electronics[J]. IEEE Transactions on Industrial Informatics, 9 (2) : 1003-1016.

SHTESSEL Y, EDWARDS C, FRIDMAN L, et al. , 2014. Sliding mode control and observation[M]. New York: Springer Science & Business Media.

SLOTINE J E, LI W, 1991. Applied nonlinear control[M]. New York: Prentice Hal.

SPEYER A L, JACOBSON D H, 2010. Primer on optimal control theory [M]. Philadelphia: Society for Industrial and Applied Mathematics.

VINTER R, 2010. Optimal control [M]. Boston: Birkhser.

UTKIN V I, 2013. Sliding modes in control and optimization[M]. New York: Springer Science & Business Media.

VAZQUEZ S, LEON J, FRANQUELO L, et al., 2014. Model predictive control: A review of its applications in power electronics[J]. IEEE Industrial Electronics Magazine, 8 (1) : 16-31.

VINTER R, 2010. Optimal control[M]. New York: Edwards Brothers, Inc.

XU Q, 2017. Continuous integral terminal third-order sliding mode motion control for piezoelectric nanop-ositioning system[J]. IEEE/ASME Transactions on Mechatronics, 22: 1828-1838.

YOO B K, HAM W C, 2000. Adaptive control of robot manipulator using fuzzy compensator[J]. IEEE Transactions on Fuzzy Systems, 8(2): 186-199.

ZADEH L A, 1965. Fuzzy sets [J]. Information and Control, 8: 338-353.

ZADEH L A, 1973. Outline of a new approach to the analysis of complex systems and decision processes[J]. IEEE Transactions won Systems, Man, and Cybernetics, SMC-3: 28-44.

ZADEH L A, 1975. The concept of a linguistic variable and its application to approximate reasoning[J]. Information Sciences, 8: 199-249.

